全国教育硕士专业学位研究生教育通用教材

（公共必修课使用）

教育原理（涂艳国主编）
教育研究方法（吴刚主编）
课程与教学论（石鸥主编）
青少年心理发展与教育（张大均主编）

丛书责编 刘立德 韩华球
本书责编 陆 洋

本系列教材为

全国教育专业学位研究生教育指导委员会
教材建设规划重点项目

全国教育硕士专业学位研究生教育通用教材
全国教育专业学位研究生教育指导委员会组织编写

QINGSHAONIAN XINLI FAZHAN YU JIAOYU

青少年心理发展与教育

张大均 主编

人民教育出版社
PEOPLE'S EDUCATION PRESS
·北京·

图书在版编目（CIP）数据

青少年心理发展与教育 / 张大均主编 . — 北京 : 人民教育出版社，2021.6（2025.7 重印）
全国教育硕士专业学位研究生教育通用教材
ISBN 978-7-107-35903-3

Ⅰ . ①青… Ⅱ . ①张… Ⅲ . ①青少年心理学—研究生—教材 Ⅳ . ① B844.2

中国版本图书馆 CIP 数据核字（2021）第 130454 号

青少年心理发展与教育

出版发行　人民教育出版社
（北京市海淀区中关村南大街 17 号院 1 号楼　邮编：100081）
网　　址　http://www.pep.com.cn
经　　销　全国新华书店
印　　刷　唐山玺诚印务有限公司
版　　次　2021 年 6 月第 1 版
印　　次　2025 年 7 月第 3 次印刷
开　　本　787 毫米 ×1 092 毫米　1/16
印　　张　26
字　　数　550 千字
印　　数　4 001~6 000 册
定　　价　48.00 元

《全国教育硕士专业学位研究生教育通用教材》

总　序

为了贯彻全国教育大会和《中国教育现代化 2035》有关精神和理念，培养更多高素质、专业化的教育人才，我们依据《教育部人力资源社会保障部关于深入推进专业学位研究生培养模式改革的意见》、全国教育专业学位研究生教育指导委员会《全日制教育硕士专业学位研究生指导性培养方案（修订）》，组织编写了全国教育硕士专业学位研究生教育通用教材。从 2021 年起，本套教材将陆续出版，供各高等学校教育硕士专业学位课程教学使用。

教材与教学和科研密切相关，应该与时俱进，守正创新。一方面，我国教育硕士专业的教学和教材编写工作取得了显著进展，有助于我们在此基础上继续改进；另一方面，国外教育学、心理学研究的新理论、新方法不断引进，有助于我们拓宽视野，打开思路。本套教材力图体现以下两点：一是注重立足当代中国基础教育实践，尽可能吸收国内外最新研究成果，在理论体系、组织架构和编写体例等方面进行一些新的尝试；二是坚持继承与创新相结合，力求处理好基础性与应用性、稳定性与先进性、统一性与多样性等方面的关系，以切实帮助研究生提高基本理论素养和专业技能，养成专业精神。

承担本套教材编写工作的专家和他们带领的学术团队付出了艰辛劳动，在此，我代表全国教育专业学位研究生教育指导委员会向他们表示衷心的感谢和崇高的敬意。同时，全国教育硕士专业学位研究生教材建设得到了人民教育出版社一如既往的大力支持。郭戈总编辑、刘立德编审和韩华球编审付出了辛勤劳动。谨在此一并表示衷心感谢。

希望广大教育工作者尤其是本套教材的使用者提出宝贵的修改意见和建议，以使之不断完善和提高。

張斌賢

2020 年 11 月

（本序作者张斌贤先生现任北京师范大学教育学部教授、全国教育专业学位研究生教育指导委员会秘书长）

本书前言

《青少年心理发展与教育》是由全国教育专业学位研究生教育指导委员会组织编写的全国教育硕士专业学位研究生教育通用教材。本教材依据《教育部人力资源社会保障部关于深入推进专业学位研究生培养模式改革的意见》《全日制教育硕士专业学位研究生指导性培养方案（修订）》的精神和要求编写，主要读者对象为教育硕士专业学位研究生，同时亦可供心理学、教育学等相关专业的学术型硕士研究生和中小学教师学习与参考。

本教材力求从我国教育硕士专业学位研究生教育的现实需要出发，结合青少年心理发展与教育培养的目标、任务和要求，吸收借鉴国内外发展心理学、教育心理学等学科的新近研究成果，对青少年心理发展与教育涉及的重要理论和方法进行深入分析和探讨，力图全面阐述青少年心理发展及青少年教育的规律、特征和途径等方面的知识。作为教育硕士专业学位研究生必修的基础课程教材，本书对教育硕士的专业发展具有先导性、理论性、综合性和引领性作用，对于提高教育硕士专业学位研究生的专业素养和职业能力具有促进作用，可为其成为合格教师奠定必要的发展与教育心理学的理论基础。

无论是教材体系的构建还是具体内容的选择，本教材都严格遵循《全日制教育硕士专业学位研究生指导性培养方案（修订）》的要求，旨在引导学生形成科学的心理发展观和教育观，掌握青少年心理发展的基本规律和年龄特征、学与教的心理学理论和方法，理解青少年心理发展与教育之间的密切关系，提高教育教学的科学性和实效性。鉴于心理学研究的复杂性与多样性，为全面系统呈现青少年心理发展与教育的研究内容，我们在书中参考借鉴了一些国外相关的心理学研究成果，建议教育硕士专业学位研究生培养单位的广大师生在使用该教材时，结合中国国情，融会贯通，灵活运用。

本教材内容体系的构建主要基于如下考虑：一是从学科归属来看，它是发展与教育心理学学科领域的分支学科；二是从课程对象和地位来看，它是全日制教育硕士各学科方向的专业基础课程；三是从学习者需要来看，学习该课程不仅是学习者现在学习的需要，而且是其未来职业发展的需要。因此，本教材内容体系的构建既兼顾教育硕士各学科方向培养的共同需求，又强调从学习者的实际需要出发，重点突出基础性和实用性。基于上述考虑，我们将本教材的主要内容聚焦于青少年心理发展、学习心理和教学心理三个互相关联又相对独立的功能模块。

1. 青少年心理发展。青少年心理发展既是教育的起点，又是教育促进发展的重要目标。因此，探讨青少年心理发展，遵循青少年心理发展的特征和规律，是一切有效教育教学的基础。青少年心理发展涉及多方面的主题，该模块以简要介绍心理发展理论为铺垫，着重探讨了青少年认知、情感、社会性、人格和个体差异等方面的发展特征，以便教育硕士专业学位研究生重点把握青少年心理发展的主要理论、基本特点和一般规律，为学习其他课程和未来从事教育教学工作奠定发展心理学的理论基础。

2. 学习心理。学习既是学生的主要活动，又是教育心理学研究的核心内容。学生是学习的主体。学习心理是教育心理学中至关重要的部分，主要探讨学习主体（学生）在学习活动中的心理现象、特征和规律，为有效教与学提供心理科学依据。该模块在择要介绍主要学习理论的基础上，重点探讨学习动机、知识学习、规范学习和心理健康维护等与学生有效学习直接联系的主题，以期为教育硕士专业学位研究生的有效学习和未来的有效教学，提供学习心理理论和方法。

3. 教学心理。教学在促进学生学习和发展中起主导作用，无论是学生的心理发展还是学业发展或社会性发展，都离不开教师教学的指导和促进。依据教是为了学、引导学、促进学的理念，该模块着重探讨教学设计、教学策略、教学评价以及教师心理等重要教学心理主题，以期为教育硕士专业学位研究生顺利成长为合格教师提供教学心理学理论和方法。

本教材是团体协作的成果。编写人员是来自我国不同地区并长期承担教育硕士专业学位研究生教育教学工作的学者。本教材由西南大学张大均教授担任主编，各章具体分工如下。

第一章　张大均（西南大学教授）
第二章　王振宏（陕西师范大学教授）
第三章　刘晓明（东北师范大学教授）
第四章　王金良（西南大学教授）
第五章　赵小云（淮北师范大学教授）、郭成（西南大学教授）
第六章　司继伟（山东师范大学教授）
第七章　庞维国（华东师范大学教授）
第八章　师保国（首都师范大学教授）
第九章　姚梅林（北京师范大学教授）、吕红梅（北京教育学院博士）
第十章　寇冬泉（扬州大学教授）
第十一章　王鑫强（江西师范大学副教授）、张大均（西南大学教授）
第十二章　郭成（西南大学教授）
第十三章　吴红（贵州师范大学教授）
第十四章　余林（西南大学教授）
第十五章　连榕（福建师范大学教授）

本教材从编写到付梓全过程都得到全国教育专业学位研究生教育指导委员会和人民教育出版社的大力支持。在本教材出版之际，谨向所有参与、关心、支持编写出版的个人和单位表示衷心的感谢！本教材在编写过程中参考借鉴了大量国内外相关研究成果，谨向这些成果的作者致以诚挚的谢意！

编写一本科学性和实用性兼备的教育硕士专业基础课程教材是我们全体编撰者的共同追求。本书作为初成之作，距此目标尚有一定距离，书中也难免存在一些问题和不足。我们热忱欢迎广大读者不吝批评指正，更期待大家对本教材的进一步修改完善提出宝贵意见和建议！

编者

2021年6月

目　录

Mu　Lu

第二编　学习心理

第三编 教学心理

第一章　绪论

启发与引导

- 青少年期是儿童向成人过渡的重要阶段，为什么说心理发展在此阶段至关重要？
- 青少年心理发展受主客观因素影响，怎样理解“教育主导青少年心理发展”？
- 关于心理发展有多种理论解释，你怎样理解青少年心理发展？
- 有效教学必须科学理解教学理论，你能联系教育实际准确理解教学理论吗？

青少年期是人生发展的关键期，是从儿童向成人过渡的重要阶段。青少年的发展包括生理发展、心理发展和社会发展，其中，心理发展既是教育的起点，又是教育的归宿。青少年心理发展受主客观多种因素影响，教育主导青少年的心理发展。科学探讨青少年心理发展与教育的理论与实践问题，既是发展与教育心理学的重要任务，又是学校教育工作者的必修课。本章拟在讨论心理发展与教育关系的基础上，着重探讨心理发展与教育的一般理论问题。

第一节　概述

青少年心理发展与教育是一个内涵和外延都十分广泛的命题。本节拟主要探讨心理发展与教育的关系、教师了解青少年发展与教育心理的重要性，并简要陈述本书的基本框架与内容体系。

一、心理发展与教育的关系

心理发展与教育的关系十分密切。总的来说，个体心理发展与教育之间存在着相互依存的关系。一方面，学生的心理发展水平是教育的重要依据；另一方面，教育的最终成效要通过促进个体的心理变化、发展得以体现。

（一）心理发展是有效教育的前提

教育作为创造与传递人类文化、培养社会需要的人才的特殊社会活动，其对象是人，其目的是促进人的身心素质的全面和谐发展。教育实践表明，教育对个体身心素质发展起主导作用，同时个体身心发展的规律也制约着教育主导作用的发挥，影响着教育的成效。因此，有效教育必须以个体的心理发展水平和特点为依据，即受教育者的心理发展规律是教育必须充分考虑与依据的前提。如学校教育要遵循心理发展的“可接受性原则”，即根据学生的心理发展水平和准备状态进行教学。所谓心理发展准备状态，主要是指个体在进行新的学习时，其原有的知识经验水平、原有的心理能力发展水平以及当前的心理活动状态等与新学习的匹配性。在学校教育活动中，根据准备性原则进行教学，一般要涉及两个主要问题：选择什么教学材料和采用什么教学方法。依据个体心理发展水平确定每一年龄阶段个体所能最有效地掌握的学习内容，采用最适合某一年龄阶段儿童认知发展水平和情感需要的教学方法是有效教学的基本要求。比如，考虑到小学儿童的思维发展特点，教学内容就应该注重具体形象化，教学方法就应该具有直观生动性，教学组织形式就应该灵活多样；考虑到个体心理发展的差异性，教育就应该注意因材施教、扬长避短等。

（二）有效的教育能促进个体心理的发展

教育一方面要依据个体的心理发展状况和水平进行，另一方面又能够极大地促进个体心理的发展并对其起主导作用。苏联心理学家维果斯基（л. с. выготский）指出，学校教学是发展的源泉。虽然个体的心理发展具有“自生性”，但它并不意味着个体的发展不依赖于外部的影响。事实上，个体的心理发展是与周围现实环境相互作用的结果，外部影响对个体心理发展具有决定性意义，其中教育起着主导作用，它决定和制约着心理发展的过程和方向，因为教育是在精心设计的特殊环境中进行的一种有目的、有计划、有组织的育人活动。有效的教育，可以通过促进个体掌握知识来实现其在心理发展中的主导作用。它能依据学生心理发展的规律，选择恰当的教学内容，采取有效的教学方法对学生进行系统的培养活动；它能对各种环境因素加以有效控制和利用，以保证学生的心理健全发展。例如，由于缺乏教育，“狼孩”的心理发展受阻，水平低下，障碍严重；通过专门而系统的思维训练、创造力训练、心理素质训练等，个体的相关心理机能可以得到较好发展。增强教育的有效性必须注意：（1）以了解学生的学习基础和掌握学生学习的特点为前提；（2）以培养健全心理素质作为促进学生全面发展的基础；（3）既重视学生的智力活动，又重视学生非智力因素的培养。总之，教育在促进学生心理发展方面是有条件的，只有那些适合于学生心理发展需要的教育，才是有效的教育。作为一名教师，必须明白学生心理发展的现实状况是教育必须依据的前提，离开它，任何形式的教育都难以发挥促进个体发展的作用。

二、教师了解青少年心理发展与教育的关系的重要性

（一）了解青少年心理发展与教育的关系是制定教育策略的重要依据

教师了解学生的认知发展、个性和社会性发展规律，掌握学生的学习规律、知识掌握、迁移与应用规律、能力培养规律等，对教育实践活动具有十分重要的指导作用。教师唯有遵循学生的心理发展规律进行教育活动，方能避免盲目、无效或低效教学，提升教学效果。

（二）了解青少年心理发展与教育的关系是教师因材施教的依据

虽然相同年龄阶段的学生经历的发展阶段相似，但每个学生在具体阶段停留的时间、发展的广度和深度、发展的水平等情况都不同；此外，同年龄段的学生接受相同的教育，其接受方式和发展水平也存在差别。教师若系统了解青少年心理发展与教育的关系，便能做好相应准备，根据不同学生的认知水平、学习能力以及自身素质，选择适合每个学生特点的教育或指导方法进行有针对性的教育，发挥学生的长处，弥补学生的不足，激发学生学习的兴趣，树立学生学习的信心，从而促进学生全面发展。

（三）掌握青少年发展与教育心理学的理论是提升教师教育能力的需要

教育工作者既是知识的传播者，又是知识的创造者，这就要求教师必须具有一定的理论知识，并能以此指导自己的教育活动。发展与教育心理学的首要任务就在于揭示学生掌握知识、形成技能、获得策略、发展能力、形成品德的心理规律，揭示学生的学习活动和心理发展与教育条件及教育情境之间的依存关系，从而使教育工作建立在心理科学理论的基础上，提高教育的科学性和有效性，促进教育事业的发展。此外，教师通过理论指导实践，才能在教育实践中发现新问题，找到新思路、新视角，不断探索总结教育的新方法，实现有效教育。

三、本书的基本框架及内容体系

青少年心理发展与教育，从学科归属来看，是发展与教育心理学学科领域的分支学科；从课程对象和地位来看，是全日制教育硕士各学科方向的专业基础课程。该课程主要阐述青少年心理发展与教育促进的心理学规律、特征和方法等，对全日制教育硕士的专业发展具有基础性、理论性、综合性和指导性的作用。基于这一认识，本书遵循学生的心理发展是教育的依据，有效教与学是促进学生全面和谐发展的关键的基本理念。除绪论外，本教材包括三编：第一编，青少年心理发展；第二编，学习心理；第三编，教学心理。

学生心理发展既是教育的起点，又是教育的归宿。因此，探讨青少年心理发展，遵循青少年心理发展的特征和规律是有效教育的基础。青少年心理发展涉及多方面的主题，本

书第一编以简要介绍心理发展理论为铺垫，着重探讨青少年认知、情感、社会性、人格的发展以及青少年的心理差异，旨在使读者重点把握青少年心理发展的主要理论、特点和规律，为因材施教奠定心理学理论基础。

学习既是学生的主要活动，又是教育心理学研究的核心内容，同时学生也是学习的主体。学习心理主要探讨学习主体（学生）在学习活动中的心理现象、特征和规律，为有效教与学提供依据。因此，学习心理是教育心理学中至关重要的部分。在教育心理学领域，学习心理研究深入，内容丰富。本书第二编在介绍主要学习理论的基础上，重点探讨学习动机、知识学习、规范学习和心理健康维护等与学生学习成长直接联系的主题，以期为教师实现有效的教和学提供心理学理论依据与方法引导。

教学在促进学生发展中起主导作用。在学校情境中，无论是学生的心理发展还是学业发展，或社会性发展，都离不开教师教学指导的促进作用，即我国学术界普遍认同的教学的主导作用。依据教是为了学、引导学、促进学的理念，本书第三编着重探讨教学设计、教学策略、教学评价以及教师心理等重要教学心理主题，以期为教师专业性发展和有效教学提供心理科学理论依据和策略参考。

第二节　心理发展理论

发展的内涵可以阐释为随时间的延续，有机体在结构或功能上发生变化的过程，是旧结构向新结构的获得或转化的过程。心理发展就是指个体从胚胎形成到死亡的整个生命历程中所发生的持续而稳定的内在心理变化过程，是逐渐的、连续的、有规律的。该过程表现为“决定要素之间联系的基本规则的获得或变化”①。发展心理学家从不同角度概括提出了多种心理发展理论，这里择要介绍几种有代表性的心理发展观。

一、全程发展观

全程发展观（也叫毕生发展观）认为：个体心理发展是整个生命历程中持续不断的变化过程，这个过程由若干发展阶段构成；发展是多维度、多侧面、多层次的；个体发展存在极大的可塑性；个体的发展是由多种因素共同决定的。全程发展观主要强调个体发展的以下两个方面。

---

① ［美］卢文格著，韦子木译：《自我的发展》，浙江教育出版社 1998 年版，第 31 页。

（一）个体心理发展是个体生命全程发展和毕生变化的过程

个体心理的全程发展已成为现代发展心理学的普遍共识，但其形成却经历了较长时期。个体心理的全程发展思想是由美国心理学家霍林沃思（H. L. Hollingworth）首次提出。此后，德国的比勒（C. Bühler）提出发展心理学要涵盖人的整个一生的观念。美国的古迪纳夫（F. L. Goodenough）提出要了解人的心理，就必须全面系统地研究影响心理产生和变化的各种因素。发展心理学不仅要研究儿童、青少年，还要研究成人和老年人；不仅要研究正常人，还要研究罪犯和低能人。然而，心理的全程发展观却是在 20 世纪 70 年代以后才逐步系统化，并相继出版了多种多样的关于全程或毕生发展心理学方面的学术著作。①

（二）个体心理的发展和变化过程表现出明显的年龄特征

全程发展观强调心理发展是一个持续不断的发展过程，同时这一过程由一些具体的发展阶段组成。每一阶段有其独有的特征，它在前一特定阶段的基础上发展起来，又为下一特定阶段打下基础。阶段理论强调各阶段有其独特性，并有大致的起始年龄。因此，年龄特征成为表征心理发展阶段性的重要指标。所谓心理发展的年龄特征，是指个体心理发展各年龄阶段所表现出来的一般的、典型的、本质的心理特征。各阶段的质的规定性或特征是划分年龄阶段的重要指标，具体是由个体在生理、心理和社会化等各方面的发展水平决定的。目前，发展心理学依据个体在一定时期内所表现出来的共同心理特点和主导活动，把个体从出生以后的心理发展分为乳儿期（0—1 岁）、婴儿期（1—3 岁）、幼儿期（3—6 岁）、儿童期（6 或 7—11 或 12 岁）、青少年期（11 或 12—18 岁）、成年期（18—65 岁）、老年期（65 岁以后）。不仅人的整体心理发展存在阶段性，而且各种心理要素的发展也存在阶段性。

此外，关于发展的关键期的研究也反映出个体心理发展的阶段性特征。人的心理发展存在一定的关键期。所谓关键期，是指某些心理品质、机能或行为方式形成的最佳时期。这些品质、机能或行为方式在发展的某一特定时期、在适当的条件下就会出现，如果错过这个时期或缺乏适当的条件，这种行为或机能就难以产生，甚至永远不能产生，并对后期的发展产生显著的难以挽回的影响。例如，2—3 岁是儿童学习口头语言的关键期，5 岁左右是数概念形成的关键期。总之，心理发展的年龄阶段是客观存在的。探索心理发展的年龄阶段特征，在理论上有助于揭示个体心理机能的形成过程，进一步描述和解释心理发展的实质；在实践上有助于加强教育教学的针对性。

① 林崇德著：《发展心理学》，浙江教育出版社 2002 年版，第 24 页。

二、全面发展观

人的心理是一个有序的结构系统，心理发展往往具有整体、协调和统一的性质，是多维度、多侧面、多层次、多水平的发展。个体心理的全面发展观强调如下三个方面。

（一）心理发展的多维性

心理发展的多维性表现在两个方面。一是从心理的内外系统看，心理发展与生理发育、社会性发展共同构成人的发展，它们在发展过程中相互依存、相互影响。(1) 心理发展和生理成熟的相互依存、协调统一。美国现代心理学家奥尔森（Olson）和休福斯（Huphes）的研究指出，个体的发展进程包含着生理与心理发展的统一、协调。虽然个体间存在着生理年龄的差异，但就个体发展而言，他们的生理与心理发展却是协调和统一的整体，生理年龄是个体生理与心理发展状况的整体标志。从身心关系上看，个体生理上的成熟，尤其是神经系统和大脑的成熟，为心理的发展提供了必要的物质基础和条件；同时，心理的发展和完善又影响着生理特别是神经系统和脑的生长发育。如果个体的某些生理特质，如脑结构上存在着缺陷，那么就会使其心理发展的某些方面发生障碍。(2) 心理发展与社会化过程的依存与统一。个体心理发展是个体社会化的过程。社会化是个体掌握和积极再现社会经验、社会联系和社会关系系统的过程。其实质是个体由自然人向社会人转变的历程。通过社会化，个体获得在社会中进行正常活动所必需的心理品质、价值观念以及社会所赞许的行为方式。个体的社会化过程就是指在一定的社会文化环境中，个体的生理和心理随年龄增长而逐渐变化，借以发展个体的社会属性，参与社会生活的过程。个体正是在社会化的过程中，逐步掌握社会规范，学会社会生活技能，形成社会角色，参与社会行动，最终使自己由一个自然人成长为一个社会人。也就是说，“个体在社会化的过程中，由原本单纯的自然人，经由社会环境中与人、事、物的互动，而逐渐学习到认识自己、了解别人，并进而在人际关系中学习到如何待人、律己、循规、守纪等符合社会规范的一切态度、观念和行为”①。因此，社会化过程是人类学会共同生活和彼此有效交互作用的过程，也是个体与社会环境交互作用的过程，其基本方式主要包括学习、适应和交流。“个体社会化正是儿童在社会环境里与其他人的相互作用的过程中，一方面对外组织人与人的关系，另一方面对内协调自己的活动的双向建构的结果。”②从发展阶段来看，个体的社会化也经历了不同阶段，有些过程在青少年阶段可完成，即儿童青少年的社会化，有些过程则贯穿个体的一生，即成年人的继续社会化和再社会化。

心理发展的多维性的另外一层含义是，个体心理发展是多种心理活动共同发展的结果，是个体心理生活各方面协调统一的表现。从系统的观点看，个体的心理是由心理过程

---

① 张春兴著：《教育心理学——三化取向的理论与实践》，浙江教育出版社 1998 年版，第 124 页。

② 王振宇等著：《儿童社会化与教育》，人民教育出版社 1992 年版，第 40 页。

系统、心理状态系统、心理倾向系统和心理特征系统等方面构成的一个有机整体。在个体的心理发展过程中，一方面，构成心理系统的各侧面的发展相互联系与制约，某一方面的变化影响着其他方面的变化，如儿童感知觉的发展为思维提供了感性材料，影响着思维的发展，而思维的发展又使感知觉更加概括和深刻；另一方面，个体心理的各种具体形式也具有整体性特点，如心理活动的不随意性和认知活动的具体形象性是儿童期心理活动的共同特点，它概括了儿童期各种形式的心理发展的整体状况和特征，并体现在儿童的各种心理活动之中。

（二）心理发展是多侧面的

个体的心理是由多侧面、多要素构成的系统，可以划分为智力因素（认知因素）和非智力因素（个性因素）两个方面。前者是心理活动的操作、执行系统，后者是心理活动的动力、调节系统。

1. 智力因素

关于智力，心理学家有各种不同的解释，至今没有统一的定义。在西方心理学中，有人从理性哲学观点出发，认为智力是指抽象思维能力。如法国心理学家比内（A. Binet）把智力理解为正确的判断、透彻的理解、适当的推理能力；美国心理学家推孟（L. M. Terman）认为，一个人的智力与他的抽象思维能力成正比。有人从教育学观点出发，认为智力是学习能力。学习成绩的高低代表着智力水平的高低。还有人从生物学观点出发，认为智力是适应新环境的能力。如美国心理学家桑代克（E. L. Thorndike）认为智力是指从事实和真理方面着眼的适当反应的能力。心理学家布朗（F. G. Brown）综合以上三种观点认为，智力是学习能力、保持知识、推理和应付新情境的能力。近年来，关于智力的研究出现了一些新理论，如美国心理学家加德纳（H. Gardner）提出了多元智力理论，把智力划分为语言智力、音乐智力、数理—逻辑智力、空间智力、身体—运动智力、自我认知智力、人际关系智力、自然智力八种；斯腾伯格（R. J. Sternberg）提出了智力的三维结构理论，认为个体的智力结构由分析性智力、创造性智力和实践性智力三方面组成。① 20 世纪 90 年代，美国心理学家萨洛维和梅耶（P. Salovey & J. Mayer）提出了情绪智力，主要是指人在情绪、情感、意志、耐受挫折等方面的品质，包括认识自身的情绪，调控自己的情绪，自我激励，认知他人的情绪，人际关系的管理即领导和管理能力。近年来，随着认知心理学的发展，人们逐渐从现代系统理论和信息加工的角度来探讨智力，把智力视为既包括感觉、知觉和记忆等基本认知过程，也包括抽象思维、思维表征、问题解决和决策等高级认知过程的心理活动。研究还发现，在所有认知过程的背后还存在着对认知过程本身的认知，即元认知。元认知的实质就是人的自我认识、自我控制和自我

---

① 林崇德、白学军、李庆安：《关于智力研究的新进展》，《北京师范大学学报（社会科学版）》2004 年第 1 期。

调节。现代心理学已经把元认知看作是智力结构中的高级因素，认为真正的聪明和智慧就是具有高度发展的元认知能力。

2. 非智力因素

非智力因素的概念虽然在学术界尚未被统一界定，但大约从19世纪末，国外就开始关注非智力因素的研究。早期主要是通过对天赋高的儿童和一般儿童的比较，以期发现他们在个性品质方面的差异，并揭示出何种个性品质对提高学习效果具有相对重要的作用。国内学者对非智力因素的构成、培养及其与学习成就之间的关系进行了研究。燕国材通过对非智力因素的理论研究认为，非智力因素，广义指凡是智力因素以外的一切心理因素，狭义指不直接参与认识过程但又对认识过程起制约作用的动机、兴趣、情感、意志和性格五因素，具体指成就动机、求知欲、学习热情、责任心、义务感、荣誉感、自信心、自尊心、好胜心、自制性、坚持性、独立性等。① 沈德立、阴国恩等对非智力因素与人才培养进行了系统的研究，出版了专著《非智力因素与人才培养》。

（三）心理发展存在不同的层次水平

心理发展是个体从出生到衰亡期间，在不断与外部环境相互作用的过程中，其心理从低级到高级、从简单到复杂、从旧质向新质不断变化和完善的过程。这个发展过程不仅有心理结构的变化，还包括心理机能的发展。维果斯基认为，个体心理发展是个体的心理（从出生到成年）在环境和教育影响下，通过掌握高级心理机能的工具——语言、符号等中介——在低级心理机能的基础上，逐渐向高级心理机能转化的过程。所谓低级心理机能，主要是指感觉、知觉、不随意注意、形象记忆、情绪、冲动性意志、直观的动作思维等，它是消极适应自然的心理形式，是生物进化的结果。高级心理机能主要是指观察（有目的的知觉）、随意注意、词的逻辑记忆、抽象思维、高级情感、预见性意志等，它是积极适应和改造环境的心理形式，是社会文化历史发展的结果。个体心理机能由低级向高级发展主要表现为：心理活动的随意性（目的性、主动性、自控性）增强；心理活动的抽象概括机能增强；各种心理结构之间的变化和组合性增强；心理活动的个别化（独特性）。维果斯基提出了“最近发展区”的概念。他认为必须确定个体心理的两种发展水平：一是现有水平，即个体在现实的独立活动中所达到的解决问题的水平；二是潜在水平，即个体在有指导的情况下，凭借成人的帮助所达到的解决问题的水平。这两种水平之间的差距就是个体的最近发展区。心理机能的发展一般遵循着感知—运动—情绪—动机—社会交往—抽象思维这样的发展顺序。此外，某一具体心理机能的发展也是有顺序的。如心理过程的发展一般经历感知—表象—记忆—想象—思维这样一个由低级到高级、由简单到复杂的发展过程；心理活动的过程一般经历了从不随意到随意，从具体形象到抽象逻辑，从受人监督调控到自我监控调节，从不分化趋向于分化，从整体反应到细微、精确、集中的定向反

① 燕国材：《非智力因素研究三十年》，《上海师范大学学报（基础教育版）》2009年第1期。

应。为此，心理学家们指出个体心理发展通常具有一定的阶段性与顺序性，例如儿童通常是先学会爬，后学会走，再学会跑。只有这样，心理学家们才能够较为准确地刻画儿童心理能力、社会关系和情绪表现等方面的规律。

三、潜能发展观

“潜能”一词最早是由古希腊哲学家亚里士多德（Aristotle）提出，它是相对于“现实”的概念，意为可能性的存在，这种可能性的存在一旦在现实中得以实现，便成为现实性。有研究者从哲学的概括和脑科学研究的角度，把人的“潜能”界定为“人本身的自然物质和归属于该自然物质的心智（或意识）对自身的一切活动存在积极影响的潜在可能性存在”，即潜在于人体内部而未被开发利用的综合能量，或者经过专门训练之后心智水平可能达到的程度。人的潜能是巨大的，可以说，世界上不存在没有潜能的人，只有潜能没有充分开发和发挥的人。

（一）潜能发展的神经生理基础

现代神经生理学和认知科学研究表明，人的心理潜能是无限的，具有极大的发展空间。首先，人脑的信息储存和处理能力是相当惊人的。有研究表明，人脑由 1 000 亿个神经元构成，而每个神经元与其他神经元的连接多达 104 条，人的大脑一生中可以储存 107 亿个信息单位的信息，而人类对大脑的利用率还相当有限，人脑神经元被积极利用的仅为 7%，人体综合潜能被发挥出来的不超过 10%。① 现代研究发现，人的记忆力潜能运用了不到 10%，想象力潜能运用了不到 5%，嗅觉潜能运用了不超过 10%。其次，脑结构和脑功能具有可塑性。未成熟脑的结构与功能可塑性最强。脑的可塑性表现为其结构与功能的可变更性和代偿性。可变更性是指某些细胞预先确定的特殊功能是可以改变的。如视觉系统细胞被移植到脑的其他部位，这些细胞和新的“伙伴”在一起可起新的作用。代偿性是指一些细胞能代替另一些细胞的功能，在神经元丧失或损伤后可以得到功能代偿。裂脑人的研究成果进一步证实了人脑潜能的无比丰富和人脑潜能的客观存在。斯佩里(Sperry）对裂脑人的研究发现，人脑左右半球有功能代偿作用。另外，脑科学的最新研究成果表明，脑的可塑性可以保持终身，即使在脑发育成熟之后，脑的结构和功能仍然保持着高度的可塑性。青春期结束时，尽管大脑的可塑性下降，但大脑的功能不断增强，其潜能处于蓄势待发的状态。巨大的潜能被编码在基因之中，但这种潜能是否能实现，则取决于脑在发育关键期内接受外界信息的模式。21 世纪以来，随着 X 线体层照相术、脑磁图、正电子发射断层扫描（PET）、核磁共振成像（MRI）等无创性脑研究技术的应用，

---

① ［德］哈肯著，郭治安、吕翎译：《大脑工作原理——脑活动、行为和认知的协同学研究》，上海科技教育出版社 2000 年版，第 6 页。

人们对大脑潜能的认识更加深入，也越来越认识到大脑潜能的浩瀚。

（二）潜能发展的心理学观点

人的潜能发展也受到相当多的心理学家的关注，他们从不同角度进行了研究并提出了许多观点。如美国人本主义心理学家罗杰斯（C. R. Rogers）的潜能说、马斯洛（A. H. Maslow）的自我实现说、苏联心理学家维果斯基的最近发展区以及赞科夫（л. в. занков）的教育与发展观。

（三）潜能发展的关键期在早期

美国心理学家布鲁姆（B. S. Bloom）经过 20 多年对 1 000 多人的追踪研究，得出了一个令教育界震惊的结论：假设人在 17 岁时智力为 100%，那么 1—4 岁获得其中的 50%，4—8 岁获得其中的 30%，8—17 岁获得其余的 20%。数字也许有些机械，但至少说明一点：幼儿时期是智力发展最快的时期，潜能发展的关键期在早期。这与儿童的神经系统的生长发育，尤其是大脑重量的变化、神经元的构造、神经连接的形成等的关键时间相一致。人出生时脑的重量约为成人脑重的 25%，1 岁时达到成人脑重的 60%，2 岁时为成人脑重的 75%，6 岁时达到成人脑重的 90%。显然人在出生后最初的 2—3 年内，脑发育是最快的，这一阶段是脑发育的关键期。人出生时已经具备了成人脑所具备的沟和回的结构，但比成人的浅；已具备了大脑皮层的六层基本结构，但尚未形成大脑各区间复杂的连接。在后天的环境刺激和教育下，神经细胞体积逐渐增大，神经细胞的突触分支变得密集，出现许多新的神经通路，大脑功能也就逐步增强。大脑神经突触生长假说认为，人在出生后的头 20 年里，神经突触的密度变化呈倒 U 形，即刚出生时低，童年期达到高峰，而成年后又降低。儿童早期神经突触联系的形成最迅速，脑发育的关键期在早期，这为早期潜能发展与开发提供了充分的神经生理基础。

除上述介绍的三种发展观外，心理学家还提出了一些有影响的心理发展观。如主动发展观，它强调遗传因素为心理发展提供了可能性，环境是心理发展必要的外部条件，遗传和环境交互作用促进个体心理发展，以及教育主导发展等，这些观点也是探讨儿童青少年心理发展与教育问题的重要理论。

第三节　教学理论

教学是教育活动最主要的形式，但教育心理学长期忽视教学研究，这种状况直到 20 世纪 70 年代初教学心理学兴起之后，才得以改变。迄今已出版的教育心理学教材仍少有对教学理论的专门探讨，这明显是受学习中心论的影响。事实上，教与学是主体间的互动活动，因此，教育心理学既应重视学的理论，也应关注教的理论。关于学习理论的内容，本书将在“第二编”中列专章探讨。本节从教学的实质、教学模式、教学条件、教学策略等方面对教学理论做简要探讨。

一、教学的实质

（一）教学过程的实质是主体间的互动

教学过程包含教与学两个方面。教与学的关系表现为教育者与受教育者所形成的各种关系中的主体间互动关系，即双主体关系。教学活动中教与学的关系不仅形成了教师与学生之间一对一的关系，也形成了学生与学生之间的关系、教师与学生群体之间的关系、学生与学生群体之间的关系等多重网状主体间关系。因此，主体性是理解教学中主体间交往的理论基础。主体性是指教学活动中主体互动关系发生时表现出来的主动性、主导性和合作性等特征。若教学的终极目的设定为学生科学文化知识的掌握、健全人格的形成和问题解决能力的培养等方面，那么教与学双方主体性的发挥则是达成此目的的关键。但在教学过程中，教与学的主体作用有不同的特点，教的主体性主要从教师的主导性体现出来，学的主体性主要从学生的主动性体现出来。教师的主导性是以激发和保持学生的主动性为前提，教师在教学过程中通过教学意图和策略等调动学生的内在动力，发挥学生的主动性，使之成为学习的有效行动者和积极参与者；学生的主动性主要从其参与学习的自觉态度、努力程度和与其他主体合作的深度、广度及效益中体现出来；而合作性则是教与学双方主体性得以发挥的重要条件。当教师以学生的主体地位为前提进行教学指导，师生间积极合作与互动时，这样的教学就是教师主导的主体性教学。因此，主体性教学就是在教学活动中充分发挥教师和学生的积极性，凸显学生的主体地位，不断发展学生主体性和教师主导性的教学。

（二）教与学主体间的互动须平等交流

人类的沟通与合作是以语言为媒介的，教学就是在师生学习共同体之间以语词为中介进行的语言性沟通或语言性活动的具体表现，其实质就是一种平等“对话”（交流）。教学中，师生之间用于沟通和交流的对话语言主要包括语词语言、数学语言和声像符号等艺术语言。因此，有效的教学就是利用情境、协作、会话等学习要素，充分发挥学生的主动性、积极性，最终实现知识的意义建构过程。因此，真正的教学过程应当说是学习主体和教育主体（教师）交互作用的过程。那种以教室中心、教师中心、课本中心为特征的教学形态，是一种适于教师“传授”知识技能的教学形态，即“传道、授业、解惑”的教学形态。在这种形态中，教师的作用只是牢牢地控制住学生，传授现成的书本知识。这种传统的教学形态显然不能适应 21 世纪信息社会对高素质创新型人才的要求，我们需要重新思考和设计新型的教学形态。新型教学形态的核心是营造一种使学生成为学习活动主体的学习环境。在这里，学生不仅仅是接收知识的“容器”或知识的“习得者”，更重要的是使学生成为自主知识的“习得者”和“创新者”。要达此目的，就必须构建一种新的教学关系系统，这种新的教学关系系统的建立须以教与学主体间平等交流、有效互动为前提，以教学新媒体与现代信息技术结合为支撑，真正体现主体性教学的思想。

二、教学模式

（一）教学过程的基本模式

1. 教学宏观模式中的多变量

教学过程的宏观模式以教学的四变量（教学内容、学生特点、教师特点和教学条件）为起点，通过教学三过程（教授、学习、评价/反思）的运作构成。教学过程的运行状态和水平，不仅取决于四变量的协调，而且受三过程运作的制约（如图 1-1 所示）。

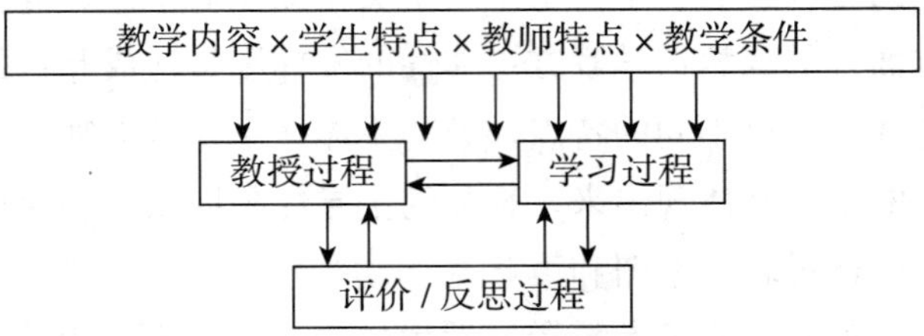

图 1-1　教学过程的宏观模式

2. 教学微观模式中的多环节

微观上将教与学的过程分为教学准备、教学实施和教学评价三个阶段。其中，教学准备的主要任务是教学设计（确定教学目标、分析学习过程的特点、选择教学方法），教学实施是执行教学设计，教学评价是反思评价教与学过程的成效，进行成败得失反省（如图 1-2 所示）。

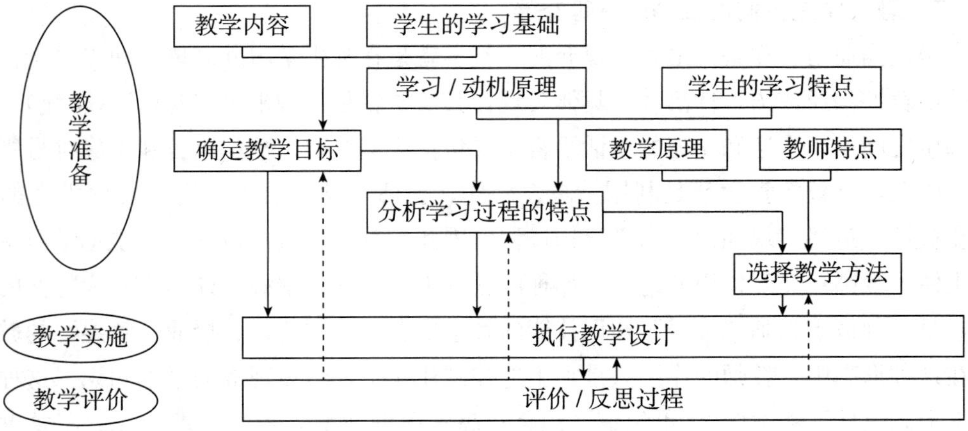

图 1-2　教学过程的微观模式

（二）教学过程模式的新探索

为了进一步培养学生的创新精神和创造能力，当前在课程与教学改革实践中，人们越来越倾向于在教学过程中实行“活动—体验”模式，强调围绕学生的学习进行四个意义上的建构——建构课堂教学的四个活性因子：教学情境、学习活动、合作交往、成功体验。

关于教学情境的建构——课堂教学情境不只存在于课堂教学伊始，而是充满课堂教学的整个过程。情境的创设可分为智力情境和非智力情境两大类。智力情境的创设，主要是利用认知发展的同化与顺应机制激活思维，比如问题情境、变式情境、问题解决的发现探究式情境等。非智力情境是指作用于学生的心向情境、交往情境等。

关于学习活动的建构——活动设计，应坚持以问题为纽带，以知识的再发现过程和学生思维发展过程为主线，以师生合作互动、多向信息传递、多种感官协调活动为基本方式。

关于合作交往的建构——师与生、生与生、个体与群体的相倚互动关系是教学赖以存在并得以体现的基本形式。

关于成功体验的建构——成功体验是指学生通过自组织化的内部加工获得使知识、情感、方法、逻辑等一体化的真实体验。基本方法有两种：其一是正确认识和把握知识、能力和人格品质教育的关系，使教学活动全方位地作用于学生的认知发展和情感体验；其二是以愉悦的教学促成学习的愉悦，恰当运用愉快教育、成功教育和激励性评价等方式激发学生的学习兴趣，引导学生积极主动地参与，提升学生的学习素质和能力。

教学过程模式的新探索，不是对基本模式进行否定，而是使其进一步发展和完善。在教学实践中，要实现知识的接受与发现的辩证统一。

三、教学条件

教学条件指影响教学项目运作的各种内外部环境，诸如教学的物理环境、心理环境以及主观性、客观性教学资源等。

（一）教学环境

教学活动的展开有赖于一定的教学环境。教学环境是指在教学活动中，影响教师的教和学生的学的一切内外环境。从主体构成看，教学环境包括教师教的环境和学生学的环境；从内容构成看，教学环境包括物理环境和心理环境。分析和研究各种适宜的教学条件，必须充分考虑影响教学的各种环境因素，重视教学环境中各种因素对教学的影响。

1. *教学物理环境*

教学物理环境是指教学赖以进行的一切物质条件所构成的整体，它是教学活动的物质基础。教学物理环境主要由教学的自然环境（如学校的地理位置，校园、教室的环境和室内布置）、教学设施环境（如课桌椅、黑板、实验仪器、图书资料、体育器材和各种电教设施)、教学时空环境（如教学时间的安排、班级规模、座位编排方式）等构成。

教学物理环境是一种人为的环境，它对教学活动有着重要的影响。首先，教学的物理环境影响学生的认知活动。研究表明，智力活动的效率有赖于适当的物理环境。沃尔特（W. G. Walter）的研究发现，教室内过强或闪烁频率过高的光线会对学生大脑的发育造成极大的危害，可能使学生头痛、恶心、产生幻觉，严重的甚至能使3%—4%的正常儿童呈现癫痫状病症。教学环境的温度也会影响学习活动。吉利兰（J. W. Gilliland）的实验证明，最适宜学生智力活动的教室温度是20 ℃—25 ℃。环境温度每超过这个适宜温度1 ℃，学生的学习能力相应降低2%；教室内气温超过35 ℃，学生大脑的消耗会明显增加，智力活动水平和活动持续时间会大大降低和减少。因此，保持用脑环境的适宜温度，有助于提高大脑处理信息和解决问题的能力。其次，教学的物理环境影响学生的情绪体验。研究发现，教室内的颜色对学生的情绪有显著影响，浅蓝色和浅绿色可以使学生心情平静，而浅红色和浅黄色可使学生情绪激动。最后，教学的物理环境影响学生的学习行为。良好的物理环境，有助于使学生产生积极主动的学习行为而提高教学效率，反之，则易导致学生消极的学习行为而干扰教学活动。因此，教学物理环境的创设要以教学目标和学生心理发展的需要为基本依据。

2. 教学心理环境

教学心理环境是指在教学过程中，教学主体之间以及教学主体与教学客体相互作用的过程中所形成的一种心理氛围，它是教学活动的心理背景。教学心理环境主要由人际关系（如同伴关系和师生关系）、集体气氛（如校风、班风）、教学氛围（如师生的心境、态度、情绪和课堂秩序）、个体心理因素（如个体的智力发展水平、个性特征、动机、情绪、意志以及焦虑水平）等构成。良好的教学心理环境对教学活动有重要的影响。首先，它有利于沟通教学信息、交流思想，促进师生、生生之间产生心理相容和情感交流。如果教师传递的是对学生的热爱、尊重、理解、信任和积极期待的态度，则会使学生对教师产生认可、好感和信任的积极体验。在教学过程中，学生乐于接受教诲，从而产生情感共鸣和情感交融的效应。其次，它有利于克服和消除学生的生理、心理疲劳。在良好的心理环境中开展学习活动，学生的学习动机强烈，容易产生愿学和乐学的渴求，能够体验积极的情感，从而使学生的智力活动和非智力活动保持在最佳状态，进而提高教与学的效率。最后，它有助于维持正常的教学秩序，使教学任务得以顺利完成。

因此，作为教学心理环境的创设者和调控者，教师在良好教学心理环境的创设中起主导主用。创设良好的教学心理环境，可以采取以下措施：(1) 激发积极情感，引起学生主动学习的心向；(2) 启发思维，培养学习的主动性和创造性；(3) 树立信心，重视对学习活动的肯定性评价。重视肯定性评价，使学生产生成功体验，树立学习自信心，是创设良好教学心理环境的重要保证。

（二）教学资源

教学资源是教学领域内新兴的研究课题。随着基础教育改革的逐步深入，尤其在多媒体和网络技术的支持下，教学资源得到越来越多的开发和利用，人们对教学资源的认识也日益清晰。所谓教学资源，就是在教学过程中，所有能用来帮助教与学的资源，即支撑教学过程的各类软件资源和硬件系统。教学资源可划分为主观性教学资源和客观性教学资源。

1. 主观性教学资源

主观性教学资源是指在教学过程中，影响教学活动的依存于教学活动主体自身的因素。在教学过程中，师生不仅是教学资源的利用者，而且师生自身就是教学资源的重要构成者和开发者。（1）教师。教师的知识观、知识经验、智力水平、个性、教学观、学生观、教学能力、教学风格、教学态度、教学效能感、教学准备状态以及教师期望等都是依存于教师的影响教学活动的主观因素。教师在教学过程中，通过开放式的问题、情境、活动，要求学生联系自己的经验、体验、想法或预习时收集的信息，进行多种形式的交流，开发学生的资源，实现课堂教学过程中的资源利用。（2）学生。学生已有的知识经验、学习兴趣、学习态度、学习方法、学习习惯，学生在班级中的地位，学生与同学的关系等都是依存于学生的影响教学活动的主观因素。总之，学生学习的初始状态、在课堂活动中的状态和教学结束后呈现出的状态，都是可利用的主观性教学资源。

2. 客观性教学资源

客观性教学资源是指在教学过程中，影响教学活动的作为认识对象的教学材料、支持系统和教学环境。（1）教学材料。教学材料指符合一定教学目标和教学要求、经筛选可用于教学的材料。教学材料包括教科书、挂图、教学器具、计算机辅助教学（CAI）课件、教学电视等。凡是符合特定的教学目标和要求，符合学习规律的材料，都可以用作教学材料。（2）支持系统。支持系统主要指支持教学活动的内外部条件，包括教学设施、信息、人员等。支持系统作为教学资源的内容对象与师生沟通的途径，起着媒介的作用。它侧重于信息的支持和人力资源的投入，如师资、专业人员以及其他学习者对教学活动的指导和帮助，网络信息对教学内容的补充等。支持系统经过教育化以后就成为教学材料。（3）教学环境。教学环境是师生运用资源开展教学活动的具体情境，包括教学过程发生的地点、师生与教学材料、支持系统进行交流过程中所形成的氛围等。它体现了资源组成诸要素之间的相互作用。现代教学环境逐渐呈现出一种趋势，即越来越忽略其物理特征，而越来越注重师与生、生与生、生与教学材料、生与支持系统之间实现有意义的交流。

四、教学策略

（一）教学策略的含义

“策略”一词源于军事术语，意指为实现战略任务而采取的手段。策略是战略的一部分且具有较大的灵活性，它们之间体现了整体和局部、长远利益和当前利益的辩证关系。心理学中使用的“策略”一词源自英文 strategy，主要有两层含义：（1）仔细的计划或方法或计谋；（2）设计或运用达到某一目标的计划或技巧。综合中外观点，可以看出，策略既与宏观的原则、规划、设计不同，因其具有可操作性的特点，又与微观的方法、技能不同，因其具有控制、统摄的作用。因此，策略可定义为：根据活动目标和形式的特点及其变化需要而制订的行动方针和活动方式。

关于教学策略（teaching strategy）的含义，目前学术界见仁见智。总体上看，研究者对教学策略的看法大致有四类：（1）把教学策略看作为实现某种教学目标而制订的教学实施的综合性方案 。（2）把教学策略作为一种教学思想的体现，认为“教学策略可以看成是一种教学观念或原则，通过教学方法、教学模式和教学手段得以体现”。（3）认为教学策略与教学方法、教学步骤、教学模式同义。（4）把教学策略看作为达到一定的教学目标而采取的一系列教学方式和行为 。上述看法从不同角度对教学策略的含义做了界定，但出现这种各执一词的原因，主要是对一些与之相关的基本概念间的关系缺乏清楚的辨析。因此，要正确把握教学策略的含义，有必要厘清教学策略与其相关概念之间的关系。

1. 教学策略和教学观念的关系

有的研究者认为，教学策略属于一种教学观念，介于教学原则与方法之间；有的学者甚至认为，在教学策略中，观念和技巧的关系应该说是绝对统一的，教学观念支配、决定着教学技巧，教学技巧则从属于一定的教学观念和教学目的。诚然，教学策略和教学观念存在着千丝万缕的联系，教学策略支配着教师怎样教，对教师的教学行为具有指导作用，但将教学策略和教学观念视为一体却值得商榷。我们认为，这种观点在逻辑上起码有两点不够严谨。（1）教学观念是一个很宽泛的概念，如学生观、教师观、教学原则等，均可属于教学观念的范畴。而教学策略的外延却没有那么宽泛，它本身的制订或选择也受教学观念的制约。（2）将教学策略视为教学观念的主要理由是，教学策略同教学观念一样具有支配教学行为的功能。显然，这种简单推理忽视了教学策略更具有可操作性的特点。若把教学策略等同于教学观念，不但抹杀了教学策略具有可操作性的特点，而且间接否定了教学策略实质上存在的必要性。因此，我们认为，教学策略和教学观念是有实质性区别的。

2. 教学策略和教学设计的关系

探讨教学策略和教学设计的关系时，首先应分析目前一种容易将教学策略和教学设计混淆的观点。教学策略是建立在一定的理论基础上，为实现某种教学目标而制订的教学实施总体方案。这种观点将教学策略视为实现教学目标的方案。诚然，实现教学目标必然包括对策略的设计和选择，但对整个教学目标实施的总体方案却主要属于教学设计的范畴，而教学策略只属于教学设计的一部分，不能取代教学设计的全部功能。上述观点更符合对教学设计的描述。如加涅（R. M. Gagné）把教学设计划分为鉴别教学目标、进行任务分析、鉴别起始行为特征、建立课程标准、提出教学策略、创设和选择教学材料、执行形成性和总结性评价等几大部分。国内有的学者也将教学策略的选择和制订视为教学设计的四大领域之一，即确定教学目标、了解学生的初始特征、教学策略的选择和制订、教学评价的设计与执行。由此可见，教学设计与教学策略是整体与部分的关系。教学目标的整体性实施方案是教学设计的内容，教学策略仅为教学设计的有机组成部分。教学策略主要涉及课堂教学中教师怎样教以及实现怎样教所必需的课堂教学组织、实施、管理等方面的活动方式或行动方针。

3. 教学策略和教学方法、教学模式的关系

这三个概念之间的关系较为复杂，目前在教育文献中等同、交叉、混用的现象并不鲜见。不但有人将教学策略视为教学方法或教学模式，而且把教学方法和教学模式视为相互包容，其具体内容重叠、交叉的就更多了。① 先看教学策略和教学方法。教学方法被视为教与学之间交互作用的方式，它暗含教学程序，特别是在更广泛的层次上将教学方法当成教学方式时，更是如此。虽然教学方法和教学策略均涉及具体的教学进行方式，但教学策略的外延比教学方法宽广，层次比教学方法高。教学策略不仅包括对教学方法的选择，还包括对教学组织形式、教学媒介的选择等内容，而且在具体的教学方法及其组合上也存在着策略问题。再看教学策略和教学模式。教学模式是一种简化的、理论化的教学范式，各种具体的教学模式一般包括理论依据、教学目标、操作程序和操作策略四部分。一般说来，教学模式规定着教学策略和教学方法，居于三者的最高层次，策略、方法的选择均遵循模式要求。教学策略和教学模式都反映某种教学程序，但教学策略对教学程序的反映比教学模式更详细和具体，因而，教学策略的内涵比教学模式更丰富。教学模式是一种比较定型的教学范式，一经确定就是相对稳定的；教学策略则是比较灵活的调控技巧，可以随教学情境、目标、对象的变化而调整、变动。它常常打破既定教学模式的束缚，根据教学目标的具体需要和学习者的实际情况进行不断的补充、调整，因此，教学策略更具有变通性。但教学策略一旦制订并执行，也具有相对的稳定性。可见，这三个概念的逻辑关系是：教学模式（上位）—教学策略（中位）—教学方法（下位）。

通过对上述三组概念间基本关系的粗略分析，对教学策略的基本含义可做如下表述：教学策略是教学设计的有机组成部分，是在特定教学情境中为实现教学目标和适应学生学习的需要而采取的教学行为方式或教学活动方式。这个表述包含三层基本意思：(1) 教学策略从属于教学设计，确定或选择教学策略是教学设计的任务之一；(2) 教学策略的制订以特定的教学目标和教学对象为依据；(3) 教学策略既有观念驱动功能，又有实践操作功能，是将教学思想或模式转化为教学行为的桥梁。

（二）教学策略制订的主要制约因素

教学策略通过教学过程、内容的安排，教学方法、步骤、组织形式的选择、组织得以体现，而教学策略的制订或选择又主要受教学目标、教学对象、教学者和教学环境等因素

① 赵树铎、杨春增：《教学策略浅谈》，《教育改革》1994 年第 3 期。

的制约。

1. 教学目标是教学策略制订或选择的决定性因素

教学目标不同，所需采取的教学策略也不同，即使是同一学科的教学也是如此。例如，一门学科教学之初，教学的起始目标是提高学习者对学科的兴趣和信心，然后才是促进学生掌握具体的知识、技能和发展智能的目标。针对不同的教学目标，教学者应采用不同的策略。若要提高学习者对学科的兴趣和信心，可考虑从本学科的最新发展动态、与社会生活的紧密联系、对学习者自身发展的重要作用等方面选择有针对性的教学策略，进而达到提高或保持学习者积极性的目标；若要促进学生对具体知识、技能的掌握，发展他们的智能，则应根据知识技能内在的逻辑联系、掌握知识技能对学习者的认知结构的促进作用、知识技能迁移的规律、学习者的主观状态等进行综合考虑，然后制订或选择相应有效的教学策略。因此，对教学目标的分析是制订或选择有效教学策略的关键。

2. 学习者的初始状态决定着教学的起点，是教学策略制订或选择的基础

对学生学习主体作用的重视，是现代教学观的基本特征之一。学生的初始状态，主要指学习者现有的知识技能水平、学习风格、心理发展水平等。实践表明，如果仅根据教学目标制订教学策略，无视学习者的初始状态，那么所制订或选择的教学策略就会因缺乏针对性而失效。因为学习者的初始状态决定着教学的起点，教学策略的制订或选择必须以此起点出发，进行具体分析。例如，针对学生不同的认知风格，可采取两类基本的教学策略：一是采取与认知风格中的长处或学生偏爱的方式相一致的匹配策略，二是针对认知风格中的短处或劣势采取有意识的适配策略。维果斯基认为，教学应从学习者的最近发展区开始才能达到最佳的教学效果。我们认为，学习者的最近发展区与其学习的初始状态有密切的联系。如果说对教学目标的分析是制订或选择教学策略的前提，那么对学习者初始状态的分析则是制订有效教学策略的基础。

3. 教师自身的特征是制约有效教学策略制订或选择的重要条件

如果说教学目标和教学对象是影响教学策略制订的客观条件，那么，影响教学策略制订有效性的主观因素则主要取决于教师自身的特征，包括教师的教学思想、知识经验、教学风格、职业心理素质水平等。在教学过程中，教师是制订、监督和实施教学策略的主体，他们一般都倾向于选择与其教学思想、知识经验、教学风格、心理特征相一致的教学策略。例如，某教师接受了布鲁姆的教学思想，便会采用掌握学习的教学策略，就可能对学习速度较慢的学生投入更多的时间和精力。教师的知识经验也是影响教学策略制订和选择的重要因素。知识经验丰富的教师，能够根据各种具体教学策略的适宜环境及学习者的需要，选择或制订相应的教学策略。此外，教师的教学风格、心理素质等也在一定程度上制约有效教学策略的制订或选择。因此，在制订或选择教学策略时，不仅应重视对目标和学生初始状态的分析，还应努力发挥教师的主观能动性，使教师自身特征中的积极因素在制订或选择有效教学策略中充分发挥作用。同时，教师应有意识地克服自身特征中的消极因素对制订或选择教学策略的不利影响。

4. 教学环境制约有效教学策略的制订或选择

教学环境是教学活动赖以进行的重要因素，它由学校内部有形的物质环境和无形的心理环境两部分构成。物质环境如校舍、教学设施、教学场所以及教室的光线、温度、空气等，心理环境如学校中的人际关系、校风班风、群体规范、社会信息、教师期望、课堂教学气氛、班级规模和座位编排方式等。从表面上看，教学环境只处于教学活动的周围，是相对静止的，但实质上它却以自己特有的影响力潜在地干预着教学与学习过程，并系统影响活动的效果。在科学技术迅猛发展的今天，学校教学环境正变得日趋复杂和多样化，对教与学策略的制订与选择的影响也日益突出。

（三）教学策略的分类

关于教学策略类型的探讨，无论对提高教学的针对性，还是对系统、深入地研究教学策略，都有重要意义。目前，教学策略大体有以下几类划分法。

根据某个构成教学活动的主要因素，教学策略可分为方法型策略、内容型策略、方式型策略和任务型策略。方法型策略针对教学方法这一因素，又可分为讲授性策略和发现性策略；内容型策略针对教学内容这一因素，又可分为直线式策略、分支并行式策略、循环式策略和综合式策略；方式型策略针对教学中师生活动的方式，又可分为教师中心策略和学生中心策略；任务型策略针对教学任务，又可分为讲解性策略、练习性策略、问题定向性策略和综合训练性策略。

根据改进教学效果的途径，加涅（E. D. Gagné）将教学策略分为管理策略和指导策略。管理策略是指教师通过适当的组织、安排，使学生形成良好课堂行为习惯的策略。指导策略包括给予明确的指导和解释，引导课堂活动和讲解家庭作业，给学生足够的机会接受反馈和复习学过的知识。

根据教学过程的环节，教学策略可分为教学准备策略、教学实施策略、教学监控评价策略。教学准备策略是教师根据教学目标要求，钻研教材，组织教法，分析自我和学生，制订教学计划的策略。教学准备策略主要包括确定教学目标的策略、设计教学内容的策略、选择教学方法和媒体的策略、安排教学环境的策略。教学实施策略是教师在教学过程中使用的策略，包括先行组织者策略、概念原理教学策略、促进认知情意发展的策略等。教学监控评价策略是指教师为保证达到预期的教学目标，对教学全过程实行主动的计划、反馈、控制、评价和调节等的策略，主要包括监控和评价两个方面的教学策略。本书将在第十三章采用根据教学过程的环节这种分类方法探讨教学策略。

小结

个体心理发展与教育之间存在着相互依存的关系，心理发展是有效教育的前提，而有效教育能促进个体心理的发展。对教师来说，了解学生的心理发展特点，既是其制订教育策略、因材施教的重要依据，也是其提升教育教学能力的需要。

心理发展是指个体从胚胎形成到死亡的整个生命历程中所发生的持续而稳定的内在心理变化过程。发展心理学家从不同角度概括提出了全程发展观、全面发展观和潜能发展观等主要理论观点。系统了解和掌握这些理论，是教师客观认识学生、理解学生的心理需要的理论依据。

教与学是主体间的互动活动，因此，教育心理学既应重视学习理论，也应关注教学理论。教学理论主要包括教学实质、教学模式、教学条件、教学策略等方面的理论观点。科学理解和遵循教学理论是有效教学的必要条件，因此，教师熟悉并掌握教学理论，对其达成有效教学十分重要。

思考与练习

1. 对于教育工作者来说，理解和掌握青少年心理发展与教育的理论为什么是必要的？
2. 举例说明个体心理发展和变化过程中表现出的明显的年龄特征。
3. 为什么说“教与学是主体间的互动活动”？请联系教学实际，举例说明。

拓展阅读

1. 林崇德主编：《发展心理学》，人民教育出版社 2018 年版。
2. 张大均主编：《教育心理学（第三版）》，人民教育出版社 2015 年版。

第一编　青少年心理发展

第二章　青少年的认知发展

启发与引导

- 儿童和青少年的认知发展会经历怎样的变化？皮亚杰是如何看待儿童和青少年认知发展的？
- 社会文化如何影响青少年的认知发展？
- 皮亚杰认知发展理论中的发展规律和发展阶段对当今教育研究和实践有什么影响？
- 维果斯基认知发展理论中的发展规律对当今教育研究和实践有什么启示？
- 如何基于青少年的认知发展开展教育实践？

认知发展是发展和教育心理学领域最为核心的研究主题。本章主要探讨青少年的认知发展。具体而言，第一节将介绍皮亚杰关于儿童认知发展的理论与维果斯基的个体发展社会文化观；第二节论述青少年不同类型的认知能力发展的基本特征；第三节将阐述如何基于青少年的认知发展开展教育教学，以提高教育教学效果与质量。

第一节　青少年认知发展的基本理论

认知发展是青少年心理发展的重要方面，发展心理学家提出了各种认知发展理论来解释青少年认知发展的特点和规律。其中，皮亚杰的认知发展理论和维果斯基的认知发展理论影响最大，最具代表性。

一、皮亚杰的认知发展理论

皮亚杰（J. Piaget）是发展心理学领域迄今为止最有影响力的理论家之一。他 21 岁凭借对软体动物的研究获得博士学位。此后，他的研究兴趣转向人类发展。皮亚杰将动物学和认识论加以整合，创立了发生认识论这一新学科，采用实验的方法研究认识的起源。皮亚杰的研究始于对自己三个孩子婴儿期的观察，后来，他运用临床法对更大样本的儿童进行研究。在对儿童的游戏规则到物理法则等各个活动主题的自然观察和实验中，皮亚杰建构了儿童认知发展的理论。

（一）认知发展的动力和过程

皮亚杰一生研究的中心问题是儿童认知能力的发展，尤其是数理逻辑能力是怎样发展和为什么发展的。皮亚杰认为，认知发展是生物发展的扩展，其中，智力发展控制着情绪、社会性以及道德的发展。皮亚杰将智力定义为帮助机体适应环境的一种基本生命功能，是所有认知结构趋于平衡的状态。儿童认知发展的实质，就是机体在和环境不断发生的交互作用中，对环境的适应过程，也就是不断打破旧平衡，建立新平衡，实现思维过程和环境之间的平衡和谐。

皮亚杰认为认知的发展就是图式或者结构的发展。皮亚杰用图式（schema）这一概念来表示一种认知结构或者心理结构，是指支配儿童行动的心理模式，儿童通过这种认知结构感性地适应并组织他们周围的环境。皮亚杰认为儿童在出生时就具有一些与环境相互作用，从环境中获取意义的固有倾向，即原初的图式。如吮吸就是一种最初的图式。然而这些图式很快就被建构的图式所取代，图式变得复杂的时候就称为结构。

儿童如何建构并修正图式？皮亚杰认为所有的图式都是通过两种天生的智力过程得到的：组织（organization）和适应（adaptation）。组织是指儿童把已有的图式合并为新的、更为复杂的智力图式。组织的目的是促进有机体的适应，即通过调整以适应环境的需求。适应是通过两种互补的活动实现的，也就是同化（assimilation）与顺应（accommodation）。同化指把环境因素纳入有机体已有的图式或认知结构中，以加强和丰富主体动作；顺应指改变主体已有的图式或认知结构，以适应客观变化。如婴儿通过吮吸小奶瓶发展了吮吸图式，他在试图吮吸大奶瓶时就运用了这种图式，这就是同化；但是，当婴儿改吃奶为吃饭，他就需要改变原来的图式以适应环境，这就是顺应。

尽管同化和顺应都是重要的认知过程，但皮亚杰提出在同化和顺应之间获得适当的平衡更为重要。如果一个儿童总是同化新信息，那么这个儿童的图式只会是大量的目录卡片，结果会在区别上造成困难。如果一个儿童总是去顺应，皮亚杰认为：大多数新事物会被看作是不一样的，因而将不会发生概括。因此，皮亚杰假设有一个被称为“平衡”的自我调节过程在所有儿童和成人身上起作用。平衡是指个体在心理上维持稳定的发展，是一个持续调节行为的动态过程。这种平衡是同化和顺应之间的平衡，代表了同化和顺应之间的不断协调。

当个体的经验不能与期望相匹配时，不平衡即认知冲突就会出现。皮亚杰认为激发儿童认知发展的最有效方法之一就是制造一种认知失衡状态。当儿童期待某事以特定的方式发生却没有发生时，就会出现认知失衡。处于认知失衡状态下的儿童，试图去逐渐理解造成混乱的情境，并因此将新的体验同化到已有的图式中，或建立新的图式与新的体验相匹配。因此，皮亚杰认为认知发展是一个主动的过程，儿童作为一个主动的建构者，不断地寻求并同化新经验，调整原有的图式去顺应新经验，然后将已有的图式组织成新的、更复杂的图式。同化和顺应两种活动为儿童不断地理解自己所生存的世界提供了可能。

（二）认知发展的阶段

皮亚杰提出，儿童的认知发展必须经历四个独特的本质完全不同的阶段（见表 2-1）：感知运动阶段（0—2 岁）、前运算阶段（2—7 岁）、具体运算阶段（7—11 岁）和形式运算阶段（11 岁以上）。皮亚杰就这些阶段是如何展开的提出如下假设：第一，这些阶段代表认知发展的一种必然结果，亦即所有儿童将以同样的顺序经历这些阶段，不能跳跃任何一个阶段。第二，每个阶段与下一阶段间存在本质的区别，因此儿童在一个阶段中必须学会一套图式，以便能顺利进入到下一阶段。第三，尽管皮亚杰提出成熟速度或生物成长的进程决定了儿童何时进入下一阶段，但他也认为文化与环境可能加速或延缓成长。

表 2-1　皮亚杰的认知发展阶段

年龄	阶段	特点
0—2	感知运动阶段	学习协调感知活动和运动活动。
2—7	前运算阶段	能够使用符号（如语言）表征，但心理运算能力有限。
7—11	具体运算阶段	能够对具体的、直接的体验进行心理运算，不能对抽象的假设进行思考。
11—15/20	形式运算阶段	能够进行抽象逻辑思维，能够形成假设并系统地对其进行验证。

感知运动阶段的主要特点是：依赖感觉与运动来认识事物；从本能性的反射发展到有目的性的活动；出现客体永恒性（object permanence），意识到即使物体从眼前消失，它还是存在的；问题解决能力开始发展。延迟模仿的出现标志着儿童可以对动作进行初步的符号表征。

2—7 岁被称为前运算阶段。在这个阶段，儿童的思维比感知运动阶段更加符号化、象征化，即儿童能够使用心理符号去重建或再现以前或当前的经历，但还不具有运算思维的能力。

前运算阶段又包括符号功能亚阶段与直觉思维亚阶段。符号功能亚阶段（symbolic function substage）是 2—4 岁的时期。符号功能（symbolic function）的出现是这一阶段幼儿认知发展最显著的特点。皮亚杰所说的符号功能不仅包括用词汇表征事物，也包括用一事物代替或表征另一事物。直觉思维亚阶段（intuitive thought substage）是 4—7 岁的时期。此阶段儿童开始运用初级推理，希望知道所有问题的答案。皮亚杰称为“直觉型”，是因为儿童对于自己知道什么非常确定，但不知道自己是如何得到这些知识的。他们经常说自己知道某些事情，但这不是通过理性思维了解的。

总之，前运算阶段儿童的思维有很大的发展，但还不具备运算（operation）的性质。运算在皮亚杰理论中是指一种可逆的心理表征。前运算阶段儿童的思维有以下局限性：

（1）自我中心（egocentrism）：儿童只能够从自己的角度理解事物，不能把自己放在他人的角色中或不能明白他人的感觉。

（2）中心化（centralization）：只注意物体或活动的一方面，而且通常是那些具有感知优势的方面，而忽视了其他方面。

（3）不能逆运算（inability to reverse operation）：不能够改变思维的方向，使其回到出发点。

（4）不能够推断事实（inability to inferred reality）：往往是根据知觉到的表面现象做出反应，不能够推断事实。

（5）泛灵论（animism）：把生命特征赋予无生命的物体。

（6）转换推理（transductive reasoning）：一种从特殊到特殊的推理形式，如“我没睡午觉，因此这不是下午”。

接下来的 7—11 岁是具体运算阶段。具体运算是一种和真实的、具体的物体相关的可逆的心理活动。与前运算阶段相比，具体运算阶段的儿童能够运用逻辑思维解决具体的问题，即能够进行逻辑推理和运用逻辑思维解决问题，但需要事物和直观形象的支持，不能够进行纯符号运算。这一阶段儿童的思维具有以下特点：

（1）去中心化（decentering）：能够考虑事物的多个感知特征，得出具体问题的解决方法。

（2）可逆性（reversibility）：能够改变思维的方向，使其回到出发点。

（3）守恒（conservation）：当物体的外观在某些表面上发生变化时，能够认识到物体的本质没有发生变化。

（4）分类（classification）：能够根据物体的共同特征进行分类。

（5）序列化（seriation）：能够根据大小、体积、重量或其他的一些特性对一系列要素进行心理上排序。

（6）推断事实（inferred reality）：透过表面现象对事物真实意义进行推断和理解。

皮亚杰认为，形式运算阶段大约开始于 11 岁，完成于 15 到 20 岁之间。形式运算的发展提供了对各类问题进行推理和形成逻辑的能力。具体来说，形式运算阶段的思维具有以下特征：

（1）假设推理（hypothetical reasoning）：假设推理能够使个体超越具体的感知和记忆，处理非直接经验领域内的问题。

（2）类比推理（analogical reasoning）：形式运算阶段的儿童能够很好地进行类比推理，能够理解类比关系。

（3）演绎推理（deductive reasoning）：从一般推出特殊的结论。

(4) 反思能力 (reflective ability): 形式运算思维者具备了反思能力，即系统地检验假设的能力，能够系统地概括出解决某一问题的所有可能方法或能进行组合推理。

(5) 形式运算思维的逐渐发展: 形式运算思维是逐渐出现的，而不是一次全部出现的。

(三) 对该理论的评价

研究者评价皮亚杰在发展心理学领域中的影响可以与莎士比亚对英国文学的影响和亚里士多德对哲学的影响相媲美。皮亚杰的认知发展理论把儿童理解为一个充满好奇的、积极主动的探索者，认为发展是有阶段、有顺序的，基本符合发展的一般事实。他通过观察和实验发现了儿童发展的许多重要方面，揭示了儿童在每个阶段的一些显著的重要特征。实验证明，皮亚杰理论在许多方面都是正确的。如它强调了儿童发展的主动性、阶段性，重视活动（动作）在个体发展过程中的重要性，提出“学习是个体积极主动的建构过程”等观点，提示教育者按照儿童认知发展的年龄特点进行知识教学，注重儿童自主求知能力的培养等，对教育教学实践极具启示意义。

但皮亚杰的认知发展理论也面临一些挑战。皮亚杰理论最核心的观点之一，认为发展是个质变的过程，呈现一定的阶段性。皮亚杰还认为，认知发展具有领域普遍性，一个儿童在任何时间均具有认知机能的同质性。然而，这些却正是皮亚杰理论受到众人批评的地方。有研究者认为，“推理样式、知识结构以及获得知识的机制在跨越不同内容领域的重要方面都是不同的。这一范围内，认知能力是领域特殊的”①。另外，皮亚杰可能低估了前运算阶段与具体运算阶段儿童的思维能力，高估了形式运算阶段青少年的思维能力。另外，皮亚杰提出形式运算出现于青春期早期，但近来研究表明，能够教具体运算阶段的儿童进行抽象推理。皮亚杰提出认知发展有四个阶段，但也可能认知发展还存在第五阶段。像爱因斯坦或皮亚杰这样的伟人或许是在认知发展的第五阶段进行思维的，他们能够将已有知识重新概念化，并概括出思考世界的独特方式。同时，皮亚杰的认知发展阶段理论具有鲜明的生物学烙印，暗含着认知发展主要是一个成熟与成长的过程，即儿童像一个科学家一样，主要靠自己来探索世界，获得重要的发现。皮亚杰对于社会与文化对认知发展的影响作用关注得不够，对于教育和学习对学生认知发展重要性的估计也不够。

(四) 新皮亚杰主义的研究

一些发展心理学家提出新皮亚杰理论，他们保留了皮亚杰关于儿童知识建构以及儿童思维发展趋势的深刻见解，但加入了信息加工研究的有关注意、记忆和策略如何促进发展的新发现。这些观点认为，多数领域的认知发展表现为随时间产生的连续性的量变。随着

---

① Gelman, R. (2010). Domain specificity and variability in cognitive development. *Child Development*, 71 (4), 854-856.

年龄的增长，儿童信息加工的速度加快，短时记忆的容量扩大，以及对思考内容的了解增多。凯斯（R. Case）的理论是到目前为止最有影响的新皮亚杰理论。① 它跟皮亚杰理论最大的不同就在于，不再以铁板一块的结构变化为出发点，也不那么多地依赖于平衡化等概念，而是吸收了经验论和历史文化派独有的一些概念，试图用信息加工的思想和方法来整合皮亚杰的理论，因而被称之为智慧发展的过程—结构论。凯斯认为，发展的一个主要变化就是儿童解决问题时执行控制结构（executive control structure）操纵范围的变化。执行控制结构包括问题情境表征、任务目标表征、问题解决特定策略或程序的表征。儿童在执行控制结构中如何表征问题情境、目标和策略存在着一定的个体差异，这尤其反映在儿童能够思虑和协调的选择的数量上。费希尔（K. Fischer）将不同领域中的认知发展和对大脑的相关研究进行联系，并探讨了阅读和数学等特定领域的发展。② 他的研究发现，尽管不同领域的技能发展表现出大脑不同的神经通路的变化，但这些技能的发展表现出相似的加速期，并遵循严格的发展顺序。儿童在学习某一技能时，其技能发展会经历感知动作、表征和抽象三个阶段，而每一个阶段，技能发展也遵循着相同的发展模式：单一动作，建立两个动作之间的映射（mapping），最后是整合成复杂的系统。到了抽象阶段之后，个体的认知仍将继续发展，并最终构建出解释性的抽象化原则。

二、维果斯基的认知发展理论

除皮亚杰的认知发展观之外，维果斯基的认知发展观也是非常重要的。皮亚杰没有对社会文化因素在认知发展上的重要性予以充分讨论，维果斯基则强调了社会文化在儿童发展中的重要性，其观点被称为社会文化发展理论。

维果斯基认为，人类认知在本质上是社会文化的，会受到文化传递给个体的信仰、价值观和智力适应工具等的影响，社会文化、社会互动与言语在发展中具有重要的作用（如图 2-1 所示）。

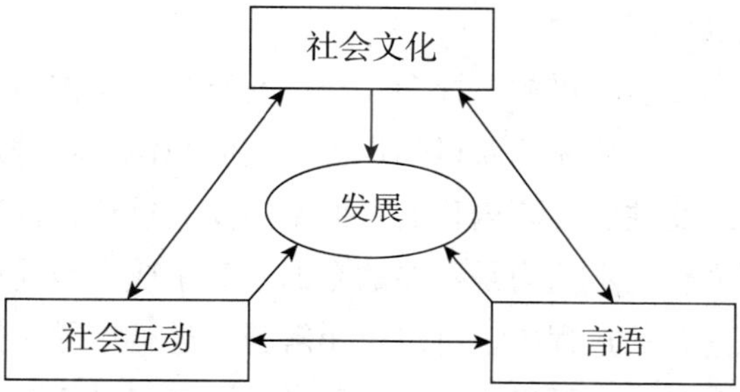

图 2-1　社会文化、社会互动、言语与发展的关系

① 张卫、林崇德：《论儿童发展的新皮亚杰理论》，《华南师范大学学报（社会科学版）》2002 年第 4 期。

② Fischer, K. (1980). A theory of cognitive development: The control and construction of hierarchies of skills. *Psychological Review*, 87(6), 477-531.

（一）心理发展的基本规律

维果斯基将心理机能分为低级机能和高级机能两种。低级机能包括感觉、知觉、不随意注意、形象记忆、冲动性意志、直观的动作思维等，是生物进化的结果；高级机能包括观察、随意注意、逻辑记忆、抽象思维、高级情感等，是人类历史发展的结果。

维果斯基认为，工具的使用引起人类新的适应方式。在工具生产中凝结着人类的间接经验，即社会文化知识经验，这就使人类的心理发展规律不再受生物进化规律所制约，而受社会历史发展规律所制约。维果斯基认为个体心理的发展是在环境与教育的影响下，在低级心理机能的基础上，逐渐向高级心理机能转化的过程。心理机能由低级向高级发展的标志有四个方面：（1）心理活动的随意性；（2）心理活动的抽象—概括性；（3）形成以符号或语词为中介的心理结构；（4）心理活动的个性化。

维果斯基认为，儿童的心理发展是在与成人交往的过程中，通过掌握高级的心理机能工具——语言符号这一中介环节，使其在低级的心理机能基础上形成了各种新的高级心理机能，高级心理机能是不断内化的结果。内化指通过语言符号等中介把人类社会积累下来的知识经验转变为儿童个体的经验。

（二）社会文化与发展

皮亚杰认为当儿童个体经过不同的阶段时，认知发展就发生了；而维果斯基认为认知发展的阶段对所有儿童不一定都是自然发生的，儿童的发展会表现出其所处的特定文化环境的特点，表现出文化所重视的行为。个体的认知发展发生于社会文化环境中，社会文化影响着个体认知发展的趋势和特点。儿童许多重要的认知技能是在与父母、老师以及更有能力的同伴的社会交往中发展起来的。因此，如果要理解学生是怎样看世界的，老师必须要首先了解学生的家庭及同伴群体文化中的特点，包括语言、共同的信仰和与人交流的方式等。

（三）社会互动与发展

维果斯基认为学习与发展直接源于社会互动。儿童并不是作为一个单独的行动者来学习，儿童只凭与环境的相互作用无法获得知识。人类的知识经验是几千年来逐渐积累起来的，个体的知识是在社会交往中逐渐内化的，而不需要其重新去创造。儿童最初是通过与他人的相互交流来掌握文化上被认为是重要的东西，其中成人与同伴对于内化起着重要的作用。成人在儿童知识内化的过程中，可以给予解释，进行指导，提供反馈并引导沟通方向。在社会互动中，儿童是一个积极主动的参与者，通过与具有更多知识的人进行有意义的活动，交换观点，发展就发生了。

（四）言语与发展

维果斯基认为言语对发展具有重要的作用，在社会交往中，言语可以使儿童获得他人掌握的知识。言语提供一种认知工具，帮助儿童认识世界，言语又是控制和反映儿童思维的一条重要途径。

在发展过程中，儿童早期有一种非常重要的言语发展现象，即私语（private speech）。皮亚杰最早发现了这种现象，称为“自我中心的语言”，但他和维果斯基对私语现象的解释不同。皮亚杰认为这是儿童不能进行观点采择的结果。而维果斯基认为自言自语有助于个体将共享的知识变成个人的知识，是复杂认知能力形成的基础。当幼儿遇到有困难的任务时，会不断地对自己说话，这是在重述他人以前提供给他们的帮助和建议。随着个体的发展，自言自语会变成无声的，但它仍很重要。事实上，近来的研究表明，使用自言自语的儿童在学习复杂任务时要比其他儿童更有效。维果斯基指出，儿童是通过结合他人与自己的言语，利用自身的言语来解决问题。因而，对话和讨论是儿童用来学习的重要方式。

（五）最近发展区（the zone of proximal）

“最近发展区”是维果斯基用来解释儿童怎样学习的另一个重要概念。维果斯基提出了儿童发展的两种水平：一种是已经达到的发展水平，表现为个体能够独立解决问题的现有水平；另一种是儿童可能达到的发展水平，表现为“儿童还不能独立地完成任务，但在成人的帮助下，在集体活动中，通过模仿等形式，却能够完成这些任务”。这种儿童借助成人的帮助所能达到解决问题的水平与在独立活动中所达到的解决问题的水平之间的差异就是最近发展区。从最近发展区的观点出发，维果斯基假定学习发生在儿童的最近发展区。儿童自己还不能独立完成处于最近发展区内的任务，但如果同伴或老师给予帮助，他们就能够顺利完成。

（六）支架（scaffolding）

维果斯基有关最近发展区的观点也指出，在学习过程中，支架起了重要作用。支架是指在学习过程中，给予儿童的帮助，就像婴儿学习走路，父母总是要给予一定的扶助，或者提供一个学步车，但走路还是婴儿自己学会的。支架是一种帮助，借助这种帮助，儿童能够完成那些他们不能够独立完成的任务。教学要以最近发展区作为介入的空间，为儿童的学习提供支架，促使儿童主动而有效地学习。但当儿童的能力发展达到一定水平时，就要让儿童承担更多的学习责任，支架就要逐渐撤除；让学生自己选择任务的困难水平和完成任务时的独立程度，鼓励他们向自己挑战，但真正进行不下去的时候，要教会他们如何寻求帮助。教师要确保学生能够获取促进思维的有效工具。教师可以教学生如何使用学习策略、研究工具、语言工具（如词典或电脑搜索引擎）、电子制表软件以及文字处理程序等。教师可以向学生示范如何使用工具，比如如何制订计划和时间管理表格等。教师还可以指导学生利用对话和小组进行学习，让同伴当小老师，教学生如何提出好的问题，如何给予同伴有帮助的解释。

第二节　青少年认知发展的基本特征

青少年时期是个体认知发展最为重要的阶段，其认知发展表现出明显的年龄和阶段特征。青少年认知发展的基本特征具体表现在其感知、记忆、想象、思维等不同认知环节和过程之中。

一、青少年感知的发展

（一）青少年具有很强的感觉能力

个体的感觉能力在青少年时期有了较大的发展。个体在15岁前后，其视觉和听觉等感觉能力甚至超过成人。青少年的其他感觉也有很大发展，特别是关节、肌肉的感觉能力大大增强。这为青少年从事写字、绘画、体育等活动提供了必要的条件。青少年的感觉能力是在各科教学和各种实践活动的推动下迅速发展起来的。

（二）青少年感知觉的随意性较强

感知觉的随意性是指个体按照预定的目的自觉地调节自己的感知活动的能力，是个体顺利完成学习任务必备的心理品质，主要表现在观察的选择性和持续性两个方面。

青少年观察的选择性有了很大的发展。在小学阶段，个体虽然能够按照教师的要求感知一定的对象，但容易受其他刺激源的干扰，容易分心，儿童的注意集中能力在8—9岁出现明显的波动①，因而需要教师进行监督和指导。初中生能较好地完成教师安排的感知任务，能在没有教师监督或指导的情况下，主动地排除其他刺激源的干扰，将注意力集中于预定的活动，但具有一定的被动性。高中生则有较高的自觉性，能主动制订观察计划，有意识地进行集中持久的观察，并能对观察活动进行自我监控。

青少年观察的持续性也有了很大发展，青少年能较好进行有意注意和无意注意的交替运用。通过这种交替，青少年观察一定对象的持续时间变长。

（三）青少年的空间知觉和时间知觉有了较大的发展

青少年的空间知觉有了很大的发展，主要表现在两个方面：首先，空间知觉的抽象性有了明显的发展；其次，宏观的空间观念逐渐形成。青少年空间知觉的发展是学习立体几何等学科的重要心理基础，空间认知能力是数学能力的基本成分。有研究发现，与代数能

---

① 张学民、申继亮、林崇德、王萍萍、刘帅：《小学生选择性注意能力发展的研究》，《心理发展与教育》2008年第1期。

力相比，几何能力与空间认知能力测验成绩有更高的相关。①

青少年的时间知觉也有了很大发展。首先，在时间单位的理解方面，初中以后几乎所有的学生都能准确地理解秒、分钟、小时、日、周、月、年等时间单位。其次，青少年对各种事件或现象的时间顺序的知觉逐渐完善。最后，青少年开始理解世纪、纪元等历史性质的时间单位。

二、青少年记忆的发展

（一）青少年记忆发展的一般特点

1. 有意识记占主导地位

有意识记是个体对一定对象有目的、有计划的识记，在必要时还须付出一定的意志努力。小学阶段是由以无意识记为主导向有意识记为主导的过渡阶段；初中阶段基本确立了有意识记的主导地位，但识记的目的和任务是由成人提出来的；高中阶段，个体能自觉地、独立地提出较为长远的识记目的和任务，选择适合自己的识记方法，自觉地检查识记的效果，对识记过程进行自我监控。

在青少年时期，个体还善于利用无意识记的规律来提高识记效果。这也是有意识记发展的一个重要标志。

2. 理解识记逐渐成为主要的识记方法

理解识记是根据记忆对象的内部联系，通过建立记忆对象与已有知识的联系进行识记的方法。与之相对的是机械识记。机械识记是根据记忆对象的外部联系，通过重复进行识记的方法。研究表明，从记忆效果上看，理解识记远远优于机械识记。

在小学阶段，虽然理解识记有了很大发展，但机械识记仍占主导地位。初中阶段是由机械识记向理解识记过渡的阶段，初二是一个转折时期。在高中阶段，理解识记已成为学生识记的主要方法。在理解识记发展的同时，机械识记仍然保持相当的水平，是青少年学习过程中必不可少的识记手段。

3. 抽象记忆占优势

从识记的内容维度看，记忆可以分为具体形象记忆和抽象记忆。在小学阶段，个体的具体形象记忆优于抽象记忆，这与他们的思维水平较低和经验贫乏有关。在初中阶段，个体的抽象记忆的发展水平逐渐超过具体形象记忆。到了高中阶段，个体的抽象记忆已占绝对优势。但即使在高中阶段，具体形象记忆仍然具有重要作用，它为理解抽象材料提供必要的感性支持，是抽象记忆发展的基础。

---

① 李洪玉、林崇德：《中学生空间认知能力结构的研究》，《心理科学》2005 年第 2 期。

（二）青少年记忆策略的发展

1. 记忆的基本策略

记忆策略是指主体控制自己的记忆活动，增强记忆效果的方法。个体在记忆活动中常用的记忆策略主要有注意策略、复述策略、精细阐述策略、组织策略、提取策略等。

注意是感觉记忆的内容进入短时记忆的前提。个体加强自己对记忆对象的注意，是提高记忆效果的重要条件。一种重要的注意策略是，针对记忆对象提出相应的问题，这些问题可以激发个体注意并观察对象。

复述是短时记忆的内容进入长时记忆的基本条件，是对材料的进一步组织与深入加工，包括与其他信息建立联系和编码形式的转换等。复述直接影响信息在长时记忆中储存的质量和数量。① 有复述比无复述的记忆效果好，根据记忆材料的内部结构复述比简单重复的复述记忆效果好。因此，好的复述策略就是根据记忆材料的内部结构进行复述。

精细阐述策略就是在记忆材料中添加一种意义，或增加一定的细节，使较为分离的对象组合为一个整体。例如要记住“电视—服装”，就可以在这两个词中间加上一些联系，如“电视里正在播服装广告”。使用精细阐述策略可以大大提高记忆效果。

组织策略就是将一组信息划分为若干较小的单元，并且表示它们的关系。例如，为了记住课文的内容，对课文进行分段、概括段意就是组织策略的运用。

提取策略就是根据需要提取信息的方法。一种有效的提取策略是分类提取，就是将要提取的对象归入一定知识类别，再在一定的知识类别中进行搜索。分类提取可以缩小信息搜索的范围，提高搜索的成功率。

2. 记忆策略发展的特点

记忆策略的发展有三个重要特点。

其一，个体记忆策略的发展，受个体的经验、思维发展水平、生活环境和学习动机等因素的制约，其中思维发展水平是最重要的因素。② 个体思维发展水平的年龄特征决定了个体记忆策略发展的阶段性。一项针对 6—70 岁个体短时记忆及其策略发展的研究表明，策略发展的外显行为从有到无再到有，策略的种类从少到多，成年以后减少，老年又开始增加。③ 从儿童期到少年期，个体不断获得新的记忆策略，到 16 岁时最多。并且这时青少年因为元认知的发展以及力图做得更好的动机，会对策略进行选择。20 岁以后的被试从一开始就选择了自认为是合适的策略，很少再去尝试其他策略。中年以后记忆策略似乎进入了“老化”过程，甚至出现了低水平的策略。

其二，在没有指导的条件下，相同年龄的个体在记忆策略的发展上存在很大的差异。首先，个体掌握记忆策略的水平存在差异；其次，个体所选择的记忆策略也存在差异。针

① 丁锦红、林仲贤：《不同复述条件下命名难度对图形记忆的影响》，《心理学报》2002 年第 2 期。

② 左梦兰、刘晓红：《4—7 岁儿童记忆策略发展的实验研究》，《心理科学》1992 年第 2 期。

③ 陈国鹏、王晓丽：《短时记忆及其策略一生发展的横断研究》，《心理科学》2005 年第 4 期。

对初三学生英语单词学习策略应用的研究表明，重点中学的初中生与普通中学的初中生相比，在两种记忆策略（对字母进行转化、关键词法）上运用得少，而在一种外部辅助记忆策略（利用单词卡片等外部工具）以及一种自我监控策略（判断掌握程度）上运用得多。①

其三，个体可以通过训练获得记忆策略。一旦个体获得了记忆策略，其记忆效果就会得到明显的提高。记忆策略的获得有三种训练模式：单独训练模式、渗透模式、综合训练模式。

三、青少年想象的发展

（一）青少年的想象具有较强的随意性

想象的随意性主要表现为能自觉地确定想象的目的和任务，并能围绕目的展开想象。在小学阶段，学生能够按照教师的要求进行想象，表现出一定的随意性，但小学生的想象往往是被动的，容易受外界因素的干扰而脱离想象的主题，其想象的内容往往比较简单。初中生能较好地围绕主题进行想象，同时排除其他因素的干扰，但其想象还是具有一定的被动性，不善于主动地提出想象的任务。高中生不仅能迅速地完成内容较为复杂的想象任务，而且能主动地提出想象的任务。

青少年想象的随意性发展，推动了他们独立地进行发明和创造活动，促进了青少年形成具有社会意义的个人理想。

（二）青少年想象的创造性不断增强

创造性想象总体上呈现出随年龄增长而不断发展的趋势。从 8 岁到 10 岁，儿童的创造性想象水平迅速发展，但 10 岁以后，发展缓慢，呈现出一种稳定状态。② 小学阶段的创造性想象水平明显低于中学阶段。

在中学阶段，随着表象内容的深刻和丰富，随着想象的认知操作能力的提高，青少年想象的创造性有了很大发展，并逐渐占据优势。例如，成功地进行创造、发明的中学生人数显著地超过小学生。此外，在不同的年级阶段，青少年对想象的表述方式是不同的，低年级更多用图画表达自己的想法，随着年级升高，青少年更加擅长用语言来表述想象。③

中学生想象的创造性在普遍提高的同时，其创造性水平也出现较大的分化。造成一些中学生想象的创造性水平较低的原因主要有：（1）缺乏创造意识，进行创造想象的动力不

① 易晓明：《英语单词记忆策略运用的发展性研究》，《心理科学》2003 年第 1 期。

② 王连洲：《8—14 岁儿童创造性想象发展的实验研究》，河北大学硕士学位论文，2005 年。

③ 李秀菊、陈玲、张会亮：《我国青少年创造性想象的发展状况研究》，《上海教育科研》2012 年第 4 期。

足；（2）缺乏必要的训练，进行创造想象的认知操作能力较低；（3）所积累的表象内容过于贫乏。

（三）青少年的想象更富于现实性

首先，在青少年时期，由于个体的感知能力显著提高，个体的表象有了很大的发展。一方面，具体表象更加精确地反映了对象的细节；另一方面，综合性的表象更好地反映了对象的整体与结构。同时，个体对语词的理解能力也有了很大的提高。因此，青少年的想象能更精确、更完整地反映客观现实，具有较高的现实性。

其次，由于生活经验的积累，特别是科学知识的积累，青少年能够较好地区分什么是现实的，什么是虚构的。因而，青少年能主动地抑制那些不符合实际的想象，其想象中虚构的成分逐渐减少。这在青少年的阅读兴趣方面表现得十分明显。中学生对童话类故事的兴趣大大降低，而更喜欢富于现实性的文艺作品，如描写纪实生活的作品等。

但是，在中学阶段，个体不切实际的想象还时有发生，个别学生还会胡思乱想。其主要原因是，少数学生的意志力薄弱，难以抑制不切实际的想象。这种胡思乱想会对学生的学习产生严重干扰，甚至会使学生走上歧途。

四、青少年思维的发展

（一）青少年思维发展的一般特点

1. 思维的整体结构基本形成并趋于稳定

在教学活动的影响下，青少年的抽象逻辑思维得到较快发展，并在初中阶段开始占主导地位。在高中阶段，个体的抽象思维不仅占绝对优势，而且由经验型向理论型过渡。高中生已经能运用理论做指导，来分析各种事实材料，从而扩大自己的认识领域。抽象逻辑思维的发展为青少年学习各种理论提供了必要条件。

青少年的辩证逻辑思维也在迅速发展，并于高中阶段达到基本成熟的水平。辩证逻辑思维是人类最高级的思维形式，辩证逻辑思维的成熟标志着青少年思维的整体结构的形成。同时，青少年的动作思维和形象思维仍在发展，并与抽象逻辑思维和辩证逻辑思维相融合。动作思维的发展促进了青少年技术能力的发展，形象思维的发展促进了青少年艺术能力的发展。

2. 思维的深刻性日益提高

逻辑思维的发展，始终都需要形象思维的支撑。逻辑思维和形象思维相互交织，对儿童青少年思维的发展起着重要作用。① 初中生的思维处于半成熟状态。随着抽象逻辑思维

---

① 肖建民：《形象思维：评价儿童青少年思维发展的一个重要标尺》，《上海大学学报（社会科学版）》2003 年第 4 期。

水平的提高和知识经验的不断丰富，初中生能较好地利用各方面的知识来加强对抽象材料的理解。这表明初中生的思维具有一定的深刻性。但初中生的思维同时也存在着一定的表面性和片面性。

高中生的思维基本上接近于成人，达到成熟水平，主要表现为：其一，高中生能摆脱具体事物的限制，较好地运用理论假设进行思维活动；其二，高中生的思维具有较高的预见性，这反映出高中生对事物间的关系已有了深刻了解；其三，高中生能自觉地使用形式逻辑规则进行思维活动。应当指出的是，虽然高中生思维的深刻性高于初中生，但有时也存在着一定的片面性。

3. 思维的创造性日益增强

随着青少年自我意识的增强，其思维的创造性也日益增强。初中生的思维已表现出明显的创造性和批判性。高中生思维的创造性比初中生有了很大的发展。高中生能创造性地进行学习，独立地分析问题、解决问题。他们的小制作、小发明、小论文的数量明显增多，质量也有明显提高。

无论是初中生还是高中生，其思维的创造性都是不成熟的。具体表现为：鉴别力不强，易受错误思维的影响；在遇到困难时，容易动摇。随着互联网的产生与发展，互联网的使用为青少年思维批判性与创造能力的培养提供了众多机会，因此，对互联网合理有效的使用可以促进个体批判性思维与创造性思维的发展。①

4. 思维的自我监控能力显著增强

思维的自我监控能力是个体对自己的思维过程进行监视和控制的能力，是元认知能力的重要成分。一般情况下，青少年能意识到智力活动的过程，并且能够控制它们，使思路更加清晰，判断更加正确。因此，青少年在假设性思维之前，总会提出一定的计划、方案和策略；在假设性思维过程中，经常按照提出问题—明确问题—提出假设—检验假设的途径，经过一系列抽象的思维活动来最终实现问题的解决。②

初中生思维的自我监控能力开始发展，他们能够根据思维活动的结果，对简单的思维活动进行一定的调节。但这种调节只是初步的。一方面，初中生思维的计划性还不够完善，不能根据严密的逻辑规则确定思维活动的程序，存在着一定的随意性；另一方面，初中生主要靠思维活动结果的反馈信息调节思维活动，不善于在思维过程中对思维活动进行控制。

随着高中生对思维方法和相应的逻辑规则的掌握日益熟练化，高中生思维的自我监控能力有了明显的提高。高中生能够根据需要确定解决问题的思路，并在思维过程中对思维活动进行监控，以确保思维活动的准确性和高效性。

---

① 李宏利、刘惠军：《互联网与青少年思维发展》，《首都师范大学学报（社会科学版）》2004 年第 6 期。

② 高晓梅：《青少年思维发展重要性分析》，《科技创新导报》2014 年第 17 期。

（二）青少年逻辑思维的发展

1. 抽象逻辑思维的发展特点

抽象逻辑思维是一种假设的、形式的、反省的思维。它具有以下特征：通过假设进行思维，思维具有计划性，思维形式化，思维活动中自我意识和监控能力的明显化。

少年期的抽象逻辑思维属于经验型，少年期的个体具有建立假设及检验假设的能力。步入青年期后，思维逐步转变为理论型，这时期的抽象逻辑思维已具有充分的假设性、计划性及内省性。青少年期，个体的抽象逻辑思维逐渐发展并进入成熟期。其标志为从初中二年级到高中二年级的几年内，学生的抽象逻辑思维初步完成从经验型水平向理论型水平的转化。

2. 形式逻辑思维的发展特点

形式逻辑思维是个体抽象逻辑思维发展的初级形式。青少年形式逻辑思维的发展主要表现在其概念、推理和逻辑法则的运用能力这三个方面。

（1）概念的发展

研究表明，初、高中学生理解字词概念的能力存在着明显的年龄特征。初中二年级是掌握字词概念的转折点。在正常的教学条件下，高中生能够对他们所理解的概念做出比较全面的、反映事物本质特征和属性的、合乎逻辑的定义。① 高中生所掌握的概念逐步摆脱了零散、片断的现象，日益成为有系统的、完整的概念体系。

（2）推理能力的发展

从初中一年级起，学生已具备了各种推理能力，但还属于初级水平。有关研究表明，初、高中学生在形成推理能力的发展上存在着一定的年龄特征。另外，初中生的逻辑推理能力的发展是不平衡的，总体来讲，归纳推理的能力高于演绎推理的能力。高中二年级以后，学生的推理能力已基本达到成熟，各种推理能力都达到了比较完善的水平。

（3）运用逻辑法则能力的发展

初中生已经基本上掌握并能运用逻辑法则，他们对各类逻辑法则的掌握主要表现在对于矛盾律、排中律和同一律的认识上。

矛盾律：通常被表述为 A 不是非 A，或 A 不能既是 B 又不是 B。如，不能同时说“水是物质”，“水不是物质”。

排中律：通常表述为 A 是 B 或不是 B。如，既说“此矛锋利，无坚不摧”，又说“此盾坚固，任刺不入”，就违反了排中律的原理。

同一律：通常被表述为“A 是 A”或“A＝A”。同一律包括三方面的内容：思维对象的同一、概念的同一和判断的同一。同一个主体（个人或集体）在同一时间（相应的客观事物处于相对稳定的状态时），对同一方面或同一事物做出的判断必须同一。

研究发现，青少年在掌握矛盾律、排中律、同一律的逻辑规则方面都达到了较高的水

① 朱智贤、林崇德著：《思维发展心理学》，北京师范大学出版社 2002 年版。

平。初一的正确率约为68%，初三的正确率约为73%，高二的正确率约为77%。[1] 这说明，青少年已基本具有运用逻辑规则的能力，随年龄增长，运用逻辑规则的能力有所提高。该研究还发现，年级越高，个体间的差异越小。这说明，随着青少年年龄的增长，其运用逻辑规则的能力趋于稳定。研究还表明，青少年运用不同逻辑规则的能力的发展也存在一定程度的不平衡。其中矛盾律掌握得最好，同一律次之，排中律掌握得最差。

3. 辩证逻辑思维的发展特点

辩证逻辑思维是个体抽象逻辑思维发展的高级形式。辩证逻辑思维是反映客观现实的辩证法，是主体自觉或不自觉地按照辩证法所进行的思维。在高中阶段，辩证逻辑思维迅速发展并开始占据优势地位。

在校青少年辩证逻辑思维发展的趋势是：初中一年级学生已经开始掌握辩证逻辑的各种形式，但水平较低；初中三年级学生的辩证逻辑思维处于迅速发展阶段，是一个重要的转折时期；高中学生的辩证逻辑思维已趋于优势地位。

【案例 2-1】

任何事物都具有两面性，正如电源的正极、负极，电子之间的引力与斥力，磁铁的南北极。类似这样的对立统一还有很多，教师要积极地引导学生使用对立统一的观点看待知识，从而深刻挖掘和理解概念的内涵和实质。比如在学习有关“力是物体对物体的作用”这一概念时，教师就可以利用一些具体的实例和操作，让学生感受力的存在和消失。

课堂情境：大家来做一个打手的游戏，把你的手放在同桌的手下面，然后迅速地翻起打同桌的手，同桌要极力地避开以免自己的手被打到，看一看谁的反应快。游戏的引入使每个学生都很兴奋，在一段时间后，教师让学生谈谈自己的感受，学生都说自己虽然打到了别人的手，但是在打的过程中，自己的手也比较疼。有了这样的体验，教师就可以顺势让学生思考：“被打得手疼是因为同桌对你的手施加了力，然而你在打的时候是你施加了力，同桌的手没有反击，为什么你的手会疼呢?”学生思考后得出结论：在打手时，手既是施力者又是受力者，力的产生需要两个物体，相互之间产生一对作用力和反作用力，两者之间是相互联系、相互制约、对立统一的。学生在学习“力”的过程中，学会了利用辩证逻辑的观点看待问题，了解了物质概念内在的关系，对物理世界有了深层的认识。

［资料来源］

周强：《“辩证逻辑思维”在初中物理教学中的培养》，《文理导航（中旬）》2015 年第 3 期。

（三）青少年思维监控的发展

思维监控是指为了保证达到预期的目的，在思维过程中将思维个体作为意识的对象，

---

① 朱智贤主编：《中国儿童青少年心理发展与教育》，中国卓越出版公司 1990 年版。

不断地对其进行积极主动的定向、控制、调节的能力。

思维监控的发展是青少年思维发展的一个显著特点，也是其思维发展趋于成熟的一个标志。青少年能否全面地、有效地发挥思维的自我监控功能，决定着其思维的自我监控水平的高低；思维自我监控水平的高低，会影响思维过程的效率和思维结果的优劣，进而影响智力发展的个体差异。

随着年龄的增长，青少年会对自己的思维过程不断地进行反思，即青少年思维活动中的自我意识和监控能力逐渐明显化。在初一至高一期间，青少年思维自我监控能力的发展速度比小学生快得多，其计划性、准备性、方法性和反馈性得到了很好的发展。到青年早期，个体与成人在问题解决过程中即时监控表现的差异已不显著，他们的思维监控能力已经接近成人水平。①

（四）青少年创造性思维的发展

创造性思维是重新组织已有的知识经验，提出新的方案或程序，并创造出新的思维成果的思维活动。

关于创造性思维的组成成分存在着不同的观点，其中，发散思维和创造性想象是两个重要的成分。发散思维是指人们沿着不同的方向思考，重新组织当前的信息和记忆系统中存储的信息，产生出大量、独特的新思想的思维方式。发散思维的特点是：流畅性（fluency）、变通性（flexibility）和独创性（creativity）。创造性想象是指在创造活动中，不依据现成的描述，而是根据一定的目的、任务，在头脑中独立地创造新形象的过程。在幼儿和儿童期，创造性想象是创造性思维的主要组成部分和表现形式；到了青少年期，则成为创造性思维中的一种表现形式。创造性思维受诸多因素影响，如遗传、环境、文化等。② 良好的师生关系可以通过促进小学生的创新性效能感来促进小学生创造性思维的发展。③ 此外，个人的动力系统在先天遗传因素与后天环境因素之间起着不可忽视的作用。如具有冒险性、好奇心、坚持性、自我启发性等特质的人，其创造力会得到更好的发展，而高创造性的人与普通人相比，他们的这些特质更为显著。④ 对于初中生而言，他们的自我提问能力越高，创造性思维水平就越高。⑤

---

① Vukman, K.B. (2005). Developmental differences in metacognition and their connections with cognitive development in adulthood. *Journal of Adult Development*, 12(4), 211-221.

② Cowan, N., Ricker, T.J., Clark, K.M., Hinrichs, G.A., & Glass, B. (2015). Knowledge cannot explain the developmental growth of working memory capacity. *Developmental Science*, 18(1), 132-145.

③ 师保国、王黎静、徐丽、刘霞：《师生关系对小学生创造性的作用：一个有调节的中介模型》，《心理发展与教育》2016 年第 2 期。

④ 沃建中、王烨晖、刘彩梅、林崇德：《青少年创造力的发展研究》，《心理科学》2009 年第 3 期。

⑤ 杨小洋、李歆瑶、周晖：《中学生个人认识论对创造性思维的影响：自我提问的调节作用分析》，《心理发展与教育》2012 年第 6 期。

随着年龄的增长，青少年的创造性思维水平总的趋势是不断向前发展的，年级越高，创造性思维成绩越好，但发展速度是不均匀的。高二是创造性思维发展的高潮，初一和高三是创造性思维发展的低潮。① 随着年龄的增长，高中生的创造性思维的流畅性呈下降趋势，变通性平稳发展，独特性逐渐提高。② 乡镇中学生的创造性思维发展也有相似的特点。③ 已有的研究数据表明，就我国青少年创造力的整体发展轨迹而言，青少年的创造力呈阶段性发展。从小学六年级到初一为创造力发展的关键期，小学四年级和初三分别为创造力发展的低谷期和高峰期，高中时创造力水平有所下降并保持稳定。④。就男女差异而言，女生的创造力水平明显高于男生，主要表现在发散思维的流畅性和变通性子维度上。中学女生在言语创造力的流畅性、灵活性维度以及图形创造力各维度的得分均显著高于男生。⑤

第三节 青少年的认知发展与教育

青少年的认知发展与教育的关系十分密切。一般来说，认知发展是确定教学目标、组织教学内容、选择适当教学方法的依据。因此，有效的教育教学必须根据学生认知发展的特点进行组织实施。

一、认知发展与教学目标、内容及方法

（一）认知发展是确定教学目标的依据

所谓教学目标，包括通常所说的教学的目标与任务，也就是教学活动中所要构建的能力与心理结构。教学目标包括：知识与技能（认知）目标，过程与方法目标，情感、态度与价值观目标。也就是通常所说的三维目标。皮亚杰认为教育的主要目的是帮助儿童学会学习，教育应该帮助学生形成自己的思维方式，而不是提供给学生一种思维方式。教师应当仔细观察学生解决问题的方式，了解他们思维发展的特点，教师采用的教学方式应与学生已有的知识和能力匹配。不同年龄段儿童的思维发展具有不同的特点，即使是同一个班级的学生，认知发展水平和理论知识也有所不同。当学生遇到困难的时候，教师如何判

---

① 张景焕、张广斌：《中学生创造性思维发展特点研究》，《当代教育科学》2004 年第 5 期。

② 童秀英、沃建中：《高中生创造性思维发展特点的研究》，《心理发展与教育》2002 年第 2 期。

③ 刘国雄、施建农：《乡镇中小学生创造性思维的发展与教育》，《中国特殊教育》2004 年第 2 期。

④ 沃建中、王烨晖、刘彩梅、林崇德：《青少年创造力的发展研究》，《心理科学》2009 年第 3 期。

⑤ 孙鹏、邹泓、杜瑶琳：《青少年创造性思维的特点及其对日常创造性行为的影响：人格的中介作用》，《心理发展与教育》2014 年第 4 期。

断，学生是因为缺乏必需的思维能力，还是因为不知道一些基本的事实？要想了解学生的思维，学生本身就是最佳的信息来源。教师可以仔细观察学生解决问题时的状况：他们采用哪一种逻辑方式？他们是否只注意到了问题情境的一个方面？是不是被事物的表象误导？是在有步骤、有系统地解决问题，还是只是在猜测，猜测完就将试过的内容忘记了？问问学生自己是如何考虑的，倾听他们使用的策略。如果学生总是重复出现同一个错误或者问题，教师应明白这意味着什么。

从认知发展的角度来选择教学目标应注意以下两个方面。

首先，教学目标的选择要符合青少年自身身心发展的规律，尤其是要与青少年认知发展的水平相适应。要考虑到学生的最近发展区，实现“跳一跳，摘得到”。教学不应该让学生因为学习内容太简单而感到无趣，也不应该让学生因为学习内容太难而退却放弃。

其次，个体的认知发展具有阶段性和连续性相统一的特点。因此，教师在选择教学目标时，不能跨越认知发展的年龄阶段或者忽视认知发展的顺序性与系统性，应当充分考虑认知发展的阶段性与连续性，依据青少年认知发展的年龄特点选择适时促进相应认知能力的发展目标。

【案例 2-2】

皮亚杰认为知识不是现实的简单复制。客体的学习是在活动中进行的，例如，学生通过修理、改变物体来了解物体改变的过程，最终了解物体是如何被建构的。这种主动的活动经验，在低年级也不应只局限于对物体进行物理操作，还可以对课程或者实验中蕴含的观点进行心理操作。例如在讲授一堂关于不同职业的社会课后，小学教师可以拿出一张图片，上面画有一个女性，然后问：“这是一个什么样的人？”在等到如教师、医生、秘书、律师、售货员之类的答案后，教师再提示：“她是不是一个女儿？”接下来的答案可能是姐姐、妈妈、阿姨、孙女，这有助于学生变换思维的角度，注意问题情境的另一方面。下一步教师可以提示“中国人”“黑发黑眼的女人”，年龄大点儿的学生就会用一定的等级类别来描述这个女性：这是一张女性的图片，图中的女性是一个人，人是灵长类动物、哺乳动物、动物、一种生命形式。

（二）认知发展是组织教学内容的依据

教学内容是学与教相互作用过程中有意传递的主要信息，一般包括课程标准、教材和课程等。影响教学内容的因素有：生产力和科技发展水平、社会政治经济需要、文化教育传统、学习者的身心发展规律，以及未来社会发展趋势与人才需求动向。

其中，学习者的认知发展对教学内容的选择有重要影响。例如：高中生的抽象思维占有绝对的优势，这对学习各种理论是有利的。因此，对高中生可以较多地教授抽象的理论知识，他们能运用理论做指导，来分析各种事实材料，从而扩充自己的认识领域。由于青少年的想象更富于现实性，所以将科学知识与生活中具体的事例相结合，显示出抽象理论知识的现实应用性，更能激发青少年的学习动机和兴趣。

在创新性培养方面，不仅要注重学科知识真理性的一面，帮助学生掌握基本的学科知识，也要让学生去发现、去思考，设计一些有悬念的问题，不能只在习题的摆布下游弋于教材所限定的各知识点之间。如果所学的科学知识只是一堆需要死记硬背的现成结论，学生就很难体会到学习的乐趣、求知的乐趣，更不用说创新意识和创新精神的培养了。

所以，在教学内容的选择上，可以从现代科学技术的发展史实和事例中，精心选择一些贴近生活、贴近社会的素材。比如在介绍水的性质时，除了介绍一般条件下的水以外，还可以介绍在高压下（包括地表下）、在太空中的水的形态和它的特殊性以及已发现的问题和用途。这样，不仅内容本身多了趣味性，还能激发学生对科学的浓厚兴趣。

（三）认知发展是选择教学方法的依据

教学方法是为了达到教学目的、呈现教学内容、运用教学手段而进行的，由教学原则所指导的一整套方式组成的，师生间相互作用的活动。

中学教师常用的教学方法有：以语言形式传授间接经验的方法（讲授法、谈话法、讨论法、读书指导法），以直观形式传授直接经验的方法（演示法、参观法），以实际训练形式形成技能、技巧的教学方法（练习法、实验法、实习作业法）。所有的学生都需要与教师和同伴进行互动，以检验自己的思维，接受反面意见的挑战，接受各种反馈，并观察他人是如何解决问题的。如果教师和同学提出了一种新的思维方式，失衡的状态自然就会出现。一般而言，学生应该动手操作、仔细观察，然后向教师或者同伴说出自己的体会。具体的经验能力能够为思维提供待加工的内容和对象，而与别人的交流能帮助学生进行应用、检测，有时甚至能改变他们的思维策略。

青少年感知觉的随意性较强，观察的持续性也有了很大发展，他们有较高的自觉性，能主动制订观察计划，有意识地进行集中持久的观察，并能对观察活动进行自我监控。根据这些认知发展的特点，在对青少年的教学中，可以大量使用言语符号、视觉符号等方式来传递知识。想象、动作思维等方面的发展又能帮助青少年完成相应的实验，如初、高中的化学和物理等学科的实验，将抽象的理论知识还原到实验操作中。

二、根据青少年认知发展的特点组织教学

认知发展与教学有着怎样的关系？首先，认知发展水平制约着教学的进行。任何知识的获得都必须通过学生主动的同化才有可能实现，而主动的同化则须以适当的运算结构的存在为前提，教学应根据青少年认知发展抽象水平占优势的特点进行。其次，教学要促进认知发展。教学虽然要适应青少年的认知发展水平，但不能一味地被动适应，要主动促进青少年的认知发展，促使他们向更高的阶段发展。

了解青少年认知发展特点对教学活动的有效实施有重要意义，根据青少年注意、记

忆、思维等的发展特点，合理地组织教学，就能够提高教学的效果。

小结

认知发展存在文化差异，也具有不同的理论解释，但仍存在某些共同的规律。皮亚杰、维果斯基以及新近的研究都认为：认知的发展既需要物理环境的刺激，也需要社会因素的促发。儿童需要进行心智的、物理的和言语的活动，他们需要实验、对话、描述、反思、写作和问题解决。同时，他们也能从教学、辅导、提问、解释、演示和对他们的思维的挑战中获益。教授学生已经知道的知识，学生会感到非常无聊，而教授学生还没有做好学习准备的知识，对他们而言将是挫败和无效的。有一定背景知识支持的挑战性的任务，是保持学生投入学习的高动机水平的关键。

思考与练习

1. 个体认知发展的基本特点有哪些？
2. 认知发展的条件有哪些？
3. 简述皮亚杰的认知发展阶段。
4. 比较皮亚杰的“自我中心的语言”和维果斯基的“私语”概念。
5. 简述青少年思维的发展。
6. 简述青少年记忆发展的一般特点。
7. 阐述青少年认知发展对教学的意义。
8. 论述维果斯基的认知发展理论及其对教学的意义。

拓展阅读

1. [瑞士] 皮亚杰、[瑞士] 英海尔德著，吴福元译：《儿童心理学》，商务印书馆 1980 年版。

2. [美] 弗拉维尔、[美] P. H. 米勒、[美] S. A. 米勒著，邓赐平、刘明译：《认知发展》，华东师范大学出版社 2002 年版。

3. 林崇德著：《教育的智慧——写给中小学教师》，北京师范大学出版社 2007 年版。

第三章　青少年的情绪发展

启发与引导

● 什么是情绪？生活中，人人都与情绪相伴随，但日常生活中的“情绪”和心理学探讨的“情绪”有何不同呢？

● 心理学家对情绪的科学研究，已经走过了一个多世纪的历程。不同学派提出了不同的情绪理论，以此帮助我们认识情绪的本质。你赞同哪种观点，为什么？

● 青少年的情绪体验，往往处于动荡不稳定的状态，表现出强烈性和冲动性的特点。同样的刺激情境，对成年人来说，可能不会引起明显的情绪变化，却能引起青少年较强的情绪体验。你认为青少年这种情绪体验特点及其产生的原因是什么？

● 青少年的情绪表达，从最初的情绪冲动、快速爆发、表现直接，到后期出现文饰性、心境性等新特点。你如何看待这一变化，你认为其变化的原因是什么？

● 青少年的情绪理解，从最初的与一些同质性、具体性情绪相联系，到后期展现出复杂性、社会性的新特点。你如何看待这一变化，你认为其变化的原因是什么？

● 青少年时期是情绪变化最为剧烈的时期，也是情绪可塑性较强的时期。你认为应当如何根据青少年情绪发展的特点，运用教育的手段来促进青少年的情绪发展？

在青少年发展和成长的过程中，会有成功带来的欢欣鼓舞、失败带来的悲痛失望，也会体验到未知带来的孤独恐惧、误解带来的迷茫忧伤……不同的情绪状态，让青少年的生活时而阳光灿烂，时而阴云密布，正是这些复杂多样的情绪，造就了青少年多姿多彩的心理世界。帮助青少年认识情绪，了解自身情绪的特征，掌握情绪调节的方法，是促进青少年情绪发展的重要课题。本章由三节组成：第一节阐述情绪发展的理论，第二节论述青少年情绪发展的基本特征，第三节分析青少年情绪发展与教育的关系。

第一节 情绪发展的理论

情绪是人类心理现象的重要内容，是人对客观事物的态度体验及相应的行为反应，是以个体的愿望和需要为中介的一种心理活动。当客观事物或情境符合主体的需要和愿望时，就能引起积极的、肯定的情绪；当客观事物或情境不符合主体的需要和愿望时，就会产生消极的、否定的情绪。情绪同认知活动一样，仍然是人脑对客观现实的反映，只不过反映的内容和方式有所不同。认识活动反映的是客观事物本身，包括事物的过去、现在和将来，以及它们的外部特征和内在联系。情绪反映的是一种主客体的关系，是作为主体的人的需要和客观事物之间的关系。一般情况下，“情绪”与“情感”两词可以通用，但两者也存在细微差别。情绪和情感在定义上的区别，主要有三点：(1) 情绪出现较早，多与人的生理性需要相联系；情感出现较晚，多与人的社会性需要相联系；(2) 情绪具有情境性、冲动性和暂时性的特点；情感具有稳定性、深刻性和持久性的特点；(3) 情绪具有明显的外部表现，情感则比较内隐；(4) 在表示感情反应形式时常采用情绪，表示感情内容时采用情感。由此可见，情绪与情感是彼此依存、融为一体的：情感在情绪的基础上形成，反过来情绪又会受到情感的制约与调节；情绪是情感的外部表现，情感是情绪的核心内容。二者既然难以严格加以区分，不妨将这两个概念予以通用，本章主要使用“情绪”一词。

人类的情绪，具有多样性和复杂性的特点。从 19 世纪以来，心理学家就对情绪进行了长期而深入的研究，不同的学派提出了不同的情绪理论，以帮助人们理解情绪的实质。

一、早期情绪理论

情绪并非是一个单一的构成物，它是包含一系列反应的复杂心理现象。情绪不仅是人的一种主观体验，还附带着人的生理变化和外在行为反应。但主观体验、生理变化和行为反应三者之间，究竟呈现出什么样的关系？这一问题一直困扰着诸多研究者。而早期情绪理论则在这一问题上展现出了各自观点的差异。

（一）詹姆斯—兰格情绪理论

一般来说，主观经验驱动生理反应。例如，人们是因为感到害怕才会心跳加速。但是詹姆斯 (W. James) 并不赞成该观点，他认为先有机体的生理变化，而后才会产生情绪。例如，感到抱歉是因为我们哭泣了，感到生气是因为我们打了人，感到害怕是因为我们的躯体产生了颤抖。也就是说，我们哭泣、打人或颤抖并非是因为我们感到抱歉、生气或害怕，即情绪是由身体的生理变化引起，并非由外在刺激决定。后来，丹麦生理学家兰格

(C. Lange）提出类似的观点，通过研究血管变化与情绪的关系，他也认为生理反应会导致情绪体验的产生。

按照詹姆斯与兰格的观点，情绪产生的过程是：刺激引起个体的生理反应，再由机体的生理反应引起情绪体验。因此，情绪只是对某种生理状态的感觉，是对机体内部和外部生理变化的意识。实际上，詹姆斯和兰格并没有提出支持其理论的客观证据，更多基于现实经验，正如詹姆斯所言："如果我们突然看到一个黑影儿在树林里动，我们在任何明确的危险意识产生之前就会心跳骤停、屏住呼吸。如果我们的朋友走近悬崖的边缘，我们会感受到众所周知的忐忑不安，并向后退缩，虽然我们明确意识到他是安全的，也没有关于他坠落的具体想象。"①后来的研究者也试图去证明这一观点，霍曼（Hohmann）曾对脊髓病患者进行研究，发现这些因为神经受损失去部分知觉的患者报告自己的情绪体验开始减弱，表明生理变化会改变情绪体验。

詹姆斯—兰格情绪理论，重视情绪与机体生理变化的密切关系，提出不是"因为害怕使我心跳加速"，而是"因为我的心跳加速，所以我感到害怕"，颠覆了对情绪产生机制的常识性理解，有一定的现实价值；但因其片面强调植物神经系统在情绪产生中的作用，也缺乏实证的依据，在现代心理学视野之下，被认为是一种早期的较为粗糙的情绪理论。

（二）坎农—巴德情绪理论

美国生理学家坎农（W. B. Cannon）及其弟子巴德（P. Bard）在詹姆斯—兰格情绪理论提出之后，于 1927 年对其提出了强烈的质疑：（1）在各种情绪状态下，机体的生理变化差异较小，无法在生理变化上对复杂多样的情绪做出区分；（2）由植物神经系统支配的机体生理变化较迟缓，与情绪丰富变化的特点无法适应；（3）机体的生理变化可由药物引起，但药物只能激活一定的生理状态，不能制造出某一特定的情绪。坎农认为，情绪体验和生理变化是各自独立的过程，二者或许会同时发生，但其间并无因果关系。

在对詹姆斯—兰格情绪理论提出批评的同时，坎农和巴德阐述了他们自己的观点：情绪的中心不在外周神经系统，而是在中枢神经系统的丘脑。当丘脑过程被唤起时，情绪的特殊性质就附加于简单的感觉之上。情绪体验和生理反应同时发生，外界刺激引起感官产生神经冲动，这些神经冲动经由丘脑进行信息加工后，分别传送到大脑皮层和机体的其他部分。传送到大脑皮层的信息产生情绪体验，传送到内脏和骨骼肌激活生理反应。

坎农—巴德情绪理论表明，不是"因为害怕，我心跳加速"，也不是"因为我的心跳加速，所以我感到害怕"，而是"我既感到害怕，同时也伴随着心跳加速"，是中枢神经系统中的丘脑指挥我同时产生了情绪体验和生理反应。坎农和巴德重视对情绪中枢性生理机制的研究，相对于詹姆斯—兰格情绪理论前进了一步，但坎农—巴德情绪理论忽视了大脑皮层对情绪的作用以及外周神经系统对情绪的意义，同样具有较大的局限性。

---

① 董雪：《詹姆斯情绪理论新释》，《学术探索》2015 年第 1 期。

二、情绪的认知理论

詹姆斯—兰格情绪理论认为，身体的特定生理变化产生相应的情绪体验；坎农—巴德情绪理论认为，身体的生理变化和情绪体验同时发生、各自独立。但直到今天，这两种理论依然难以被研究者广泛认同，原因在于这两大理论均未考虑情绪的认知因素。其后，一些研究者开始关注认知因素在情绪产生中的作用，提出认知过程是决定情绪性质的关键因素。

（一）阿诺德的评定—兴奋情绪理论

美国心理学家阿诺德（M. Arnold）首先看到了认知在情绪产生中的重要作用，并于20世纪50年代提出了评定—兴奋情绪理论，认为刺激事件本身不是情绪产生的根源，在刺激事件和情绪产生之间有一个中介环节，这就是认知过程。当刺激事件出现时，个体要对刺激进行估量和评价，会按照事件对个体的意义，对刺激进行筛选，其中有的被突出，有的被忽略，有的被限制，有的被提高，这些经筛选的信息又会引起个体的生理变化，进一步加强或削弱个体的情绪，情绪又诱导人选择合适的行为反应。阿诺德认为，情绪产生的充分条件，是主观上感受到的对刺激事件的评价，同一刺激事件，由于对其评价不同，个体就会产生不同的情绪体验。

阿诺德认为，情绪的产生是大脑皮层和皮下组织协同活动的结果，情绪行为最重要的条件是大脑皮层的兴奋。情绪产生的理论模式是：外界刺激作用于人的感受器，感受器产生的神经冲动上传至丘脑，在丘脑更换神经元后再传到大脑皮层，在大脑皮层上产生对情境的评估，这时只要情境被评估为对机体有意义，皮层兴奋即下行激活丘脑系统，并影响自主神经系统而产生器官的变化，这时外周变化的反馈信息又通过丘脑传到大脑皮层，并与皮层最初的估价相结合，纯粹的认识经验即转化为情绪体验。

阿诺德的情绪理论，强调认知评价在情绪产生中的作用，认为刺激情境并不直接决定情绪的性质，对刺激的估量与评价是情绪产生的重要条件。同一刺激情境，由于对其评估不同，会产生不同的情绪体验。情绪的产生是大脑皮层和皮下组织协同活动的结果，大脑皮层的兴奋是情绪产生的重要机制。这些观点提高了对情绪复杂性的认识，把情绪与认知紧密联系起来，开辟了情绪研究的新领域。

（二）沙赫特的二因素情绪理论

美国心理学家沙赫特（S. Schachter）和辛格（J. Singer）于20世纪60年代通过实验研究进一步阐述了认知因素在情绪产生中的作用。沙赫特和辛格找来一些大学生，让他们参与一项注射维生素对改善视力效果的实验研究。第一个实验操纵是给被试注射同一种药物，并告诉被试注射的是一种维生素，目的是研究这种维生素对视力的影响，但实际上注射的是肾上腺素；第二个实验操纵是被试的期望，每一组中有一半的被试知道这种维生素会有生理上的变化，另一半则被告知没有任何症状。实验结果显示，被试坐在房间里，突然间开始心跳加速、手心冒汗、面部发烧，如果按照詹姆斯—兰格的情绪理论来看，这种生理变化将会转为害怕或愤怒等情绪体验，但实际上，如果被试知道并能够预测到注射可能带来的变化，则不会产生害怕或愤怒等情绪体验，若被试不知道或没有预测到可能带来的生理变化，就会产生相应的情绪体验。更为有趣的是，沙赫特和辛格将被试带入预先设计好的两种实验环境里，一种是令人发笑的愉快环境（让人做滑稽表演），另一种是令人发怒的情境（强迫被试回答琐碎问题，并横加指责）。结果显示：不知道药效的被试，在愉快的环境中显示出愉快情绪，在愤怒的情境中显示出愤怒情绪；而知道药效的被试，则没有明显的愉快或愤怒的情绪体验。由此可见，如果情绪体验是由生理变化决定的，同样都注射了肾上腺素的被试，引起的情绪体验应当是相同的；如果情绪是由环境因素决定的，那么进入愉快环境中的被试就应表现出愉快的情绪，进入愤怒环境中的被试就应表现出愤怒的情绪。因此，沙赫特认为，情绪体验来自个体对刺激情境和身体生理变化两方面的认知，对生理变化的认知会引发情绪体验（因素 1），对刺激情境的认知也会引发情绪体验（因素 2），形成了二因素情绪理论。

沙赫特和辛格的情绪理论，看到了认知在人的情绪产生中的决定性意义，并为情绪的认知理论提供了最早的实验依据，对情绪认知理论的发展起到了一定的推动作用。

三、情绪的动机—分化理论

随着情绪研究的不断深入，一些研究者开始看到，以往对情绪理论的探讨，主要关注的是情绪的产生问题，不可避免地会将焦点聚集于情绪的引发因素，而忽略了对情绪自身功能的重视，因此把情绪看作是其他心理活动（特别是认知活动）的副产品。同时，研究者们也进一步认识到，情绪不仅仅是心理活动的副产品，它也是一个独立的心理过程，有其内在的作用机制，它也对其他心理活动发挥着自身的独特作用。其中最具代表性的是汤姆金斯（S. Tomkins）和伊扎德（C. E. Izard）的动机—分化理论。

（一）汤姆金斯的情绪理论

汤姆金斯认为，情绪就是动机，“情绪”（emotion）和“动机”（motivation）这两个名词，均来自拉丁语“movere”，是“移动”的意思。我们不应把动机归结为内驱力，因为内驱力需要经过放大才能激发有机体去行动，起这种放大作用的正是情绪过程；而情绪是比内驱力更加灵活和有力的驱动因素，它本身可以离开内驱力而起到动机的作用，即情绪是内驱力的放大器，内驱力是纯粹的生物性力量，情绪可以使其放大或缩小。

20 世纪 70 年代，汤姆金斯提出，情绪的三个基本成分包括：（1）生理反应，一种高昂的生理状态；（2）表情行为，如明显的面部表情；（3）某种主观体验，如快乐或悲伤。三个成分之间相互独立又相互联系。当一个人面临危险情境时，身心就会快速予以反应，面部会呈现出愁苦的表情，心中升起恐惧，会产生疑惑、痛楚和害怕的主观体验，血压会升高、汗腺分泌增强，在行为上身体会做出逃避的姿态。同时，三个成分之间也会相互作用，其作用方式如同放大器一样，一个成分（如表情）影响另一个成分（如主观体验），起到放大的作用。在这几个主要成分中，表情行为引起主观体验和生理反应，三个成分之间的运动如同滚雪球一样，得到一定的放大。

汤姆金斯将情绪看作是唤醒、激活动机的一种持续状态，认为情绪并不是一种与动机相分离的心理活动，相反，情绪可与动机相结合，情绪有动机性功能，能够组织、维持并指导行为，没有动机就没有行动。汤姆金斯看到了动机在情绪中的重要作用，在对情绪性质的认识上又向前迈进了一步。

（二）伊扎德的分化情绪理论

伊扎德的分化情绪理论也是在 20 世纪 70 年代提出的。同汤姆金斯一样，伊扎德也强调情绪系统是包含生理反应、表情行为和情绪体验三个成分的复杂过程，是一个独立的心理过程。伊扎德认为，情绪是分立的，人类存在 10 种基本情绪，即兴趣、愉快、惊奇、悲伤、愤怒、厌恶、轻蔑、恐惧、害怕与胆怯。每种独立的基本情绪也具有动机的特征，它们组成了人类的动机系统。每种基本情绪在组织、动机和体验上都有其独特性，不同的情绪具有不同的内部体验，这种内部体验对认知与行为会产生不同的影响。

情绪发展首先源于生理的变化，即中枢神经系统机能的成熟。情绪是新皮质生长的产物，新皮质在体积上的增长，使情绪的种类也随之增加，面部肌肉的分化也更加精细。伊扎德等人发现，兴趣、高兴、悲哀和愤怒表情在出生后第一周到 4 个月时出现，而害怕表情在 7—9 个月时出现。一旦出现，这些情绪的表情模式就是稳定的。儿童情绪发展的重要任务是情绪和认知联系的建立，以及情绪调节的发展。随着发展，情绪与认知和行为系统产生相互作用，并且联系愈来愈密切。这种联系的建立，使得表情和情感的关系可以脱离。然而，这些变化大部分被看作是情绪外围的变化，而不是情绪本质的变化。①

在重视认知因素对情绪作用的同时，伊扎德认为：情绪是基本动机。情绪使机体对环境事件更敏感，能激起机体的活力；情绪对认知的发展和认知活动起着监督作用，它激发人去认识、去行动。情绪不是其他心理活动的伴随现象，其自身具有独特作用，例如情绪具有人格整合的动机功能。伊扎德认为人格是由知觉、认知、运动、内驱力、情绪和体内平衡六个子系统构成的复杂组织，情绪是这个复杂组织的核心，这个复杂组织的整合主要靠情绪的动机作用来完成。

伊扎德的分化情绪理论，从进化的观点出发，提出大脑新皮质体积增长和功能分化与情绪分化是平行、同步的，多种情绪的分化是进化过程的产物，每种基本情绪都有其发生的渊源，都有特定的适应功能，从而展示了情绪在有机体适应和生存上的核心作用。在对

① 李春杰：《西方两大情绪理论的比较研究》，《管理观察》2014 年第 1 期。

情绪性质的阐述上，分化情绪理论既说明了情绪产生的根源，又说明了情绪的功能，尤其在对婴儿情绪发生和功能的阐释上，具有一定的创新性。

四、情绪的新近理论

进入20世纪90年代以来，对情绪理论的探索依然在进行之中，其中最有代表性的是美国加利福尼亚大学教授拉扎勒斯（R. Lazarus）的认知动机关联理论，以及美国北卡罗来纳大学教授弗雷德里克森（B. Fredrickson）的拓展—建构理论。

（一）认知动机关联理论

拉扎勒斯在其1991年出版的《认知动机关联理论的新进展》一书中，系统总结了自己的情绪理论。① 他认为：情绪是人与环境相互作用的产物，是个体对刺激事件知觉到利害关系的反应；每种情绪都有自己独特的被社会公认的核心主题，这是描述人与环境之间关系的本质途径；认知、动机、情绪之间存在着紧密联系并互为因果，情绪是对意义的反应，当个体判断出刺激事件对自己有重要影响时，才会产生相应的情绪或反应倾向。情绪活动需要有认知活动的指导，这样，个体才能了解环境中刺激事件的意义，才能选择适当的、有价值的行为反应。因此，在情绪活动中，人们需要不断地评价刺激事件与自身的关系，具体包括三个层次的评价：初评价、次评价和再评价。

1. 初评价（primary appraisal）。初评价是人用来确认刺激事件与自己是否有利害关系，以及这种利害关系的程度。只要人们处在清醒的状态下，这种评价随时随地都会发生，这是人的生存适应的一个重要方面。初评价包含三个方面：（1）目标的相关性，判断与个人价值目标是否相关；（2）目标的一致性，判断刺激事件是有害的还是有益的；（3）目标的内容或自我摄入的类型。如果认为事件对个人来说很重要，则会进入到下一级评价中。

2. 次评价（secondary appraisal）。次评价是人对自己反应行为的调节和控制，包括能否控制刺激事件以及控制的程度。当人们要对刺激事件做出行为反应时，必须根据主观条件和客观现实来考虑行为的后果，从而选择有效的措施和方法。在这种评价过程中，经验起着重要的作用。

3. 再评价（reappraisal）。再评价是人对自己的情绪和行为反应做出有效性和适宜性的评价，也是对先前评价的一种反馈。如果再评价时，发现先前的行为是无效的或不适宜的，人们就会调整自己对刺激事件的次评价，甚至初评价，并相应地调整自己的情绪和行为反应。

---

① Lazarus, R. S. (1991). Progress on a cognitive-motivational-relational theory of emotion. *American Psychologist*, 46(8), 819-834.

拉扎勒斯把阿诺德的评价扩展为初评价—次评价—再评价的过程，使人们看到了情绪发生的复杂性。同时，他也发现情绪的认知因素有两个决定条件，一为情境因素，二为个体的心理结构因素。后者包括个人信仰、态度、人格特征等。在个体心理结构中，虽然也包含生物因素，但社会文化因素对人的认知评价和反应方式起着更为重要的作用。拉扎勒斯的理论进一步拓展和深化了情绪的认知理论。

（二）积极情绪的拓展—建构理论

美国北卡罗来纳大学教授弗雷德里克森在2001年提出了积极情绪的拓展—建构理论。弗雷德里克森认为，积极情绪是对个人有意义的事情的独特即时反应，是一种暂时的愉悦，积极情绪具有扩展和建构两大功能。

首先，积极情绪能够拓展个体即时的思维与行动能力。积极情绪和消极情绪都具有进化适应的价值。当个体体验到威胁情境时，消极情绪会窄化个体的思维和行动能力，使个体更加专注于即时的威胁情境，迅速做出反应以求得生存；积极情绪则与此相反，当个体处于无威胁的情境时，个体会变得更加专注与开放，积极情绪将拓展个体的注意、认知和行为的范围。积极情绪能够使个体发现更多的可能性；开拓个体的视野，改变个体的价值观；改变个体与世界的互动方式，增加创造力；拓展个体对自己的看法，使他们更愿意帮助他人；能够提高个体的面孔识别能力，消除种族偏见。

其次，积极情绪能够建构和增强个体持久性的资源，如身体资源、心理资源和社会资源等，提升人们的主观幸福感，给个体带来间接、长远的收益。积极情绪能够促进细胞的生长，能够建构心理优势，能够建构良好的心智习惯，能够建构社会联系，能够建构健康的身体，也能够增强个体的韧性。

近年来，积极情绪的研究越来越受到研究者的重视，也是积极心理学的主要研究课题。积极情绪的拓展—建构理论，不仅使我们看到了积极情绪在个体成长和发展中的重要作用，也使我们看到了积极情绪能够拓展个体即时的思维与行动能力、建构和增强个人资源的重要功能。这一理论也得到了一系列实验的验证，为我们进一步认识情绪的性质及作用提供了新的思路。

第二节　青少年情绪发展的基本特征

青少年时期是人一生发展的重要阶段，是个体从不成熟走向成熟的成长期，是个体从儿童走向成人的过渡期。美国心理学家斯腾伯格（R. J. Sternberg）又将这一时期细分为三个阶段：一是青少年早期（11—14岁），相当于初中教育阶段；二是青少年中期（15—18岁），相当于高中教育阶段；三是青少年晚期（19—21岁），相当于大学教育阶段。青少年有着丰富、复杂而又强烈的情绪体验。与儿童相比，他们的情绪体验来得快而强烈，具有动荡多变、不稳定的特点；与成年人相接近，他们也具备了一定的情绪调节与控制能力，使其情绪表现出文饰的、内隐的、曲折的性质。如何认识青少年的情绪发展？有研究者认为，完整的情绪过程包括体验情绪、发送有关情绪的信息和接受他人的情绪三大部分，而且三大部分是相互影响的。① 所谓体验，指识别自己的情绪，以调节情绪表达的时机和程度；而发送指用一个与情绪相符的方法表达情绪；接受则指注意和理解他人的情绪表达。按照这一情绪过程模式，青少年的情绪发展可分为三大方面：情绪体验的发展、情绪表达的发展和情绪理解的发展。

一、青少年情绪体验的发展

情绪体验是指情绪发生时个体的主观感受。青少年的情绪体验往往处于动荡不稳的状态，表现出强烈性和冲动性的特点。同样的刺激情境，对成年人来说，可能不会引起明显的情绪变化，却能引起青少年较强的情绪体验。青少年对各种事物比较敏感，反应迅速，遇事容易冲动，情绪常常处于不稳定的状态。但随着年龄的增长，情绪体验也开始发生变化，他们可以同时体验多种情绪，每一种情绪既可能是积极的也可能是消极的，并且强度不同，也能够同时体验一种以上的情绪（甚至是对立的情绪），情绪体验开始向温和性和深刻性方面转化。这种由情绪不稳定向稳定转化的过程，也使得青少年的情绪体验呈现出矛盾性的特点。

（一）情绪体验发展的特点

1. 由强烈性向温和性转化

青少年的情绪体验，往往十分强烈和直接，特别是在青少年早期，会明显表现出情绪增强的趋势。一是情绪的敏感度增高，微不足道的一件小事，就会让青少年产生较为强烈的情绪体验；二是情绪的强度增大，在一定的刺激情境下，情绪感受会被瞬间放大，甚至会表现出激情状态。国外的一项研究表明，大多数青少年都会与父母有中等程度以上的冲突，特别是在青春期的早期，还会出现一段抑郁、焦虑或愤怒的时期。② 但随着年龄的不断增长，身体发育不断走向成熟，认知能力不断得到加强，青少年的情绪体验又会表现出温和性的一面，由“疾风骤雨”向“风和日丽”转化，情绪也会以一种较为和缓的方式表现出来。

---

① Halberstadt, A.G., Denham, S.A., & Dunsmore, J.C.(2001). Affective social competence. *Social Development*, 10(1), 79-119.

② Laursen, B., Coy, K.C., & Collins, W.A.(1998). Reconsidering changes in parent-child conflict across adolescence: A meta-analysis. *Child Development*, 69(3), 817-832.

2. 由波动性向深刻性转化

青少年的情绪体验，往往因为其不够深刻和稳定，会出现从一种情绪向另一种情绪迅速转移和替代的现象，特别是在青少年早期，容易表现出易波动、易激怒的特点。一是情绪常常在两极之间跌宕，高兴时欢呼雀跃，甚至唯我独尊，失败时极端苦闷，悲观失望；二是情绪常被情境左右，对外部刺激敏感，反应迅速，情绪体验常随情境的变化而起伏不定，如正为一点儿小事争得面红耳赤、动怒怄气时，转眼看到自己糟糕的成绩单，就会马上变得泄气、绝望。国内一项对初中二年级学生的调查研究也显示：在一个 44 人的班级中，22 名男生几乎都有过因为情绪问题而与家长发生冲突的情况，有 10 名男生产生过情绪激化、恶化现象；22 名女生中，几乎都有过与家长顶嘴、哭闹、埋怨家长、不理睬家长的情况。22 名男生中，几乎每个人都曾因为一句话、一点儿小事而发生过争吵。① 但随着年龄的不断增长、自我控制能力的不断增强，青少年能够抑制自己的情绪冲动，其情绪感受不再起伏不定、动荡多变，开始逐渐向深刻性的一面转变。我们可以通过表 3-1 来帮助青少年了解自己的情绪状态。

表 3-1　积极情绪与消极情绪量表

下面有 20 个形容词，描述的是不同的感受和情绪，请阅读每个词，并根据自己近 1—2 周以来的实际情况，在相应的答案上打“√”。

感受和情绪	几乎没有	比较少	中等程度	比较多	极其多
1. 感兴趣的	1	2	3	4	5
★2. 坐立不安的	1	2	3	4	5
3. 兴奋的	1	2	3	4	5
★4. 心烦的	1	2	3	4	5
5. 强大的	1	2	3	4	5
★6. 内疚的	1	2	3	4	5
★7. 惊恐的	1	2	3	4	5
★8. 敌意的	1	2	3	4	5
9. 充满热情的	1	2	3	4	5
10. 自豪的	1	2	3	4	5
★11. 易怒的	1	2	3	4	5
12. 警觉的	1	2	3	4	5
★13. 羞愧的	1	2	3	4	5
14. 受鼓舞的	1	2	3	4	5

① 顾石生：《初中学生情绪变化规律及情绪教育对策研究》，《青少年研究（山东省团校学报）》2004 年第 3 期。

续表

	几乎没有	比较少	中等程度	比较多	极其多
★15. 紧张的	1	2	3	4	5
16. 意志坚定的	1	2	3	4	5
17. 专注的	1	2	3	4	5
★18. 心神不宁的	1	2	3	4	5
19. 有活力的	1	2	3	4	5
★20. 害怕的	1	2	3	4	5

评估方法：题项上不带星号的题目描述的是积极情绪（10 道题），带星号的题目描述的是消极情绪（10 道题）。将积极情绪的分数相加得出积极情绪的总分，将消极情绪的分数相加得出消极情绪的总分，分数越高表明这种情绪的程度越强。

（二）情绪体验发展的成因

青少年的情绪体验，强烈性与温和性并存，波动性与深刻性并存，并逐渐由强烈性向温和性、由波动性向深刻性转化，这使得他们的情绪体验比成年人更加变化多端、反复无常。青少年情绪体验表现出这一发展特点的原因有以下两点。

一是与青少年的生理发展有关。青少年时期，个体神经活动的兴奋过程强、抑制过程弱，兴奋能力明显高于抑制能力，神经活动类型属于不平衡型；青少年时期，个体肾上腺发育会出现加速的现象，导致肾上腺激素分泌增加。这两方面的生理变化，均会带来情绪兴奋性、波动性的增强。相关研究也证实，青春期的开始要比年龄本身更易预测个体情绪强度的增强，生物因素，尤其是剧烈波动的性激素（如雌激素和睾酮）也会增加青少年的情绪起伏。①

二是与青少年的心理发展有关。这一阶段青少年的心理尚未完全成熟，仍处于心理断乳期，容易受到外界的影响，心理的矛盾冲突也会带来情绪上的复杂体验。同时，其情绪冲动性的体验也与他们抑制冲动能力的发展密不可分。有研究发现，即使青少年有足够的时间思考与决策，他们仍然难以抑制强烈冲动。② 不过，青少年抑制冲动的能力会随着额叶皮层的逐步成熟而不断增强。

---

① Forbes, E.E., Ryan, N.D., & Phillips, M.L., et al.(2010). Healthy adolescents' neural response to reward: Associations with puberty, positive affect, and depressive symptoms. *Journal of the American Academy of Child and Adolescent Psychiatry*, 49(2), 162-172.

② Steinberg, L., Cauffman, E., Woolard, J., Graham, S., & Banich, M. (2009). Are adolescents less mature than adults? Minors' access to abortion, the juvenile death penalty, and the alleged APA "flip-flop". *American Psychologist*, 64(7), 583-594.

二、青少年情绪表达的发展

情绪表达是指情绪表现的具体方式，是情绪内在体验的外在表现。青少年的情绪表达在其发展早期，会表现出情绪冲动、爆发快速、表现直接等特征。青少年的情绪表达动荡多变，情境性强，感染性大，来得急而强烈，去得快而迅速，但随着阅历的增长和经验的丰富，青少年的情绪表达与内在情绪体验一样，开始由强烈变得温和，由不稳定变得稳定，出现了文饰性、心境性等新特点。

（一）情绪表达发展的特点

1. 由冲动性向文饰性转化

一般情况下，青少年的情绪体验与外在表现是一致的，但是，由于知识经验的增加、自我意识的成熟，在一些特定场景和事件上，青少年情绪的外在表现和内心体验也会出现不一致的现象，从而表现出文饰性的特点，即他们会对自己的情绪进行文饰之后，以一种较为缓和的方式表达出来。王振宏等人的研究认为，情绪表达是一种稳定的人格特质，不同个体无论是正性情绪还是负性情绪在表达方面都会存在差异。有的个体的情绪反应显现于言语与行为之中，情绪表达明显而强烈；但有的个体情绪反应相对比较内隐，尽管有同样的情绪感受和体验，但并不强烈地从言行中表现出来。①由冲动性向文饰性的转化，使得青少年的情绪表现进一步呈现出隐蔽性的一面：或是将自己真实的情绪进行隐藏（尤其是消极的情绪），往往以一种缩小的方式表达出来；或是由于从众等心理特质的制约，在表达自己真实的情绪时（尤其是积极的情绪），往往会以一种夸大的方式表达出来。

2. 由爆发性向心境性转化

青少年的情绪表达，有时十分强烈冲动，有时又显得温和细腻。这表明随着年龄的不断增长、心智的不断成熟，青少年的情绪表现开始向心境性转变，情绪不再是持续时间短暂的、爆发性的，而逐渐有微弱、持久的情绪状态出现。情绪爆发的次数不断减少，而这种比较平静持久、带有弥漫性的情绪表现逐渐成为主流。李冬梅等人的研究发现，青少年在日常生活中，多数时间是在一个相对积极的心境基调中。与此同时，初中男生的积极心境体验和消极心境体验都高于女生。从青少年的心境波动或变化幅度来看，初中生的情绪波动幅度大，这是因为青少年青春期的生理和心理特点造成了他们容易激动的情绪特征；随着年龄的增长，男女同学的波动趋势不相同，女同学情绪波动逐渐趋于稳定，而男同学的情绪波动却趋于加大。这可能是女性随着各方面的成熟，开始慢慢变得较为理性，而男

① 王振宏、郭德俊、马欣笛：《初中生情绪反应、表达及其与攻击行为》，《心理发展与教育》2007年第3期。

性却逐渐趋于易冲动。女生的波动频率比男生高，可能说明了女同学情绪多变的特点。①青少年情绪表达呈现心境性特点，是其情绪发展从不成熟走向成熟的标志。

（二）情绪表达发展的成因

青少年的情绪表达，冲动性与文饰性并存、爆发性与心境性并存，并逐渐由冲动性向文饰性、由爆发性向心境性转化，这使得他们的情绪表达更为复杂多样、难以捉摸。青少年的情绪表达表现出这一发展特点的原因有以下两点。

一是与青少年自我意识的发展有关，特别是随着青少年社会意识的觉醒，他们开始注意到在特定社会情境中，自己情绪表达的适当性。为了保持自己在他人心目中的良好形象，青少年会表现出符合社会期望的情绪，或掩饰不符合社会期望的情绪。谢弗（D. R. Shaffer）对儿童情绪表达的发展进行了总结，认为婴儿从出生至 6 个月，就出现了所有的基本情绪，积极情绪的表达会因为受到鼓励而更为经常地出现；到 7—12 个月时，愤怒、恐惧和悲伤等消极的基本情绪也会经常出现；1—3 岁时出现了次级（自我意识的）情绪；3—6 岁时，对情绪的掩饰以及对一些简单表达规则的遵守开始出现；6—12 岁时，对表达规则进一步遵守，自我意识的情绪与行为“对错”“好坏”标准的内化，联系更加紧密。②这就意味着到了青少年时期，情绪发展主要以表达次级情绪为主，情绪表达逐渐向符合社会规则的方向发展。情绪发展的一个重要方面是在社会环境中认识和应用情绪表现的社会规则：如当接受礼物时，应当表现出高兴；当别人在路上摔倒时，应当表示同情。应用情绪表达规则可以避免伤害别人，有助于建立良好的人际关系。随着年龄的增长，青少年不仅已能从概念上理解情绪表达的规则，而且还能够理解情绪表达的意义和重要性。此时，青少年也能够认识到，表情不能真正反映内心的情绪体验，应当学会隐藏自己的真实情绪。

二是与青少年情绪调节能力的发展有关。在幼儿、儿童阶段，孩子们的很多情绪常常一眼就能看出，如考试获得第一名，马上就能喜形于色；但到了青少年阶段，随着情绪调节能力的增强，他们往往可以对自己的情绪做到深藏不露。在某些场合和特定问题上，有些青少年常常文饰、隐藏或抑制自己的真实情绪，不像少儿时期那么坦率直白，有时还会表现出含蓄的特点，情绪具有很大的内隐性。王有智等人对中学生的调查表明，高中生与初中生在注重情绪表达、独自宣泄方面有显著差异，高中生倾向于采用独自宣泄、忍耐和顺从的应对方式。③个体进入青少年期以后，随着自我意识的觉醒，渐渐认识到情绪表达要符合特定情境。特别是到了青少年中后期，他们不会因为一点儿高兴的事而得意忘形，

---

① 李冬梅、张红、郭德俊：《青少年心境动态发展特点研究》，《首都师范大学学报（社会科学版）》2008 年第 2 期。

② ［美］谢弗著，邹泓等译：《发展心理学：儿童与青少年》，中国轻工业出版社 2005 年版，第 403 页。

③ 王有智、沈德立、欧阳仑：《中学生心理健康素质特点研究——兼谈心理健康研究中的几个问题》，《心理科学》2008 年第 3 期。

也不会因为一点儿生气的事而垂头丧气；相反，他们更自觉地用意志力控制自己的情绪，也更主动地用各种策略调节自己的情绪。

三、青少年情绪理解的发展

情绪理解是指对自己或他人情绪状态和情绪过程的理解，是个体理解自己或他人情绪的原因和结果的能力。美国心理学家纳尼斯（Nannis）将情绪理解看作是个体对自己和他人情绪以及情绪如何起作用的一种社会认知。目前关于情绪理解的研究，主要集中于对婴幼儿和儿童的探索，对青少年的研究较少。在儿童心理学研究领域，情绪理解的研究则主要包括：对简单情绪表情和引起这些情绪的情境的识别；对情绪和愿望关系的理解，知道愿望是引起情绪的原因；对信念和情绪关系的理解，知道信念是引起情绪的原因；对冲突情绪的理解。① 青少年已经能够理解他人的一些复杂情绪，但还不够稳定。青少年的情绪理解具有同质性、具体性。随着认识能力的不断发展、社会阅历的不断丰富，青少年逐渐能够整合内外部线索来理解他人的情绪，能够意识到不同的人对于同一事件会有不同的情绪反应，知道人会存在矛盾的情绪体验，因此，青少年的情绪理解开始展现出复杂性、社会性的新特点。

（一）情绪理解发展的特点

1. 由同质性向复杂性转化

青少年已经能够在其认知能力发展的基础上，把不同情绪成分连接在一起，形成稳定的情绪结构，不仅能够准确地知觉他人的单一情绪，还能够有效地理解他人的复杂情绪。实际上，能准确地知觉他人的情绪，在儿童发展早期就已出现。3 个月的孩子就能够从照片分辨出不同情绪的成人；4—5 岁的时候，儿童可以正确地从身体动作推断一个人是否快乐、气恼或悲哀；8 岁的时候，儿童就能够认识到许多情境因素会引发不同个体的不同情绪；进入青少年阶段之前，儿童已经能够通过整合相互矛盾的面部表情、躯体动作及环境线索来推断他人的情绪体验。国外研究发现，儿童情绪理解的发展分为五个阶段，7 岁儿童只能识别同一性质的情绪，例如同为积极情绪，或者同为消极情绪；只有到了 11 岁以后，儿童才能理解一种以上不同性质的情绪可以同时发生在同一个体身上。②在青少年早期，他们对复杂情绪的理解已经发展到较高水平，只是对这些复杂情绪的识别和理解还不稳定，没有真正地结构化，多以具体的人和事为转移，依然带有具体性的特点。但随着

---

① Southam-Gerow, M.A., & Kendall, P.C. (2002). Emotion regulation and understanding: Implications for child psychopathology and therapy. *Clinical Psychology Review*, 22(2), 189-222.

② Harter, S., & Buddin, B.J. (1987). Children's understanding of the simultaneity of two emotions: A five-stage developmental acquisition sequence. *Developmental Psychology*, 23(3), 388-399.

青少年认知能力的不断发展，他们可以通过抽象化、概括化，将对复杂情绪的理解建立起稳定的情绪结构，表现出复杂性的特点。

2. 由具体性向社会性转化

青少年的情绪理解，随着其社会化进程及情绪体验的发展，开始从对具体性情绪的关注转向对社会性情绪的关注，对道德感、理智感、美感等社会性情绪的认识逐渐上升到主导地位。已有研究表明，早期儿童的情绪理解是与具体事件相关联的，而且情绪与事件之间成一一对应关系；随着年龄的增长，儿童对情绪的理解具有了相对性，能了解到同样一个情境或事件，对不同的人来说，可以引起不同的情绪，这取决于他们的愿望、信念等内部心理状态。① 这就意味着到了青少年阶段，他们不再以具体事件来理解情绪，主要依据人的内部心理状态来解释情绪，更关注与自我评价相关的社会性情绪。例如，青少年能够把自豪、愧疚等情绪与责任感联系起来，履行了责任就会感到骄傲，不尽责就会感到内疚；他们也不再为一些偶然的过失而自责，只有真正做错了事，他们才会感到内疚。

（二）情绪理解发展的成因

青少年的情绪理解，由同质性向复杂性转化，由具体性向社会性转化，并且主要以复杂性和社会性为主导，使得他们的情绪理解显得更为深入、内隐。青少年的情绪理解表现出这一发展特点的原因有以下两方面。

一是与青少年的社会化有关。青少年阶段是个体社会化的重要时期。在社会化不断发展的过程中，个体的需要也在不断变化，逐渐由生物性需要向社会性需要提升，而随着社会性需要的满足，与此相联系的社会性情绪也随之得以发展。国内的一项研究显示，青少年阶段是社会性情绪发展的重要时期。在这一时期，生理上逐渐发育成熟，同时在生态环境方面，青少年面临着从小学到初中的过渡，从而使个体会经历同伴群体的变化，即儿童从原来较小、较熟悉的同伴群体过渡至较大的、较陌生的同伴群体，这意味着需要建立新的同伴关系，拥有新的同伴地位。②

二是与青少年的情感发展有关。青少年阶段会出现由社会需要所引起的社会性情绪，这种社会性情绪还会进一步提升为更高形式的情感，通过道德感、理智感、美感等表现出来。理智感是指青少年对认知活动及其成就进行评价时产生的一种内心体验，它产生于青少年获取知识的活动之中。卢家楣等人对我国青少年的理智感现状进行了调查，结果显示：我国青少年理智感总体正向积极，各因子发展不均衡，其中成就感发展最好，探究感发展最差。③ 道德感是青少年根据一定的社会道德规范评价自己和他人的行为时产生的一

---

① 李娟：《儿童情绪理解能力研究综述》，《晋中学院学报》2008 年第 6 期。

② 纪林芹、张文新：《青少年早期社会性—情绪的发展》，《中国心理学会发展心理学专业委员会第十三届年会摘要集》，2015 年。

③ 卢家楣、汪海彬、陈宁、田学英：《我国青少年理智情感现状调查研究》，《教育研究》2012 年第 1 期。

种内心体验。卢家楣等人对我国青少年的道德感现状进行了调查，结果显示：我国青少年道德感总体正向积极，但亟待提高；爱国感和关爱感发展可喜，正直感和责任感现状堪忧。① 美感是指青少年按照审美标准对物质或精神现象的美进行评价时所产生的内心体验。美感与审美认知活动密不可分。贺雯等人对我国青少年的审美感现状进行了调查，结果显示：我国青少年审美情感正向积极，但低于总体情感素质平均水平，其中最高的是自然美感，最低的是艺术美感。②

【案例 3-1】

小宇和小菲是同班同学，也是好朋友。有一天，她们一起乘公共汽车回家，下车时，小宇不小心踩了一个中年男子的脚，可她“对不起”还没有说出口，这个男人就大声训斥起来，嘴里说的话非常难听。忽然，身边的小菲给了那个男子一个重重的耳光！小宇简直惊呆了，小菲平时温柔得跟小花猫一样，今天怎么这么厉害，敢打人了呢？那个男子也惊呆了，没想到一个温柔的女孩会做出这样的行为。

根据所学的知识，你能说说小菲为什么会做出这样的行为吗？这反映了青少年什么样的情绪发展特点？

第三节　青少年的情绪发展与教育

情绪是客观事物是否符合人的需要而产生的主观体验，它对青少年的影响无处不在、无时不有，会渗透到青少年生活的各个领域之中。情绪的健康发展，会使青少年积极乐观、努力向上；良好的情绪发展状况，不仅是青少年心理发展的基本保证，更是青少年人格健全、完善自我的必要条件。教育与青少年情绪发展之间存在着较为复杂的相互依存关系：一方面，教育可以促进青少年的情绪发展，教育作为情绪发展的外部条件，制约着青少年情绪发展的过程和方向；另一方面，教育要适合青少年的情绪发展，应依据青少年的情绪发展特点开展教育，只有当教育符合青少年的情绪发展特点时，才能促进青少年的情绪发展。

---

① 卢家楣、袁军、王俊山、陈宁：《我国青少年道德情感现状调查研究》，《教育研究》2010 年第 12 期。

② 贺雯、卢家楣、徐京卫、周栋梁：《中国当代青少年审美情感现状调查研究》，《心理科学》2010 年第 6 期。

一、通过教育促进青少年的情绪发展

青少年时期，作为由儿童期向成年期过渡的阶段，是情绪变化最为剧烈的时期，也是情绪可塑性较强的时期。通过教育的手段对青少年加以培养或训练，帮助他们掌握情绪调节策略，让他们学会情绪的自我管理，以此提升自身的情绪调节能力，将会对青少年的情绪发展产生积极的促进作用。

（一）掌握情绪调节策略

青少年的情绪发展，是一个由不稳定向稳定、由不成熟向成熟转化的过程，而青少年情绪调节能力的不断增强会加速这一转化过程并促进他们的情绪发展。因此，在对青少年情绪发展的教育中，促进其情绪调节能力的发展至关重要。情绪调节是指个体根据内外环境的要求，在对情绪进行监控和评估的基础上，采用认知和行为策略对情绪进行修正的心理过程。①

按照格罗斯（J. Gross）提出的情绪调节过程模型，可以将情绪调节策略分成三类：一是情境关注策略，主要用于控制情境，通过选择情境或在一定程度上改变情境来发挥作用。包括情境选择和情绪修正两种具体策略：前者指个体对自己遇到的人和事做出回避或接近的选择，从而对可能产生的情绪进行控制；后者是对出现的可能引起情绪反应的情境进行初步修正，从而使情绪得到控制。二是认知关注策略，主要通过将注意指向情境中的某些特定方面，或改变我们看待情境的方式来改变情绪。包括注意控制和认知重评两种具体策略：前者指改变注意的关注点，尝试避免去看或去想引起痛苦的物体；后者是指通过改变对事物情境意义的理解，从而使情绪得到调整。三是反应关注策略，当情绪已经产生，则需要通过调整反应来改变情绪的效果。主要是对激发出的情绪反应进行调节，包括情绪宣泄、情绪抑制、放松技术、药物、体育运动、生物反馈等方法。

帮助青少年掌握情绪调节策略，可以从以下三方面入手。

1. 合理运用情境关注策略

情绪的产生往往离不开特定的情境，情境会直接影响青少年的情绪。在一种情境中，可能产生积极的情绪，在另一种情境中，则可能产生消极的情绪。因此，改变情境是帮助青少年调节情绪的有效方法之一。控制情绪的一种有力的方式，就是找到、避免或改变诱发情绪的场景，控制情境可以采用情境选择或情境修正的方法。如果不愉快的情绪主要来自情境，而情境又一时难以改变，则暂时的逃离逃避或隔离是一种权宜之计。但这种情境选择的方法，是一种被动的方法，有时完全避免不愉快的情境并不现实，长期使用也会弱化解决问题的能力。一项研究发现，在调查的第一年，表现出更多回避取向应对方式的个体，在接下来的四年中体验到更多的生活压力，而这也预测了更多的抑郁症状。此时采用

① 刘启刚：《青少年情绪调节策略与情绪调节能力的关系研究》，《心理研究》2011 年第 6 期。

情境修正则是更为积极的方法，即直接进入这个情境，但采取措施改变它。在一项研究中，被试的前臂被施加了一系列疼痛的热刺激，其中一组被试被告知他们可以通过将一个操纵杆足够快地推向正确的方向来将刺激的持续时间从5秒缩短到2秒，但实际上他们对刺激长短并没有这种控制，刺激的持续时间是随机变化的，但因为他们正努力操作操纵杆，就会将每个短刺激解释为“足够快”的反应奖赏。此外，认为自己有控制力的被试比其他知道自己并不能控制的被试体验到更少的疼痛。① 虽然许多不愉快的情绪源于个体难以适应情境又无力改变情境，而且通过主动改变环境来调节情绪，并不是短时间内可以成功的，也不是人人都能做到的，但是这种策略一旦成功，其会对解决问题产生根本性的效果。

2. 合理运用认知关注策略

在许多情况下，事件已经发生，我们无力去控制令人不快的情境，难以在情绪产生之前就将其扼杀，此时则需要运用认知关注策略。改变认知可以采用注意控制和认知重评的策略。注意控制是将注意力从一个关注点转移到另一个关注点上，以此避免情绪的低落。一项研究结果表明，注意控制是一种有效的情绪调节方法。研究者要求被试去回忆一个被他人拒绝的情境，这个情境会让大部分人觉得很苦恼。他们鼓励一半的被试将自己的注意集中在回忆时的情绪和生理感受上，而另一半被试则被鼓励将注意集中在事件发生时的房间特点上。在唤回这种感受之后，被试被要求完成三个其他任务：第一个是反应时的任务，要求被试尽可能快地判断一串字母是否是单词；第二个是自我报告愤怒心境评价；第三个是针对刚才回忆到的被拒绝的体验，写一段小短文。结果显示，注意操纵对人的情绪有巨大的影响，相比于关注情绪和生理感受的被试，那些被要求关注他们记忆中房间摆设的被试，认出与敌意相关的词语用时更慢，报告的愤怒更少，在第三个任务中更少提到感到愤怒和受伤。②认知重评是指改变对事物个人意义的认知，使情绪得到调整。当注意控制也无法调整情绪时，可以采用认知重评的方法。因为情绪是通过认知的折射而产生的，认知是产生情绪的基础，合理的认知产生积极的情绪，不合理的认知则产生消极的情绪，如果能够把不合理的认知改变为合理的认知，消极情绪就会被积极情绪所替代。研究表明，认知重评是一种有效、健康的情绪调节策略，经常使用认知重评策略的个体，报告出更多的积极情绪、更少的消极情绪、更高的生活满意度、更多的与他人共享情绪体验、更受同伴喜爱、拥有更紧密的社交关系以及更小的罹患抑郁的风险。③

3. 合理运用反应关注策略

当令人不愉快的事件已经发生，我们既无法去控制情境，也无法通过重新评价来显著改变情绪，此时则可以采用反应关注策略。常用的反应关注策略有情绪宣泄和情绪表达抑制。情绪宣泄指对自己情绪释放的适应性表达，包括替代性表达与直接表达。替代性表达

---

①②③［美］施塔、［美］卡拉特著，周仁来等译：《情绪心理学》，中国轻工业出版社2015年版，第135、138—139、140页。

指通过间接表达情绪，使情绪得到释放的一种情绪调节方式。例如通过倾诉、高喊、哭泣等方式宣泄不愉快的情绪，从而使情绪回归平静。直接表达指面对激发情绪的事物，直接表达自己的情绪的一种情绪调节方式。例如，当受别人侮辱时，直接通过言语或武力等方式释放自己的愤怒情绪。情绪表达抑制是一种反应关注调节方式，指抑制将要发生或正在发生的情绪表达。例如，当遇到不愉快的事件，人们常抑制自己不满的行为表现，以免影响人际关系。当遇到非常愉快的事件时，也常抑制表现，如成功时避免得意忘形，以免对他人表现出一种炫耀之感。

（二）学会情绪管理

情绪管理是对情绪进行感知、控制和调节的过程。帮助青少年学会情绪管理，就是帮助他们提高对情绪的自觉意识，能够运用正确的方式探索自己的情绪、理解自己的情绪及调整自己的情绪。简单地说，情绪管理不是要压抑或消除情绪，而是在觉察情绪后，调整情绪的表达方式。在个体管理自己或他人情绪的过程中，通过一定的策略和机制，使情绪在生理活动、主观体验、表情行为等方面发生一定的变化。虽然情绪有积极和消极之分，但情绪管理的关键不在于情绪内容本身，而是情绪的表达方式，以适当的方式在适当的情境表达适当的情绪，就是健康的情绪管理之道。

情绪管理的目标，就是帮助青少年收获健康的情绪状态，主要表现为情绪上的成熟，即一个人的情绪发展、反应水平和自我控制能力与其年龄和社会对此的要求相适应，并为社会所接受。

美国心理学家赫洛克（E. B. Hurlock）提出了情绪成熟的四条标准：一是能够保持健康，自己能控制因身体疲劳、睡眠不足、头痛、消化不良等疾病引起的情绪不稳定；二是能够控制环境，不是想干就干，而是先预料后果，再采取行动；三是能使情绪的紧张消除到无害方面，不是压抑情绪，而是将情绪转变、升华到社会性的高度；四是能够洞察、理解社会。美国人本主义心理学家马斯洛在描述自我实现者的情绪特点时，曾经提出了健康情绪的六个特征：（1）平和、稳定、愉悦和接纳自己；（2）有清醒的理智；（3）适度的欲望；（4）对人类有深刻、诚挚的感情；（5）富于哲理、善意的幽默感；（6）丰富、深刻的自我情绪体验。

由此可见，根据青少年的情绪特点，健康的情绪标准应该为：（1）情绪反应适时、适度。健康的情绪反应的程度与引起情绪的刺激相符合，情绪反应的时间与反应的程度相适应。（2）情绪反应稳定。这表明人的中枢神经系统活动处于相对平衡的状态。（3）情绪的目的性明确，表达方式恰当。（4）心境愉悦，积极情绪多于消极情绪。（5）自我调整。情绪健康的青少年，能保持正确客观的理性认知，善于采用多种方式及时调整自己的情绪，做情绪的主人。

帮助青少年学会管理自己的情绪，可以从以下三方面入手。

1. 体察自己的情绪

体察自己的积极情绪，可以帮助青少年实现挖掘自身优点，实现自我成长；体察自己的消极情绪，可以帮助青少年去表达、宣泄自己的消极情绪，继而降低消极情绪的不良影响。人的情绪是由认知所决定的，个体之所以受情绪的困扰，不是因为发生的事件，而是因为对事件的不同看法。现实中，人们的许多情绪困扰并不一定是由诱发事件直接引起的，而是由经历者对事件的非理性认识和评价造成的。人们对事物的观察与体验，对生活中遇到的问题与挫折，倘若只从一个角度来看，则可能引起不安，产生苦闷和烦恼。如果从另外一个角度来看，也许会发现它的积极意义，从而使消极的情绪转化为积极的情绪。

帮助青少年体察自己的情绪，可以采用自我提问的方式，时时提醒自己："我现在的情绪是什么?"例如，当你因为朋友相约迟到而对他冷言冷语时，问问自己："我为什么这么做？我现在有什么感觉？为什么有这种感觉呢?"青少年应当每天或者每周主动询问自己这些问题，以养成体察自己情绪的习惯。此外，还应让青少年认识到，情绪是人人皆有的，是正常的，情绪不分好坏，都是我们自身的一部分，我们不要急躁，也不要感到羞愧。学会体察自己的情绪，这是情绪管理的第一步。

2. 表达自己的情绪

有些青少年认为人不应该有情绪，所以不肯承认自己有负面的情绪；有些青少年不善于与人交流，遇到不良情绪时往往埋在心里不愿表达。然而，压抑自身的情绪反而会带来更不好的结果。因此，需要引导青少年相对理性地运用语言、活动等方式，对自己的情绪进行消解性表达；或者引导他们学会主动向同伴倾诉，向老师、家长求助。

当感觉心情不好时，可以采用与人当面交流、文字交流等方式去适当表达自己的情绪。什么是适当的表达？你与朋友相约，对方却迟到，这让你很生气。你之所以生气，可能是因为你对他的担心，在这种情况下，你可以婉转地告诉他："你过了约定的时间还没到，我很担心你在路上发生意外。"试着把担心的感觉传达给他，让其了解他的迟到会带给你什么感受。什么是不适当的表达呢？例如，你指责他："每次约会都迟到，你为什么都不考虑我的感觉?"当你指责对方时，也会引起他的负面情绪，他会变成一只刺猬，忙着防御外来的攻击，没有办法站在你的立场为你着想。他的反应可能是："路上塞车嘛！有什么办法，你以为我不想准时吗?"如此一来，两人的情绪都会更为激动。如何适当表达情绪，是一门艺术，这也是青少年情绪管理的重要内容。

3. 纾解自己的情绪

在传统教育中，我们常常指导青少年要用理智战胜情绪，强调喜怒不形于色，注重对情绪的控制，从而忽视了情绪的宣泄。其实，适当释放心中的情绪，可以起到心理平衡的作用。纾解情绪可以分为即时情绪管理和延时情绪管理。当情绪爆发时，可以使用语言暗示去舒缓、控制情绪，避免矛盾冲突的恶化；也可以进行换位思考，设身处地站在对方的角度看问题，以换取心态的平和；还可以学会利用他人的劝阻，从事件中抽身出来。如果已经离开引爆情绪问题的情境，还是不能平静下来，可以继续采用一些方法进行情绪纾解，如：转移注意力，寻找自己喜欢的娱乐或运动方式；投入到一项紧张的任务中，完成任务后也许激动的情绪已经缓和。

情绪宣泄有很多方式，但有一条总的原则，就是一定要被社会接受，而不对他人、家庭、社会造成危害。唱歌、弹琴、跳舞、画画、运动等都能宣泄人的情绪；向亲朋好友诉说，一吐为快，即使问题不能立刻得到解决，也可以缓解心中的悲伤或愤怒。纾解情绪的目的在于给自己一个理清想法的机会，让自己更有能量去面对未来。如果纾解情绪的方式只是暂时逃避痛苦，而后需承受更多的痛苦，这就不是一种适宜的方式。有了不舒服的感觉，要勇敢地面对，仔细想想：为什么这么难过、生气？我可以怎么做，将来才不会重蹈覆辙？怎么做可以减少不愉快的情绪？这么做会不会带来更大的伤害？选择适宜且能有效纾解情绪的方法，就能够控制好自己的情绪。

二、教育要以青少年的情绪发展为依据

教育过程是教育者和受教育者共同积极活动的过程。在教育过程中，学生如果没有积极的情绪状态，就难以使自己的心理活动得到良好的发展，教育就不能发挥它应有的作用，也难以收到应有的成效。因此，教育不应忽视青少年的情绪发展。

（一）教育需要考虑青少年的情绪发展特点

青少年情绪的表现形式是多种多样的，不同的青少年常常会表现出不同的情绪特点。从情绪的两极性特点看，情绪过程可以划分为愉快—不愉快、激动—平静、紧张—松弛三个维度。在每个维度上，由于青少年认知水平、需要、身体机能状况、对情境体验的不同，他们常常会出现肯定与否定、积极与消极、紧张与轻松、激动与平静等互为对立的情绪，情绪表现有时强烈而狂暴，有时温和而细腻。从情绪的情境性特点看，青少年的情绪总是在一定的情境中产生，不同的学习环境、学习气氛、人际关系、班集体氛围，会使青少年产生不同的情感体验，表现出不同的情绪状态。在适当的情境下，青少年已经能够控制自己的某些消极情绪，也能够对某种情绪予以文饰，以相对缓和的形式表现出来，情绪表现会因情境的不同越发表现得丰富和细致。

在学校教育中，教育者要随时把握青少年的情绪发展特点，了解他们在情绪体验、情绪表达、情绪理解等方面的表现方式，在选择教育内容和教育方法时，要适合青少年的情绪发展特点，让他们在积极向上、健康活泼的情绪状态下接受教育。斯诺（R. E. Snow）曾通过实验研究的方法，比较了在物理教学中教师讲解与电影教学的不同效果。实验选取了 437 名大学生，在一个学期的教学中，半数学生接受电影讲解，半数学生由教师讲课；学习后期，每节课结束时均进行 5 分钟的测验（即时测验）。另外，在半年之内还进行了 5 次期中测验（即延迟测验），这些测验的平均数作为每个学生的学习成绩，某一教学条件下所有学生的平均成绩作为教学效果的指标。结果，电影讲解组与教师讲解组之间的整

个测验成绩差异不显著。但学生的积极性与教学方法之间具有显著的相互作用。凡是学习积极性水平较高的学生，在教师讲解下，学习成绩较好；而学习积极性水平较低的学生，在电影教学条件下，成绩较好。① 这一研究结果表明，如果不考虑学生学习积极性的水平，以全部学生的平均成绩作为衡量教学效果的指标，那么两组学生的学习成绩没有显著差异，但考察了学生学习积极性的水平，则电影讲解法适合学习积极性较低的学生，但对学生积极性较高的学生不利，教师讲解法更适合学习积极性较高的学生，但对学习积极性较低的学生则不适合。这项研究启示我们，不论是教育还是教学，都应考虑青少年的情绪发展特点和水平，注重因材施教，只有选择更适合青少年情绪发展特点和水平的教育或教学内容，才能够让青少年在积极的情绪状态下接受教育，才能真正有效提升教育或教学的效果。

（二）教育需要发挥青少年情绪的积极功能

青少年的情绪状态会直接影响他们接受教育的过程。情绪功能具有双重性，既可能起积极作用，也可能起消极作用。有一项研究为我们揭示了不同情绪状态对信息加工的影响。研究者选取了“9·11”恐怖袭击发生两个月之后的 1 700 多个美国人，将他们随机分到三组之中写短文。第一组被要求写这次恐怖袭击令他们很生气，第二组写恐怖袭击令他们很悲伤，第三组写恐怖袭击令他们很恐惧。之后所有人被要求对他们自己的未来有多危险，以及美国在未来一年内有多危险做出评价。结果，刚刚描写了恐怖情绪的人，认为危险的可能性更大。②这一研究结果表明，情绪会影响个体对情境的解释和归因，恐惧的情绪会放大人们对危险的感知。因此，如何有效发挥情绪的积极功能，避免其消极功能，也是教育者在教育过程中需要去面对的现实问题。情绪功能的积极作用主要表现在以下几个方面：（1）情绪具有动力功能，有利于调动学生的学习积极性和自主性；（2）情绪具有调节功能，有利于提高学生认知活动的效率，促进智力的发挥和发展；（3）情绪具有信号功能，有利于提高教学中认知信息传递的效率；（4）情绪具有强化功能，有利于纠正学生的不良行为，培养学生良好的学习态度和行为习惯；（5）情绪具有疏导功能，有利于促进学生对教学要求和内容的内化；（6）情绪具有协调功能，有利于改善学生与学生之间、教师与学生之间的关系，形成教学中良好的人际环境；（7）情绪具有迁移功能，有利于在教学中将学生对教学的积极情绪迁移到学科学习上，培养学生的学习心向；（8）情绪具有感染功能，有利于在教学中调控学生的情绪，陶冶学生的情操；（9）情绪具有保健功能，有利于促进学生的身心健康。③从情绪功能的角度来看，教育不仅需要考虑青少年认知因素

---

① 路海东主编：《教育心理学》，东北师范大学出版社 2002 年版，第 39—40 页。

② ［美］施塔、［美］卡拉特著，周仁来等译：《情绪心理学》，中国轻工业出版社 2015 年版，第 317 页。

③ 中国心理学会教育心理学专业委员会编：《教育心理学进展》，新疆人民出版社 2004 年版，第 411—413 页。

的作用，也需要考虑情绪因素的作用。只有努力发挥情绪在青少年接受教育过程中的积极作用，将情绪发展作为学校教育的目标之一，才能优化学校教育的目标体系，提升学校教育的效能。

【案例 3-2】

王老师是高二（3）班的班主任。这一天，班上的同学小峰找到王老师，对王老师说："老师，我无法很好地控制自己的情绪。原来情绪不好的时候，一两天就过去了，可这次已经持续两周多了。我特别难受，也很郁闷，做什么事都提不起劲，情绪低落。我想每天快乐地生活，高效率地投入学习，可是我做不到，老师您帮帮我吧。"

如果你是王老师，你该怎么办？如何帮助小峰从不良情绪中走出来？

小结

1. 情绪是人对客观事物的态度体验及相应的行为反应，是以个体的愿望和需要为中介的一种心理活动。当客观事物或情境符合主体的需要和愿望时，就能引起积极的、肯定的情绪；当客观事物或情境不符合主体的需要和愿望时，就会产生消极的、否定的情绪。这是心理学对情绪的认识。日常生活中，人们也会谈到"情绪"，主要说的是人自身的一种主观体验，而心理学的研究表明，情绪并非是一个单一的构成物，它是包含一系列反应的复杂心理现象；情绪不仅是人的一种主观体验，还附带着人的生理变化和外在行为反应。

2. 心理学关于情绪的认识，存在着不同的观点，从早期的詹姆斯—兰格情绪理论、坎农—巴德情绪理论，到后来的情绪认知理论、情绪的动机—分化理论，再到新近的认知动机关联理论、积极情绪的拓展—建构理论等，反映出对情绪本质的探索是一个不断深入的过程，也展现出情绪研究的复杂性和多样性。每一种理论都有它存在的合理性，但每一种理论也同样存在着自身的局限性。我们应当从横向和纵向两大不同的视角对情绪理论予以综合分析。从横向上看，每一种情绪理论都揭示了情绪某一方面的本质特征；从纵向上看，每一种理论都是对已有理论的发展与超越，使我们在认识情绪本质的道路上又向前迈出了一步。

3. 青少年的情绪体验，逐渐由强烈性向温和性、由波动性向深刻性转化，使得他们的情绪体验比成年人更加变化多端、反复无常。分析出现这一特点的原因：一是与青少年的生理发展有关，其神经活动的兴奋过程强、抑制过程弱，兴奋能力明显高于抑制能力，神经活动类型属于不平衡型；青少年时期，其肾上腺发育会出现加速的现象，导致肾上腺激素分泌增加。二是与青少年的心理发展有关，其心理尚未完全成熟，情绪易受到外界的干扰，抑制冲动的能力还不够强，会表现出情绪的冲动性。

4. 青少年的情绪表达，逐渐由冲动性向文饰性、由爆发性向心境性转化，使得其情绪表达更为复杂多样、难以捉摸。分析出现这一特点的原因：一是与青少年自我意识的发展有关，特别是随着青少年社会意识的觉醒，他们开始注意到在特定社会情境中，自己情绪表达的适当性。为了保持自己在他人心目中的良好形象，他们会表现出符合社会期望的情绪，或掩饰不符合社会期望的情绪。二是与青少年情绪调节能力的发展有关，个体进入青少年期以后，随着自我意识的觉醒，渐渐认识到情绪表达要符合特定情境，开始更自觉地用意志力控制自己的情绪，也更主动地用各种策略调节自己的情绪。

5. 青少年的情绪理解，逐渐由同质性向复杂性转化、由具体性向社会性转化，使得他们的情绪理解显得更为深入、内隐。分析出现这一特点的原因：一是与青少年的社会化有关，在个体社会化不断发展的过程中，逐渐由生物性需要向社会性需要提升，与此相联系的社会性情绪也随之得以发展。二是与青少年的情感发展有关，此时青少年的社会性情绪会进一步提升为更高形式的情感，通过道德感、理智感、美感等表现出来。

6. 青少年时期是情绪变化最为剧烈的时期，也是情绪可塑性较强的时期。我们应当根据青少年情绪发展的特点，运用教育的手段，对其情绪予以培养或训练，帮助其掌握情绪调节策略、学会情绪的自我管理，以此对青少年的情绪发展产生积极的促进作用。

思考与练习

1. 简述伊扎德分化情绪理论的主要观点。
2. 简述认知动机关联理论的主要观点。
3. 试述青少年情绪体验发展的基本特点。
4. 试述青少年情绪表达发展的基本特点。
5. 试述青少年情绪理解发展的基本特点。
6. 试述如何帮助青少年掌握情绪调节策略。
7. 试述如何帮助青少年学会情绪管理。

拓展阅读

1. [美] 施塔、[美] 卡拉特著，周仁来等译：《情绪心理学》，中国轻工业出版社 2015 年版。

2. 郭德俊、刘海燕、王振宏编著：《情绪心理学》，开明出版社 2012 年版。

3. [美] 谢弗著，邹泓等译：《发展心理学：儿童与青少年》，中国轻工业出版社 2005 年版。

第四章　青少年的社会性发展

启发与引导

- 社会性发展是人的心理发展的重要方面，青少年的社会性发展主要表现在哪些方面？青少年社会性的发展与认知水平的发展存在什么关系？
- 学生在进入青春期后会由原来的乖孩子变得非常不听话，出现这一现象的原因是什么？作为教育工作者，你应该如何处理？
- 自我同一性是青少年自我发展的重要特征，那么青少年自我同一性的建立对他们以后的发展会产生什么样的影响？
- 在对自我价值感的总体感知方面，青少年时期的男生和女生存在何种差异？导致这种差异的原因是什么呢？
- 青少年时期是个体社会性发展的关键时期，那么学校教育应如何才能有效促进青少年社会性的良好发展？

社会性发展是个体进入青少年阶段后面临的重要发展任务之一，相对于认知发展而言，青少年的社会性发展对于其成长为社会人及心理健康的影响更大。当然，个体的社会性发展与其认知水平的提高（如思维方式的深刻化）有着密切联系。本章将从社会性发展的理论，青少年社会性发展的主要内容、特征及教育促进对策等方面进行系统探讨。

第一节　个体社会性发展的理论

针对个体的社会性发展，心理学者从不同的角度出发，形成和建构了各自的理论观点。在这个领域中，有代表性的观点包括：埃里克森（E. H. Erikson）的社会性发展理论，认为个体的社会性发展源于个体与环境的相互作用，并突出社会文化因素的效应；班杜拉（A. Bandura）的社会学习理论，同样强调社会性因素在个体行为塑造中所起的作用，认为个体的社会性发展是由个人认知因素、行为和环境交互作用的结果；皮亚杰的认知发展理论，侧重儿童道德认知方面的发展研究，强调儿童认知的发展是儿童自身的因素与外界刺激相互影响的结果；布朗芬布伦纳（U. Bronfenbrenner）的生态学理论，强调真实的自然环境是促进儿童青少年社会性发展的重要因素。另外，近年来随着互联网技术的发展，网络媒体对儿童青少年社会性发展的作用也日益受到研究者的重视，他们提出了相关的理论来加以解释，主要包括社会补偿理论和“强者更强”理论、现实交往替代理论和现实交往扩大理论、网络使用补偿理论、媒体效应的个体易感差异理论等。

一、埃里克森的社会性发展理论

埃里克森的社会性发展理论强调社会文化因素对个体的社会性发展的影响。埃里克森认为，个体社会性的发展源于个体与社会文化、外界环境的相互作用。他指出：儿童人格的发展具有阶段性，而且各个阶段之间的发展顺序是不变的，儿童通过这种阶段性的发展逐渐形成自己的人格特征；在每个发展阶段，个体都需要解决特定的问题或困难。这些问题或困难是由个体生物学的成熟度与其所处的社会文化环境、社会期望之间的冲突导致的。困难解决之前，心理危机将持续存在，危机会随着问题的解决而化解，并促使个体继续顺利发展。从某种意义上而言，危机是发展过程中产生的正常现象，因此也被称为发展危机。每一种危机都涉及一个积极的选择与一个潜在的消极选择之间的冲突。个体如果能够成功而又合理地解决每个阶段的危机或冲突，就会形成积极的人格特征，有助于健全人格的发展；反之，危机若得不到解决或解决得不合理，个体就会形成消极的人格特征，导致人格向不健全的方向发展。埃里克森认为，人格的发展贯穿于个体的一生，整个发展过程可以划分为以下八个阶段：(1) 学习信任的阶段（出生—18 个月），本阶段的主要任务是满足生理上的需要，发展信任感，克服不信任感，体验着希望的实现。(2) 成为自主者的阶段（18 个月—3 岁），这个阶段的儿童主要是获得自主感而克服羞怯和疑虑，体验着意志的实现。(3) 发展主动性的阶段（3—6、7 岁），本阶段儿童的主要发展任务是获得主动感和克服内疚感，体验目的的实现。(4) 变得勤奋的阶段（6、7 岁—12 岁），这个阶段人格发展的任务是获得勤奋感，克服自卑感，体验着能力的实现。(5) 建立个人同一性的阶段（12—18 岁），对应个体发展的青少年阶段。这一阶段的发展任务是建立同一感和防止角色混乱，体验着忠实的实现。(6) 承担社会义务的阶段（18—30 岁），对应个体的成年早期，发展任务是获得亲密感以避免孤独感，体验着爱情的实现。(7) 显示充沛感的阶段（30—60 岁），对应个体的成年中期。个体的发展任务是获得繁殖感而避免停滞感，体验着关怀的实现。(8) 达到完善的阶段（60 岁以后），对应个体发展的老年期。这个阶段人格发展的任务是获得完善感和避免失望、厌倦感，体验着智慧的实现。①

在埃里克森的八阶段理论中，青春期阶段尤为重要。埃里克森认为，在青春期，青少年试图弄清楚他们自己的独特性。由于青春期认知能力的发展，他们在了解自我方面开始越来越深入。在这一阶段，青少年试图了解自己的特性，尝试思考自己在未来生活中扮演的角色，并评估这些角色是否与自己的能力和价值观相吻合。

这一阶段的基本危机是要面对不同人扮演不同的角色，并在这种混乱中发现自己的正确身份，即建立同一性。所谓自我同一性，就是个体尝试把与自己有关的各个方面统合起来，形成一个自己觉得协调一致的整体。这些层面包括自己的身体相貌，自己以往的状况，自己的现状、环境与条件的限制以及对自己未来的展望等。通过对这些层面的综合评价，青少年对“我是个什么样的人”这一问题做出回答。自我同一感的建立可以使青少年了解自己，了解自己和周围环境之间的关系，能与客观环境保持协调和谐的关系，这些心理特质对青少年走向社会，走向生活，接受人生的挑战都是至关重要的。②

在埃里克森社会性发展理论的基础上，玛西亚（J. Marcia）提出了自己的观点，认为可以依据两种特性——危机或承诺——来看待同一性的存在或缺失。危机是同一性发展的一个阶段，这个阶段的青少年有意识地在多种选择中做出抉择。承诺是对一种行动或思想意识过程的心理投资，例如，有的青少年会在不同的活动之间换来换去，对活动缺乏承诺，而有的青少年则能完全投入并坚持参加某一项活动。玛西亚对青少年开展深度访谈后提出了四种青少年同一性的类型。

（1）同一性获得：处于这种同一性阶段的青少年已经成功地探索及思考过他们是谁和自己想做什么的问题，在思考各种选择的危机阶段后，这些青少年已经确定了某一特定同一性。已经达到这种同一性阶段的青少年往往心理最为健康。相比处于其他任何同一性阶段的青少年，他们的成就动机更高，道德推理更强。

（2）同一性早闭：有些青少年还没有经历过对各种选择进行探索的危机阶段就已形成同一性，他们接受的是别人为他们做出的最好决定。

（3）同一性延缓：虽然处于同一性延缓阶段的青少年在一定程度上探索了各种选择，但他们仍然没有做出承诺。因此，玛西亚认为他们表现出相对较高的焦虑，并体验着心理冲突。另一方面，他们往往是活跃的和有魅力的，寻求与他人发展亲密关系。处于该同一性阶段的青少年正在努力解决同一性问题，但只有经过一番努力后才能达到同一性。

（4）同一性混乱：处于这一阶段的青少年既不探索也不去思考各种选择，他们容易变来变去，从一种事转到另一种事上。当他们似乎无忧无虑的时候，对承诺的缺乏状态将使他们建立亲密关系的能力发展受到制约。实际上他们通常表现出社会性退缩。

---

① 林崇德主编：《发展心理学》，人民教育出版社 2009 年版，第 38—40 页。

② ［美］费尔德曼著，苏彦捷、邹丹等译：《发展心理学——人的毕生发展》，世界图书出版公司 2013 年版，第 451—456 页。

应当注意的是，青少年并不局限于这四种分类中的一种，这一点很重要。实际上有些青少年在同一性延缓和同一性获得两个状态之间摇摆不定。因此，对某些个体来说，同一性可能在过了青春期之后才能形成。然而对于大多数人而言，同一性形成于 20 岁前后。

二、班杜拉的观察学习

观察学习是班杜拉社会学习理论（详见本书第七章第二节“四、社会学习理论”）的内核。所谓观察学习，实际上就是通过观察他人（榜样）所表现的行为及其结果而进行的学习。观察学习表现为一定的过程，班杜拉认为这个过程包括注意过程、保持过程、运动复现过程和动机过程。①

在注意过程中，观察者注意并知觉榜样情境的各个方面。榜样和观察者的几个特征决定了观察学习的程度：观察者比较容易观察那些与他们自身相似的或者被认为是优秀的、热门的和有力的榜样。对于青少年而言，同伴是他们最主要的榜样来源。特别是对那些依赖性较强、自我概念水平较低或者容易焦虑的青少年个体而言，他们更容易去注意并模仿同伴的行为。强化的可能性或外在的期望影响个体决定观察谁、观察什么。

在保持过程中，观察者记住从榜样情境了解的行为，以表象和语言形式将它们在记忆中进行表征、编码以及存储。

在运动复现过程中，观察者将头脑中有关榜样情境的表象和符号概念转为外显的行为。观察者需要选择和组织榜样情境中的反应要素，进行模仿和练习，并在信息反馈的基础上精炼自己的反应。

在动机过程中，观察者因表现所观察到的行为而受到激励。观察者的模仿动机存在三种来源：（1）直接强化。在社会认知理论中，直接强化的作用并不是增强行为，而是提供信息和诱因。观察者对强化的期望影响了他注意榜样行为，激励他编码并记住可以模仿的、有价值的行为。（2）替代强化。替代强化指观察者因看到榜样受强化而受到的强化。替代强化往往能够唤起观察者的情绪反应。（3）自我强化。自我强化依赖于社会传递的结果，社会向个体传递某一行为标准，当个体的行为表现符合甚至超过这一标准时，他就对自己的行为进行自我奖励。②

观察学习在解释青少年的行为，尤其是攻击行为方面非常有说服力，班杜拉本人也对攻击行为进行了大量的调查和研究。他认为，人类个体并非生来就有一个固定的行为模式库，一切行为方式都是后天学习的结果，攻击行为也是如此。个体学习攻击行为的方式有两种：观察学习和直接学习。个体可以在实际操作某一行为方式并直接体验其结果的基础

① 林崇德主编：《发展心理学》，人民教育出版社 2009 年版，第 44 页。
② 陈琦、刘儒德主编：《教育心理学》，高等教育出版社 2011 年版，第 126 页。

上获得攻击行为，也可以通过观察榜样的行为及其结果，在替代经验的基础上获得攻击行为。①

综上所述，观察学习主要是一种社会行为学习，是个体社会性发展的重要学习方式。

三、皮亚杰的认知发展理论

作为发生认识论专家，皮亚杰主要关注的是儿童认知的发生问题。但是，他在儿童社会性发展领域，特别是在儿童的道德认知发展方面，同样取得了非凡的成就。皮亚杰认为，儿童关于客观世界的知识既不是来源于主体，也不是来源于客体，而是来源于主客体的相互作用。这一认识不同于精神分析主义者和行为主义者的观点。皮亚杰认为，儿童从一出生就是其自身发展的积极动因。儿童的发展依赖于一个先天的时间表，它使儿童对环境的适应方式发生周期性的变化，相继产生新的适应方式。另一方面，要使这些周期性的变化实际发生，儿童还必须经历适当的经验，即刺激的形式对于儿童当前所处的发展阶段必须是有意义的。

皮亚杰还认为，儿童的社会性发展与认知发展是紧密联系、相互依存的。相对来说，认知发展是一个更为基本的过程，儿童某些特定的社会性只有在相应的认知机能形成之后才能出现，某一年龄阶段儿童社会性发展的特点都可以从相应的认知发展阶段中找到根源。因此，可以通过儿童认知发展来解释其社会性发展的特点。皮亚杰将儿童道德发展和认知过程联系起来，认为不同的智力水平和不同形式的自我中心主义，造成了儿童不同的道德发展阶段。通过实验，皮亚杰研究了儿童对待游戏规则的态度，以及儿童对各种不道德行为的严重性的判断。据此，他将儿童的道德发展划分为三个阶段，分别是前道德阶段（2—4 岁）、他律道德阶段（5—7 岁）、自律道德阶段（8—11 岁）。②前道德阶段的儿童没有真正的道德概念和规则意识。他律道德阶段的儿童将规则的权威性看作是神圣的、不可改变的。他们强烈地尊重权威，并相信规则是由权威制定的。自律道德阶段的儿童认为社会规则是由人们共同制定的协议，必要的时候这些规则是可以被挑战的，甚至可以加以改变。③

四、布朗芬布伦纳的生态系统理论

布朗芬布伦纳将生态学的知识引入到对人类行为的研究中，指出环境对于个体行为、

---

①② 俞国良、辛自强著：《社会性发展心理学》，安徽教育出版社 2004 年版，第 330、81 页。

③ 张向葵、桑标主编：《发展心理学》，教育科学出版社 2012 年版，第 370 页。

心理发展有着重要的影响。① 生态系统理论认为，影响儿童青少年发展的主要源泉是真实自然的环境。环境的影响可能会导致个体产生不同的发展结果。就个体所处的生态环境而言，它有可能是风险性因素，增加个体产生消极后果的危险；也可能缓和一些风险性因素对个体发展产生的消极影响，即成为一种保护性因素。②

布朗芬布伦纳认为，发展个体嵌套于相互影响的一系列环境系统之中，在这些系统中，系统与个体相互作用，并影响着个体发展。他认为，家庭、学校、社会、自然等因素发生着千丝万缕的联系或进行着交互的作用。正是在这种相互联系、相互作用中，个体得以发展。布朗芬布伦纳将生态系统划分为微观系统、中间系统、外部系统、宏观系统以及时间系统，构成了生态系统理论的系统模型（见图 4-1）。从微观系统到宏观系统，对个体的影响也从直接到间接。

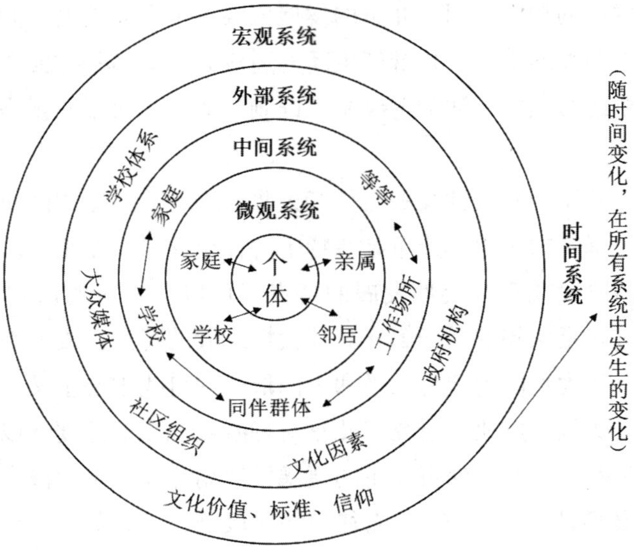

图 4-1　布朗芬布伦纳的生态系统理论模型

系统最里层是微观系统，指个体活动和交往的直接环境。这个环境是不断变化和发展的，比如家庭、学校等，对个体的影响深远，往往在潜移默化中使个体形成特定的行为方式、价值观念和人际关系模式。就青少年来说，微观系统为家庭和学校。在不同的家庭中，由于父母的教养行为和方式等家庭环境的不同，相应地，个体的发展机会和状况也就不同。良好的家庭环境、亲子关系能够为个体身心的健康发展创造良好的条件，相反，则会对个体的发展产生消极的影响。学生感知的学校氛围可以对个体差异与发展后果之间的

① Bronfenbrenner, U. (1979). *The ecology of human development*. Cambridge, MA: Harvard University Press, pp. 3-16.

② Luthar, S.S., Cicchetti, D., & Becker, B. (2000). The construct of resilience: A critical evaluation and guidelines for future work. *Child Development*, 71(3), 543-562.

关系起到调节作用，即良好的学校氛围可以缓解一些风险因素对学生的影响，能够对个体起到保护作用，促进个体的健康发展①；反之，不良的学校氛围可能会对个体的发展产生消极的影响。

第二个系统是中间系统，指个体所处的不同微观系统之间的联系与相互关系，如家庭和学校、父母与同伴之间的相互关系。布朗芬布伦纳认为，如果微观系统之间有积极的相互关系，那么就会对个体发展产生积极的影响；相反，微观系统间消极的相互关系会对个体的发展产生消极的影响。② 例如，学校和家庭教育一致性的程度会对青少年的健康发展产生非常重要的影响。各个微观系统之间如果能够保持良好的相互关系，一定会对青少年的健康全面发展产生积极的影响。

第三个系统是外部系统，指个体不直接参与但会对个体的发展产生一定影响的外围系统，如父母的工作单位、学校的领导机构等。外部系统不会对青少年的发展产生直接的影响，但会通过影响个体所生活的、能够直接接触到的微观系统和中间系统，进而影响青少年身心的健康发展。

第四个系统是宏观系统，指个体成长所处的整体文化和社会环境，它直接或间接影响着个体的发展，如价值观念、风俗习惯、社会阶层、经济结构、文化模式、法规政策等。宏观系统中的各种要素都会作用于其他各个系统，进而影响青少年的发展。

此外，所有的发展都发生在特定的时间段内，并受到时间段的影响。因此，生态系统还包括一个时间系统。时间系统是指个体发展过程中各个生态系统不是一成不变的，会随着时间的变化产生变化，从而对个体的发展产生影响。

五、互联网与青少年社会性发展的相关理论

近年来，伴随网络技术的发展，一系列新的理论不断提出，着重探讨互联网使用对青少年社会性发展的影响。比较具有代表性的是社会补偿理论（social compensation）和“强者更强”理论（rich-get-richer）、现实交往替代理论（displacement hypothesis）和现实交往扩大理论（augmentation theory）、网络使用补偿理论（Internet usage compensation theory）、媒体效应的个体易感差异理论（differential susceptibility to media effects model）等。

（一）社会补偿理论和“强者更强”理论

许多研究者认为，适当的网络使用，包括网络交往和网络游戏，都可能会对个体的社

① Loukas, A., & Murphy, J.L. (2007). Middle school student perceptions of school climate: Examining protective functions on subsequent adjustment problems. *Journal of School Psychology*, 45(3), 293-309.

② 刘杰、孟会敏：《关于布朗芬布伦纳发展心理学生态系统理论》，《中国健康心理学杂志》2009 年第 2 期。

会性发展带来积极影响，如提高青少年的友谊质量，扩大交际范围，增加与朋友相处的时间①，降低孤独感②等。但是，也有研究者认为，网络使用是否对青少年的社会性发展，特别是人际关系产生有利影响，与青少年的社交焦虑水平相关，并由此形成了两个对立的理论：社会补偿理论和“强者更强”理论。③④ 社会补偿理论认为，高社交焦虑水平的青少年在使用网络后更有可能促进其同伴关系的发展。特别是当个体使用网络与现实中的同伴进行交往时更是如此。原因在于网络交往具有去视听化的特点，减少了高社交焦虑个体在面对面交往中产生的不适感。与此相反，“强者更强”理论认为，那些已经具备较高社交技能、乐于面对面交往的青少年，有可能把网络作为自己社会化发展的工具，并从中获益。对他们而言，网络交往并没有取代现实中面对面的交往，而是增加了朋友之间的互动。由于他们已经具备较高的社交技能，网络的使用会进一步巩固并扩大他们的人际关系。

（二）现实交往替代理论和现实交往扩大理论

在网络使用与青少年早期社会性发展的研究中，研究者提出了现实交往替代理论。该理论认为，个体在网络上花费大量时间，影响了线下真实情境中的同伴交流与互动，从而使得他们的同伴关系受损，并对心理健康产生负面影响，由此导致青少年使用网络后出现孤独感增强等负面情绪。⑤ 这一理论的出现与互联网技术的发展是紧密相关的。在 20 世纪 90 年代，网络交往更多地发生在陌生人之间，所形成的往往是肤浅的、表面的人际关系，因此对现实中人的社会性发展并没有产生有益的影响。然而，随着第二代互联网技术（Web 2.0）的出现，这一状况发生了改变——网络互动的对象由陌生人转变为现实中的朋友，并由此出现了另外一个截然不同的理论观点：现实交往扩大理论。该理论认为，网络交往为青少年提供了额外的社会资源。那些在现实中感到孤独的青少年，可以通过网络

---

① Valkenburg, P. M., & Peter, J. (2007). Preadolescents' and adolescents' online communication and their closeness to friends. *Developmental Psychology*, 43(2), 267.

② Shaw, L. H., & Gant, L. M. (2002). In defense of the Internet: The relationship between Internet communication and depression, loneliness, self-esteem, and perceived social support. *Cyberpsychology & Behavior*, 5(2), 157-171.

③ Gross, E. F., Juvonen, J., & Gable, S. L. (2002). Internet use and well-being in adolescence. *Journal of Social Issues*, 58(1), 75-90.

④ Valkenburg, P. M., & Peter, J. (2007). Online communication and adolescent well-being: Testing the stimulation versus the displacement hypothesis. *Journal of Computer-Mediated Communication*, 12(4), 1169-1182.

⑤ Kraut, R., Patterson, M., Lundmark, V., Kiesler, S., & Scherlis, W. (1998). Internet paradox: A social technology that reduces social involvement and psychological well-being. *American Psychologist*, 53(9), 1017-1031.

与他人特别是已有的朋友进行互动，以减少孤独体验。①

（三）网络使用补偿理论

网络使用补偿理论主要用于解释青少年网络成瘾现象。网络成瘾是指个体反复过度使用网络导致的一种精神行为障碍，表现为对网络的再度使用产生强烈的欲望，停止或减少网络使用时出现戒断反应，同时可伴有精神及躯体症状。

网络使用补偿理论认为，个体把上网当作应对生活问题的方式时，就容易出现网络问题性使用或者成瘾症状。个体使用网络的动机不是问题产生的最主要原因，最根本的问题在于把网络作为一种逃避现实心理压力的主要方式。如果个体使用网络的目的在于解决现实中没有解决的问题（如由于自尊水平低而产生的被他人认可的需要、逃避现实中的压力等），个体可能会花大量时间在网络上，从而导致网络成瘾。从这个观点出发，网络成瘾的矫正在于减缓个体在现实中遭遇的压力和通过正确途径满足个体未曾实现的需要。②

（四）媒体效应的个体易感差异理论

媒体效应的个体易感差异理论侧重考察网络对个体产生的微观效应，认为媒体对个体的影响受制于个体的心理特质、所处的发展阶段、所在的社会环境等因素。因此，网络对不同的个体所产生的效应也不同，有时甚至会产生相反的影响。个体的心理特质因素包括性别、气质类型、人格特点、认知、价值观、态度、动机和情绪等。发展性因素指的是由于个体认知、情绪和社会性发展阶段的不同而产生的在网络媒体选择、反应上的差异性。网络对各个发展阶段的个体都会产生影响，但是对于儿童和青少年早期的个体影响尤为显著。社会环境因素指的是青少年所处的社会情境。这些因素可以在微观（如家庭、朋友、同伴关系）、中观（如学校环境）和宏观（如社会规则、社会的价值观系统）层面上对个体产生影响。由于不同个体在上述三种因素上存在差异，因此网络媒体对个体的效应也因此而出现变异。③

---

① Wang, J.L., Jackson, L.A., & Zhang, D.J. (2011). The mediator role of self-disclosure and moderator roles of gender and social anxiety in the relationship between Chinese adolescents' online communication and their real-world social relationships. *Computers in Human Behavior*, 27(6), 2161-2168.

② Hou, X.L., Wang, H.Z., & Guo, C., et al., (2017). Psychological resilience can help combat the effect of stress on problematic social networking site usage. *Personality & Individual Differences*, 109, 61-66.

③ Valkenburg, P.M., & Peter, J. (2013). Five challenges for the future of media-effects research. *International Journal of Communication*, 7(1), 197-215.

第二节　青少年社会性发展的主要内容及特征

青少年社会性发展的内容包括自我、社会适应和道德发展三个方面，其发展特征主要体现在自我同一性、社会适应能力和道德推理能力等方面的发展。本节将从上述几个方面对青少年社会性发展的主要内容及基本特征加以介绍和阐释。

一、青少年时期的自我同一性

同一性问题在青少年时期变得越来越重要，一个重要的原因在于，青少年的智力能力和思维方式变得越来越成人化，他们能够意识到自己是独特的个体，不仅独立于自己的父母，也独立于其他所有人。自我同一性的发展表现为个体自我概念的建立和自尊的发展。

埃里克森将青少年期定义为个体形成同一性的关键期，并且认为青少年经历了同一性对角色混乱这一心理冲突。自我同一性是指个体在特定环境中的自我整合与适应之感，是个体寻求内在一致性和连续性的能力，是对“我是谁”、“我将来的发展方向如何”以及“我如何适应社会”等问题的主观感受和意识。为了获得自我同一性，青少年必须在某种程度上整合自我知觉的许多不同方面，使其成为一致的自我感。①

随着互联网的普及，网络在线交流在增强青少年自尊、关系形成、友谊质量与自我探索等方面，起到了重要的作用，同时也带来了一系列消极的影响。研究发现，个体花在沟通技术（如即时信息、社交网站、邮件等）上的时间与身份痛苦（identity distress）、焦虑抑郁等显著相关。② 青少年可以以互联网为媒介，与更多不同年龄、不同背景的人进行交流，并通过自我呈现与自我探索来构建自己的身份认同。但有研究者认为，这种网络交流只是促进他们的社交能力，却并不能增强他们的自我概念统一性。③ 尽管如此，现有的多数研究认为，网络同伴交往对大多数青少年发展自我同一性是有益的。④ 由于网络交流中缺乏视听线索，这种虚拟交往与网络空间将鼓励青少年在同步聊天、社交网站、网络游

---

① 林崇德主编：《发展心理学》，人民教育出版社 2009 年版，第 346 页。

② Cyr, B-A., Berman, S.L., & Smith, M.L.(2015). The role of communication technology in adolescent relationships and identity development. *Child & Youth Care Forum*, 44(1), 79-92.

③ Valkenburg, P.M., & Peter, J.(2008). Adolescents' identity experiments on the Internet: Consequences for social competence and self-concept unity. *Communication Research*, 35(2), 208-231.

④ Davis, K.(2013). Young people's digital lives: The impact of interpersonal relationships and digital media use on adolescents' sense of identity. *Computers in Human Behavior*, 29(6), 2281-2293.

戏中表达、改变或隐藏自我的部分特征，并通过网络好友对自我同一性进行探索。①②研究者发现网络使用有助于拓宽青少年的人际圈子，为其营造一个支持性的参照群体，这有助于他们建立自我认同。③ 因为网络在线交流有助于加强友谊质量，多方面、多样化的反馈有助于增强自我概念的清晰性，进而对其自我认同感产生积极影响。④ 但是青少年基于网络建立起来的自我认同取决于参照群体的性质，积极向上的朋友群体才有助于他们的自我同一性健康发展。

（一）青少年时期的自我概念

自我概念（或自我形象）主要是指一个人对自身的连续性、同一性的认识，这里的认识包括三个相互联系的成分：认识成分——对自己品质和特质的了解和认识；情感成分——对自身品质的评价及与此相关联的自尊体验；品行成分——从上述两个成分派生出的对自己行为的实际态度。

自我概念的发展对于青少年个体而言具有重要的意义。很多心理学家将自我概念看作是社会性和情绪发展的基础。研究发现，自我概念与多个方面的成就有关——从竞技体育的表现到工作满意度，再到学生在学校里的自豪感、乐趣和成就。到了中学阶段，学生的自我意识增强。在这个年龄阶段，自我概念与个人的外表、社会接纳度、学业成就紧密联系在一起。⑤ 青少年期个体的认知能力有了很大的提高，他们能以更加抽象、复杂和独特的方式来认识自己，因此青少年的自我概念在内容和结构上都与早期个体的自我概念有很大差异。这种差异主要表现在以下四个方面。

一是自我概念更加抽象。皮亚杰的理论认为，个体在11—12岁的时候，从具体运算思维向形式运算思维转变。进入青春期的个体已经不再用很具体的词语描述他们的特征，而是频繁地用概括性的词语来描述。到了青年早期，个体的自我概念则更抽象，不仅关注人格特点，同时也关注重要的价值观和意识形态及信念。

二是自我概念更加具有整合性和组织性。青少年的个体在进行自我描述时，不仅仅像早期儿童一样列出自我各方面的特点，而且将自我知觉——包括那些看起来是互相矛盾的方面——整合成更具有逻辑性和连贯性的统一体。

三是自我概念的结构更加分化。青少年不再像儿童期个体那样概括地使用某些特质描

---

① Maczewski, M. (2002). Exploring identities through the Internet: Youth experiences online. *Child & Youth Care Forum*, 31(2), 111-129.

② 柴晓运、龚少英：《青少年的同一性实验：网络环境的视角》，《心理科学进展》2011年第3期。

③ 雷雳、陈猛：《互联网使用与青少年自我认同的生态关系》，《心理科学进展》2005年第2期。

④ Davis, K. (2013). Young people's digital lives: The impact of interpersonal relationships and digital media use on adolescents' sense of identity. *Computers in Human Behavior*, 29(6), 2281-2293.

⑤ ［美］伍尔福克著，伍新春、张军、季娇译：《伍尔福克教育心理学》，中国人民大学出版社2015年版，第90—91页。

述自己，而是认识到了自我在不同的情境下会有不同的表现。①

四是青少年能够以更为广阔的视角来认识自我。他们可以同时看到自己的不同方面，而且，这种关于自己的观点变得更有组织性和一致性，他们可以从心理学家的视角看待自己，不仅将特质看作具体的实体，还看作抽象概念。② 例如，相比年幼的儿童，青少年更可能依据自己的某些观念（如说我是一个环保主义者），而不是身体方面的特征（我是班里跑得最快的人）来描述自己。

在校青少年自我概念结构的分化性，导致其总体的自我概念由多个更具体的概念构成，包括学业自我概念和非学业自我概念。赫伯特·马什和他的同事们指出，非学业领域和学业领域共有 17 个不同的自我概念。对于年龄大一些的青少年和成人，这些单独的、特定的自我概念没有必要整合成一个总体的自我概念，因此，成人的自我概念更具有情境特定性。③

（二）青少年时期的自尊

自尊是个体对自我能力和自我价值是否得到他人、社会承认和认可的情感体验，属于自我系统中的情感成分，具有评价意义。自尊的本质是人的生存需要与价值需要的有机结合，是社会评价与个人自尊需要之间相互关系的反映。青少年时期，个体发展出强烈的成人感、自尊感，这对自我体验的发展有着重要意义。青少年自尊感的体验容易走向极端，当社会评价与个人的自尊需要相一致、自尊需要得到肯定与满足时，他们的自尊感水平会迅速提升；而当社会评价不能满足青少年个体的自尊需要或者产生矛盾时，他们的自尊水平则会跌入低谷。④ 自尊对青少年的心理健康有着重要的影响，是帮助青少年战胜困难，实现正常心理发展的有效保护性因子。例如，有研究发现，自尊的发展是有效避免青少年个体出现网络游戏成瘾的保护性因子。高自尊的个体由于对自我价值有着积极的认识，即使在进行网络游戏时，也是维持在正常使用的水平上；而低自尊的个体由于对自身的价值有着消极的评价，他们在现实中往往难以体验到成就感，网络游戏世界则成为他们获取认可、寻求价值感最主要的甚至是唯一的来源，因此他们往往更容易沉溺于其中，导致网络成瘾。⑤

儿童的自尊水平在进入学龄期后开始呈现下降趋势，且趋势明显。到学龄后期，即青

---

① 林崇德主编：《发展心理学》，人民教育出版社 2009 年版，第 344 页。

② ［美］费尔德曼著，苏彦捷、邹丹等译：《发展心理学——人的毕生发展》，世界图书出版公司 2013 年版，第 451—456 页。

③ ［美］伍尔福克著，伍新春、张军、季娇译：《伍尔福克教育心理学》，中国人民大学出版社 2015 年版，第 91 页。

④ 林崇德主编：《发展心理学》，人民教育出版社 2009 年版，第 345—346 页。

⑤ Wang, J. L., Wang, H. Z., Gaskin, J., & Wang, L. H. (2015). The role of stress and motivation in problematic smartphone use among college students. *Computers in Human Behavior*, 53(4), 181-188.

春期，儿童的自尊水平继续下降。研究者们将这一时期自尊水平的下降归因于身体形象及其他与青春期有关的问题。虽然自尊在儿童期（包括学龄前期与学龄期）的发展看起来有些易于波动，但到学龄期结束之前，儿童的自尊水平和类型已经基本形成，会拥有较为稳定的能力感和价值感。① 鉴于此，教育工作者应该十分重视青少年这个阶段自尊的发展，努力将他们的自尊维持在较高水平上。这也是预防青少年出现各类心理和行为问题的有效途径之一。

性别是影响青少年自尊水平的重要因素，尤其是在青春期早期，女孩的自尊往往比男孩更低、更脆弱。与男孩相比，女孩往往对身体外表、社交成就和学业成就更在意。而且，聪明的头脑与受欢迎不能并存的社会常规信息将女孩置于一个艰难的困境中：如果她们的学业非常不错，那么，就阻碍了她们在社交上的成功。这就导致青春期女孩的自尊会比男孩更加脆弱。② 虽然青春期男孩的自尊高于女孩，但男孩也有他们自己脆弱的地方。例如，性别的刻板印象可能使男孩感觉到，他们应该总是表现出自信、坚强和无所畏惧。男孩面临困难时，可能不仅会因失败而感到痛苦，还会感到自己无能。③④此外，社会经济地位和种族因素也会影响自尊。高社会经济地位的青少年比低社会经济地位的青少年有着更高的自尊，在青春期后期尤甚。这可能是因为社会地位因素显著提升了个体的地位和自尊。⑤

近年来，随着网络技术的迅速发展和社交媒体的普及，社交网站成为影响青少年自尊水平发展的重要社会因素，特别是对青少年身体自尊的影响。研究表明，社交网站等媒体上呈现的理想化的体型图片和信息，往往会导致青少年个体产生这样一种错觉，即自己的体型和外貌应该是这个样子的。由于网络呈现的这些美化信息与现实中个体的差距过大，由此产生的上行社会比较（即跟那些比自己优秀的人进行比较）会使青少年对自己的生活产生不满。这种社会比较会导致他们降低自尊感，严重的时候还会出现饮食障碍。而且，最近的研究表明，这种对自我身体意象（body image）的不满，不仅仅出现在女生群体中，男生同样受此困扰。

---

① 张向葵、桑标主编：《发展心理学》，教育科学出版社 2012 年版，第 308 页。

② Ricciardelli, L. A., & McCabe, M. P. (2003). Sociocultural and individual influences on muscle gain and weight loss strategies among adolescent boys and girls. *Psychology in the Schools*, 40(2), 209-224.

③ Pollack, W. (1999). *Real boys: Rescuing our sons from the myths of boyhood*. New York: Owl Books, p. 7.

④ Pollack, W., Shuster, T., & Trelease, J. (2001). *Real boys' voices*. New York: Penguin, pp. 3-5.

⑤ ［美］费尔德曼著，苏彦捷等译：《发展心理学：探索人生发展的轨迹》，机械工业出版社 2011 年版，第 271 页。

二、青少年时期道德水平的发展

（一）理解他人的能力不断发展

儿童两三岁的时候开始发展心理理论，即理解他人也是人，有他们自己的感觉、想法、情感、信念、愿望。随着心理理论的发展，儿童逐渐能理解他人有不同的感觉和体验，因此可能会有不同的观点或看法。这种观点采择能力随着年龄增长一直在发展，直到成年时达到高度复杂的水平。塞尔曼（R. Selman）的观点采择能力发展阶段模型认为：当儿童逐渐成熟并接近形式运算阶段时，他们能同时考虑更多的信息，并且意识到，即使面对同一情境，不同的人也可能会有不同的反应；10—15 岁，大部分儿童会发展出一种能力，即从一个旁观者的角度分析一个情境中几个人的观点；最后，年纪较大的青少年和成人甚至能设想不同文化和社会价值观是如何影响旁观者的看法的。①

（二）道德的发展

道德是一个关于人类行为正确与否的信念、价值和深层判断系统。随着心理理论和对意图理解的进一步发展，儿童也逐渐发展出是非观，道德推理能力也得到进一步提升。道德推理即个体对是非的看法以及他们对道德判断的积极建构。除了道德推理能力外，另一个涉及道德发展的领域是对规则的理解。

皮亚杰采用对偶故事法对儿童的道德发展进行了系统的研究。他认为，随着认知能力的发展，道德发展也是从一个非常自我中心的道德推理阶段发展到以合作和互利为基础的公平系统阶段，也就是从他律道德阶段发展到自律道德阶段。虽然皮亚杰的研究对象是 12 岁以下的儿童，但其所得出的结论某种程度上也适用于青少年的道德发展。皮亚杰的观点强调儿童从限制性道德（服从）向合作性道德（互惠）发展；儿童的道德推理从他律向自律发展；从客观责任向主观责任发展。皮亚杰认为随着儿童的成长，道德发展的第一阶段会渐渐被第二阶段所取代。在皮亚杰看来，总根据年龄来划分道德阶段是不合理的。不同的儿童、青少年和成年人在自己的年龄内都有可能处于某一个特定的道德阶段。这也是皮亚杰的儿童道德发展理论同样适用于青少年的原因之一。②

科尔伯格（L. Kohlberg）继皮亚杰之后，从认知发展的角度提出了道德推理发展的系统理论。他采用开放式两难故事法进行研究，将道德发展划分为三个水平六个阶段（详见表 4-1）。科尔伯格认为，青少年时期个体的道德判断主要以第二阶段和第三阶段为主，即天真的利己主义和“好孩子”定向。在道德发展的第二阶段，遵守规则的个体是为了得

① ［美］伍尔福克著，伍新春、张军、季娇译：《伍尔福克教育心理学》，中国人民大学出版社 2015 年版，第 91 页。

② ［美］赖斯、［美］多金著，陆洋、林磊、陈菲译：《青春期——发展、关系和文化》，上海人民出版社 2009 年版，第 348 页。

到奖赏和满足个人的需要。虽然对他人的观点有一些考虑，但是归根结底还是受到回报愿望的驱使。到了道德发展的第三阶段，所谓的正确就是取悦、帮助，或者得到他人的认同，主要是根据人们的意图来判断其行为的好坏。青春期的个体大约有 80%的人处于这两个阶段。这时的自我物质利益还决定着他们价值选择的大多数方面，但与 10 岁儿童相比，青少年个体前习俗水平的道德判断有所下降。到了第三阶段，道德判断将起主要作用。青少年处理问题时多考虑人际期望、人际关系，缺乏应对关于自己及道德规范的重大问题的能力，容易受外界刺激的影响。

表 4-1　科尔伯格的道德发展阶段理论

阶段顺序	命名	基本特征
第一级水平	前习俗水平（主要着眼于自身的具体结果）	由外在要求判断道德价值
第一阶段	服从与惩罚定向	服从规则以及避免惩罚
第二阶段	天真的利己主义	遵从习惯以获得奖赏
第二级水平	习俗水平（主要满足社会期望）	以他人期待和维护传统秩序判断道德价值
第三阶段	“好孩子”的定向	遵从陈规，避免他人不赞成、不喜欢
第四阶段	维护权威和秩序的道德观	遵从权威，避免受到谴责
第三级水平	后习俗水平（主要履行自己选择的道德准则）	以自觉守约、行使权利、履行义务判断道德价值
第五阶段	社会契约定向	遵从社会契约，维护公共利益
第六阶段	普遍的伦理原则	遵从良心式原则，避免自我责备

三、青少年的社会适应

青少年的社会适应水平主要体现在人际关系的发展方面，包括对与父母的关系和与同伴的关系的处理等。相比于儿童时期，同伴关系在青少年的社会适应方面起着越来越重要的作用，并在某些方面超越了亲子关系所起的作用。

（一）青少年与父母关系的变化

对青少年社会性发展的许多研究都集中在家庭（或者看护人）和朋友作用的变化上。父母和孩子的关系在青春期会有变化，因为孩子越来越不服从父母的权威。尽管青春期的友谊也会有某种变化，但是这些变化只是反映了朋友间越来越多的相互依赖，平等关系的实质没有改变。① 进入青春期后，青少年与父母在情感、行为、观点等方面出现脱离，父母的榜样作用减弱。这一时期，反抗性是青少年与父母关系的典型特征之一。反抗心理是青少年普遍存在的一种个性心理特征。据一项调查显示，中学生经常存在逆反心理的占32.6%，偶尔存在逆反心理的达89.4%。②

青少年的反抗性主要表现为对一切外在力量予以排斥的意识和行为倾向。青少年产生反抗性的原因在于进入青春期后，自我意识迅速发展，中枢神经系统的兴奋性过强，独立意识增强。青少年一般在其独立意识、自主性和个性发展受到阻碍，或者成人强迫其接受某种观点时，容易出现反抗行为。③ 他们的反抗性会以不同的形式表现出来，如暴躁型、沉默型和阳奉阴违型。暴躁型的青少年表现为对家长的要求剧烈反抗，经常跟家长吵架或发脾气，有时跟家长冷战。沉默型的青少年表现为不愿跟家长沟通，对事情漠不关心，对家长的话没有反应，不喜欢跟家长待在一起，喜欢独处。阳奉阴违型的青少年表现为当着家长的面赞成家长的要求，但是自己的行为表现却相反。家长说什么都表面答应，但是依旧我行我素。④

研究表明，虽然每种文化下都能发现亲子冲突，但在传统的、前工业化的文化背景下，亲子冲突似乎更少。在这些文化下的青少年也比工业化文化下的青少年经历了更少的情感波动和危险行为。⑤ 这可能与青少年所期望的独立性与父母所允许的独立程度存在差异有关。在工业化程度更高的社会里，个人主义价值观非常受欢迎，独立是青少年所期望的一部分。相反，在更传统的社会中，人们并不怎么注重个人主义，所以青少年不会那么强烈地寻求独立，因此亲子冲突也就更少。⑥ 另外，集体主义和个人主义文化因素的差异，也会影响青少年亲子冲突的程度。在个人主义占主导地位的社会里，青少年寻求自主性相对较早；在集体主义占据主导地位的社会群体中，青少年寻求自主性的热情不那么明显。⑦

除了文化因素外，性别也是影响个体自主性发展的重要因素。一般来说，男孩比女孩更有可能在年龄较小的时候就被允许拥有较多的自主性，这与传统的对男女性的社会期望

① [美] 格里格、[美] 津巴多著，王垒等译：《心理学与生活》，人民邮电出版社 2016 年版，第 311 页。

②④ 林崇德主编：《发展心理学》，人民教育出版社 2009 年版，第 328 页。

③ [美] 费尔德曼著，苏彦捷、邹丹等译：《发展心理学——人的毕生发展》，世界图书出版公司 2013 年版，第 465 页。

⑤ Nelson, L.J., Badger, S., & Wu, B.(2004). The influence of culture in emerging adulthood: perspectives of Chinese college students. *International Journal of Behavioral Development*, 28(1), 26-36.

⑥ [美] 费尔德曼著，苏彦捷等译：《发展心理学：探索人生发展的轨迹》，机械工业出版社 2011 年版，第 283 页。

⑦ Supple, A., Ghazarian, S., Peterson, G., & Bush, K.(2009). Assessing the cross-cultural validity of a parental autonomy granting measure: Comparing adolescents in the United States, China, Mexico, and India. *Journal of Cross-Cultural Psychology*, 40(5), 816-833.

是一致的：男性通常被期望为更加独立，而女性则被期望为依赖他人。特别是父母所持的性别刻板印象越深，就越不会鼓励女儿的自主性。①

（二）青少年时期同伴关系的变化

在和同伴的关系上，青少年和儿童有明显的不同，主要表现在以下几个方面。

1. 好友的数量减少但是关系呈紧密化、稳定化

研究显示，从青少年时期到成年早期，拥有最好朋友的数量从 4—6 个逐渐减少到 1—2 个。② 青少年好友一般为相同的性别，这一阶段朋友之间的关系也是十分密切的，所建立起的友谊相对稳定和持久。

2. 朋友关系的重要性进一步提高

在青少年的日常交往中，好朋友之间往往彼此公开自己认为最重要、最秘密的事情。这种交流对青少年的心理发展是有积极意义的，能够使他们通过别人更好地认识自己的内心世界，更好地了解自己。这一过程对其自我概念、观点采择和同一性的形成都有积极的作用。观点和行为上的一致性也是青少年之间建立友谊的重要条件之一。

3. 对同伴压力易感性的提高

同伴压力是指同伴给个体所施加的与其行为和态度保持一致的影响。研究表明，在某些情况下青少年非常容易受同伴的影响。例如考虑穿什么衣服，与谁约会以及看什么电影时，青少年往往追随他们同伴群体的领导者。穿合适的衣服，甚至特定品牌的衣服，有时可能成为加入某一受欢迎群体的“入场券”。当然，个体对同伴压力的易感性并不是在青春期突然增长的，青少年易感性变化的原因在于他们所顺应的对象发生了变化。儿童在童年期相当一致地顺应父母，而在青春期，这种顺应就转移到同伴群体上来。当青少年最终在他们的生活中发展出越来越强的自主性时，他们对同伴和成人的顺应越来越少。随着他们的自信和自己做决定能力的不断增强，无论别人是谁，青少年都倾向于保持独立，并能够拒绝来自别人的压力。③④⑤。

---

① Bumpus, M.F., Crouter, A.C., & McHale, S.M. (2001). Parental autonomy granting during adolescence: Exploring gender differences in context. *Developmental Psychology*, 37(2), 163-173.

② Hartup, W., & Stevens, N. (1999). Friendships and adaptation across the life span. *Current Directions in Psychological Science*, 8(3), 76-79.

③ Steinberg, L., & Monahan, K.C. (2007). Age differences in resistance to peer influence. *Developmental Psychology*, 43(6), 1531-1543.

④ Cook, E.C., Buehler, C., & Henson, R. (2009). Parents and peers as social influences to deter antisocial behavior. *Journal of Youth and Adolescence*, 38(9), 1240-1252.

⑤ Monahan, K.C., Steinberg, L., & Cauffman, E. (2009). Affiliation with antisocial peers, susceptibility to peer influence, and antisocial behavior during the transition to adulthood. *Developmental Psychology*, 45(6), 1520-1530.

4. 对异性朋友产生兴趣

当个体从儿童中期步入青春期时，他们的朋友群体几乎都由同性个体组成：男孩与男孩在一起，女孩与女孩在一起。这种现象被称作性别分隔。① 当他们进入青春期后，先前平行发展互不交往的男孩和女孩小派别开始融合在一起，虽然大多时间里，男孩仍然与男孩在一起，女孩仍然与女孩在一起，但青少年开始加入有异性共同参加的活动。进入青春期以后，男女生之间的关系有了新的特点，双方都开始意识到了性别问题，并彼此对对方逐渐发生了兴趣。不过，在青春期的最初阶段，他们对于异性的兴趣是以一种相反的方式予以表达。逐渐地，男女生之间开始融洽相处。②

（三）青少年时期攻击行为的发展趋势

攻击行为是指一种意图伤害他人且被伤害者尽力逃避的行为。判断一种行为是否属于攻击行为，主要是根据行为者的意图来界定。举例来说，没有击中目标的踢打行为属于攻击行为的范畴，而意外伤害则不纳入攻击行为之列。

儿童的攻击行为会随着年龄的增长而发生变化。总的来说，婴幼儿早期会存在一定水平的身体攻击，这是正常的。到了童年中期，儿童学会用友好的方式解决大多数争端，所以身体攻击和言语攻击的总体发生率有所下降。从童年中期到整个青少年期，打架和其他外显的、易被发现的攻击行为的发生率持续下降，然而这并不意味着青少年的行为表现有所好转。在青少年期，女孩的关系性攻击更加微妙且更具伤害性，男孩则开始通过偷窃、逃学、物质滥用以及不当性行为等方式，间接表达其愤怒和沮丧的情绪。在美国，大约有15%的17岁男孩因为某种偏离常轨的反社会行为而被逮捕。在所有违法犯罪的青少年中，大约有28%是女孩。所以，青少年之所以较少表现出外显攻击行为，可能只是因为他们已经转而以其他形式的反社会行为来表达不满。③

研究表明，攻击行为存在社会阶层的差异。那些社会经济地位较低的儿童和青少年，会比中产阶级的同龄人表现出更多的攻击行为和更高的犯罪率。究其原因，是来自低收入家庭的父母比中产阶级的父母更倾向于靠体罚来压制孩子的攻击和反抗行为，而这反而会为孩子的攻击行为提供榜样。而且，社会经济地位低的父母也更倾向于采用攻击的方式解决冲突，他们会在孩子受到侵犯的时候鼓励孩子以强硬的方式做出回应。此外，社会经济地位较低的父母往往生活在复杂窘迫的环境中，这使得他们很难监管孩子的行踪，而缺乏

---

① ［美］费尔德曼著，苏彦捷、邹丹等译：《发展心理学——人的毕生发展》，世界图书出版公司2013年版，第470—471页。

② 林崇德主编：《发展心理学》，人民教育出版社2009年版，第356页。

③ ［美］谢弗、［美］基普著，邹泓等译：《发展心理学：儿童与青少年》，中国轻工业出版社2016年版，第498—507页。

父母监管与在外打架、和老师顶嘴、破坏公物、吸毒以及违反纪律等攻击或犯罪行为相关。①

（四）青少年时期亲社会行为的发展趋势

亲社会行为指的是任何有意使他人获益的行为。例如，与他人共患难，安慰或援救他人，合作，或者只是简单地通过恭维他人使其拥有一个好心情。②

亲社会行为会随着年龄的增长而发生变化。从整体上看，学步儿和学前儿童自发满足他人利益的自我牺牲行为相对较少，而年龄较大的儿童和青少年则更具有亲社会的倾向，表现出更多的助人行为和同情心。这可能是因为在青少年时期，角色采择能力、亲社会道德推理水平和对他人的共情反应等得到了发展。

角色采择能力指的是体察一个人的感受、想法或意图的能力。一般而言，角色采择能力发展良好的儿童和青少年通常会比相应技能较差的同伴表现出更多的助人行为和同情心，因为他们能更好地判断同伴对于帮助或者安慰的需求。研究表明，接受过角色采择技能训练的儿童和青少年日后会比没有接受过训练的同伴表现得更加慷慨，更乐于合作，更能考虑他人的需求。③

亲社会道德推理是指在决定是否要付出一定代价，以帮助、分享或安慰他人的过程中，个体所做的思考和判断。④学前儿童的反应通常是自私的，但是长大后他们会越来越多地对他人的需要和愿望做出反应。相当多的中学生认为，如果为了追求个人利益而无视他人的困境，那么他们自己也会瞧不起自己。研究表明，道德推理成熟者会更乐于助人，更多地为他人着想，即使在面对他们不喜欢的人时，也会提供帮助。⑤

那么为什么道德推理成熟者会对他人的需要如此敏感呢？研究者认为，儿童共情能力的发展在很大程度上能促进亲社会推理的成熟，也促使他们能够无私地关爱和帮助任何处于困境中的人。共情指的是一个人体验他人情绪的能力。从整体上看，学前和小学低年级儿童的共情和利他行为之间只是中等程度的相关，而对前青少年期、青少年期和成年期的个体而言，二者之间的相关性更高一些。对此，可能的解释是年幼儿童可能缺乏角色采择能力和对自己情绪体验的洞察力，使得他们难以充分理解别人的悲伤以及自己情绪受影响

---

① Dodge, K. A., Pettit, G. S., & Bates, J. E. (1994). Effects of physical maltreatment on the development of peer relations. *Development and Psychopathology*, 6(1), 43-55.

②④ ［美］谢弗、［美］基普著，邹泓等译：《发展心理学：儿童与青少年》，中国轻工业出版社 2016 年版，第 498—509 页。

③ Eisenberg, N., Zhou, Q., & Koller, S. (2001). Brazilian adolescents' prosocial moral judgment and behavior: Relations to sympathy, perspective taking, gender-role orientation, and demographic characteristics. *Child Development*, 72(2), 518-534.

⑤ Eisenberg, N., Miller, P. A., Shell, R., McNalley, S., & Shea, C. (1991). Prosocial development in adolescence: A longitudinal study. *Developmental Psychology*, 27(5), 849-857.

的原因。也就是说，一旦儿童能够更好地推断他人的观点（角色采择能力），并理解自己共情产生的原因（这些原因能够使他们对悲伤或者需要帮助的同伴表示同情），共情就可能会成为促进利他行为发展的一个强大的因素。

第三节　青少年社会性发展的教育促进

青少年时期是个体社会性发展的关键阶段，对于塑造健康的人格，形成良好的心理素质，对于个体良好的社会适应有着重要的影响。因此，如何促进和优化个体在青少年时期的社会性发展，成为广大教育工作者和家长关心的问题。在分析青少年社会性各个成分发展特征的基础上，我们认为可以从以下几个方面着手加以干预和教育。

一、提供自我探索的机会，促进同一性和自我概念的发展

初中与高中阶段正是青少年开始建立自我同一性的时期，教师要理解学生需要大量的机会来体验各种职业和社会角色，同时提供机会让学生了解社会，了解自我，通过讨论的形式使他们解决自身所面临的问题。

学校应当给青少年创造社区服务、实践工作、实习和家教等机会，以促进学生同一性的形成。例如，给学生提供职业选择的范例和其他成人的榜样；帮助学生获得解决个人问题的相关途径和资源；在不冒犯他人或不干扰学习的前提下，对青少年的流行文化的态度宽容一些；对学生的学业提供切实可行的反馈，促进他们进步。① 当然，这一系列举措的实施需要学生家长的理解和配合，以家—校—社区联合的形式，共同促进青少年的发展。

教师的专业特征和人格魅力对学生的自我同一性获得有重要影响。教师通过生动形象的课堂教学、热情细致的课外辅导和开放坦诚的思想交流，对学生的成就给予及时合理的强化与反馈，会直接影响学生未来的职业选择和自我概念的发展。成人给予的是理解和指导，而不是过多的限制，在这种环境中，青春期的学生才能认识自己并与他人建立起良好的关系。

① ［美］伍尔福克著，伍新春、张军、季娇译：《伍尔福克教育心理学》，中国人民大学出版社 2015 年版，第 86 页。

二、提高青少年道德发展水平的教育对策

（一）家庭的角色

1. 父母的接纳和信任

道德学习的有利氛围是一种充满关爱的、接纳性的、彼此尊重的亲子关系。对父母有着强烈情感依恋的儿童能够发展出较好的良心，而无情感依赖的儿童常常缺乏道德感。

2. 亲子互动的频率和强度

榜样理论主张儿童和父母的同质性因亲子互动频率的不同而有差异。频繁地互动提供了更多有意义的价值观和道德规范的交流机会，尤其是在一个民主和交互的环境下。单向的、专制的互动则妨碍了亲子交流和行为习得。因此，保持父母与青少年之间沟通渠道的开放非常重要。对父亲或母亲缺失的家庭的研究发现，此类家庭中，由于孩子和父亲或母亲的交流非常少，父亲或母亲的缺失对青少年的道德发展产生了负性的影响。

3. 规范的类型

父母制订的规范会对儿童道德学习的发展产生影响。一般而言，具有促进作用的规范具有以下特点：（1）连续一致的而非变化不定的；（2）通过清晰的言语教导使孩子内化规范而不是通过外部生硬的控制使孩子被迫就范；（3）采用公平公正的方法而非生硬、惩罚性的措施；（4）民主的而非放任的或专制的。

4. 父母榜样

如果要给孩子提供一个可供模仿的积极的榜样，父母本身具有良好的道德水平非常重要，因为儿童乃至青少年天生具有模仿他们父母行为的倾向。比起儿童，青少年更容易受到父母友善行为的影响，因此，随着孩子年龄的增长，父母的道德榜样作用更加重要。父母通过自己的关爱和宽容也可以促进孩子积极的亲社会行为的发展。仅凭言传是不够的，身教也很重要。

5. 独立的机会

父母能够允许孩子独立做出道德判断机会的次数和类型也对他们的道德发展产生影响。做出良好的决策是一种习得的技能，是需要实践的。青少年需要自己决策的机会，以便通过决策采取相应的道德行为，从而能够观察行为的后果。

（二）学校提供适当的道德教育

萨普卡（Superka）、阿伦斯海德斯托姆（AhrensHedstrom）提出道德教育的五种不同方式。道德教育的第一个途径是教导法，即教授给学生具体的价值观和道德准则，以便他们赞同并予以遵从。道德教育的第二个途径是道德发展，源自科尔伯格的道德理论，并在20世纪70年代开始流行。这个途径的基础是要让青少年充分接触更高水平的道德推理，

以促进其自身发展。① 在这个途径下，主要采用的是个案学习的方法，即让学生处理道德两难问题。教师需要创设一些贴近学生日常生活的、有意义的情境让他们进行思考。道德教育的第三个途径是价值观澄清，这种方法在20世纪70—80年代比较盛行。它的关注点不在于价值观的内容而在于价值观形成的过程。其目的也不在于灌输给学生某种价值观体系，而在于帮助学生了解、发现自己看重的一些信念和行为，从而去面对，去学着衡量自己选择结果的利益得失，并根据衡量的结果做出自己的选择，最后按照自己的信仰来规范自己一贯的行为。价值观澄清教育的一个特色是它允许学生自由选择自己的价值观。选择价值观澄清的教师会采用多种方法。他们可能要求学生思考自己的价值观，然后彼此讨论；也有可能让他们考虑一些现实和虚拟的道德两难问题。另一种方法是他们会让学生对一些道德问题进行迫选——例如，判断人们是应该被允许按自己的意愿制造噪声（个人自由），还是应该为了不打扰他人而降低噪声。与此相类似，他们还经常让学生就有关的道德问题进行重要性排序。道德教育的第四个途径是道德分析法。分析法的运用是让学生在做相应的道德决策时进行缜密的思考和推理。一般来说，课程更关注广泛的社会道德而非一己私人的两难问题。常见的缜密思考训练中，学生练习将道德事件分类，收集并评估不同观点的证据的准确性，然后做出恰当的结论，最后再把他们自己的决策过程想一遍。道德教育的最后一个途径是行为学习。它主要给学生提供参加社区服务的计划，以便减少道德推理和道德行为间的差距。行为学习的理论依据在于青少年如果对社会问题（如贫困和污染）有所观察，他们就会慢慢地重视道德与关爱行为，并发展出强烈的社会良心。在这个过程中，他们知道自己在服务社区的事实也能够让他们产生自我满足感。越来越多的中学将社区服务作为毕业达标的要求之一。②

三、青少年时期家庭关系的改善

父母和处于青少年期的孩子的关系必须经历一个转折，从父母有绝对权威到给予孩子适当的做出重要决定的独立性或自主性。

首先，家长应该认识到，适度的叛逆是青春期的正常表现，是思维自主性发展的表现，不要过分焦虑和担忧。其次，对孩子的叛逆行为对症下药。对于暴躁型叛逆的孩子，不要和孩子硬碰硬；对于沉默型的孩子，要引导孩子跟你沟通；对于阳奉阴违型的孩子，要让孩子感受到真诚。再次，尊重孩子，跟孩子平等交流。家长与孩子相处时，应把握一个原则，即尊重和理解孩子心理发展的核心特点：独立意识和“成人感”。最后，变言传

---

① Harding, C.G., & Snyder, K. (1991). Tom, Huck, and Oliver Stone as advocates in Kohlberg's just community: Theory-based strategies. *Adolescence*, 26(102), 319-329.

② ［美］赖斯、［美］多金著，陆洋、林磊、陈菲译：《青春期——发展、关系和文化》，上海人民出版社2009年版，第365页。

为身教，减少说教和唠叨。

除上述策略外，家长也应该认识到，虽然青少年时期同伴对个体的影响作用增加，但是家庭环境仍然是影响青少年个体社会性发展的重要因素。家庭作为儿童社会化最基本的动因，是青少年社会化的基础。除父母人格的本身影响力外，家庭教养方式是直接影响儿童社会化的因素。权威型的教养方式尊重了儿童的独立性和自主性，而且保证了家庭的合理要求；专制型的教养方式对儿童过于约束，导致儿童在人际关系等能力上不足；放任型的教养方式对儿童过于纵容，而使得儿童不懂得基本道理，缺乏自制力；溺爱型教养方式容易导致孩子缺乏处理问题的能力，以自我为中心，责任感弱。因此，家长不能过分干涉或保护儿童，也不能太纵容儿童，避免亲子之间冲突的恶性循环，而应建立起和谐的、融洽的亲子关系。①

四、青少年时期同伴关系的改善

同伴关系的改善，可以从学生本人、学校、家庭三个方面入手。对于学生本人而言，可以从提高沟通技巧、换位思考、理解宽容他人出发，改善同伴关系。第一，学生自己可以通过榜样学习和沟通技巧模拟训练，来改善和强化自身的沟通技巧和社交技巧。第二，学生自己也应该有意识地培养自己换位思考的能力，学会更多地从他人的角度思考问题。第三，同伴交往过程中，要抱有理解和宽容的态度，这样更有助于建立良好的同伴关系。

学校可从以下几方面帮助青少年改善同伴关系。第一，学校应该多开展团体活动和户外活动，并鼓励学生积极参与，以扩大交友范围，增加与同伴间交往的机会。第二，学校可以开展相关个体辅导，帮助学生掌握必要的人际交往技能和规范，从而改善其同伴关系。第三，面向全体学生开展团体心理辅导活动、主题讲座，提高学生的交往能力，营造和谐的人际氛围，从而改善学生的人际关系。

家庭在帮助青少年改善同伴关系方面，可从以下几点考虑。第一，父母在家庭教育中应该改善家庭教养方式，加强子女处理人际关系技巧的培养。第二，家长在人际交往中要注意热情待人，乐于助人，同情他人，尊重他人，为儿童的同伴交往树立榜样。第三，家长要注重培养子女团结友爱、诚实守信、同情他人、勇于承担责任等优良品质。

五、提高青少年自尊水平的对策

学校生活影响学生自尊的发展。教师对学生的关爱和对学生言行的反馈都会对学生自尊的发展产生影响。因此，作为影响青少年个体发展的重要因素，学校在帮助学生形成较高水平的自尊方面起着重要作用。学校可以从以下几个方面对提高学生自尊水平加以干预。

---

① 陈琦、刘儒德主编：《教育心理学》，高等教育出版社 2011 年版，第 59 页。

首先，学校领导者应该认识到自尊是建立在个体对自己整体的评估之上，而学生对自己的评价往往是建立在外在个体对他们的评估上。因此，将学生仅仅根据学业成绩加以分类的做法，对于提高学生的自尊而言是无益的。

其次，教会学生与他人相处的技巧是促进自尊发展的有效举措。自我与他人的相互关系影响着自尊的发展。随着儿童的成熟，他们逐渐能够评估和考虑他人的意图。在认知发展的基础上，他们开始通过逻辑思维学会采纳他人的观点，并逐渐获得自如地运用情感的能力。特别是对于女生而言，她们自尊的建立往往与自己所具备的人际关系能力有着更强的关联。

最后，帮助学生形成正确的归因方式。学生必须将他们的成功归因于他们自己的行为，而不是归因于运气或特别的帮助，这样才能建立自尊。教育心理学家库珀史密斯（S. Coopersmith）提出学生自尊的培养需要从三个方面入手，即培养他们的重要感、胜任感和力量感。只有这三个方面的心理需求满足后，自尊才会逐步建立（关于提高学生自尊水平的具体举措，请参见知识窗 4-1）。

知识窗 4-1

鼓励自尊的建议

1. 学生的努力和成就同样重要，因此要评价和接受所有的学生。
2. 为学生创造环境上和心理上安全的气氛。
3. 逐渐认识到个人的偏见（每个人都有一些偏见）和期望。
4. 确信你在教学中采用的程序和对学生的分组是必要的。
5. 解释评价标准，帮助学生学习评价他们自己的成就。
6. 模仿恰当的自我批评、坚定不移和自我奖赏。
7. 避免破坏性的比较和竞赛；鼓励学生去完成适合自己水平的成就。
8. 即使你必须拒绝一种特别的行为或结果，也接受一个学生。学生应该感觉自信，例如，在一个测验中失败或在课堂中受到训斥并没有使他们成为“坏”人。
9. 记住积极的自我概念来源于对事件操作的成功，以及周围环境中重要人物的评价。
10. 鼓励学生对关于事件的反应负责；告诉他们自己可以选择如何反应。
11. 建立支持群体或在学校中“向伙伴学习”，教会学生如何互相鼓励。
12. 帮助学生建立清晰的目标方向；集体讨论他们达到目标的资源。
13. 注重不同群体（如民族）的评价——他们的文化和成就。

［资料来源］

Woolfolk，A.（2004）. *Educational Psychology*（*9th edition*）. Boston：Pearson Education，Inc.，p. 75.

小结

本章论述了青少年社会性发展方面的相关理论以及青少年社会性发展的特点，并对如何有效促进青少年的社会性发展提出了建议。具体而言，简要介绍了社会性发展理论、观察学习、认知发展理论、生态系统理论以及互联网背景下新近提出的一些影响个体社会性发展的理论。

在此基础上，分别从个体自我同一性的发展、个体的道德发展、个体社会适应能力三个方面，探讨了青少年时期个体在这些方面的发展内容以及呈现出的发展特征。其中，着重强调了青少年时期自我概念的整合过程及发展特点、自尊水平出现的波动性及其影响因素，论述了道德发展的六阶段理论，并分析了青少年时期个体的亲子关系和同伴关系的变化。

思考与练习

1. 谈谈你对青少年自尊发展的理解。
2. 简述青少年道德水平发展的特征。
3. 青少年社会性发展主要受哪些方面因素的制约?

拓展阅读

1. [美] 费尔德曼著，苏彦捷、邹丹等译:《发展心理学——人的毕生发展》，世界图书出版公司 2013 年版。

2. [美] 谢弗、[美] 基普著，邹泓等译:《发展心理学：儿童与青少年》，中国轻工业出版社 2016 年版。

第五章　青少年的人格发展

启发与引导

- 人格心理学中存在着诸多人格定义和机制假说以解释人格的缘起、发展和运作。面对这些观点，你比较欣赏哪种观点，为什么？
- 青少年自我意识的发展呈现出哪些特点与规律？知晓这些特点与规律，对青少年的健全人格教育有何启发？
- 教育在人格形成与发展中具有特殊的意义，健康人格的塑造更要依赖教育。你认为可以运用哪些教育的手段来促进青少年的人格发展？

人格是什么？在不同的人那里，有不同的含义。不同的学科，如心理学、伦理学、哲学、法学、社会学、教育学等，关于人格有不同的定义，同一学科又有多种不同的观点。黄希庭等综合各家的定义后认为：人格是一个人的才智、情绪、愿望、价值观和习惯的行为方式的有机整合，它赋予个人适应环境的独特模式，这种知、情、意、行的复杂组织是遗传与环境交互作用的结果，包含着一个受过去影响以及对现在和将来的建构。①

青少年时期是个体身心迅速发展的时期，许多心理品质和人格特征将在这一时期形成、发展乃至定型，是个体人格培养和塑造的关键期。本章旨在帮助读者了解人格发展的理论、青少年人格发展的特点以及青少年人格教育的理论和方法，为促进青少年人格的健全发展提供心理学依据。

① 黄希庭、郑涌著：《心理学导论（第三版）》，人民教育出版社 2015 年版，第 586 页。

第一节　人格发展的理论

人格理论是用来描述或解释人的心理与行为的一套假设系统或参考框架。同对人格内涵的理解一样，人格理论的发展经历了一个曲折、漫长的过程，并形成了诸如精神分析学派、行为主义学派、特质学派、人本主义学派、认知学派、生物学派、积极心理学学派等众多的理论流派，使得人格理论呈现出丰富多彩的发展态势。目前还没有哪一种理论被完全证实或被彻底否定，只是不断有新发现的事实更支持其中的某一种理论。因此，可以使用多种理论，从不同的角度来解释人格。

一、人格发展的精神分析理论

（一）古典精神分析的人格理论

奥地利精神分析心理学家弗洛伊德（S. Freud）创立的精神分析（亦称古典精神分析）是现代心理学中影响最大的理论之一。其人格理论主要包含人格的结构观、动力观、适应观及发展观四个部分。

1. 人格结构观

弗洛伊德认为，人格是一个整体，包含本我、自我和超我三个彼此交互影响的部分。本我由人的先天本能、基本欲望所构成，代表生物学遗传力量，受“快乐原则”支配；自我是个体出生后在现实环境中分化发展出来的理智部分，代表后天的学习和经验，遵循“现实原则”；超我是道德化了的自我，包含自我理想和良心，是人格中最文明的部分，追求“完美原则”。本我、自我和超我三者交互调节，和谐运作，就会形成一个发展正常、适应良好的人；三者失去平衡或长期发生冲突，就会导致个体适应困难，甚至演变为心理异常。

2. 人格动力观

弗洛伊德认为，一切作用于人格的能量都来自本能。人体有多少种需要，就有多少种本能。人体是个复杂的能量系统，操纵人格运转和作用的能量叫性力（是一种心理能，也称“力比多”），主要向躯体提供并储存能量。他认为，人格的动力状态是由能量在整个人格结构中的不同分布决定的，而一个人的行为则取决于其所具有的动力状态。人的全部行为都受无意识的本能支配。无意识是人格结构的最深层部分，是不在意识中出现的心理活动或者曾经是意识领域却被压抑起来的心理活动。

3. 人格适应观

弗洛伊德认为，人格处于适应状态就会有快乐的情绪体验；不适应就会引起痛苦的情绪体验，即焦虑。他认为，焦虑分真实性、神经性和道德性三种，根源分别是外部世界、本我和超我。焦虑是可以自我防御的。弗洛伊德认为，自我的重大任务之一就是要对付那些使人感到焦虑的危险。在正常情况下，自我以合理方式未能消除焦虑时，就必须以非理性方法来达到这一目的。这种非理性的方法就是自我防御机制。弗洛伊德提出的防御机制有压抑、投射、反向、合理化、否认、抵消、升华等。

4. 人格发展观

弗洛伊德认为，每个儿童都要经历几个先后有序的发展阶段，儿童在这些阶段中获得的经验决定了他的人格特征。事实上，弗洛伊德相信成年人的人格实际上是在生命的第五年就已形成。每一阶段的划分是以动欲区的转移为依据的。弗洛伊德认为，人格发展主要是本能的发展，本能的根源在于身体的紧张状态，多集中在身体的某些部位，称为动欲区。动欲区在发展的早期是按照口腔、肛门、生殖器依序变化的，据此他将人格发展分为五个时期，即口唇期（0—1 岁）、肛门期（1—3 岁）、性器期（3—6 岁）、潜伏期（6—12 岁）和生殖期（12 岁以后）。每个时期都有与性有关的特殊的矛盾冲突，每一时期获得的经验决定了他的人格特征。

（二）新精神分析的人格理论

弗洛伊德的人格理论虽然是西方建立的第一个系统的人格理论体系，对人格心理学的发展有着极为重要的意义，但也存在着诸多局限：夸大了性力作用的泛性论、偏激的还原论，导致把人还原为动物；过分强调无意识内容，贬低意识理性的作用；理论和假设缺乏操作性，难以通过实证加以验证；等等。在其之后，阿德勒（A. Adler）、荣格（C. G. Jung）、埃里克森等部分精神分析学者对其人格理论进行了一些修正，形成了新精神分析学派。该学派下的人格理论比较庞杂，这其中尤以埃里克森的人格理论最具影响性。

埃里克森从弗洛伊德的本能过程转到自我过程，把人的发展动机从潜意识扩展到意识领域，从先天的本能欲望转移到现实关系中。他指出：本我代表着先天的盲目性的动物冲动；自我把人在进化中的内心生活和社会计划结合起来，以思想、语言、游戏和行动等手段对现实做出适当的反应；超我作为社会准则和行为规范的一种心理过程，它引导并协助着自我对本我起监督与控制作用。埃里克森把人格发展看成是终生的任务，并为各发展阶段提出特定的心理社会任务。他将人格发展分为八个不同的阶段：获得基本信任感，克服不信任感（0—1.5 岁）；获得自主感，避免怀疑感与羞耻感（1.5—3 岁）；获得主动感，克服内疚感（3—5 岁）；获得勤奋感，避免自卑感（6—12 岁）；获得同一感，克服同一性混乱（12—18 岁）；获得亲密感，避免孤独感（18—25 岁）；获得创造力感，避免“自我专注”（25—65 岁）；获得完美感，避免失望感（65 岁以后）。埃里克森提出的人格发展阶段论注重自我发展，认为人格是人在自我与社会环境相互作用的发展中逐渐形成的，是生物的、心理的和社会的三个方面因素组成的统一体。埃里克森强调自我与社会生活在个体人格发展中的作用，每一阶段的特殊社会心理任务都有一个特殊矛盾，矛盾的顺利解决是人格健康发展的前提。

二、人格发展的行为学习论

行为主义人格理论忽视遗传因素对人格形成的作用，而强调后天环境影响对人格的决定意义。早期的行为主义者重视研究人的外显和客观的行为，如行为主义学派创始人华生（J. B. Watson）以及新行为主义代表斯金纳（B. F. Skinner）等；后期的行为主义者更加重视人的内隐认知和社会行为，如班杜拉。

（一）华生的行为主义人格理论

华生认为，心理学研究应摒弃意识、意象等太多主观的看不见、摸不着的东西，而直接去研究所观察到的并能客观地加以测量的刺激和反应。他指出，行为的基本成分是反应，反应可以分为习得的反应和非习得的反应。华生把引发有机体反应的外部变化和内部变化称为刺激，而刺激属于物理或化学的变化。华生认为，环境变化是行为差别的主要原因，而不是内在素质的不同。由于环境会有改变，即决定行为的外部客观因素在不断变化，因而人格在一生中会随着环境变化而不断改变。华生强调研究行为的任务，就在于查明刺激与反应之间的规律性关系，即根据刺激推知反应，根据反应推知刺激，于是便形成了公式：S—R（刺激—反应）。华生认为，人格是由环境中的行为习惯形成的，自然也可以通过改变环境来改变人格。为此，他重视早期行为习惯对个体的人格影响，强调个体人格的发展过程、人格结构的复杂性和人格由环境引起的调节性。

（二）斯金纳的新行为主义人格理论

以斯金纳为代表的新行为主义修正了华生的极端观点，指出在个体所受刺激与行为反应之间存在着中间变量，即个体当时的生理和心理状态。他认为，行为分为两类：一是应答性行为，这是经典行为主义和条件反射中由刺激引起的反应行为；二是操作性行为，它不是由已知的刺激引起的行为，而只是由有机体内不时地发出来的行为。斯金纳指出，操作性行为作用于环境，以便能按照某种形式来改变环境。他认为，人格是个体可塑性极强的外显行为方式或方式的组合，是一种系统化的行为模式，并受一系列的操作性行为与强化之间的相倚控制。斯金纳通过其强化理论即操作性条件反射原理，来说明人格的形成，尤其是人格形成和改变的操作原则，从而达到预测和控制人格发展的目的。他强调，人通过操作性行为作用于环境，而环境又选择某些行为。每个人的成长环境和经历不同，就会形成不同的行为方式和人格特点。人格不断改变的根本原因在于环境的不断改变。斯金纳行为主义人格理论关注能够改变个体行为的环境因素，对消除唯心主义的主观性和改善环境具有积极作用，并将强化理论推广应用；不足之处是过多关注可以观察到的外部行为，而不是行为的内部机制，忽视了人的主观能动性，把人仅看成受环境驱动的产物。

（三）班杜拉的社会学习人格理论

从20世纪60年代后期起，行为主义开始让路给“认知革命”。在人格领域中，班杜拉是这场革命的积极倡导者。班杜拉的理论背景虽然是行为主义，但他同时吸取了人本主义和认知心理学的思想，认为人是社会的人，人的心理和行为具有很强的社会性。人们总是通过观察学习和自我调节来引发行为的，应重视人的行为和环境的相互作用。班杜拉通过开展一系列的实验，建立了他的社会学习人格理论。

社会学习人格理论的核心观点之一是三元交互决定论。以往关于个体行为的获得都侧重于一元单向决定论，或是强调人的心理因素对行为的调节和控制作用，如本能论、驱力论、需要论等，或是强调环境（外部）因素对行为的控制作用，如强化论。班杜拉认为，以一元单向决定论的因果模式来理解人的行为，具有很大的偏狭性，都不可能完美地解释人的行为。由此，他提出：“行为是个人与环境交互作用的结果。”个人与环境以交互作用的方式彼此影响，每个人的人格特点是个人和情境变量持续相互作用的结果。在这一交互作用的模式里，行为、人的内部因素、环境三者彼此联结，相互决定。首先，行为与环境相互依赖，相互决定。环境可决定哪些潜在的行为倾向成为实际行为，行为可决定哪些环境成为实际影响行为的环境。其次，人的内部因素（即认知因素）与行为也是相互依赖、相互决定的。个体对行为结果的期待可影响他的行为，而行为的结果又反过来改变着自己的估价等。最后，人的因素同环境也相互依赖，相互决定。人可以通过自己的性格、气质上的特征激活不同的社会环境反应，不同的环境反应反过来又影响个人的认知，如对自我的评价，从而导致行为或行为倾向，如气质与性格的改变。

社会学习人格理论的核心观点之二是观察学习。班杜拉发现，人们不仅通过直接经验产生学习，而且可以通过观察所获得的间接经验引发学习，且后一种学习在社会行为的习得中更为常见。他称此为观察学习，即通过观察他人行为及行为结果而引发的学习。观察学习的提出，使我们认识到学习不一定要直接强化，也不一定产生外显行为，重要的在于被观察的行为及结果能否对学习者产生替代强化、自我强化的影响。换言之，在这种学习中，学习者的认知是参与其中的，是学习者的期待影响着其学习发生的可能性。

三、人格发展的特质论

人格特质理论认为人格由多种特质结构及基本单元构成。特质是人拥有的影响行为的品质或特性，是神经心理结构或先天性持久而稳定的行为倾向，包括人共有的共性和个人独特的差别性。该理论强调，了解了个体的人格特质，便可预测其行为反应。人格特质论的主要代表是美国的心理学家奥尔波特（G. Allport）和卡特尔（R. B . Cattell）。

（一）奥尔波特的人格特质理论

奥尔波特是人格特质论的创始人。他认为：特质是人格构造单位，是真实存在于人内心的“一般倾向”，是对个别行为习惯整合的结果。特质具有相对的持久性和动力性，能引导行为并造成行为的一贯性，是个体独特性的来源。奥尔波特指出，特质之间是相对独立而又彼此重叠的，一系列的特质相互交织整合在一起，就构成了人格。然而，对于不同的人来说，不同特质在人格中扮演的角色和所起的作用并不相同；每一个人都具有三种类型的特质：一是首要特质，这种特质主导着整个人格，渗透于人的一切活动之中，所有的行为都反映出它的影响；二是中心特质，又称核心特质，这是人格的重要组成部分，也是描述人格的基本要素；三是次要特质，是指代表个人在某些情境下表现的人格特征，这些特征对一个人来说并不是很重要，不是经常地、一贯地表现出的人格特质。此外，奥尔波特还重视人在多变的环境中如何形成个人独特的、适应环境变化的多种人格特质，认为人格是个体内部决定其独特的顺应环境的那些心理生理系统中的动力组织。奥尔波特指出，作为一种“动力组织”，健康人格具有自我扩展的能力、较高的人际交往能力，情绪上有完整感和自我认可，具有现实主义的知觉，具有多种技能并专注于工作，具有自我客观化和统一的人生哲学等特点。多年来，奥尔波特特质人格理论被广泛应用在心理测量中，但通过人格特质预测个体未来，其解释力还有待深入探索。

（二）卡特尔的人格特质理论

奥尔波特开创的特质理论发展到 20 世纪 40 年代，面临着两个问题：一是决定人格的是哪些特质，二是用什么方法来获得这些特质。卡特尔在这两个问题的回答上都做出了独特的贡献，是特质因素分析的先驱。卡特尔认为，人格特质就是“在特定情境中促使个体将要干什么的内部倾向性”，是构建人格结构的基本成分（单元），就像门捷列夫的化学元素周期表中的元素构成宇宙万物一样。这些特质可以从不同的角度进行分类。卡特尔从个体与群体的角度，将人格特质分为个别特质和共同特质，前者指某个人独有的特质，后者指一个社区或一个群体成员所共同具有的特质；从特质层次上将特质分为表面特质和根源特质，前者是从外部行为直接观察到的特质，后者是整体人格结构中最重要的部分，也是一个人行为的最终根源，制约着表面特质。卡特尔认为人格差异主要表现在量的差异上，并可对人格进行量化分析。为了对人格进行描述、揭示和测量，他根据特质理论，借用数理统计方法，运用因素分析技术，一共找到了 16 种根源特质，即开朗性、聪慧性、稳定性、支配性、兴奋性、有恒性、勇敢性、敏感性、怀疑性、幻想性、机敏性、忧虑性、冒险性、独立性、自律性、紧张性，并编制出“卡特尔 16 种人格因素问卷”（简称 16PF）。该问卷是世界公认的最具权威的人格测量方法，在临床医学中被广泛应用于心理障碍、行为障碍、心身疾病的个性特征的研究，对人才选拔和培养也很有参考价值。

四、人格发展的人本论

20 世纪 50—60 年代，人本主义心理学，作为继行为主义心理学、精神分析学派之后的心理学“第三势力”应运而生。该学派是以人为本，研究整体人的本性、经验与价值的心理学，亦即研究人的本性、潜能、经验、价值、意向性、创造力、自我选择和自我实现的科学。代表人物主要有马斯洛、罗杰斯等。

（一）马斯洛的人本主义人格理论

马斯洛被誉为“人本主义心理学之父”，其人格理论主要包括自我实现、高峰体验和需要层次论。首先，自我实现是个体在成长中其身心各方面的潜力获得充分发展的历程与结果，这是马斯洛人格理论的中心。马斯洛认为，人有自我实现的潜能，从而达到人性的最高境界。自我实现是一种充分发挥人的潜能和积极向上的人格学说，构成了西方行为科学的基础理论。他关注人格特点对自我实现的推动与促进作用，并概括了相关的人格标准和心理特征。其次，高峰体验是在人生追求自我实现时所体验到的一种接近顶峰而又超越时空的自我的心灵满足感与完美感。马斯洛认为，自我实现本身就是奖赏，是一种高峰体验和极度欢乐状态，一种不可思议的或海潮汹涌般的情感，或与自然合一的欢乐感。最后，需要层次论是马斯洛动机理论的核心。他认为，个体成长发展的内在力量是动机，而动机由多种不同性质的需要组成。马斯洛把人类的需要概括为生理、安全、归属与爱、尊重和自我实现五个层次。需要的满足由低层向高层不断发展。低级的需要得到了基本满足，更高一级的需要才会出现。当所有的需要层次相继满足以后，自我实现的需要才能充分表现出来。总之，马斯洛人格理论的影响远远超过了心理学范畴，涉及管理学、经济学、教育学和伦理学等领域，不足之处是脱离了一定的社会生活条件，片面强调个人为中心的自我实现，忽视个人对社会的服务和贡献。

（二）罗杰斯的人本主义人格理论

罗杰斯是人本主义心理学的主要代表人物之一。他接受存在主义哲学的观点，从更积极的角度来看待人的发展，强调人的主体性，认为人性本善，健康的人格源于人性的自由发展。在长期的心理治疗实践中，罗杰斯逐步形成了自己独特的人格理论和教育思想。其人格理论的核心是自我与自我实现。

罗杰斯认为，人格的主要结构是自我。在他看来，现象场中有些内容与个体自身有直接的关系，而有些内容与个体无直接的关系，前者就是自我。自我包括现象场中一套有组织的知觉模式，包括主格的“自我”、宾格的“我”以及所有格“我的”。因此，可以从一个人对自己的描述中认识他的自我。自我是一套有组织的、整体的和一致的知觉模式。当新的元素加入的时候，自我尽管会发生一定的变化，但他仍然保持原有知觉模式的固有本质。在自我的基础上，罗杰斯提出了与自我相对应的理想自我。理想自我就是一个人希望自己是一个什么样的人，理想自我和现实自我之间的差异往往是衡量个体人格是否健康的重要标准。

关于自我实现，在罗杰斯看来，所有的有机体都有求生、发展和提高自身天赋的要求，也就是说有自我实现的趋向，正是这种自我实现的内驱力推动着有机体向前发展。有机体的自我实现遵循着从低级到高级，从简单到复杂，从依赖到独立，从固定、僵硬到变化和自由的发展规律，从而使自己变得更具有社会责任感，更具有独立性和创造性。罗杰斯相信“人性本善”的观点，因此，个体的自我实现就是个体的创造性活动，而且不应受到社会的控制。所有的个体都是以是否与实现趋向相一致的方法来评价他们的经验，同实现趋向相一致的经验是令人满足的，所以它维持着人对它的追求，反之，不一致的经验是令人生厌的，个体就会回避它。

纵观罗杰斯的人格理论，他的思想中充满着对人性的尊重和关怀，强调人的存在价值、主观经验以及自我完善。这种思想无疑在物欲横流的社会中奏响了战歌，为人类的心灵找到了归宿，但是其离开具体的社会环境来探讨人格的发展，这使其理论具有一定的片面性和局限性。

五、人格发展的认知论

认知派的人格心理学家认为，不同人格是由人们信息加工方式不同造成的，这一人格研究取向代表了当前心理学研究的发展趋势，是当代西方最受欢迎的人格理论之一。该人格理论的代表性观点主要有认知风格理论以及凯利（G. Kelly）的个人建构论。

（一）认知风格理论

认知风格，又称认知方式，是指个体在组织和加工信息中所具有的个性化和习惯化的方式。对于认知风格的研究最早可追溯到荣格所提出的心理类型理论，而对于认知风格的现代研究则由“认知风格之父”——美国心理学家威特金（H. Witkin）开创。他提出了场独立性与场依存性的概念，在此之后，认知风格的研究受到关注。迄今为止，学界提出的各种认知风格类型已多达几十种。但目前研究较多的是威特金的场独立认知方式与场依存认知方式，斯腾伯格的思维风格和心理自我管理理论。

1. 威特金的场独立认知方式与场依存认知方式

场独立性（field independence）和场依存性（field dependence）这两个概念来源于威特金对知觉的研究。所谓场，就是环境，场独立性是指个体较多依赖自己内部的参照，不易受外部环境因素的影响和干扰，独立对事物做出判断。场独立型的人在信息加工中对内在参照有较大的依赖倾向，善于进行知觉分析，能把所观察到的因素同背景区分开来，知觉较稳定，不易受背景的变化而变化，所以又称为分析型知觉方式。场独立型的人的心理分化程度较高，大脑左右两侧功能高度分化，具有较强的思维、认知变通能力和人格自主性，在理性思维方面较为出色，较容易完成要求找出问题的关键成分和重新组织材料的任务，喜欢个人钻研、独立思考和学习，不易受到暗示，自信、自尊心强；但是场独立型的人的社会敏感度和社交技能往往偏低，与人交往时也很少能体察入微。① 场依存性是指个体对物体的知觉倾向于把外部参照作为信息加工的依据，难以摆脱环境因素的影响。场依存型的人更易受周围人，特别是权威人士的影响和干扰，善于察言观色，注意并记忆言语信息中的社会内容。研究还发现，场独立性和场依存性与人的学习倾向和特点有关。一般来说，在学科兴趣方面，场独立型的人较倾向于喜欢自然科学，在学习策略上，喜欢独立自觉学习，其学习由内在动机支配；场依存型的人则倾向于喜欢社会科学，在学习策略上，他们易受暗示，学习欠主动，其学习由外在动机支配。不过，需要说明的是，场独立型和场依存型这两种人格特点，并不能说孰优孰劣。在某些方面，场独立型的人占有优势，而在另一些方面，场依存型的人占优势（具体见表 5-1）。②

表 5-1　场独立型与场依存型的人格特点比较

学习者类型	优势	劣势	注意事项
场独立型	善于从整体中分析出各个元素，喜欢学习无结构的材料，不太喜欢受外界的影响，对于他人的评价有自己的看法，不受外界环境的干扰。	倾向于冲动，冒险，容易过分主观。	应注意把他人的要求与自己的想法相协调，使自己的做法与外界相辅相成。
场依存型	善于把握整体，善于学习系统化、条理化的材料，喜欢与同伴一起讨论或进行协作学习，注意环境的要求，很容易适应环境，受大家欢迎。	表现较为谨慎，不愿冒险；但受到批评时，很容易受影响，学习的积极性下降，容易受外界环境的干扰，学习欠主动，受外在动机支配。	应注意不轻易受他人评价的影响。尤其当他人提出批评时，应分析原因，并考虑自己应该怎样努力，而不能就此气馁。

2. 斯腾伯格的思维风格和心理自我管理理论

所谓思维风格是指人们所偏好的思考方式。一个人的思维风格是兼具认知和人格结构特点的。该理论把人的思维和国家的管理相类比，认为不同国家有不同的治国方式，不同的人也有自己的一套自我组织和管理的思维风格，它们体现在一个人学习、生活和工作的方方面面。在心理自我管理理论中，斯腾伯格按照功能、形式、水平、范围和倾向 5 个维度划分了 13 种思维风格：功能维度下的风格包括立法型风格、执法型风格、司法型风格；形式维度下的风格包括专制型风格、等级型风格、平等竞争型风格、无政府型风格；水平维度下的风格包括全局型风格和局部型风格；范围维度下的风格包括内倾型风格与外倾型风格；倾向维度下的风格包括保守型风格与激进型风格。

---

① 谭顶良著：《学习风格论》，江苏教育出版社 1995 年版。

② ［美］席尔瓦、［美］斯特朗、［美］佩里尼著，张玲译：《多元智能与学习风格》，教育科学出版社 2003 年版。

总的来说，心理自我管理理论是一个关于认知风格的一般性理论，不仅因为这一理论是适用于不同人群的，而且因为它包括了以认知、人格和活动为中心的三种风格研究的观点。因此，该理论在心理学领域有着重要的理论价值与实践意义。另外，在强调个性培养和发展的今天，认知风格作为一种重要的个体差异变量，在教育领域重视个体的认知风格显得更有意义。当然，认知风格的研究之所以成为热点，最主要的原因则是认知风格将一向割裂的心理学中的两个领域——人格与认知——统一起来了，可以说认知风格是一座架设于认知与人格之间的桥梁，开拓了心理学研究的新领域，为深入分析人格特点提供了新的视角。

（二）凯利的个人建构理论

在凯利之前，人格理论的建构不是采用精神分析论取向（强调潜意识动机），就是采用行为主义取向（强调环境影响）。凯利的人格理论则特别强调个人的行为表现乃至整个人格的形成，都是决定于他对周围环境（包括人、事、物等）的认知和评价所建立的观念，由此该理论也被称为个人建构论。在该理论中，凯利认为，处在同样的情境中，不同的人有不同的行为，经历了同样的事件，不同的人有不同的感受或观点，对以后生活的影响也不同，这些人格的差异都是由于不同的人建构（construct）世界的方式不同。建构是凯利人格理论的核心，一个建构就是一种思想、一种观点或是一种假设，人们用它来解释个人的经验。一个建构就像一种微型的科学理论，人们用这个理论来预测现实，个人与外界的任何接触都在不断地创造和验证个人构念。凯利将个人在其生活中经由对环境中人、事、物的认识、期望、评价、思维所形成的观念称为个人构念（personal construct）。每个人的生活经验不同，个人构念自然也因人而异，因此个人构念就代表他的人格特征。以父母体罚孩子为例，对父母而言，体罚可矫正偏差行为，有益孩子成长；对孩子而言，父母的体罚只好无奈地接受；对社会工作者而言，父母体罚孩子是对儿童的虐待；对传教士而言，父母体罚孩子是神对罪恶世界审判的延伸。这一现象说明了不同的人有不同的个人构念。如果由某种构念产生的预测为经验所证实，那么这种构念就是有用的，如果这种预测没有得到证实，这种构念就必须修正或被抛弃。在凯利看来，个体的人格就是他或她的建构系统。个体之间的不同之处表现在他们所使用的建构在类别、数目上的不同，建构系统的复杂程度也各有差异。此外，凯利也把他的理论运用于心理治疗方面。和其他心理学家不同的是，他认为人们之所以有心理障碍，是因为他们的建构系统有了毛病，而不是过去的创伤经验造成的；那些创伤经验只能用来解释人们为什么会这样建构世界，却不能解释造成其心理障碍的原因。在他看来，心理疾病患者就是拙劣的科学家，他们在缺乏实证经验的情况下，不断做出相同的预言。因为他们的建构系统不能正确地预言各种未来事件，因此焦虑便不可避免；也就是说，当他们无法预期未来事件时，就会感到焦虑不安。因此，凯利认为心理治疗的目的无他，就是帮助患者建立新的建构，完善原有的建构，以便能够更好地预期事件。总体来看，凯利开拓性地提出人格建构理论，强调认知在人格形成和发展中的作用，重视个体对世界的独有见解，受到许多杰出的心理学家的赞赏；但是他把人格看成是一种对事物的观点和思想，过分强调认知，而忽视现实，从而偏离了人格形成和发展的客观实际。

六、人格发展的积极人格论

积极心理学是由美国心理学家塞利格曼（M. E. P. Seligman）等人率先提出的，它主要是对最理想的人类机能进行科学的研究，其目标是发现使个体、团体和社会良好发展的因素，并运用这些因素来增进人类的健康、幸福，以促进社会繁荣。同时，在对人格的研究方面，积极心理学统一了早期分散在各心理学流派中有关人类的人格力量与美德的研究力量，并将其作为积极心理学得以建立的理论支柱，为心理学的人格研究开辟了一个新的方向。

（一）积极人格理论的核心观点

积极人格理论有三个核心观点：一是强调人格心理学必须研究人内心所存在的积极力量。积极人格理论认为，只有人所固有的积极力量得到培育和增长，人性的消极方面才能被消除或抑制。如果人格心理学仅仅是以帮助人们消除问题人格或人格中所存在的消极方面为中心，那么，即使当人所有的问题都被消除后，人本身所具有的积极力量也不可能得到自然的增长，这样的人也不可能成为一个完善的自我实现的人。二是反对人格完全是由先天遗传因素决定的。积极人格理论认为，生理机制既对人格产生着重大影响，但又不完全决定着人格的发展模式，人格应是生理机制、外在行为和社会环境共同影响的一个合金。[①] 三是强调人的外在行为以及后天社会文化环境对人格的影响。积极人格理论认为，人格是由人的内部生理机制、人的外部行为和社会环境之间交互作用的结果。因此，积极人格形成的主要来源还包括好的外在行为活动和外部环境。个人的外在行为活动和社会环境条件会对人的生理机能产生影响，这样就可以通过改变人的行为活动、社会环境来达到建构个人的积极人格的目的。反之，我们亦可通过提高个人的积极行为活动，来推动人的良好行为活动和建构社会的良好环境。因为拥有了积极活动行为能力的个人，他就能够做到对自己的内心感受和行为举止进行有意识的改变，从而促进自己的人格成长。如此这般，个人的积极行为活动能力就能影响人格的形成，并成为人格形成的主要力量之一。

（二）积极人格理论的主要内容

1. 解释风格理论

该理论由塞利格曼提出，他将人格分为“乐观型解释风格”和“悲观型解释风格”。

① 任俊、叶浩生：《积极人格：人格心理学研究的新取向》，《华中师范大学学报（人文社会科学版）》2005 年第 4 期。

塞利格曼认为，由于不同的个体面对挫折和失败时的认知不同，他们所受到的影响也不一样。面临失败和挫折时，乐观型解释风格的人会认为困难和挫折是由外部原因和特定的情境事件引起的，只是暂时的，会随着时间和空间的变迁而变化、消失；悲观型解释风格的人则会把失败和挫折归因于长期的、普遍性的、自身内在的原因，且会影响自己所做的其他事。在面临成功时，乐观型解释风格的人会认为成功和成就是自身内在原因所致，而且是可控的、可重复的，并会泛化到自己其他的活动中去；悲观型解释风格的人则会认为自己成功是因为外在原因，只是暂时的，只限于此情此景。因此，悲观型解释风格的人就容易形成压抑、焦虑等心理问题，而乐观型解释风格的人则容易形成积极人格。① 基于此观点，我们可以尝试通过改变个人的归因方式或增进积极体验等来转变其解释风格。另外，综合以往的研究成果，我们也发现，现实生活中的确存在着诸如先天基因、教养方式、教育背景、社会文化氛围、生活经历等因素影响着个体解释风格的形成，因此，我们还可以通过关注孩子的成长教育和社会媒体对孩子的影响，帮助其形成乐观型解释风格。

2. 对积极人格特质的研究

彼得森（C. Peterson）和塞利格曼曾以人格力量与美德为取向，分类列出了 6 种重要的美德，即智慧、勇气、仁爱、公正、节制和卓越，以及与这些美德相联系的 24 种人格力量，其中包括创造力、好奇心、心胸开阔、好学、洞察力、正直、勇敢、诚实、热情、善良、爱心、社交能力、公平、领导才能、团队协作、宽容、谦虚等。这 24 种人格力量就是积极心理学研究的 24 种主要的积极人格特质。在之后的一段时间内，积极心理学者对积极人格特质与美德的分类进行了大量的跨文化研究，得到了一系列重要发现。首先，人格特质在人类中具有普遍性。其次，在成年人与青少年的人格力量对比中发现，其排列顺序的一致性较低。希望、团队协作、热情在青少年中更为普遍，而对美和优秀的鉴赏力、诚实、领导才能、心胸开阔在成年人中则更普遍。因此，在培养青少年的积极人格力量时，既要注意防止青少年在成长过程中削弱某些人格力量，又要注意从零开始帮助青少年建立其他的人格力量。最后，虽然有些人格力量是个人取得成功的原因，但相较好奇心、好学等智力品质，“内心”的力量，如热情、感恩、希望、爱心等，与生活满意度的联系更为紧密。对成人、青少年以及从成年人到青少年的纵向研究，都证明了这些“内心”力量能够预见个体较高的生活满意度。②

（三）积极人格的形成途径

积极心理学认为，先天的生理条件不能缺少，但人格主要是依赖于后天的社会生活体

---

① Peterson, C., Seligman, M. E. P. (2004). *Character strengths and viajes: A handbook and classification*. Washington, D.C.: APA Press and Oxford University Press, pp. 48-60.

② Park, N., Peterson, C., & Seligman, M. E. P. (2004). Strengths of character and well-being: A closer look at hope and modesty. *Journal of Social and Clinical Psychology*, 23(5): 628-634.

验而形成的，即把增进个体的积极体验作为培养个体积极人格的最主要途径。关于积极体验，积极心理学认为，主要有两种状态：第一种是感官快乐；第二种是心理享受，即个体所做的超越了自身的原有状态后所带来的一种体验。同感官快乐相比，心理享受通常与个体的创新和开创有关，它具有社会价值和个人价值，也有助于个人的成长和幸福感的提高，培育个人的心理享受是积极心理学培养积极体验的核心。另外，在个体积极体验的培育方面，积极心理学也找到了影响积极体验的两大因素：其一是个体追求积极的内在动机因素。无论在什么情况下，人们总是选择能使自己感到快乐体验的行为，如能胜任、有创造性、求得与周围环境相和谐等，这主要是先天性的。其二是外部的社会文化环境。人的积极体验不仅受其本能的驱使，也受一定的社会价值观、文化观等的影响。从这个角度来说，个体的积极体验虽然是一种主观体验，但又不完全是一种纯粹主观体验。个体的积极体验总是深深植根于一定的社会文化，因此积极体验不仅是一种快乐体验，它也是一种集体或社会层面上的体验。

七、人格发展的生物学论

从生物学角度对人格的探讨古已有之，最早可追溯到高尔顿的研究，却在近代一度陷入困境，直到 20 世纪 80 年代以后才开始复苏，并在短期内取得了较大的进展。现代人格心理学家开始以新的视角来探索人格的生物基础，在解决原有问题的同时，对传统的人格理论提出了质疑和补充，并产生了新的人格生物学理论。

目前，该学派下的研究主要有三种取向：一是生理学研究取向。该研究取向强调大脑是人的一些心理活动的物质基础，脑的局部病变或受伤会导致人格和行为的改变，同时，人格的异常也会影响大脑的正常发育和活动。通常人们从两个角度探讨人格与大脑的关系：一是研究脑部病变患者的人格变化，二是研究变态人格的脑电反应。近年来，人格的解剖学和生理学研究对人格特质与神经系统的结构及功能之间关系的探索取得了重要收获。已有研究表明，在大脑中已经确定的解剖点对人格特质是非常重要的。① 例如，额叶对应个体的深谋远虑和预期，杏仁核对应攻击性和某些类型的情绪性，荷尔蒙对社交性、积极情感、攻击性甚至性能力有重要影响，神经传导物复合胺对情绪调节有重要影响。第二种取向则是人格的行为遗传学取向。该取向的研究旨在揭示人格在某种程度上受遗传的影响。已有研究证实人的诸多人格特质都是遗传的。遗传不仅决定一个人的相貌，也决定人的行为和个性。第三种取向是人格的进化心理学研究。该取向作为第三个新的范式同样具有生物学的根源。然而，它与生理心理学不同：人格的神经解剖的、生理学的和遗传的方法全都集中在行为模式的个体差异的生理起源上；相反，人格的进化集中在所有人共同的行为模式的可能性上。其基本观点是：在对“进化的环境的适应”期间，具有某些行为

① 许丽芬、盖晓红：《论人格的生物学基础》，《沈阳师范大学学报（社会科学版）》2008 年第 2 期。

倾向的人尤其可能生存下来并保留于后代，结果他们的后裔一般也具备所有那些行为倾向。的确，人类有许多行为方式可以通过进化的观点进行解释，如天生的趋利避害行为和先天的利他行为。用进化心理学来讲，前者是由于人的自我保存本能在祖先那里得到不停的强化，无论在哪个部落、哪个地域都需要这种本能，所以它成了人类共有的行为方式；后者则是人在祖先的世世代代繁衍中对同种族人的关怀意识的遗传，即种族保存本能的需要。目前，此取向下的一些研究结果已经用来解释人的攻击行为、利他行为、性行为等人类共有的社会意义的行为。

总之，生物学的研究范式只是研究人格心理学的一个角度，必然会在做出全面的解释时，具有简单化、一维化的局限性，但不能因为其具有局限性就将其研究结果一概否定，毕竟这些问题是有待人们去解决的。一方面，前辈们的大胆假设对后来的学术研究有很大的启示和鼓舞作用；另一方面，学术上的后继发展会将这些遗憾逐渐弥补。

第二节　青少年人格发展的基本特征

人格发展是指个体从出生到死亡的整个生命历程中，人格特征随年龄的增长和习得经验的积累而逐渐形成和改变的过程。青少年时期是个体人格发展的关键期，深入了解青少年人格发展的特点与规律，对促进青少年人格健全发展和心理健康具有重要意义。青少年人格发展的核心表现为自我意识（self-consciousness）的发展。所谓自我意识，是指一个人对自身、自己与他人、自己与社会关系的认识和态度，是一个多维度、多层次的心理系统。就形式而言，自我意识可分为自我认知、自我体验和自我调控三个方面；就其内容而言，可分为生理自我、心理自我和社会自我。本节将着重介绍青少年自我意识的发展特点，并简要介绍其他相关重要人格特质的发展特点。

一、青少年自我意识的发展轨迹

人的自我意识是在实践活动、社会交往中发展起来的。它从发生到相对稳定成熟大致要经历 25 年左右。这期间，不同的发展特点构成不同质的阶段。我们知道，婴儿生来并无自我意识，只是到 1 周岁左右，才逐渐把自己的动作与动作对象区分开，把自己和自己的动作区分开，把自己作为活动的主体，意识到自我的存在和力量。大约 2 岁半左右，儿童开始使用“我”这个词，将自己作为主体与客体分开，标志着自我意识的产生。到了学前期，3—4 岁的幼儿自我评价开始发生，4 岁左右有了自我体验，4—5 岁幼儿已经出现自我控制，其独立性、目的性、自觉性得以发展。到了学龄初期，儿童出现道德评价能力，能从道德原则、主观动机等方面评价自己行为的好坏。10 岁左右，他们的自我评价的独立性、批判性获得发展。进入少年期，自我意识产生质变，他们不仅能认识到自己的外部特征，而且还能反映和体察自己的内心世界，意识到自己的人格。少年开始关心自己，注意思索自己是什么样的人，产生了了解自己特点与人格的愿望，但自我评价仍具有片面性、主观性和被动性，往往过高或过低地评价自己，人格发展还未成熟。步入青年初期，自我意识急剧发展，趋于成熟，他们不但关心自己是什么样的人，而且极为看重自己将成为什么样的人以及如何成为理想中的人，他们能进行自我调控、自我反省，以至发展自我、完善自我和教育自我，有意识地形成优良的人格品质，消除不良的人格特点。到了青年晚期，自我意识已经成熟，他们努力实现"现实的我"与"理想的我"、"主体的我"与"社会的我"的有机统一，他们能有目的、有计划地改造自我、塑造自我、健全自我，能极为全面、客观、辩证地认识、评价和看待自我，能有意识地协调自己的心理与行为，协调自己的人格倾向性与人格心理特征。由于自我认识水平的提高、自我体验程度的加深、自我调控能力的增强，青年人的人格趋于成熟和稳定。

二、青少年自我意识成分的发展特点

（一）青少年自我认知的发展特点

1. 自我开始分化

对个体成熟和心理健康而言，自我分化是最为关键的个性品质之一，不仅反映了个体在成长过程中"成为独立个体的个体感"和"与家庭保持联系的亲密感"的整合程度，同时也是个体情绪成熟度的一个测度。① 心理学家把自我分成两种：一种是处于调节者和观察者的位置，可以调节和观察个体自身的思维、情绪和行为，称为主体的我，具有自我评价、自尊情感、自我接纳三个机能；一种是处于被观察的位置，可以作为客观观察对象的自我，称为客体的我，包括生理自我、心理自我和社会自我三个层面。主体的我和客体的我最初是混沌不分的，童年期个体不能将自我作为客观对象来观察；而进入青春期后，自我开始一分为二，这时青少年不仅能认识自己的所作所为，还能把做出这些行为的自我作为客观对象加以分析、评定。青少年仿佛第一次发现了自己，开始认识自己并主动塑造自己。因此，心理学家把青少年时期称为"第二次诞生"。自我正式分化为主体的我和客体的我后，在个体的自我认识中便蕴含着一系列的矛盾运动，主要表现为现实自我和理想自我的矛盾。现实自我是现实生活中的我的反映，与客体的我相联系，处于被观察、被评价的地位。理想自我是向往中的我的反映，与主体的我相联系，体现主体的愿望和社会的要求。这两种自我之间往往存在着差距和矛盾，这种差距可以迫使青少年去寻求新的、积极的自我同一。但如果差距太大，或理想自我不正确、不切实际，那就可能产生消极的同

① 曹娟、安芹、戴彦清：《大学新生自我分化在生活事件与应对方式关系中的调节作用》，《中国心理卫生杂志》2015 年第 11 期。

一，导致青少年不健康的心理表现。

2. 自我评价趋于成熟

自我评价是指自我对自己的能力和行为的评价，它是个体自我调节的重要机制。青少年自我评价的发展主要体现在以下三个方面。一是表现出对体态容貌和内心世界的关注。青少年进入青春期后，他们对自己的身材、肤色、容貌十分敏感，并注意对自己仪表的修饰。他们会经常评价自己的体态容貌，也爱和同龄人比较，并由此产生情绪反应。这一时期他们特别喜欢照镜子，是“恐貌不美综合征”的多发阶段。随着年龄的增长，青少年在对体态容貌的关注保持一定热度的同时，开始将评价的热点移向自己的内心世界，不时萦绕在心头的是“我究竟是怎样的人?”“我的性格怎样?”之类的问题。这标志着自我评价已从童年期的只注重外部行为深入到评价自我的内心活动及内在人格特点。二是自我评价的独立性日益增强。独立性是自我评价的一个重要指标。儿童的自我评价依赖于成人，往往是成人对其评价的翻版。到了少年期，他们的自我评价有了质的变化，对成人的评价常表现出不服气，甚至抵制或对抗。这正是自我评价独立性增强的表现。尽管他们摆脱了对成人的依赖，但往往受到同伴群体的巨大影响。同伴群体可以是他所在的班级，也可以是他交往甚密的一个朋友圈。他属于并认同这个群体，其评价及行为都会受到这个群体观点的制约。到了高中阶段，青少年的独立性得到了进一步发展，他们逐渐克服了同伴群体的强烈影响，表现出对同伴群体规范的态度有了较大的选择性。他们会根据自己的好恶判断去结交朋友。面对重大问题，他们会不接受任何人的建议而独自抉择，表现出更为明确的自我意识。三是自我评价逐渐从片面性向全面性发展。少年的自我评价还比较片面，往往过低地评价别人，过高地评价自己，而且对自己的评价变幻不定。由于经验的增长和认识能力的提高，进入高中阶段后，青少年对自我的评价逐渐趋向稳定、客观和全面。

（二）青少年自我体验的发展特点

自我体验属于自我意识的情感成分，是在自我认识的基础上产生的，反映个体对自己所持的态度，包括自尊感、自信感、自卑感、内疚感等。青少年自我体验的发展主要体现在两个方面。一是青少年的自我体验日益丰富和深刻。随着发现自我和对自我内心活动的关注，青少年逐渐产生了自满、自豪、自负或自怜、自怨等丰富的情感体验，交往时亦会产生腼腆之情，这些都是儿童期没有或少有的自我体验。同时，青少年情感体验的深度也有所发展。在青少年初期，其自我体验多与容貌有关；而到了青少年中期，自己的能力、品德、学业、工作等一系列问题则引起了他们内心更为强烈的自我体验，他们有时还会关注社会问题，并与同伴进行热烈的讨论。二是自尊感突出。自尊感是个体对自己的价值感和重要感的体验。青少年自尊感特别强烈，主要表现为青少年将自尊感放在其他情感之上，当自尊感与其他情感发生抵触、冲突时，青少年会毫不犹豫地把维护自尊放在首位。当自尊受损时，他们常表现出极大的愤怒、恼羞，而且他们对自尊十分敏感，以致一些在成人眼中的小事也会被青少年联系到维护自尊的“重大”问题上去。另外，青少年的自尊感容易波动，获得一次小小的成功，他们便会得意甚至自傲，而有了一次小小的过失或遭遇挫折，他们又会自责、失望，甚至自暴自弃。程乐华等人针对初一至高二学生的调查发现：中学生的自尊情感随年级的升高而上升，初一到初二，自尊水平发展较缓慢且有下降趋势，高一到高二，自尊水平缓慢上升，初三到高一的自尊水平则增加很快，可视为自尊发展的加速期。①

（三）青少年自我调控的发展特点

自我调控属于自我意识的意志成分，包括自觉性、自我控制、自我监督等。青少年自我调控的发展主要体现在以下两个方面。一是由被动性自我控制向主动性自我控制发展。儿童到了一定年龄就具有某种自我控制能力，如小学三年级的学生能坚持做作业，坚持认真听课等，表现出了较强的自我控制能力，但这种自我控制主要来自权威人物的外在控制力，如教师、家长的劝说、告诫甚至命令，具有明显的被动性。进入青少年期，个体主动的自我控制能力明显增强而不再依赖外部的暗示。他们会为实现预定目标而刻苦努力，会为形体优美而坚持健美锻炼，其自控能力有时达到惊人的程度，但自我控制能力的发展并不是直线上升的，表现出一定的波动，有时甚至出现下降现象。二是由自我控制向自我教育发展。儿童已具备了一定的自我控制能力，而自我教育是在青少年期才开始出现的。进入青少年期，他们经常会提出“我应该成为一个什么样的人?”“我怎样才能成为那样的人?”等问题。对这些问题的不停思索促使个体萌发重塑自我、完善自我的愿望。这是自我教育的一个重要标志。此时的自我教育不完全是一个自发的过程，需要教育者通过外部教育加以引导和启发。

三、青少年相关人格特质的发展特点

辽宁师范大学的杨丽珠教授及其团队曾采用诸多研究手段对儿童青少年的相关重要人格特质的发展特点进行了研究，得到了诸多有价值的研究结论。② 例如，他们为更好地探讨儿童人格的发展特点，采用群组序列设计，应用潜变量增长曲线模型和多层线性模型处理追踪数据。结果发现，幼儿的智能特征、认真自控、外倾性、亲社会性、情绪稳定性在3—6岁间呈显著的二次增长趋势，具体表现为在3—4岁发展最快，在4—5岁持续发展但发展速度放缓，到5—6岁时趋于稳定。女孩的认真自控、亲社会性发展水平在3岁时高于男孩，而两者在3—6岁间的发展速率无差异。从总体上可看出，幼儿从家庭进入幼儿园所带来的环境压力，其人格为适应外在环境的要求在3—4岁间迅速发展，而在4岁左右随着其认知的发展和对环境的适应，幼儿人格从“被动”的发展转变为“主动”的发

---

① 程乐华、曾细花：《青少年学生自我意识发展的研究》，《心理发展与教育》2000年第1期。
② 杨丽珠：《中国儿童青少年人格发展与培养研究三十年》，《心理发展与教育》2015年第1期。

展，并在 5—6 岁间逐渐趋于稳定。这表明 5 岁左右，幼儿的人格开始形成。

到了小学阶段，除认真自控维度呈显著的线性上升趋势外，其他 4 个维度都呈现出先上升，然后发展速度放缓，最后出现下降的趋势，发展的关键阶段是 6—7 岁。其中，智能特征与外倾性及其所包含的特质大都在 6—7 岁时发展最快，其次是 7—9.5 岁，9.5 岁后发展速度逐步放缓，到 10.5 岁后下降（其中探索创新在 10 岁后下降，善交际在 11 岁后下降）；亲社会性及其所包含特质的发展趋势与智能特征、外倾性类似，但它是在 11 岁后才出现下降趋势；情绪稳定性及其所包含特质在 6—7 岁间发展最快，7—8.5 岁发展较快，8.5—10.5 岁间变化不大，10.5 岁后开始下降。小学阶段，女生认真自控在 6 岁时的得分及在整个小学阶段的增长率都显著高于男生。具体分析其包含的特质发现，女生的认真尽责、计划有序发展水平在 6 岁时与男生无差异，但在 6—12 岁间的发展速率显著高于男生，同时女生的坚持自制、攻击反抗水平在 6 岁时显著高于男生，但两者后续的发展速率无显著差异。其他维度及其包含的特质在小学阶段均未发现性别差异。

该团队采用横向研究探讨初中生人格的发展特征，发现初中生人格在认真自控和情绪稳定性上，有显著的年级差异，其余 3 个维度没有年级差异。初中生在 5 个维度上总体发展趋势比较平稳，但是初二是一个转折期，5 个维度的分数随着初一到初二的年级升高，都有一定的下降，而初二到初三又有缓慢的上升。女生在亲社会性、认真自控和情绪稳定性上的分数显著高于男生。在智能特征和外倾性维度上，研究未发现性别差异。

知识窗 5-1

人类从几岁开始，希望看到恶有恶报？

德国马克斯·普朗克研究所的科学家想要知道人类会在哪个年龄开始希望看到反社会者得到惩罚，以及猩猩是否也有这种心理。于是他们邀请了一组 4—6 岁的小孩，给他们看了一场玩偶表演。戏剧角色有两个，他们都会请求孩子们将玩具交给他们。其中一个玩偶是“好人”，会把玩具归还给孩子们，但另一个不会。接着，另一个玩偶会上场扮演“惩罚者”的角色，用棍子打之前的两个玩偶。孩子们的手里有一个硬币。他们可以在这时候决定是否付一个硬币的钱，看之前的角色被打，或是用这个硬币换一些可爱的贴纸。大部分孩子都不希望看到“好人”玩偶被打，但是 6 岁的孩子却不会容忍那个“坏蛋”玩偶。大多数 6 岁孩子会为了看到它被惩罚而交出自己的硬币。而且，从他们的面部表情来看，这些孩子很享受这场惩罚。而 4—5 岁的孩子即使选择看“坏蛋”被惩罚，也不会露出这种表情。这些发现再次证明，6 岁是人类情感和认知发展过程中的重要阶段，这时候，儿童开始愿意为伸张正义而牺牲自己的资源。

猩猩也有类似的反应。研究者在莱比锡动物园做了实验，让一个饲养员经常喂食猩猩，另一个饲养员则把食物拿走。接着，第三个人会假装用棍子打这两名饲养员。如果猩猩想要看他们被打，就需要推开一扇很重的门，跑到隔壁的一个房间。当拿走食物的饲养员“被打”时，大多数猩猩都愿意花力气推开门，去观看这个过程。但如果被打的是“好人”饲养员，它们却不愿意看，甚至会激烈地“抗议”。

研究者之一门德斯（N·Mendes）说道：“我们的研究说明，6 岁小孩和猩猩都会有报复反社会行为的心理，还有观看反社会者被惩罚的欲望。这种特点有着深刻的进化渊源。”

［资料来源］

Mendes，N.，Steinbeis，N.，Bueno-Guerra，N.，Call，J.，& Singer，T.（2018）. Preschool children and chimpanzees incur costs to watch punishment of antisocial others. *Nature Human Behavior*，2（1），45-51.

第三节　青少年的人格发展与教育

人格存在于每个人身上，但它并非是天生的，而是在人的社会化过程中，在遗传、环境、教育、学习、实践等因素的相互作用下形成的，其中教育在人格形成与发展中具有特殊的意义，健康人格的塑造更要依赖教育。当今世界，许多国家的教育研究重心已从原来的“智力开发”转向“人格培养”，纷纷把人格教育作为其他教育的基础，作为优先发展的教育，可以说着眼于发展和完善青少年人格品质的人格教育成了世界教育的潮流。人格教育作为有目的、有计划地发展和完善受教育者的人格品质的教育活动，本身也是一项极其复杂而细致的工作，它的实施是一个较为巨大的系统工程，涉及多种变量。本节将围绕青少年的主要生活领域——家庭、学校、社会，从三个角度就其人格教育展开探讨。

一、良好的家庭教育是人格健全的基础

早期的精神分析论学者十分强调“童年经验”在人格形成中的重要性，认为个人生活的不幸可以在其过去的经验尤其是童年时期的经验中寻找根源，即大多数心理疾病患者，究其病因，往往都可追溯到童年时的环境和教育因素。因此，优化青少年人格构建，尤应关注青少年初始生活环境的建设。家庭就是儿童成长的初始环境，儿童最初形成的人格特征，同家庭的初始教育关系极大。

（一）树立正确的家庭教育观，关注孩子积极人格的培养

在青少年的人格教育中，家庭教育有着学校、社会教育不可比拟的独特优势，然而家庭教育的最终效果主要还是取决于施教者家长的教育观念。若家长的教育观念正确，方法

得当，足以引导青少年身心向健康方向发展，反之则有可能误导。然而，现实是在大部分家庭中仍存在着不同程度的教育误区，如：重视读书学习，轻视劳动及其他课余活动；重视物质上的满足，轻视金钱消费引导；重视溺爱保护，轻视独立自理能力的培养；重视生理卫生，轻视心理健康；等等。面对这一系列的家庭教育误区，家长需要树立与时俱进的教育观，将培养孩子的健全人格作为家庭教育的核心任务。要做到这一点，需要家长在人才观上转变升学成才的观念，树立人人有才、人无全才、扬长避短、人人成才的观念；在发展观上，要以人为本，强化人文关怀，促进孩子德智体美劳和谐发展；在育人观上，转变以说教为主要方式的家教方法，树立言教与身教相结合并注重身教的教育理念。只有这样，家庭教育才能少走或不走弯路。

（二）改变不当的教养方式，营造和谐的家庭氛围

家庭是“制造人类性格的工厂”，“父母是孩子的第一老师”，家庭环境特别是父母的教养方式对子女个性的成长或社会性发展会产生重要影响。心理学研究发现，父母的教养方式对子女人格发展产生重要作用主要体现在三个方面。一是塑造人格。父母教养方式直接影响子女个性或人格的形成和塑造。有研究表明，母亲支配使子女消极和依赖，母亲干涉使子女幼稚和胆小，母亲娇宠使子女任性和温和，母亲拒绝使子女抗争和冷漠，母亲忽视使子女攻击和自立，母亲专制使子女反抗和服从，母亲民主使子女既合作又独立。二是规范行为。父母教养方式能够使子女的不良行为受到惩罚，使良好行为得到奖励，从而使子女的行为趋向规范，个性趋于常态。三是传导情感。父母通过教养方式传导自己的情感，影响子女的情感。积极教养方式如情感温暖、安慰和宽容，能够使子女在愉快和安全的氛围中接受教诲，促进子女个性的成长和完善。① 另外，郑林科的研究还发现，父母教养方式对子女的个性成长影响有着较高预测率，其中产生显著影响的积极教养方式有父母情感温暖、民主、安慰和宽容，母亲行为参与，父亲赏识和鼓励；消极教养方式有父母过度保护、责骂、迁就和专制，母亲拒绝和归罪，父亲剥夺和干涉。

二、多彩的学校教育是人格健全的重心

学校怎样实施人格教育，才能有效促进青少年优良人格的形成呢？结合前面的人格发展理论的相关观点以及现有的教育实践经验，我们认为一般可从以下几方面着手。

（一）加强认知教育，形成正确的人生观、价值观

人生观、价值观是个体调节和控制行为的最高层次的参照系。人格，实质上是一个人的人生观、价值观在日常生活中的“外演”与展现。正确的人生观、价值观是推动优良人

---

① 郑林科：《父母教养方式：对子女个性成长影响的预测》，《心理科学》2009 年第 5 期。

格形成的精神动力，也是构成健全人格的重要组成部分。人格教育中如能很好地解决青少年的人生观、价值观问题，也就从根本上解决了其人格健康发展的动力机制问题。为此，应高度加强理性教育和认知训练，可通过课堂教学、理论讲座、专题报告、社会调查与研究等形式，使他们学会正确地观察、分析和理解客观事物与社会现象，学会以冷静、稳妥、积极的态度审视人生、认识环境和对待生活。

（二）培养学生自尊、自重、自强的精神，促进学生自我肯定

人格特征中最核心的要素就是自尊、自重、自强。这是对高尚人格渴望与追求的最重要的内部动力。现代青少年的人格结构中普遍性地少了锐气，多了惰性，其原因就在于缺少“三自”精神。为此，应采取多种途径组织有针对性的创造活动、志趣活动以及有助于个人特长发挥的活动，激励、扶植和推动学生去获取成功，使他们从小就充满自信心、自豪感、成就欲。有了“三自”精神做基础，他们人格结构中的自卑、懦弱、甘居落后、不敢进取等许多消极特征就能逐步得到克服和消除，长此以往，人格结构中的积极成分就会像滚雪球一样，越滚越大。

（三）积极组织交往活动，拓宽学生心理空间

人格教育，需要在更广阔范围内组织学生进行交往学习。丰富多彩的交往不仅可以扩充认知领域，优化认知结构，增进相互理解，而且可以开阔胸怀，淡化冲突，净化不良情绪。健康的人格总是离不开交往的，离群索居，容易变得心胸狭窄；互不沟通，往往滋生疑虑心理和对立情绪。为此，一定要注重学生社交意识和交往能力的培养，可有计划地组织文娱联欢、体育竞赛、通信联络、旅游参观、社会调查等活动，从中增强学生主动社交的意识，培养他们的社交习惯，锻炼其社交能力，为形成良好人格奠定基础。

（四）合理组织竞争活动，培养勇为人先的精神

竞争意识是克服人格缺陷的一剂良药，是推动个体战胜自我、超越自我的精神动力。有了大胆开拓、勇为人先的竞争思想，各种可能发生的人格障碍就会缓冲化解，甚至烟消云散。为此，教育过程中要注重向学生传播竞争思想，合理组织富有竞争性的活动，如学科竞赛、学风竞赛、评等评优、升学教育等，使学生受到竞争的熏陶和训练。这样，不仅能使学生“自我求成”“力争上游”的能动机制发展得更快，而且能催化潜能，调动学生尚处于萌芽状态的各种潜在的上进要求，使之活跃、强烈起来。长时间的此类教育和训练，就能使学生逐步形成敢于拼搏、自强不息、百折不挠的人格品质，这就有助于改造学生身上存有的“甘居下游”“萎靡不振”等不良人格表现，进而推动学生的人格加速式地向完善状态发展。

（五）增强学生的人格建构意识，引导学生自我完善

人格教育是强化与内化的统一，需要学生具备强烈的自我建构意识。人格的塑造过程，实质是个体心理结构的“自组织”过程，其成效主要依赖于个体人格自我建设意识的强弱和所付出的努力。青少年期是自我意识发展最快的时期，独立性、自主性日益增强，教育者必须充分尊重和调动青少年的主体能动性，想方设法促使青少年成为人格建设的主人，使其意识到自我的需要与自我存在的价值。为此，应努力设法增强学生的人格建构意识，使他们懂得优良人格是个体主动建构的结果；指导学生学习和掌握一些自我建构的有效方法和技巧，如“吾日三省吾身”，严格剖析自我，然后选择有效途径去克服弱点；指导学生根据自身情况选择有针对性的座右铭来激励和督促自己改造自身人格；指导学生以写日记、周记的方式自我解剖人格弱点，提出自我改造的设想和措施；指导学生针对自身弱点有选择地投身实践活动，从知行统一的角度来完善人格。这些方式，如能因人而异，指导得法，运用得恰到好处，必能有助于学生优良人格的形成。

（六）开展心理健康教育与咨询，重视人格缺陷者的心理辅导

学校心理健康教育的开展水平很大程度上决定了青少年人格教育的水平。要做好学校心理健康教育工作，至少需要在以下几个方面做出努力：一是要加强心理健康教育队伍建设。心理健康教育是一项理论性、实践性、系统性很强的工作，要求心理健康教育教师具有较高的理论素养、系统的知识结构、丰富的实践经验、较强的人格魅力等，学生对此耳濡目染，长此以往，他们对学生健康人格的形成具有潜移默化的作用。二是普及心理健康教育知识，营造心理健康教育氛围。通过不同载体、不同平台，开展主题明确、内容丰富、寓教于乐、形式新颖的心理健康教育活动，让青少年参与活动，感悟人生，通过教育塑造灵魂，透过文化健全人格。三是构建心理健康教育课程，促进青少年的人格完善。课程的设计以青少年为主体，结合青少年的需要，通过课堂教学与训练、团体辅导与实践，帮助青少年有意识地培养自己具备和谐的人际关系、良好的适应能力、稳定的自律意识、乐观的生活态度等，开发青少年的潜能，塑造健康的人格。四是开展心理健康教育咨询，矫正青少年的心理障碍。通过有针对性的心理咨询，缓解青少年的心理压力，化解青少年的心理困扰，消除青少年的心理危机，塑造青少年健康的人格和积极心理品质。

（七）教师自身的优秀人格是学生健康人格养成的重要范式

俄国教育家乌申斯基（ушинский）认为，在教育中一切都应基于教师的人格，因为教育力量只有从活的人格源泉中产生出来，只有人格才能影响人格的形成和发展，只有性格才能形成性格。教师的人格特质潜移默化地影响着学生人格的形成与发展。教师往往是青少年崇敬的对象、学习模仿的榜样，青少年不仅从老师那里学习知识，而且学习怎样为人。他们观察和模仿老师的举止、言行、态度，老师的思想、信念、对事对人的态度潜移默化地影响着青少年的人生观形成。老师对青少年行为的赞赏或批评，塑造着青少年的行

为特征。因此，教师应当以自己优秀的表率作用和殷切诚恳的教导去影响学生形成优秀的人格。而要做到这一点，教师就要不断学习先进的教育教学理论和经验，努力提高教育教学水平；经常深入到学生中去，真正了解学生，既做学生的导师，又做学生的朋友；教育中从不说大话、空话，凡是要求学生做到的自己必须首先做到。从某种程度上讲，教师健康人格的完善过程便是学生健康人格的形成过程。

三、良好的社会环境是人格健全的重要保障

克罗德勃（Krodber）指出："人类心智广大的可塑性，几乎全部为他周围的一切所决定，其中最大的影响力也许来自个人所生存的社会。"人不是孤立的，而是社会中的一员。人与社会相互影响，因此，人的性格形成与社会文化是分不开的。那么我们应如何营造良好的社会环境来塑造青少年的健康人格呢?

（一）政府应担负起"宏观调控"的作用

个体所处的社会环境对于他的人格发展具有重要影响，这是无可辩驳的事实。在当今环境一体化、信息网络化的时代，社会环境的影响尤其负面影响是学校所无法掌控的，这需要政府职能的正确发挥。政府可以在社会发展目标的选择上起宏观调控作用，而社会发展目标的选择实际上是价值取向上的社会选择。虽然政府不能直接领导学校人格教育，但是一个持续、稳定、健康发展的社会环境会对学校的人格教育起到积极作用。政府可以对社区、团体、大众传媒等加强管理和监督，采取立法、行政等措施，从制度上保障正确的舆论导向，以科学的理论武装人，以正确的舆论引导人，以高尚的精神塑造人，以优秀的作品鼓舞人。同时，加强执政党的自身建设，加大反腐倡廉的力度，消除负面影响，为学校人格教育营造健康、和谐的氛围。

（二）在全社会推广健全人格教育经验

在不同的环境中，青少年的人格教育有不同的方法、不同的效果、不同的进展。有的地方开展这方面的教育走在前列，有的实现了工作的创新，有的可能还在探索之中，还有的可能缺乏这方面的实践，更谈不上有经验。这样的情况下，就有必要在彼此之间开展观摩、学习，对好的经验进行推广，对后进的予以鞭策鼓励。社会在推广青少年健全人格教育经验上，可从如下三个方面来进行：第一，推广青少年的典型。有的青少年由于家庭、老师或社区的有效教导，道德表现比较好，是周边青少年学习的榜样，可以在青少年群体之中大力推介宣传这样的青少年，也可以将优秀青少年树为典型，向其他的社区或者上级有关部门推荐，以达到号召广大青少年学习的教育目的。第二，推广教育者的典型。教育者的典型包括教育主体队伍中的佼佼者、教育工作中的卓有成效者。许多在青少年工作一线的教育者，如教师、社会工作者、社区专职工作人员等，都可能是这方面的典型，大力

宣传推广他们的先进典型事迹，同样十分重要。第三，推广社会层面的典型。社会中在系统部署谋划青少年健康人格培养工作中做出的有效经验，如某地从制度层面较好地保障了教育工作开展的经验，某地从活动层面较好地开展了有成效的教育实践活动的经验等，这样的典型经验可以在总结提炼的基础上，在不同的地方之间进行推广学习。

（三）营造健康良好的社区环境

关于健康良好的居住环境对青少年具有重要影响的例子不胜枚举，让人最熟悉的莫过于“孟母三迁”的典故。孟母三迁，最终选择的是有利于孟子健康成长的环境，再加上孟母“断织教子”的正确方法，终于使孟子成为儒家思想之集大成者。营造健康良好的居住环境，其底线是抵制低俗、排斥丑恶的行为，对可能存在的“黄”“赌”“毒”等现象零容忍；较高的标准则是推动全社会营造积极健康、乐观向上的氛围。如长沙市定王台社区充分发挥“定王孝母”的文化资源，在全社区积极倡导“孝道”，做好了以“孝文化”培养社区群众和青少年的文章；藩后街自古是“三湘第一官巷”，该社区充分挖掘“廉”的资源，在社区建立廉政文化长廊，廉政简报经常送达社区群众家中，“廉文化”的氛围十分浓厚。不管是“孝”还是“廉”，不同的社区都为青少年营造了一种健康良好的氛围。此外，加强社区的基础设施、教育基地的建设，为青少年提供更多的活动场所，开展有益青少年身心健康的活动，也对青少年健康人格的养成具有促进作用。

（四）塑造友爱互助的同伴群体

青少年的成长阶段并不是孤立的，除学校、家庭、社会之外，与青少年朝夕相处更多的，就是同伴群体，或称朋辈群体。同伴群体对青少年的学习、认知、心理和品格都有着重要的影响。青少年除了在某些固定的场合，如在学校接受教育，更容易在与同伴群体的交往中，学习知识，养成习惯，认知社会。对青少年进行教育，不仅塑造的是作为个体的青少年，更要重视作为群体的青少年，即青少年的同伴群体，对他们从整体上了解并进行有针对性的教育。首先要充分重视同伴群体的积极作用，让青少年养成关爱他人的习惯，进而增强他们的社会责任感，增强青少年对关爱他人的直接感受和亲身体验，在友爱、互助的同伴群体中砥砺品格，实现价值。其次要培养友爱互助的同伴群体。在一般情况下，若同伴群体的性质是优秀的，青少年也会在各方面趋向优秀；若同伴群体有违法犯罪等斑斑劣迹，青少年在其中也更容易受到不良的影响，甚至也怀着从众的心理走上违法犯罪的道路。从这个层面上讲，同伴群体的优与劣，会影响青少年个体表现的优与劣，也会影响青少年能否养成健康的人格。

四、形成“三位一体”的教育模式

苏联教育家苏霍姆林斯基（Сухомлинский）认为，最完备的教育是学校教育与家庭教育的结合。而现在看来这句话要改为：最完备的教育是学校教育、家庭教育和社会教育的结合。这是因为，青少年的健全人格是在学校、家庭与社会的相互作用中形成和发展的，人格教育应在学校、家庭、社会“三位一体”的互动配合中达到最好的效果。孩子除上学外，大多数时间在家庭和社会中。家长对自己的孩子最关心，但在学习教育和人格培育方面可能经验不足。社会上的青少年教育组织与学校的教师经常与青少年打交道，具备一定的青少年教育的理论与实践经验，更容易了解青少年在人格方面可能存在的问题。青少年的家长应当及时取得社区青少年教育组织或学校老师的帮助和指导，通过有效的校、家、社区共同合作，更好更全面地帮助青少年树立正确的世界观、人生观和价值观，掌握学习方法，学习各项技能，提升人格品质。同样，社会、学校在对青少年进行人格教育时，应在第一时间与家长进行沟通衔接，及时告知培育内容和教育方法，在取得家长支持的基础上，再针对具体情况进行教育就能取得更好的效果。如到了寒暑假，有的社会组织与学校、青少年家庭主动联系，举办青少年喜闻乐见的“道德讲堂”“环保小分队”“学雷锋志愿服务队”等活动，将青少年在假期的社会实践活动中的表现，作为青少年新学期入学报到的“道德证明”发送到学校和青少年的家中。这样，在时间安排上，做到了“学校放假，社区开学”，对青少年实现了不间断的人格培育；在地理位置上，因为活动在青少年生活的周围举办，离青少年很近，青少年及其家庭参加活动很方便，保证了活动的效果。这样一来，就把学校、家庭与青少年都连接了起来。

知识窗5－2

人格教育的“12点·综合法”

人格教育的“12点·综合法”（12 point comprehensive approach）是由纽约州立大学教育学院的第四和第五尊重与责任研究中心（The Center for the 4th and 5th Respect and Responsibility）研究出来的。该中心是致力于尊重、责任和其他作为良好人格基础的核心价值观的教学和研究工作。理解人格教育的“12点·综合法”，关键在于把握其中的“12点”和“综合”各自的具体内涵。该方法中的“12点”实际指称的是人格教育的12个方面的策略，包括教室内部活动的9个方面的策略和教室外（学校内）活动的3个方面的策略。教室内部活动的9个方面的策略包括：构建一个充满爱心的班集体；道德纪律；创建一种民主的教室环境；通过课程传授价值观；合作学习；发展职业良心；鼓励伦理思考；指导解决冲突；教师作为监护者、榜样和良师。教室外（学校内）的3个方面的策略包括：培育教室外的关心；父母和社区作为人格教育的合作者；创造一种积极的校园道德文化。教室内外的12个方面的策略，共同实现一个目标，即通过授予学生道德知识、培养学生的道德情感、养成学生良好的道德习惯而造就学生健全的人格（具体情况见图5-1）。

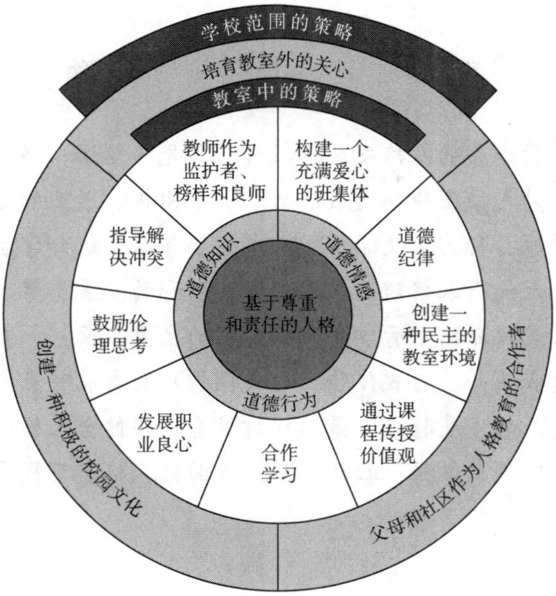

图 5-1　人格教育的“12 点 · 综合法”

国内研究者江新华在阅读相关资料的基础上，对该模式重新进行了“综合”。“综合”包括下列几层含义：一是对人格概念理解的综合。人格概念包括认知、情感和行为三个层面，良好的人格由道德的心智习惯、情感习惯和行为习惯构成。二是对儿童活动形式的综合。儿童人格的形成是多种活动形式综合作用的结果。三是对影响儿童人格发展的课程的综合。儿童人格的形成是多种课程（包括显性课程和隐性课程、教室内课程和教室外课程）综合作用的结果。四是对儿童实施人格教育的主体的综合。儿童人格的形成是多个教育主体，包括教师（学校的管理人员、服务人员）、家长和社区相关人员共同努力，协同作用的结果。五是对实施人格教育的 12 个方面策略的综合。虽然人格教育每个方面的策略有着自己独特的任务，但 12 个方面策略的任务集中于一个核心目标——培养学生健全的人格。

基于上述分析，不难看出，“12 点 · 综合法”是一种从教室内、外的 12 个方面入手，通过多个教育主体的协同努力，借助于多样性的课程和学生丰富多彩的活动，以促进学生道德知、情、意的全面发展，养成他们健全人格为目标的综合性人格培养模式。

［资料来源］

江新华：《美国人格教育的“12 点 · 综合法”及其启示》，《外国教育研究》2006 年第 1 期。

小结

本章探讨的主题是青少年的人格发展与教育。首先介绍了人格发展七大学派的理论观点，让我们从中看到国外人格理论的发展经历了一个曲折、漫长的过程，并形成了诸如精神分析学派、特质论学派、行为主义学派、人本主义学派、认知学派、生物学派、积极心理学派等众多理论流派，使得人格理论呈现出丰富多彩的发展态势，同时也展现出人格研究的复杂性和多样性。其次介绍了青少年人格发展的主要方面——自我意识的发展轨迹以及自我意识三成分（自我认知、自我体验、自我调控）的发展特点，同时简要描述了与青少年相关的重要人格特质的发展特点。最后探讨了青少年健全人格的教育问题，围绕青少年的主要生活领域——家庭、学校、社会，从三方面就人格教育提出了一系列建议。

思考与练习

1. 什么是人格？谈谈你对人格概念的理解。
2. 请对精神分析学派、特质论学派、行为主义学派、人本主义学派、认知学派、生物学派、积极心理学派这几个学派的人格理论进行简要评述。
3. 青少年自我意识发展的一般特点是什么？
4. 简述青少年自我意识三成分（自我认知、自我体验、自我调控）发展的基本特点。
5. 试从家庭、学校和社会的角度阐述如何帮助青少年健全人格。

拓展阅读

1. ［美］伯格著，陈会昌译：《人格心理学（第八版）》，中国轻工业出版社 2014 年版。
2. 杨丽珠著：《儿童青少年人格发展与教育》，中国人民大学出版社 2014 年版。

第六章　青少年心理发展的差异性

启发与引导

- 世界上没有完全相同的两个人。有人喜欢文学，有人热衷物理；有人沉着冷静，有人浮躁不安；有人外向开朗，有人害羞内敛。这些心理差异是如何产生的？
- 不同学生对同一问题的认知，如理解水平和方式会存在差异，面对这些差异，教师该如何因材施教？
- 青少年时期被称为“疾风骤雨”的时期，青少年面对自己起伏不定的情绪，该如何妥善管理？
- 对“性格决定命运”这句话，你是如何理解的？

在教学中，教师常常会遇到这样的情景：讲解同一个问题，有的学生一点即通，有的学生却需要反复解释；观看情景剧时，有的学生情绪激昂，有的学生则表现平静；考试失利后，有的学生会以此为鉴，争取下一次取得好的成绩，而有的学生则会一蹶不振。这些情景都与学生的个体心理差异有关。了解青少年心理发展的差异，对青少年自身而言，可以探索更适合自己的学习方法，确定自己感兴趣的学习领域，同时弥补自己在认知、人格等方面存在的不足；对教师来说，则可以有助于他们因材施教，引导学生全面、正确地认识自己，充分挖掘学生的潜能，使学生获得全面发展。本章将首先阐述青少年心理差异及其具体表现，然后重点论述青少年的认知、情绪与人格的差异及其教育对策。

第一节　青少年心理差异及其表现

青少年心理差异是指 13—18 岁（中学生阶段）个体在认知、情感、意志等心理活动过程中表现出来的相对稳定而又不同于他人的心理特征方面的差异。① 青少年心理差异主要表现在两个方面：一是智力方面的个体差异；二是非智力方面的个体差异，如认知差异、情绪情感差异、人格差异、性别差异等。青少年心理差异是如何产生的？这些差异在学习中有哪些具体表现？本节将围绕这些内容进行阐述。

一、青少年心理差异的成因

不同个体之间心理差异的成因主要有遗传因素、家庭因素和学校因素，各种因素之间相互作用，相互影响，共同作用于个体。

（一）遗传因素

遗传是亲代借助染色体上的基因把上一代的生物特征传给下一代的生物现象，它是形成个体心理差异的自然前提，对个体认知、情绪和人格等都有直接影响。例如，关于数学认知的研究发现，有数学缺陷的家庭中，其家庭成员出现数学障碍的概率是没有数学缺陷家庭的三倍②，数感的遗传度达到 32%③。同时携带五羟色胺 2A 等位基因和脑源性神经影响因子 T 等位基因的个体更有可能罹患抑郁障碍。④ 此外，大五人格的遗传度可以达到 37%。基因多态性的研究发现，人格的神经质维度可能与多巴胺转运体等基因有关，外向性可能与乙醇脱氢酶 4、多巴胺受体 4 以及线粒体等基因有关，宜人性可能与单胺氧化酶 A 等基因有关，而尽责性和开放性则分别与乙醇脱氢酶 4 和五羟色胺转运蛋白等基因有关。⑤

遗传影响人的神经系统，而神经系统是心理差异形成的物质基础，神经系统的发展状况影响个体的心理发展水平，神经系统受损会导致严重的功能障碍。如大脑左半球尤其是顶叶受损会造成简单计算困难。⑥

遗传还影响个体心理发展的速度。后文中我们将要提到的“少年聪慧者”，他们的智力要比同龄人的智力发展水平高，其中一个重要的原因就是遗传素质较好。

---

① 张大均主编：《教育心理学（第三版）》，人民教育出版社 2015 年版，第 479 页。

②⑥ 李红霞、司继伟、陈泽建、张堂正：《人类的近似数量系统》，《心理科学进展》2015 年第 4 期。

③ Tosto, M.G., Petrill, S.A., Halberda, J.& Trzaskowski, M., et al.(2014). Why do we differ in number sense? Evidence from a genetically sensitive investigatation. *Intelligence*, 43, 35-46.

④ Lekman, M., Hössjer, O., Andrews, P., & Källberg, H., et al.(2014). The genetic interacting landscape of 63 candidate genes in major depressive disorder: An explorative study. *BioData Mining*, 7, 19.

⑤ 周明洁、陈杰、王力、张建新：《人格有多少是遗传的：已有的证据和未来的取向》，《科学通报》2016 年第 9 期。

（二）家庭因素

1. 父母的教育方式

父母的家庭教育方式对个体性格差异的形成具有重要影响。对于支配型的教育方式，孩子多表现为顺从、依赖、缺乏主动性；对于溺爱型的教育方式，孩子则多表现为任性、骄纵；对于专制型的教育方式，孩子多表现为服从、情绪不稳定；对于民主型的教育方式，孩子则多表现为合作、独立。①

2. 家庭结构

家庭结构是指家庭成员是否完整以及家庭成员之间的关系。家庭结构对青少年的影响主要表现在以下几个方面。(1) 学业状况。单亲家庭中，父母离婚给青少年心理上带来巨大压力，搬家、转学等现实情况对他们的学业成绩也产生了影响。② 研究发现，留守家庭中，青少年自主学习状况较差，学习依赖性强。③ (2) 性格发展。有些离异家庭中的孩子在青春期以前没有特殊表现，但在青春期以后却变得比一般青少年更加叛逆和任性，难以管教；非留守家庭中的青少年的人际沟通和交往没有障碍，而很多留守家庭中的孩子形成了孤僻、冷漠、无法与正常人交往的性格。④ (3) 心理健康。离异家庭的青少年主观幸福感较低，学校适应性较差，易出现问题行为；⑤ 亲子之间建立良好的情感联结能够有效降低青少年孤独感和抑郁等消极情绪。⑥

此外，父母受教育程度、家庭社会经济地位、亲子沟通等都会对青少年的心理差异产生影响。

（三）学校因素

学校教育是对青少年进行有目的、有计划、有组织的影响。学校中，教师和班风会对个体心理差异产生重要而直接的影响。

1. 教师

(1) 教师领导方式。教师的领导方式会影响学生的学习兴趣和学习动机。不良领导方

---

① 徐慧、张建新、张梅玲：《家庭教养方式对儿童社会化发展影响的研究综述》，《心理科学》2008 年第 4 期。

② 邓林园、赵鑫钰、方晓义：《离婚对儿童青少年心理发展的影响：父母冲突的重要作用》，《心理发展与教育》2016 年第 2 期。

③ 李淑丽、赵洁、王世媛：《留守青少年自主学习与学习归因、学习自我效能感的关系》，《山东大学学报（医学版）》2011 年第 9 期。

④ 刘霞、范兴华、申继亮：《初中留守儿童社会支持与问题行为的关系》，《心理发展与教育》2007 年第 3 期。

⑤ Shek, D. T. (2002). Family functioning and psychological well-being, school adjustment, and problem behavior in Chinese adolescents with and without economic disadvantage. *Journal of Genetic Psychology*, 163(4), 497-502.

⑥ Zhao, J., Liu, X., & Wang, M. (2015). Parent-child cohesion, friend companionship and left-behind children's emotional adaptation in rural China. *Child Abuse & Neglect*, 48, 190-199.

式如专断型，会使学生对教师产生厌恶情绪，难以培养学生的学习兴趣。此外，由于教师对学生进行严格监视，学生常常在教师在场时认真学习，教师不在场时则学习松懈，导致学习动机下降。而在民主型的领导方式下，教师与学生共同制订学习计划，教师充分信任学生，鼓励学生参加集体活动，对学生给予客观的评价与表扬，这样的氛围下，学生能够自觉学习，喜欢学习。①

（2）教师素质。教师素质包括教师专业素质和教师心理素质。青少年大多具有较强的求知欲，会向教师提出各种各样的问题。教师作为传道授业解惑者，如果能够很好地解答学生的问题，并引导学生独立解决问题，则有助于青少年探究能力和问题解决能力的发展。另外，教师自身的心理素质也会影响青少年的心理发展。一个睿智、宽容、有着较高自我效能感的教师能够接纳不同发展水平和发展需求的学生，学生也往往会表现出温和、关怀和信任；如果教师对不同能力和气质的学生持有偏见，学生可能会表现出敌对和焦虑。②

2. 班风

班风是在班级内部形成的师生之间、学生与学生之间的一种相对稳定的群体互动风格。特定的班风会对学生的心理差异产生一定的影响。积极的班风下，课堂纪律好，师生关系和谐，学生学习精神饱满；而在消极、对抗的班集体中，课堂无组织、无纪律，学生注意力不集中，导致学习兴趣和学习动机下降。③

此外，学校氛围、学校环境、领导风格等都会影响学校教育教学方式，影响校风、班风，从而影响学生的心理发展。

二、青少年心理差异在学习中的具体表现

青少年心理差异在学习中的具体表现主要包括两方面：一是智力因素的差异，二是非智力因素的差异。

（一）智力因素的个别差异

在心理学领域，关于智力的概念众说纷纭，可以从不同视角给予界定。我国台湾学者张春兴从学习角度将智力定义为学习某事物所具有的潜在能力。④个体智力差异主要表现为智力结构、智力发展水平和智力表现早晚的差异。

1. 智力结构的差异

美国心理学家加德纳提出的多元智力理论认为，人的智力包含语言智力、音乐智力、逻辑数学智力、空间智力、身体运动智力、内省智力、人际关系智力和自然智力八种成

① 皮连生主编：《教育心理学（第4版）》，上海教育出版社2011年版，第318—328页。

②③④ 张春兴著：《心理学原理》，浙江教育出版社2012年版，第380页。

分。每种成分都是一个相对独立的功能系统，各个成分之间相互作用，构成了人的完整的智力。也就是说，每个学生都可能具有上述八种智力，只是不同的学生，上述智力成分的表现水平不同，就构成了智力结构的差异。例如，有的学生言语智力占优势，语文阅读成绩可能就高些，而有的学生运动智力较高，所以更擅长舞蹈、运动等。

2. 智力发展水平的差异

智力发展水平有高低的差异。一般说来，人类的智力分布近似常态分布。也就是说，少数人的智力高度发展，属于智力超常；还有少数人的智力发展低于一般人，属于智力落后；大多数人的智力属于中间层次，为智力正常。

智力水平的高低可以通过智力测验来获得，通常使用智商，即智力商数（intelligence quotient，IQ）来表示，代表个体智力年龄与实际年龄之间的比值。智商的计算公式为：

$$智商（IQ）= 智力年龄/实际年龄\times 100$$

例如，如果一个 15 岁青少年的智力年龄和他的实际年龄一样，那么他的智商就是 100，说明他的智商达到了该年龄段青少年的一般水平。倘若他的智龄为 19.5 岁，那么他的智商就是 130，属于智力超常。智商在 90—110 范围内，代表智力处于中等水平，大于 130 属于智力超常，小于 70 代表智力低常（见表 6-1）。

表 6-1　智力等级分布

IQ	智力等级	百分比/%
≥130	智力超常	2.3
120—129	优秀	7.4
110—119	中上	16.5
90—109	中等	49.4
80—89	中下	16.2
70—79	临界	6.0
<70	智力低常	2.2

3. 智力表现早晚的差异

人的智力的差异还体现在表现早晚的差异上。有的人天资聪颖，小小年纪就才华出众，这就是少年聪慧者。例如，蔡文姬六岁能辨弦音，骆宾王七岁能作诗。还有一种人，小时候资质平平，甚至还被看作学习困难的学生，到了较晚的年龄，智力才充分发挥，他们属于大器晚成者，例如，西班牙伟大的作家塞万提斯（Cervantes）快 60 岁时才写成了《堂吉诃德》。研究认为，个体取得较大成就的年龄与其所从事的学科有关，如 20 世纪 30 年代，莱曼（H. C. Lehman）总结了不同学科最佳创作的平均年龄（见表 6-2）①。然而，

① 张大均主编：《教育心理学（第二版）》，人民教育出版社 2011 年版，第 495 页。

2005年，琼斯（B. F. Jones）对诺贝尔奖获得者进行统计，结果发现，由于个体受教育年限的增加和生命周期的延长，科学家最佳创作的年龄出现了老龄化的趋势。① 但是尚没有针对各学科最佳创造平均年龄的系统研究。

表 6-2　不同学科最佳创造的平均年龄

学科	最佳创造的平均年龄/岁
化学	26—36
数学	30—34
物理	30—34
使用发明	30—34
医学	30—39
植物学	30—34
心理学	30—39
生理学	30—39
声乐	30—34
歌剧	35—39
诗歌	25—29
小说	30—34
哲学	35—39
绘画	32—36
雕刻	35—39

（二）非智力因素的个别差异

非智力因素心理差异在学校情境中的表现主要包括学生学习动机差异、学习兴趣差异和学生性别心理差异等。

1. 学习动机差异

大多数心理学家认为，动机是由目标或对象引导、激励和维持个体活动的一种内在心理过程或内部动力。青少年的学习动机差异主要表现为：（1）动机年龄差异。根据动机来源可以将学习动机区分为内部动机和外部动机。外部动机是在外界要求或外力作用下产生的行为动机，而内部动机则是由个体内在需要引起的行为动机。儿童期学生的学习动机大多为外部动机，为了获得教师、家长的认可和物质奖励而学习。随着年龄的增长，个体逐

① Jones, B.F.(2010). Age and great invention. *Review of Economics and Statistics*, 92 (1), 1-14.

渐意识到学习的意义，产生了学习兴趣，外部动机逐渐发展成为内部动机，到了青少年时期，学生的学习动机大多为内部动机。① （2）动机类型差异。有些学生喜欢有一定困难的、具有挑战性的学习活动，在活动中取得一定成绩并超越他人，成就动机占主导；有些学生从事学习活动是为了获得友谊、合作和赞赏，交往动机占主导。

2. 学习兴趣差异

兴趣是学生从事学习活动的心理倾向。学习兴趣的差异主要表现在三个方面：一是兴趣的指向性，即不同学生兴趣的指向对象各不相同。有的学生喜欢诗词歌赋，对文学感兴趣；有的学生喜欢天文地理，对科学更感兴趣。二是兴趣的广度。有的学生对多种事物都有浓厚的兴趣，兴趣广泛；有的学生只对个别的事物感兴趣，兴趣比较单一。三是兴趣的稳定性。有些学生的兴趣比较稳定，保持对某种事物比较持久的兴趣；有的学生兴趣变化较快，"朝秦暮楚"。研究发现，学习兴趣与学业成绩存在显著正相关。② 随着年龄的增长，尤其是在青春期以后，学生开始对所选择领域的知识态度更为认真，在所选择的课程上学习更加努力，因此学习成绩更好，学习兴趣与学业成绩之间的相关增强。③

3. 性别差异

（1）智力的性别差异。男女生在智力水平上不存在绝对差异，但在智力结构上差异明显，主要表现在数学空间智力和言语智力方面。在童年期，男女生的这种差异并不显著，但从青少年期开始，差异表现得十分明显。男生在空间知觉和数学推理方面的表现优于女生；而女生在言语能力，尤其是词汇、阅读和言语创造性方面存在显著优势。这种差异表现在学业成就上就是中学女生的数学成绩往往显著低于男生，而语文和英语的成绩则显著高于男生。④

（2）认知方式的性别差异。男女生认知方式的差异从青少年时期开始表现出来，主要体现在知觉、思维、问题解决方面。在知觉上，国内外研究均发现，女生倾向于外部参照，根据背景线索做出判断，是场依存型的，而男生则不受背景信息的干扰，往往以自身为线索做出判断，属于场独立型。⑤ 在思维上，女生偏向形象思维，而男生则偏向逻辑思维。在记忆上，女生的机械记忆和形象记忆占优势，男生的理解记忆和抽象记忆占优势。在问题解决方面，女生注意细节的处理，往往忽略了整体和部分之间的关系，男生注重整体和部分之间关系的把握，但对细节的把握往往较差。

---

① 李炳煌：《中小学生学习动机影响因素及发展趋势研究》，《 湖南师范大学教育科学学报》2005年第3期。

② Wigfield, A., & Cambria, J.(2010).Students' achievement values, goal orientations, and interest: Definitions, development, and relations to achievement outcomes.*Developmental Review*, 30(1),1-35.

③ Simpkins, S.D., Davis-Kean, P.E., & Eccles, J.S.(2006).Math and science motivation: A longitudinal examination of the links between choices and beliefs.*Developmental Psychology*, 42(1),70-83.

④ 张大均主编：《教育心理学（第三版）》，人民教育出版社2015年版，第484页。

⑤ 李寿欣、宋广文：《关于高中生认知方式的测验研究》，《心理学报》1994年第4期。

（3）人格的性别差异。在儿童阶段，男女生的人格差异并不明显，但在青少年阶段，他们逐渐形成了稳定的对现实的态度和习惯了的行为方式。具体差异表现为：在人际交往方面，女生比男生更有亲和力；在对待学习和工作的态度方面，男生比女生更有毅力，思维更敏捷，目标更明确，且能持之以恒；在情绪方面，女生情绪更加外露，情绪控制能力较差，易冲动，情绪不稳定。①

（4）动机的性别差异。青少年阶段，男女生的学习动机差异主要表现在成就动机和附属动机两方面。在成就动机中，男生在新奇性和竞争性方面显著高于女生，而女生在获取知识方面显著高于男生；男生倾向于为得到他人尊重和产生社会影响而学习，而女生则是倾向于提高自我威信和班级威信。附属动机如为了完成教师的任务，男生显著高于女生。②

在传统学校教育中，智力因素的个别差异一向受到教师的普遍重视，而非智力因素的个别差异却较少引起关注。在本章中，我们接下来将重点讨论青少年的非智力因素，即认知、情绪和人格的个体差异，以及如何基于这些非智力因素方面的差异开展教育教学活动。

第二节　青少年的认知差异与教育

认知是个体认识和理解事物的心理过程，包括感觉、知觉、记忆、想象和思维等，是青少年进行学习活动的前提和保证。③ 青少年的认知差异主要表现在认知发展水平、认知加工和认知方式三个方面。认知发展水平差异在第二章已有论述，本节主要讨论青少年的认知加工差异和认知方式差异。了解学生的认知差异，对于教师根据学生的认知特点进行因材施教具有极为重要的现实意义。

一、青少年认知差异的具体表现

（一）认知加工差异

青少年的认知加工差异主要表现在知识基础、加工深度和策略运用等方面。

1. 知识基础差异

关于青少年知识基础的研究，大部分是根据专家和新手进行的比较研究。④ 研究发

① 肖三蓉、徐光兴：《中学生人格特质的差异研究》，《中国临床心理学杂志》2007 年第 3 期。

② 张大均主编：《教育心理学（第三版）》，人民教育出版社 2015 年版，第 484 页。

③ 林崇德、杨治良、黄希庭主编：《心理学大辞典》，上海教育出版社 2003 年版，第 1011 页。

④ 张文新主编：《青少年发展心理学》，山东人民出版社 2002 年版，第 229 页。

现，某一领域的专家与新手或者低水平学习者与高水平学习者在知识数量和知识组织方式上有着显著差异。

（1）知识数量的差异。德格鲁特（DeGroot）在一系列著名的实验中，曾对国际象棋领域的专家和新手进行了研究。结果发现，与新手相比，专家存储了更多的熟悉的棋局模式，而棋局模式数量的差异就决定了专家和新手棋艺水平的高低。学科知识的学习往往具有系统性和累积性。也就是说，学生对前面知识的掌握情况会影响其后面知识的学习。例如，如果青少年在初中阶段物理学习中没有掌握好二力平衡的知识，在高中阶段学习多力平衡时就会存在困难。因此，学生在学习时，要注重知识数量的积累，为更高水平的学习打好坚实的基础。

（2）知识组织方式的差异。专家注重不同知识或新旧知识之间的联系，各种知识有结构、有组织、系统地存储在头脑中；而新手头脑中的知识点则是零散地堆积着的。研究发现，在对物理问题进行分类时，专家（物理学博士）会根据问题的内在联系和深层结构进行分类，而新手（刚学习物理一学期的大学一年级学生）则根据问题的表面特征进行分类。

2. 加工深度差异

加工深度包括表层加工和深层加工两种方式。深层加工指个体深刻理解所学内容，将所学内容纳入更大的知识背景或概念框架中，以获得所学内容的深层意义。表层加工指个体学习内容的表面信息，不将它们与更大的框架背景联结。高水平学习者对信息的加工多为深层加工，而低水平学习者对信息的加工多为表面加工。在侧重理解的考试中，深层加工效果更好，而在侧重事实学习和记忆的考试中，表层加工效果更好。①

3. 策略运用差异

青少年在策略运用上的差异主要表现为策略库和策略适应性上的差异。

（1）策略库。策略库即解决问题时，学生所拥有的不同策略的总和。高水平学习者倾向于使用多种策略来解决不同的问题，而低水平学习者则常常使用同一种策略解决不同的问题。例如，高水平学习者在学习事实性知识时，会采用复述策略，在学习需要理解的知识时，会采用精加工策略；但低水平学习者在学习事实性知识和需要理解的知识时，都会选用复述策略。

（2）策略适应性。策略适应性表现为学生能否选择合适的策略解决问题。高水平学习者的策略适应性较强，他们能够较快掌握新策略，并且能选择恰当的策略去解决问题；而低水平学习者在学习新策略时比较缓慢，并且在解决问题时，往往倾向于使用熟悉的或者较简单的策略，而不是最佳策略。例如，司继伟等人的研究发现，在解决算术问题时，低

① 陈琦、刘儒德主编：《当代教育心理学（第2版）》，北京师范大学出版社2007年版，第64页。

水平学习者更多选择自己比较熟练的策略而不是更精确的策略;① 在外语学习中，初学者由于缺乏经验，倾向于使用低级策略（如重复策略），而中、高水平的学习者更可能从高水平的策略（如表象策略）中受益。②

（二）认知方式差异

认知方式，也称认知类型或认知风格（cognitive style），是指个体偏好的信息加工的方式。认知方式差异就是个体在感知、思维、问题解决等信息加工过程中的内在心理活动在外显行为上表现出的差异，它具有独特性和稳定性。

1. 知觉方式差异

威特金在研究知觉问题时，根据个体在知觉过程中对外在线索所依赖的程度，最早提出了场依存（field dependent）和场独立（field independent）的概念。所谓“场”，就是知觉的外部环境或外部线索。场依存是指依赖外部线索而不是以自身作为参照，对物体进行知觉加工；而场独立是以自身内部线索为参照，对物体进行知觉加工。也就是说，场依存的个体受外部环境的影响，而场独立的个体较少或不受外部环境的影响。

场独立型和场依存型的学生的差异表现在多个方面：（1）学习动机差异。场依存的学生易受暗示，依赖教师、家长等的外部监控或反馈，多以外部动机为主；场独立的学生喜欢独立思考，学习自觉性、主动性较高，以内部动机为主;③（2）学科偏好差异。场依存的学生一般偏爱历史、人文社会科学，在相应学科上的学习成绩较好；场独立的学生一般偏爱数学、物理等自然科学，且在该类学科上的成绩较好;④（3）学习方式差异。场依存的学生喜欢教师给予明确指导，遇到问题喜欢向他人请教；场独立的学生则喜欢教师给予自己足够的空间，善于独立思考和解决问题。⑤

对场独立和场依存两种认知方式的测量比较简单，常用的测量方式有框棒测验和镶嵌图形测验。（1）棒框测验。在暗视背景上有一个倾斜的亮方框，方框内有一个可独立于框面旋转的亮棒，要求受测者把倾斜的亮棒调整到与地面垂直。场独立的个体能依靠自身的知觉，准确地将亮棒调整至与地面垂直，而场依存的个体会根据倾斜的框去调整亮棒。（2）镶嵌图形测验（见图 6-1）。左侧是一个复杂图形，右侧是一个简单图形，要求受测者从左侧复杂图形中找出隐藏的简单图形。场独立的个体能不受周围线条的干扰，迅速找

---

① Si, J., Li, H., Sun, Y., Xu, Y., & Sun, Y. (2016). Age-related differences of individuals' arithmetic strategy utilization with different level of math anxiety. *Frontiers in Psychology*, 7, 1612.

② 姚梅林：《当前外语词汇学习策略的教学研究趋向》，《北京师范大学学报（社会科学版）》2000 年第 5 期。

③ 张大均主编：《教育心理学（第三版）》，人民教育出版社 2015 年版，第 491 页。

④［美］斯滕伯格、［美］威廉姆斯著，姚梅林、张厚粲等译：《斯滕伯格教育心理学（原书第 2 版）》，机械工业出版社 2012 年版，第 126 页。

⑤ 皮连生主编：《教育心理学（第 4 版）》，上海教育出版社 2011 年版，第 277 页。

出简单图形，而场依存的个体则会受周围线条的影响，往往需要很长时间才能辨别出简单图形。

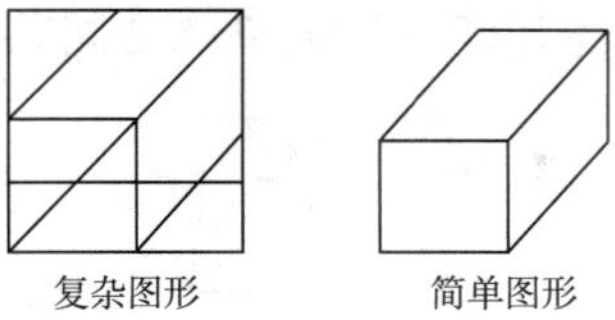

图 6-1　镶嵌图形测验示例

2. 思维方式差异

吉尔福特（P. Guilford）根据个体解决问题时思维方式的差异提出了辐合型和发散型两种思维方式。辐合型也叫求同型，发散型也叫求异型。辐合型思维方式的学生在解决问题时，倾向于搜索和综合问题提供的所有信息，指向一个方向，找到问题的一个正确答案或者最佳解决方案；发散型思维方式的学生在解决问题时会从不同的方向、不同的角度考虑问题，寻找多个可能的解决问题的方法而不是唯一的答案。辐合型和发散型个体的认知差异主要表现在创造力上。与辐合型思维的个体相比，发散型思维的个体能举一反三，不受功能定式的影响，能提出新的构思和观念，具有较高的创造力。①

3. 问题解决方式差异

（1）冲动型—沉思型。卡根（J. Kagan）根据个体解决问题时的速度和准确性把认知方式分为冲动型（impulsive）和沉思型（reflective）。冲动型的个体在解决问题时，凭借单个线索或部分信息就做出判断，不会进行全面深入的分析，解题速度较快，但是准确率往往不高。沉思型的个体与之相反，在解决问题时，倾向于深思熟虑，综合考虑各种不同的解题方法，从中选出最佳的方案，因此解题速度较慢，但准确性较高。

这两种认知方式的差异除了解决问题的速度和准确性外，还表现在学习能力上。沉思型学生的阅读能力、记忆能力、推理能力、创造力都比较好，而冲动型的学生则往往会存在阅读困难。②在学习内容方面，沉思型的学生适宜学习需要详细分析的学习材料，冲动型的学生则适宜学习不需要注意细节的学习材料。③

如何判断学生是冲动型还是沉思型认知方式呢？卡根运用匹配相似图形测验（Matching Familiar Figures Test）（见图 6-2）测量个体的这两种认知方式，要求受测者从 6 个相似的图形中识别出与第一个标准图形完全相同的图形。计分时，一是考虑判断的正确性，二是考虑做出判断所花费的时间。冲动型的学生当处于不明情境中时，倾向于用自己所想到的第一个答案来回答问题，想到什么就回答什么，但错误比较多。沉思型的学生则与此相反，他们倾向于小心地对待所面临的问题，仔细考虑所观察到的现象及所面临的问

①② 彭聃龄主编：《普通心理学》，北京师范大学出版社 2004 年版，第 278、455 页。

③ Stahl, S.A., Erickson, L.G., & Rayman, M.C. (1986). Detection of inconsistencies by reflective and impulsive seventh-grade readers. *National Reading Conference Yearbook*, 35, 233-238.

题，在行动前致力于将问题考虑清楚，因而做出决定的时间长，但错误比较少。冲动型个体具有迅速抓住整体和快速概念化相结合的特点，当他们对事物进行分类时能够迅速地根据整体特征来完成。但沉思型个体却能够根据事物之间共同的关键特征进行分类。

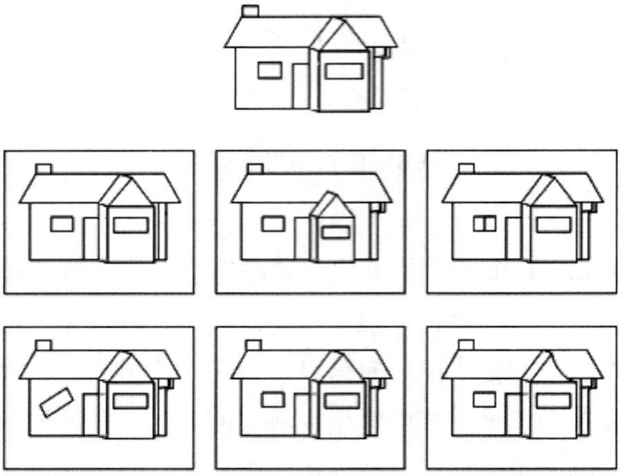

图 6-2　匹配相似图形测验示例

（2）整体型—序列型。帕斯克（G. Pask）根据个体解决问题时所采用的策略将认知方式分为整体型（holistic）和序列型（serial）。整体型的学生在处理学习任务时，倾向于从宏观上分析问题，使用类比和图解的方式把各个子问题综合起来，达到对学习任务的总体把握，由整体到部分；序列型个体处理学习任务时，往往会采取按部就班、步步为营的方式，他们倾向于一步一步地解决子问题，由部分到整体。

帕斯克使用图形分类测验，对整体型和序列型认知方式进行了区分。他让受测者根据自己的原则，对动物图片进行分类，任务完成后，要求受测者报告任务解决过程。结果发现，整体型认知方式的个体提出的假设比较复杂，每个假设同时涉及若干属性。序列型认知方式的个体提出的假设较简单，每个假设只包含一个属性。

二、青少年认知差异的教育

（一）针对认知加工差异的教育

1. *重视基础知识的积累和深层加工训练*

学生在某一学科中所拥有的知识数量和知识组织形式在其问题解决过程中发挥着重要作用，丰富的、组织结构良好的知识有助于学生取得更好的学业成绩。① 首先，教师要注重对不同学习水平的青少年进行知识掌握数量的评估，比如通过随堂作业、家庭作业，让

① Lawson，M.J.，& Chinnappan，M.(1994).Generative activity during geometry problem solving：Comparison of the performance of high-achieving and low-achieving high school students.*Cognition and Instruction*，12(1)，61-93.

学生及时巩固所学知识，加强对基础知识的积累。其次，教师要注意引导学生建立知识点之间的联结，指导学生养成对知识进行深层加工的习惯。例如在地理教学中，讲解中国南北方气候差异时，教师要注意同时联系由气候差异带来的南北方农作物的差异、植被类型的差异等，让学生通过知识点间联结训练，养成将相关知识点进行联系的习惯。

2. 提高策略运用的灵活性

个体在某一领域策略运用的灵活性与个体所掌握的领域知识有关。也就是说，个体积累的某一领域的知识越多，对问题越熟悉，越可能运用有效的策略去解决问题。反过来，个体策略运用的灵活性也能促进其对某一领域知识的掌握和运用。例如，算术策略运用灵活性高的个体，计算流畅性也较高。此外，提高策略运用灵活性也能够促进青少年对概念性知识、元认知知识和技能的掌握，对青少年学业发展产生积极影响。因此，教师也要特别注意学生策略运用灵活性的培养。首先，教师要激发学生认识到策略运用的价值和意义，掌握不同的策略。其次，指导学生在不同学习情境下应用学习的策略，进行适当训练。最后，促使学生对策略使用效果进行评价，鼓励学生自主选择合适的策略解决问题。

（二）针对认知方式差异的教育

学生的认知方式多种多样，教师的教学风格、教学模式也不能千篇一律。一般说来，不同的认知方式没有好坏之分，教师应充分尊重学生的个体差异，根据学生的认知风格因材施教，充分发挥学生认知方式的长处，同时对学生不擅长的认知风格进行适当引导和训练，以弥补不足，促使学生的认知方式得到不断改进和完善。

1. 适应学生的认知方式因势利导

（1）教师要引导学生充分了解自己的认知风格。学生只有了解了自己的认知风格，才能端正学习态度，选择适合自己的学习方式，提高学习效率。首先，教师要有意识地向学生讲解不同的认知方式，告诉学生认知方式没有优劣，每种认知方式都有优势和不足，既有有利于学习的一面，也有妨碍学习的一面。其次，教师可以通过观察、测量、学生自我评价等方法，帮助学生了解自己的认知方式，引导学生针对自己的认知方式，选择合适的学习方式和学习策略，将自己认知方式的优势尽可能发挥到最大。

（2）教师要努力使自己的教学风格多样化，并运用多种模式教学。首先，教师要调整自己的教学风格以适应学生的不同需求。教师的认知方式会影响教学效果。研究者对认知方式匹配和不匹配的 32 对师生进行了研究，结果发现，当教师与学生的认知方式相匹配时，教学效果会更好。① 尊重学生的认知方式，有利于改善师生关系，激发学生学习的积极性，而学生认知方式的多样性要求教师教学风格灵活多样，熟悉更多的教学技巧。其次，教师要采用多种教学模式，比如直接教学模式和探究式学习相结合。在直接教学模式

① Packer, J., & Bain, J.D.(1978).Cognitive style and teacher-student compatibility. *Journal of Educational Psychology*, 70(5), 864-871.

下，教师分配学习任务，选择适合学生能力的学习材料，关注学生的表现，并给予及时的反馈。场依存型的学生倾向于教师对学习内容给出明确具体的指导，因此更适合结构化的直接教学。探究式学习，即教师提出一个问题，由学生提出假设，然后收集证据，形成解释，得出结论。场独立型的学生善于分析和逻辑推理，希望教师留给自己足够的空间，自己寻找问题的答案，因此较易适应结构不严密的教学和无结构化的材料，更适合探究式学习。此外，不同认知方式的学生对认知通道的选择也不一样，有的学生习惯于听觉学习，而有的学生习惯于视觉学习，所以教师在授课时可以运用口头讲解和视觉线索，比如借助多媒体辅助教学，呈现图片或视频，以适应学生不同的认知风格，让学生的潜力得到充分发挥。

2. 对学生的认知方式进行适当训练，优势互补

教学中，教师除了引导学生发挥认知方式的优势外，还应有意识地帮助学生弥补认知方式的不足。研究和教学实践证明，认知方式通过引导和训练可以改善。①

（1）教师引导。在课堂教学中，教师需要提醒冲动型的学生解决问题时要沉着冷静，认真审题，不要急于求成；对沉思型的学生，教师应教给他们灵活解决问题的策略，提高做题速度。针对场独立型的学生，教师要鼓励他们积极参加团体活动，培养团队精神和合作意识；对场依存型的学生，教师则应鼓励他们独立思考，独立完成学习任务。

（2）同伴学习。教师可以将不同认知风格的学生分组，形成认知方式互补小组，然后要求学生在一定时间内完成多项不同的学习任务，并对任务完成的质量进行评价。第一阶段，在完成任务的过程中，小组成员需要观察同伴解决问题的方式并做记录。在任务完成后的讨论中，要求学生交流观察到的与自己不同的同伴的问题解决方式，评价同伴问题解决方式的优点。第二阶段，教师鼓励学生与同伴交流，借鉴同伴认知方式中的优点解决问题，使其在与同伴的交流学习中，取人之长，补己之短，不断完善自己的认知方式。

【案例 6-1】

情景一：办公室里，几个年轻的教师在议论自习课上的两种学生。一种学生，不论教师在不在教室，总能认认真真地学习，按时完成教师布置的作业，并能积极主动地预习新课程；另一种学生，教师在教室里，他们就能安静地学习，可教师一旦离开，他们就会忍不住交头接耳，常常需要教师督促着完成学习任务。

情景二：课堂上，教师提出问题，有些学生常常不假思索，很快就举手回答，但是给出的答案往往不全面，甚至可能出错；有些学生却不会急于举手回答，而是深思熟虑以后，再回答，给出的答案往往逻辑清晰，准确全面。在考试中也一样，第一种学生经常短时间内就交卷，错误率也较高，第二种学生做题比较慢，准确率较高，但有时会出现规定

① Riding，R.J.，& Sadler-Smith，E.(2010).Cognitive style and learning strategies：Some implications for training design.*International Journal of Training & Development*，1(3)，199-208.

时间内作答不完的情况。

根据所学的知识，你能说出为什么会出现以上情况吗？如果你是他们的教师，你该怎么办？

第三节　青少年的情绪差异与教育

情绪是人对客观事物的态度体验及相应的行为反应。根据情绪体验的性质，情绪可以分为积极情绪和消极情绪。当客观事物符合个体的需要或期望时，就会产生积极的、肯定的情绪，反之，就会产生消极的、否定的情绪。① 众所周知，青少年时期被称为“疾风骤雨”的时期，相对于儿童来说，青少年的情绪起伏更大，情感体验更强烈。青少年的情绪有何具体表现？如何针对其情绪差异进行有效的教育指导？本节将对以上内容进行论述。

一、青少年情绪差异的具体表现

青少年的情绪差异主要表现在情绪稳定性、情绪类型、情绪内容和情绪调节等方面。

（一）情绪稳定性的差异

情绪稳定性是指一定时间内，青少年情绪体验的起伏。有的学生能做到喜怒不形于色，胜不骄，败不馁，情绪比较稳定；有的学生易受具体事物和情境的影响，一种情绪容易被另一种情绪替代，情绪具有不稳定性，他会因为回答不上教师的问题而闷闷不乐，也会因为有趣的学习内容而笑逐颜开。研究发现，与高水平学习者相比，低水平学习者的情绪稳定性较差。②

（二）情绪类型的差异

根据罗素（Russell）的情绪二维度理论，情绪可以分为高兴（愉悦—高等强度）、轻松（愉悦—中等强度）、厌烦（不愉快—中等强度）和惊恐（不愉快—高等强度）四种类型。一般来说，男生较多地体验到兴奋，而女生较多地体验到伤感。此外，与一般青少年相比，在学业上存在困难的学生的积极情绪较少，消极情绪较多，他们体验到更多的孤

① 林崇德、杨治良、黄希庭主编：《心理学大辞典》，上海教育出版社2003年版，第945页。

② 张灵聪、郑晖、林莹：《不同学业成绩初一学生注意与情绪稳定性的相关》，《心理科学》2009年第5期。

独、抑郁、无助、焦虑和厌倦的情绪。① 例如，数学学习困难的学生在解决数学问题的过程中，往往会伴随着高度的焦虑情绪，这种情绪对学生的数学认知和学业成绩都产生消极影响。②

（三）情绪内容的差异

情绪内容是指引发个体产生情绪体验的对象。如果说儿童的喜怒哀乐大多与吃喝玩乐有关，而青少年的悲欢忧喜则更多地与学习和人际交往有关。中学阶段，学习是学生最主要的任务，学生在学习过程中体验到的情绪对其学业发展具有重要意义，这被统称为学业情绪。学业情绪是指在学习过程中，与学生学业相关的态度体验及相应的行为反应，既包括学生在获悉学业成功或失败时的情绪体验，也包括学生在课堂学习、做作业过程中和考试期间的情绪体验，如高兴、失望、焦虑、厌倦等。③ 学业情绪包含四个不同的维度：积极高唤醒（自豪、高兴、希望）、积极低唤醒（满足、平静、放松）、消极高唤醒（焦虑、羞愧、生气）、消极低唤醒（厌倦、无助、沮丧和心烦疲乏）。研究发现，学业情绪能够对学生的学业成绩产生直接的影响，也能通过学习策略、学业效能等对学业成绩产生间接影响。④

（四）情绪调节的差异

情绪调节是个体管理和改变自己与他人情绪的过程。有的青少年容易陷入某种负性情绪，不能自拔，而有的青少年则不太容易受到情绪的影响，且能够对自己的情绪进行调控。例如，被教师批评，或者与同学发生冲突时，有些学生会伤心难过很长时间，有的学生虽然也会难过，但能很快调整自己的情绪，恢复平静。

二、青少年情绪差异的教育

（一）指导青少年正确认识和评估自己的情绪

教师可以在课堂教学和日常生活中观察学生的情绪特点，并帮助学生了解自己的情绪特点，指导学生正确评估自己情绪的优缺点。教师还可以让学生通过问卷的形式或从他人的角度引导学生了解自己的情绪。

---

① 俞国良、董妍：《学习不良青少年与一般青少年学业情绪特点的比较研究》，《心理科学》2006 年第 4 期。

② 王俊山、卢家楣：《初中生数学焦虑的调查及其调控研究》，《心理科学》2006 年第 3 期。

③ Pekrun, R., Goetz, T., Titz, W., & Perry, R.P.(2002). Academic emotions in students' self-regulated learning and achievement: A program of qualitative and quantitative research. *Educational Psychologist*, 37(2), 91-105.

④ 俞国良、董妍：《学业情绪研究及其对学生发展的意义》，《教育研究》2005 年第 10 期。

（二）教授青少年自我调节的具体方法

“解铃还须系铃人”，教师帮助青少年了解自己情绪的特点是为了有针对性地指导他们进行情绪的自我调节。研究者归纳提出了情绪自我调节的多种方法。①

1. 认知转换法

认知转换法，即调整非理性的认知，改变个体看待问题的角度。非理性的认知有绝对化要求、过分概括化和糟糕至极等。绝对化要求是指以个人意愿为出发点，认为某事件一定发生或不发生的认知，如“我努力学习，就一定会取得好成绩”。过分概括化即以偏概全，因部分而否定整体，如“我数学没考好，我简直一无是处”。糟糕至极是对不良事件的效果过分夸大，如“我的准考证丢了，我真是世界上最倒霉的人”。拥有非理性认知的青少年极易陷入消极情绪中。“塞翁失马，焉知非福”，任何事情都有两面性，如果青少年学会采用积极的认知，看到事物不利一面的同时，也能看到事物有利的一面，则会减弱消极情绪。

2. 情绪宣泄法

情绪宣泄法是指当青少年处于某种不良的情绪状态时，采用合理的途径将不良情绪表达出来。情绪宣泄的方法有很多，如运动、与朋友倾诉或者记日记。青少年在使用情绪宣泄法时，需要注意不能伤害到自己和他人，也不能违背社会规范。

3. 自我安慰法

自我安慰的方式有两种：“酸葡萄效应”和“甜柠檬效应”。酸葡萄效应就是对自己得不到的东西就说它不好；甜柠檬效应则相反，对于自己的东西，即使心里不喜欢，也说它好。尽管这种方法看似是消极的，但是对于情绪调节有积极的作用，适当的自我安慰还是有必要的。

4. 自我暗示法

自我暗示法，即有意识地强化某种观念来调节自己的情绪和行为。常用的自我暗示方法有言语自我暗示和行为自我暗示等。例如，心情不好时，可以暗示自己“我要乐观，悲伤不解决问题”；当考试紧张时，可以告诉自己面带微笑，深呼吸，让自己放松。

5. 活动转移法

活动转移法是指当情绪低落时，为了缓解不良情绪，从事一些自己感兴趣的轻松的活动，以转移注意力。需要注意的是，活动转移有积极和消极之分，积极的转移是指将注意力转移到有利于个人和社会的活动中去，而消极的转移则相反。青少年应多进行积极的转移，尽量避免消极的转移。例如，考试失利时，可以去打篮球、看电影，而不是沉迷于网络游戏，麻痹自己。

---

① 何先友主编：《青少年发展与教育心理学》，高等教育出版社 2009 年版，第 271—275 页。

（三）提供多种教学模式，激发和调节学生的学业情绪

在一项国内的研究中，在不同教学模式实施前后对学生的学业情绪进行测量，研究者考察了传统教学法、归因训练法和活动教学法对学生学业情绪的影响。① 研究者发现，传统教学模式下，学生的学业情绪没有显著差异，而后两种教学模式则能有效调节学生的学业情绪。因此，教师可以采用归因训练法（例如，将失败的原因归于运气和情境等不稳定因素）和活动教学法（例如，鼓励学生参与到课堂教学中来）营造良好的课堂气氛，提高学生的学业情绪。

知识窗6-1

关于情绪，你知道多少？

初中一年级的一个夜晚，正准备入睡的我隐约听到了上铺女生啜泣的声音。第二天向她询问原因，她叹了口气说："很多课程我都听不懂，我非常担心，越担心就越跟不上老师的讲课进度，这次考试我也没有考好。一到夜深人静的时候，我就会胡思乱想，甚至失眠。"

从小学进入初中，随着学习内容的增多和学习难度的增加，很多青少年可能会出现上述情况：学习困难引发焦虑等不良情绪，不良情绪进而影响听课效率，导致青少年学业成绩下降。久而久之，对青少年身心健康都会造成不良影响。

近几年，国内外的大量研究也证实，情绪对青少年的认知和学业成绩都有重要影响，进而会影响青少年的身心健康。

情绪对青少年认知的影响表现在知觉、注意等方面。在知觉方面，积极情绪下的个体倾向于注意积极刺激②，而焦虑的人对危险和威胁特别警惕，悲伤抑郁的人倾向于回忆消极事件。在注意力方面，积极的情绪能扩大注意范围，增强注意灵活性。③ 另外，情绪影响学业不良青少年的选择性注意和持续性注意。积极低唤醒情绪学业不良青少年的选择性注意反应时要短于消极情绪的青少年。④

情绪还影响青少年的学业成绩。高兴、愉悦等积极的情绪对学业成绩有正向的预测作

---

① 马惠霞、林琳、苏世将：《不同教学方法激发与调节大学生学业情绪的教育实验》，《心理发展与教育》2010 年第 4 期。

② 蒋军、陈雪飞、陈安涛：《积极情绪对视觉注意的调节及其机制》，《心理科学进展》2011 年第 5 期。

③ Johnson, K.J., Waugh, C.E., & Fredrickson, B.L.(2010). Smile to see the forest: Facially expressed positive emotions broaden cognition. *Cognition & Emotion*, 24(2), 299-321.

④ 俞国良、董妍：《情绪对学业不良青少年选择性注意和持续性注意的影响》，《心理学报》2007 年第 4 期。

用，而羞愧、紧张、苦闷、焦虑等消极的情绪对学业成绩有负向预测作用。① 学业不良反过来又进一步增加了青少年学习过程中的紧张、焦虑和厌烦的消极情绪，长此以往，则不利于青少年的学业发展和健康成长。而良好的情绪不仅有利于增强学生的认知灵活性和认知控制②，培养学生积极的学习态度，还有助于改善师生关系，促进学生身心健康发展③。因此，在教学过程中，教育工作者应加强对学生情绪的关注，引导青少年培养积极的情绪，尽量避免和消除消极情绪。

第四节　青少年的人格差异与教育

除了认知因素、情绪因素影响青少年的发展外，人格因素对发展也有不可忽视的影响。人格是指个体在行为上的内部倾向，是一个人区别于他人的稳定而统一的心理品质，是气质和性格的总称。④ 所谓气质，是指个体稳定的心理特征，表现在心理活动的强度、速度、灵活性和指向性等方面。而性格是个体对现实的态度及其在相应的行为方式中表现出来的稳定的心理特征。气质无好坏之分，它是个体在先天的基础上形成的，受神经系统活动过程的特性所制约；性格则有好坏之分，是个体在后天社会环境中逐渐形成的，是人们最核心的人格差异。

一、青少年人格差异的具体表现

（一）气质差异

关于气质类型的划分有多种方法，较为典型的是古希腊医生希波克拉底（Hippocrates）的体液说。他认为，人体有血液、黏液、黄胆汁、黑胆汁四种体液，根据哪一种体液在人体中占优势，可以把气质分为多血质、黏液质、胆汁质和抑郁质四种类型。根据前人学者对四种气质类型特征的描述，不同气质类型的差异主要表现在认知、情绪情感、意志和适应性等方面。

1. 认知的差异

多血质的学生思维活跃，行动敏捷，但注意力易分散；胆汁质的学生理解能力较强；黏液质的学生思维比较迟缓，反应速度慢；抑郁质的学生反应速度慢，刻板不灵活。

---

① 董妍、俞国良：《青少年学业情绪对学业成就的影响》，《心理科学》2010 年第 4 期。

② Chiew, K.S., & Braver, T.S.(2014).Dissociable influences of reward motivation and positive emotion on cognitive control.*Cognitive Affective & Behavioral Neuroscience*, 14(2), 509-529.

③ 蒋军、陈雪飞、陈安涛：《积极情绪对视觉注意的调节及其机制》，《心理科学进展》2011 年第 5 期。

④ 黄希庭著：《人格心理学》，浙江教育出版社 2002 年版，第 8 页。

2. 情绪情感的差异

多血质的学生情绪变化快而多变，较敏感，情感体验不深刻；胆汁质的学生精力充沛，直爽热情，好胜心强，但脾气暴躁，不稳重，情绪产生快而强；黏液质的学生情绪发生慢而弱，情绪稳定，表情平淡；抑郁质的学生情绪发生慢而强，胆小怯弱，多愁善感，情绪体验深刻，细腻持久。

3. 意志的差异

多血质的学生做事轻率不踏实，兴趣容易变化；胆汁质的学生能以极大的热情投入工作并积极克服各种困难，但是常常缺乏耐心，难以坚持完成一项工作，兴趣易变化；黏液质的学生对于自己力所能及的任务能够坚持，兴趣稳定；抑郁质的学生自制力强，善于忍耐。

4. 适应性的差异

多血质和胆汁质的学生善于交际，喜欢表达自己，适应能力较强；黏液质和抑郁质的学生不善于表达自己，不善于交际，适应能力较差。

研究者根据四种气质类型的特点，提出了十条学生的观察指标（见表 6-3），便于教师观察并确定学生的气质类型，从而采取对应的教育措施。①

表 6-3　四种气质类型学生的观察指标

胆汁质的观察指标	多血质的观察指标	黏液质的观察指标	抑郁质的观察指标
①有强烈的情绪色彩 ②积极参与各项课外活动 ③完成作业匆忙 ④工作效率高 ⑤学习的理解能力和接受能力很快，但不求甚解 ⑥喜欢与同学争辩 ⑦容易激动 ⑧喜欢在公开场合表现自己 ⑨表情丰富而敏捷 ⑩喜欢看小说和电影	①内心体验会在面部表情中表现 ②积极参加学校的活动，但有始无终 ③学习新功课容易产生兴趣 ④学习疲倦容易恢复 ⑤理解问题比别人快，但学习容易见异思迁 ⑥希望做难度大的作业，但不耐心细致 ⑦容易产生骄傲情绪 ⑧容易激动，但情绪表现不强烈 ⑨情绪变化迅速 ⑩善于交际，但缺乏知心好友	①不易激动，情绪少外露 ②遵守纪律，生活有规律 ③理解问题比别人慢 ④学习认真研究 ⑤容易集中注意力，但注意的转移困难 ⑥学习需要安静的环境 ⑦有耐久力，能承担长时间的繁重工作 ⑧沉默寡言，说话没有感情渲染 ⑨善于克制忍让 ⑩反应较慢，不做没有把握的事	①感情不易变化 ②学习时不愿和许多人在一起 ③学习容易感到疲倦 ④做作业花费时间多，怕老师提问 ⑤喜欢复习过去学过的知识 ⑥对新知识接受能力差，但是弄懂之后就很难忘记 ⑦不爱表现自己，在陌生人面前害羞 ⑧感情比较脆弱，容易神经过敏 ⑨遇到挫折会很痛苦 ⑩爱看感情细腻、富有描写心理活动的小说和电影

① 张大均主编：《教育心理学（第三版）》，人民教育出版社 2015 年版，第 500 页。

（二）性格差异

青少年性格的差异主要表现为性格类型的差异。性格类型是指在一类人身上所共有的性格特征的独特结合。①

性格类型最普遍的分类方法就是根据心理活动的倾向性，将性格分成内向型和外向型两种类型。荣格认为，当一个人的兴趣和关注点指向内部客体时，就是内向型，反之就是外向型。两种不同性格类型学生的差异主要表现在四个方面。一是认知差异，内向型学生观察迟钝，对新事物反应迟缓，而外向型学生观察敏锐，对新事物比较敏感。二是情感差异，内向型学生愁眉苦脸，沉闷悲观，而外向型学生热情奔放，开朗大方，情感表露在外。三是意志差异，内向型学生优柔寡断，疑虑困惑，而外向型学生独立自主，当机立断，行动快捷。四是态度差异，内向型学生喜欢安静，爱独来独往，对社会、集体和他人的态度比较冷漠，而外向型学生喜欢交朋友，乐于助人，兴趣广泛，喜欢参加娱乐活动，关心集体。②

为便于教师观察学生的性格类型，我们根据荣格对不同性格类型特征的描述，将学生的性格类型观察指标总结如下（见表 6-4）。

表 6-4　两种性格类型学生的观察指标

观察项目	内向型的观察指标	外向型的观察指标
在活动中的表现	①喜欢独处 ②遇到新事物被动观察 ③依赖性较强 ④遇到问题喜欢逃避 ⑤对集体比较冷漠 ⑥遵守纪律 ⑦与人相处常感拘谨	①喜欢参加活动 ②遇到新事物主动观察 ③喜欢独立思考 ④遇到问题主动解决 ⑤关心集体 ⑥破坏纪律 ⑦善于与人相处
在言语上的表现	沉默寡言	爱说话
在外貌上的表现	①愁眉苦脸 ②眼神黯淡无光	①乐观开朗 ②精神饱满

大量研究发现，不同人格类型的中学生在学业成绩上表现出明显的差异。

一项关于气质类型与学业成绩关系的研究发现：低水平学习者大多为黏液—抑郁质（占 30%）和胆汁—抑郁质（占 16.67%），这些类型的学习者情绪波动较大，在任务坚持性、忍耐性方面有缺陷，想象匮乏，依赖性高，独立思考能力差；而高水平学习者多表现为多血—黏液质（36.67%）和多血—胆汁质（13.33%），这些类型的学习者情绪较稳定，能坚持完成作业，独立自主。但是气质类型对学业成绩的影响会随着年龄增长而降低。

美国心理学家高夫（H. G. Gough）曾研究了 18 种性格因素与学业成绩的关系，结

① 曹日昌主编：《普通心理学》，人民教育出版社 1987 年版，第 496 页。

② 皮连生主编：《学与教的心理学》，华东师范大学出版社 2009 年版，第 57 页。

果发现，支配性、上进心、责任心、社会心、宽容性、遵循成就、独立成就、智能效率 8 种性格因素能显著正向预测学业成绩。① 我国学者沈烈敏发现，低水平学习者要比高水平学习者的学习懈怠和投机倾向更高。②

因此，教师了解学生的气质和性格类型，并针对其性格差异进行指导性教育，对提高学生学业成绩有重要意义。

二、青少年气质和性格的测量方法

不同气质类型和性格类型的学生在认知、情绪情感、意志和适应性等方面存在很大差异，教师可以通过会谈法、问卷法、观察法、投射测验等收集学生的气质和性格特征，然后根据这些特征判断学生的气质类型与性格类型。

（一）会谈法

会谈是指与受测者面对面直接交流，以获得资料。会谈的方式有结构式会谈、非结构式会谈和半结构式会谈。结构式会谈有一定的程序，通常是根据问卷或者会谈表进行。半结构式会谈是事先有一定的题目和假设，但是问题并未具体化的会谈。非结构式会谈是事先没有一定的题目和假设，问题也没有具体化的自由的交谈，对提问者的会谈技巧要求较高。

会谈法具有较高的灵活性。如果对受测者的回答有疑问，可以重复提问或者要求受测者进行解释；还可以根据访谈情境提出适宜的问题，这样既可以收集到预定访谈主题下的资料，也可以收集到受测者自发性谈话的信息；还可以通过受测者的非言语行为评估其谈话资料的有效性。但是该方法比较费时费力，如果谈话内容较复杂，则结果不易量化。

（二）问卷法

要求受测者根据所列题目的叙述是否符合自己的情况进行回答。回答方式可以是是非式，也可以是选择式。

常用的气质类型的测量问卷有瑟斯顿气质量表。该量表由美国心理学家瑟斯顿（Thurstone）编制，总共 140 题，每 20 题测量一个特质，每题包含三个选项："是""否""?"。受测者从中选择一个选项。瑟斯顿气质量表测量了 7 种人格特质，分别是因子 A——活动性，因子 V——健壮性，因子 D——支配性，因子 E——稳定性，因子 S——社会性，因子 R——深思性，因子 I——冲动性。

---

① Gough, H.G.(1953). The construction of a personality scale to predict scholastic achievement. *Journal of Applied Psychology*, 37(5), 361-366.

② 沈烈敏著：《学业不良心理学研究》，上海教育出版社 2008 年版，第 92 页。

目前，国内常用的性格测验问卷有明尼苏达多项人格测验（Minnesota Multiphasic Personality Inventory，简称 MMPI）、卡特尔 16 种人格因素问卷（Sixteen Personality Factor Questionnaire，简称 16PF）和艾森克人格问卷（Eysenck Personality Questionnaire，简称 EPQ）等。

1. 明尼苏达多项人格测验

该测验由美国明尼苏达大学哈撒韦（Hathaway）和麦金利（McKinley）编制，是颇具权威性的一项人格测验。该测验包括健康状态、情绪反映、社会态度、心身性症状等 26 类题目，可鉴别强迫症、偏执狂、精神分裂症、抑郁性精神病等。该测验可以用来鉴别精神病人，也可以用来评定正常人的人格。

2. 卡特尔 16 种人格因素问卷

卡特尔 16 种人格因素测验是目前普遍认为比较完善的人格特质的测量方法。它包括 187 道题，每道题有三个选项："是的""不一定""不是的"，对应答案的得分分别是 0 分、1 分和 2 分。测验得分经过统计转化，能比较直观地反映受测者的人格。

3. 艾森克人格问卷

艾森克人格问卷是英国心理学家艾森克（H. J. Eysenck）编制的，分为青少年和成人两个版本。问卷由 E（内外倾）、N（神经质）、P（精神质）、L（掩饰性）四个分量表组成。与 MMPI 和 16PF 人格测验相比，EPQ 的题目相对较少，测验时间较短，实施较为容易。但是该测验得到的结果比较简单，提供的信息相对有限。

问卷法的优点是实施比较简单，可以个别施测，也可以团体施测，教师可以在短时间内获得整个班级的数据资料。另外，受测者有充分的考虑问题的时间，不受他人干扰，可以自由地表达自己的意见。但是问卷法也有缺点：如果问题含糊不清，便得不到受测者有效的回答；如果问题过多，受测者会不认真作答；如果问题太少，又无法达到测量目的。

（三）观察法

观察法是有目的、有计划地观察受测者在特定情境下的行为。观察法可分为结构性观察和非结构性观察。结构性观察是事先对观察的内容、程序和记录方法进行设计和规划，然后按照计划进行，最后对观察的结果进行量化处理。无结构观察则是事先没有严格的设计，观察过程比较灵活，但是结果难以量化。

观察法能够直接获得所需的资料，资料来源比较真实，同时观察法还具有即时性的特点，能够捕捉到正在发生的现象。但是观察法也存在一些局限性：（1）时间限制。某些现象或事件的发生具有一定的时间限制，过了这段时间可能就不会再发生。（2）内容限制。观察者只能观察到被观察者的外部行为，无法观察到他们的心理活动。

（四）投射测验

由于青少年的情绪情感和行为具有文饰性，有时仅仅依靠外部行为和问卷题目很难判断其性格类型，因此可以借助投射测验对青少年的性格进行推测。投射测验由多个模棱两可的刺激组成，受测者可以对刺激进行任意解释，在不知不觉中，将动机、态度和情感表露出来，然后据此推断受测者的人格特征。常用的投射测验有罗夏墨迹测验和主题统觉测验。

1. 罗夏墨迹测验

罗夏墨迹测验（见图 6-3）由瑞士精神病学家罗夏（H. Rorschach）于 1921 年设计，共包含 10 张带有墨迹的卡片。测验时，施测者将卡片呈现给受测者，要求受测者对刺激进行解释。根据受测者的语言、情绪和动作，可推知其人格特征。

图 6-3　罗夏墨迹测验示例

2. 主题统觉测验

主题统觉测验由美国心理学家默里（Murray）编制，全套测验由 30 张模棱两可的图片组成（见图 6-4）。测验时，每次给受测者呈现一张图片，要求受测者看图片编出一个故事，故事内容不受限制。可以通过受测者编的故事分析其人格特征。

图 6-4　主题统觉测验示例

投射测验的优点是可以推知受测者内在的态度和情感。缺点是评分主观，测验结果难以解释。另外，如果教师想借助投射测验鉴定青少年的人格类型，必须请经过专门训练的专业人员来实施测验。

三、青少年人格差异的教育

青少年的人格类型存在很大差异，教师需要针对学生不同的人格类型进行因材施教。

（一）了解学生气质和性格的类型及特点

教师只有准确地了解和评价学生的气质和性格，才能更好地指引学生的成长，并对学生未来的升学乃至职业选择提出恰当的建议。一方面，教师可以根据不同气质类型和不同性格类型学生的观察指标，判断学生的气质与性格。另一方面，教师可以通过会谈法、观察法、作品分析法（投射测验）等进一步对学生的气质和性格类型进行鉴定。深入了解学生的气质类型和性格特点，能有效地提高教学质量。

（二）针对学生人格的多样性，进行个别化教学

1. 针对气质差异的教育

每种气质类型都有积极的一面，也有消极的一面（见表 6-5），教师要帮助学生发展积极品质，努力改善不良品质。①

表 6-5　四种气质类型的积极面与消极面

气质类型	积极品质	消极品质
胆汁质	勇敢、坦率、有进取心	粗心、粗暴、冒失
多血质	活泼、机敏、有同情心、善交际	轻浮、不踏实、不诚挚、无恒心
黏液质	稳重、冷静、坚毅、实干	冷漠、固执、迟缓
抑郁质	敏感、细心、想象丰富、情感深刻	多疑、孤僻、怯懦、自卑

对于胆汁质的学生，教师要肯定其勇敢、坦率、有进取心等积极的品质。针对他们喜欢在公开场合表现自己，积极参加课外活动，喜欢与同学争辩，情绪色彩强烈的特点，教师可以建议他们参加辩论赛、话剧表演、诗朗诵等活动。在学习上，针对他们完成作业匆忙，不求甚解的不良品质，教师要教育他们沉稳有耐心，认真完成作业，同时适当给他们安排一些有难度的学习任务，使其克服急躁和不求甚解的毛病。此外，胆汁质的学生自由散漫，比较随性，教师要对他们严格要求，帮助他们养成自律的习惯。

对于多血质的学生，在学习上，根据他们学习新功课容易产生兴趣，但也容易见异思迁的特点，给他们呈现丰富的教学内容，采用多种教学方法激发和培养学习兴趣。同时，让学生认识到自己不踏实、无恒心的一面，鼓励他们多参加体育锻炼或户外拓展活动，培

① 伍新春主编：《儿童发展与教育心理学（第 2 版）》，高等教育出版社 2013 年版，第 117 页。

养坚韧不拔的精神，磨炼他们的意志。对于易激动、易产生骄傲情绪的学生，教师还应当引导他们学会自我调控，管理好自己的情绪。

对于黏液质的学生，教师要根据他们冷静、稳重、坚毅、实干、遵守纪律等优良品质，让他们参与协助班级的管理工作，同时鼓励他们参加班级集体活动，培养他们的集体荣誉感和助人为乐的品质，克服冷漠、固执的不良品质。在学习上，黏液质的学生思维刻板，反应慢，注意容易集中但转移困难。教师在教学过程中，要注意把握好教学的速度。同时，在教学中，教师还应鼓励他们尝试用多种策略解决问题，打破定式思维，拓宽思路，培养他们思维的灵活性和创造性。

对于抑郁质的学生，根据他们感情细腻的特点，教师可以安排他们担当班级的心灵使者，作为沟通教师和学生的纽带，同时锻炼他们的人际交往能力，鼓励其他学生多关心、帮助抑郁质的同学，使他们克服交往中的多疑、怯懦和自卑心理。针对他们不爱表现自己、在陌生人面前害羞的特点，教师要鼓励他们积极参与学校和班级的活动，在活动中增强情绪的稳定性和自信心。抑郁质的学生感情比较脆弱，遇到挫折会很痛苦，当众指责会使他们灰心丧气，丧失信心。因此，教师要特别注意保护抑郁质学生的自尊心，不宜在公开场合点名指责、批评他们。对他们的错误或问题，教师要有足够的耐心，采用单独谈话、举例说服等形式进行启发和循循善诱。在学习上，抑郁质的学生反应慢，对新知识的接受能力差，缺乏学习的主动性，教师要帮助他们制订合理的学习计划，激发他们的学习动机。

需要指出的是，在现实生活中，具有以上典型单一气质类型的学生是很少的，绝大多数学生属于中间型或混合型，即既具有某种气质类型的特征，同时又兼有其他气质类型的特征。因此，教师对学生的教育要因人而异。

2. 针对性格差异的教育

对于外向型的学生，根据他们乐观开朗、喜欢交际的特点，教师要支持他们广泛参与学校活动。针对他们善于观察、喜欢独立思考的特点，引导他们多参与科学实验，培养他们的探究精神。外向型的学生容易出现的问题是急躁、粗心、不拘小节、不深入思考、冲动等，教师就需要在活动中提醒学生细致、沉稳、三思而后行等，或者直接交给学生一些需要细心、精加工的任务，促使学生的性格劣势通过锻炼得到优化。

对于内向型的学生，在学习上，教师要鼓励他们勇敢面对问题，培养他们独立探索的精神。教师可以先给他们一些简单的任务，引导他们逐步学会解决问题，提高学生的自信心，然后再布置较复杂的任务，鼓励学生尝试自己解决。内向型的学生喜欢独处，沉默寡言，对集体漠不关心，教师应鼓励学生积极参与班级活动或团体辅导活动。在活动过程中，让大家分享团队活动的经验和感受，让内向型的学生体验到集体的温暖，增强其集体荣誉感。

（三）增强学生的人格建构意识，引导学生自我完善

1. 开设人格培养的课程，提高学生的人格建构意识

学校可以利用心理活动课或者班会，邀请具有教育学与心理学专业知识的教师为学生讲解不同人格的相关知识，培养学生良好的人格品质，同时改正不良的人格品质。

2. 组织课外活动，在实践中培养学生健全的人格

学生健全人格的培养只停留在认知层面远远不够，健全的人格只有在社会实践和活动中才能发展和完善。教师应多组织课外实践活动，并鼓励学生积极参加，在活动中培养学生独立自主解决问题、团队协作、人际交往的能力和坚韧不拔、吃苦耐劳的精神。

3. 重视发挥同伴团体的作用

良好的班风有助于学生形成自制、自律、团结等良好的品质，在班集体中感受到其他人的信任、喜爱、关爱和赞扬时，这些积极体验会促使学生形成关心他人、关爱集体、乐观向上的品格。因此，教师应努力营造一个良好的班风，充分发挥集体的教育作用。

4. 引导学生进行自我评价

教师在培养学生健全人格的过程中，还可以引导学生对自己的气质和性格特征进行自我评价。学生认识到自己积极的品质和不良的品质，然后制订计划，使积极的品质得到充分发挥，对不良品质则不断进行完善。

小结

青少年心理差异是指13—18岁（中学生阶段）个体在认知、情感、意志等心理活动过程中表现出来的相对稳定的心理特征方面的差异。其成因主要有遗传因素、家庭因素和学校因素等，各种因素之间相互作用，相互影响，共同作用于个体。青少年心理差异在学习中的具体表现主要包括智力因素的差异（如智力结构、发展水平和表现早晚的差异）和非智力因素的差异（如学习动机差异、学习兴趣差异和性别差异）。认知是个体认识和理解事物的心理过程，常见的认知差异有认知加工差异和认知方式差异等。针对认知加工差异，教师应重视学生基础知识的积累并指导其进行深层加工训练，提高策略运用的灵活性；针对认知方式差异，教师要适应学生的认知方式，通过教师引导、同伴学习对学生的认知方式进行适当训练，优势互补。情绪是人对客观事物的态度体验及相应的行为反应。青少年情绪的差异主要表现在情绪的稳定性、类型、内容和调节等方面。教师可以指导青少年正确认识和评估自己的情绪，教授青少年进行自我调节的具体方法，提供多种教学模式，激发和调节学生的学业情绪。人格是指个体在行为上的内部倾向，是一个人区别于他人的稳定而统一的心理品质，是气质和性格的总称。其中，气质差异主要表现在认知、情绪情感、意志和适应性上；性格的差异主要表现在性格类型的差异上。气质和性格可以通过会谈法、问卷法、观察法、投射测验进行测量。教师应注意了解学生气质和性格的类型

及特点，针对学生人格的多样性，进行个别化教学，同时增强学生的人格建构意识，引导学生自我完善。

思考与练习

1. 青少年心理差异产生的原因有哪些？
2. 举例说明青少年心理差异在学习中的具体表现。
3. 青少年认知差异表现在哪些方面？
4. 简要阐述青少年的情绪差异及教育策略。
5. 教师可以通过哪些方法了解学生的气质和性格？请选择一种方法进行练习。
6. 结合教育实践，阐述如何针对青少年的人格差异开展教学。

拓展阅读

1. ［美］奥苏伯尔等著，佘星南、宋钧译：《教育心理学——认知观点》，人民教育出版社 1994 年版。

2. ［美］斯莱文著，姚梅林、陈勇杰译注：《教育心理学：理论与实践（第 8 版 · 双语教学版）》，人民邮电出版社 2011 年版。

第二编　学习心理

第七章　学习理论

启发与引导

- 对于学习，每个人都有自己的理解，心理学对学习的界定与我们日常的看法有什么不同呢？
- 哲学认识论与学习理论是什么关系？它对学习理论产生了哪些影响？
- 行为主义学习理论经历了哪几个发展阶段？每个阶段对学习理论的发展都有何贡献？
- 认知学习理论包含几种取向？每种理论取向所阐发的观点对现实教学有何启发意义？
- 人本主义学习理论与"全人"教育是什么关系？对于自主学习，社会学习理论和人本主义学习理论所强调的侧重点有何不同？

学习是促进个体发展最为有效的手段之一，在学习活动中隐含着诸多心理学原理和规律。对学习活动中隐含的心理学原理和规律的理论阐述，就是学习理论。学习理论可以帮助我们解释、预测、调控个体的学习行为，它是高效教学最为重要的依据之一。因此谈到促进青少年的发展与教育问题，我们都离不开学习和运用学习理论。本章旨在对学习理论进行阐述：第一节先对学习理论进行概述，第二节介绍行为主义学习理论，第三节介绍认知学习理论，第四节介绍人本主义学习理论。

第一节　学习理论概述

一、学习及学习理论

（一）学习的含义

我们在日常生活中经常谈到学习：在课堂上学习，在家里学习；向老师学习，从书本中学习；学习写字，学习使用手机，学习待人接物……然而，当我们认真思考什么是学习时，反而感觉难以准确地说出它的内涵，甚至难以判断某些行为是否算作学习。例如，幼儿迈出人生的第一步，小学生阅读连环画，青少年开始对异性产生好感，这都属于学习吗？在心理学中，学习被定义为由经验引起的行为或行为潜能的相对持久的变化。这一定义包含三层含义：第一，学习表现为行为或行为潜能的改变。不能给行为或行为潜能（如知识、情感）带来变化的活动，不能算作学习。例如，小朋友第一次认识孔雀，这是学习。以后再见到孔雀，反复地喊“孔雀、孔雀”，这就没有学习了。第二，学习带来的变化是相对持久的。由药物、疲劳等因素引起的短暂行为变化，不能称为学习，因为这些原因一旦消除，行为又会恢复到原有状态。第三，学习是由经验引起的，亦即学习是个体与环境相互作用的结果。那些由成熟或先天反应倾向带来的变化，如长高、头发变白，不能称为学习。

显然，根据学习的定义，“幼儿迈出人生的第一步”“青少年开始对异性产生好感”，都不能称为学习，因为这些行为主要是由生理成熟因素决定的。相比之下，“小学生阅读连环画”则属于学习，因为这种活动是由经验引起的，且带来了行为潜能（与连环画内容相关的知识）的持久变化。

学习有各种表现形式：可能是有意识的，也可能是无意识的；可能是积极的，也可能是消极的；可能是能观察到的，也可能是无法觉察的。在学校学习中，学生的大部分学习是有意识、有目的的，如对各科知识的学习；而在日常生活中，我们经常出现无意识的学习，如不经意间记住环境中的事物。我们在多数情况下学到的东西是对成长、发展有益的，但有时也会习得一些消极的东西，如不良的习惯或态度。学习发生时，有时可以从学习者的行为中直接表现出来，如学会三角形面积计算方法后，在随后的练习中就表现出来了；有些学习的发生，我们难以直接观察到，如参观某些革命圣地后，人的思想认识所产生的变化。

学习以何种形式发生，取决于影响学习的各种内外因素。例如，如果我们具有明确的学习动机，其学习通常是有意识的。在这种学习中，我们不仅知道自己学什么，还会对如何学做出规划，并对自己的学习结果进行评估。学习的发生在很大程度上也受制于外部因素。例如，青少年长期混迹于不良社会团伙，就可能学会打架斗殴、抽烟喝酒等不良行为。客观来看，尽管某些强烈的外部因素或内部因素本身就足以引发学习，但在绝大多数情况下，学习是内外因素综合作用的结果。正是因为学习的形式多种多样，其发生的机制不尽相同，心理学家提出了各种各样的学习理论，对学习现象进行解释。

（二）学习理论及其类型

学习有多个侧面，如学习动机、学习时间、学习过程、学习策略、学习结果、学习环境等。学习又受诸多因素的影响，如个体的动机、个性、情绪、智力等内部因素，以及物理环境和社会环境等外部因素。对学习进行心理学研究时，最终得到的研究结果往往表现为三种形态：一是原理，亦即学习要素之间的关系。例如，表扬对不同学生的学习动机所产生的影响。二是规律，亦即被充分证明，且普遍适用于多种情境中的原理。例如，练习会促进技能的提高。三是理论，亦即用于解释学习、指导学习的一组相关联的原理和规律。例如，行为主义学习理论、认知学习理论。①

学习理论有两种类型：一是描述性理论（descriptive theory）。描述性理论主要描述学习是如何发生的，并用理论模型来解释和预测学习结果。例如，斯金纳的操作学习理论，把行为的增强视为强化的结果，这就属于典型的描述性理论。二是处方性理论（prescriptive theory）。处方性理论就像医生给病人开出的治病处方，它重点告诉人们怎么做，就可以达成预期的学习结果或目标。例如，布鲁纳（J. S. Bruner）的发现学习理论，就属于处方性理论，它告诉我们怎样设计教学，就可以更好地培养学生的探究能力。

概括来看，学习心理学领域中先后出现的学习理论，大多属于描述性理论。这意味着，这些理论不可能确切地告诉人们如何学习，也不可能确切地告诉教师如何教学。但这并不说明这些理论不重要。相反，这些理论恰恰是个体学习和教师教学的基础，因为它们可以为学习者或教师提供正确决策的原则。教师或学习者可以根据学习理论所阐释的原理和规律，结合具体情境、具体任务来指导自己的教学或学习活动。

二、学习理论的发展

任何学习理论的提出，都有其时代背景，都根植于理论者所持有的哲学认识论基础。因此，要想科学、准确地理解各种学习理论，我们首先需要澄清其认识论根源，然后分析其时代背景和发展脉络。

（一）学习理论的哲学认识论基础

在哲学史上，围绕认识的本质和起源问题，长期存在两种基本对立的观点：一是理性

① [美] 斯莱文著，吕红梅、姚梅林等译：《教育心理学：理论与实践》，人民邮电出版社 2016 年版，第 10 页。

主义，一是经验主义。这两种认识论，都对学习理论的发展产生了深刻的影响。

理性主义（rationalism）的先驱是柏拉图，此后经过笛卡儿、莱布尼兹、康德等的发展，逐步形成完整的理论体系。在柏拉图看来，所有知识都是与生俱来的，学习和教学不过是把头脑中的知识唤醒并引导出来。中世纪以后的理性主义者则普遍认为：知识的基础不是感觉经验，而是理性材料、直觉或神的启示；理性是知识的主要来源，它高于并独立于感官感知；人类首先借助本能获得某些基本原则，然后依据这些原则推理出其余的知识；知识具有整体性，是由部分组成的有组织的结构，但不是部分的总和；世界上并不存在单一的、可以被发现的现实，但是每个人可以建构自己的现实。在心理学理论中，明显受理性主义哲学传统影响的是先天决定论、格式塔心理学、认知结构论及建构主义理论，如高尔顿的智力遗传理论、乔姆斯基的先天语言获得装置理论、格式塔心理学的完形论、布鲁纳的认知结构论及直觉学习论以及源于皮亚杰理论的认知建构主义等。从中可以看出，理性主义哲学对认知学习理论产生了较大影响。

经验主义（empiricism）的先驱是柏拉图的学生亚里士多德，此后经过霍布斯、洛克等人的发展，形成与理性主义相对立的认识论。亚里士多德认为，认识起始于感觉经验，然后经由概括上升到一般概念；一种观念之所以能够引发另一种观念，主要是观念联想的结果。文艺复兴后，经验主义者继承了这种联想主义观点，并把联想视为学习的基本原理。洛克进一步指出：我们生下来时大脑不过是一块“白板”，没有任何与生俱来的知识或能力；一切知识的获得，不过是经验的结果。概括来看，经验主义认识论具有四个特征：（1）感觉主义，认为一切知识来源于感知经验；（2）还原主义，认为复杂观念由简单观念构成，因此可以把它还原为简单的构成部分；（3）联想主义，认为通过时间或空间接近，可以把一起出现的经验、观念或心理成分联想在一起，从而形成更为复杂的观念；（4）机械主义，认为人的心理像一架机器，各构成成分就像机器的部件一样，按照机械原理协同工作。经验主义对行为主义学习理论的产生具有重要影响，它也是运用实验法，基于数据来概括结论的进行研究的方法论基础。

当然，在学习理论发展过程中，还有一些理论者采取了折中立场。他们兼收并蓄理性主义和经验主义的合理成分，并提出了富有自身特色的学习理论。例如，杜威（J. Dewey）的实用主义理论一方面承认知识是通过经验来获得的，但另一方面又认为这种知识要通过理性做出解释。在杜威看来，一切知识不过是人们制造出来用以应付环境的工具，思维是工具性的，真理也是一种人造的工具；学习和思维的目的，是帮助我们适应环境，因此在体验中学习、在做中学是最为重要的学习方式。再如，兴起于 20 世纪 60 年代的人本主义理论，认为理性主义和经验主义都犯了决定论的错误；人有情感和自由意志，人的行为既非单纯取决于感觉经验，也非全然依赖于抽象理性，而是由个人的动机、情感和意志来决定的。① 在学校教育情境中，最重要的是以学生为中心，让学生自由、自主地

① 张春兴著：《心理学思想的流变——心理学名人传》，上海教育出版社 2002 年版，第 72 页。

学习。

（二）学习理论产生的时代背景和发展脉络

尽管关于学习的理论描述具有悠久的历史，但是真正意义上的学习理论的产生，则是在科学心理学产生之后。在这其中，促进学习理论产生的最重要的因素有两个：一是心理学研究的科学化，二是达尔文的进化论。心理学研究的科学化，使人们摆脱了传统的内省、思辨的学习研究范式，转而采用实验方法，把学习心理学当成一门自然科学来研究。达尔文的进化论，把人和动物放在了一个生命进化的连续体上，从而引导心理学家从动物的学习研究着手，进而推断人类的学习。早期的学习理论，正是以动物学习为主要研究内容，根据实验研究的结果提出的。

在学习心理学史上，桑代克是第一个用动物进行学习研究的人。19 世纪末，他根据猫等动物的尝试—错误学习规律，否定了传统的联想学习观，进而提出了联结主义学习理论。20 世纪初，巴甫洛夫（И. П. Павпов）基于动物实验，提出了经典条件反射理论。20 世纪 10 年代，华生主张把心理学作为自然科学的一个分支，强调用实验的方法，研究外部刺激如何塑造人的行为，从而宣告了行为主义学习理论的诞生。20 世纪 30 年代，斯金纳提出了操作条件作用原理，标志着行为主义发展达到了顶峰。在此后的 30 年中，行为主义学习理论一直居于统治地位。

20 世纪 50 年代，行为主义学习理论忽视心理过程、强调行为训练的局限性日益凸显。为了解决学习理论如何有效指导教育这一问题，布鲁纳和奥苏伯尔（D. P. Ausubel）于 20 世纪 60 年代初，提出了认知结构学习理论。前者强调知识结构和发现学习的重要性，而后者强调知识基础和有意义接受学习的重要性。20 世纪 60 年代后期，随着计算机科学的发展，信息加工心理学兴起。研究者把人脑的学习与计算机的信息加工做类比，着力研究信息的输入、编码、贮存和提取过程，从而催生了信息加工学习论。同一时期，人本主义心理学家强调关注学习者的自由、自主地位，强调在学习过程中对学生的需要、情感、意志的调动，从而产生了人本主义学习理论。至此，在学习理论领域，终于形成了全面关注学习者的各个心理侧面的基本局面：行为主义者侧重于从外在行为角度描述学习，认知心理学家侧重于从认知结构和认知过程的角度刻画学习，人本主义者侧重于从情感和意志的角度阐述学习。

但无论是行为主义学习理论、认知学习理论，还是人本主义学习理论，都没有对知识的主观性特征给予充分的重视。事实上，在具体的学习情境中，个体并不是全然被动的学习者，他们会基于自己的需要、兴趣、价值观，主动地建构自己对现实的理解；由于不同的个体具有不同的知识背景、不同的学习选择，他们最终所建构的意义也各不相同。因此，我们要想完整地认识世界，需要综合、协调不同个体所建构的理解。秉持这样一些观点的学习理论者，就是 20 世纪 80 年代以来所称的建构主义者。概言之，在建构主义学习理论者看来，学习具有主动性、个体性、社会性和情境性。

需要指出的是，尽管前述各种学习理论的提出有不同的历史背景，有其时间的先后，但这并不意味着先提出的理论已经过时，也并不意味着后提出的理论可以取代先前的理论。相反，每种学习理论都有其自身适用的价值，它们之间是互为补充的关系，偏废了其中的任何一种理论，都不可能完整地理解学习的实质。事实上，即使在今天，各种学习理论依然有其强力的拥趸者，它们都在不断地发展和完善之中。

第二节　行为主义学习理论

行为主义学习理论是最早兴起的一种学习理论，它先后经历了联结主义学习论、经典条件作用论、操作条件作用论、社会学习理论四个发展阶段。早期的行为主义把学习视为行为的改变，并认为这种改变主要取决于环境因素，因而主张根据可以观察的现象来解释行为；后期的行为主义则吸收了认知心理学的研究成果，并强调环境中的人际互动。

一、联结主义学习论

联结主义学习论是美国心理学家桑代克基于一系列动物学习实验而提出的学习理论。在其经典的迷箱（puzzle box）实验中，研究者把饥饿的猫放入特殊的装置中（见图 7-1），然后在箱外放置食物。猫要想吃到箱外的食物，就必须学会辨别刺激情境中的开门设施（S），并做出正确的开门动作（R）。桑代克发现，猫经过若干次尝试—错误后，逐步学会了踩动踏板开门；也就是说，形成了刺激与反应之间的联结 S—R。而且，猫的学习曲线大多呈现出渐进性的趋势，不是经过一次尝试就可完成（见图 7-2）。

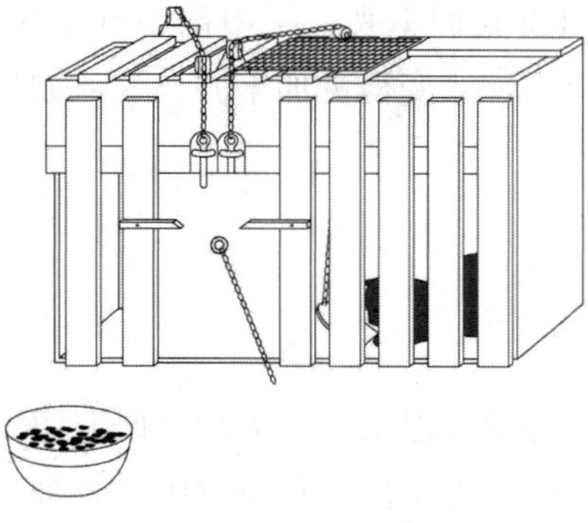

图 7-1　桑代克的迷箱

桑代克认为，猫的这种学习方式用传统的联想论无法解释，因为联想是一次性完成的；按照联想论，在图 7-2 中，猫第二次试验时逃出迷箱的时间和以后逃出迷箱的时间应该是一样的，也就是后面应该是一条直线。为此，桑代克提出了联结主义学习论：学习就

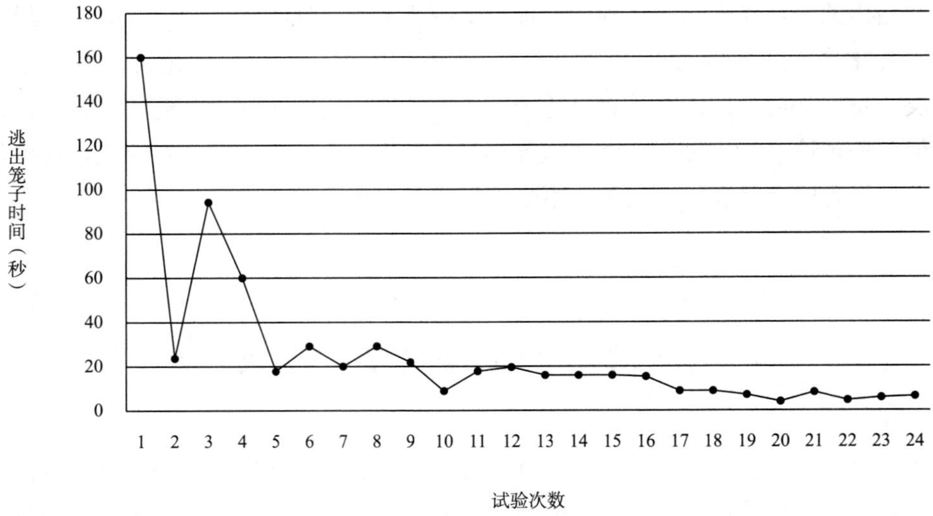

图 7-2　猫的学习曲线

是形成刺激与反应之间的联结，这种联结是通过尝试—错误过程完成的；学习遵循三条基本定律：（1）准备律：学习应该有内在需求；如果猫不是处于饥饿状态，就不会有学习开箱门的动力。（2）练习律：对刺激做出反应会增强联结，对刺激不做出反应会减弱联结；如猫尝试开箱门的试验次数越多，其所用的开门时间越短。（3）效果律：当刺激与反应之间形成联结后，如伴随着一个积极结果，联结就会增强；如伴随厌恶性结果，联结就会减弱；如饥饿的猫开箱门后，如果没有得到食物，开门反应就会减少。

桑代克的联结主义学习论尽管是基于动物学习实验得出的，但是对于教育实践依然有重要的启示意义。例如，从刺激与反应之间的联结考虑，我们应该重视外部环境对个体行为的影响。桑代克曾特别提到，“习惯需要培养，不要期望习惯会自己养成”①，这是联结主义学习论应用的具体体现。再如，尽管桑代克后来修改了前述三个学习律，但它们对学习的三个方面的描述依然值得我们重视：学习离不开学生的内在准备状态——学习动机；学到的东西需要练习、应用，才变得更加牢固；学习如果能够伴随积极结果，后继学习就会得到促进。

二、经典条件作用论

经典条件作用论是俄国生理学家巴甫洛夫为学习研究留下的宝贵遗产，该理论的核心思想是：学习是条件反射的形成。巴甫洛夫在研究中注意到，饥饿的狗看到食物后（无条件刺激）就开始分泌唾液（无条件反应）；但是当一个中性刺激（如铃声）与作为无条件刺激的食物反复一起出现多次后，单纯呈现中性刺激，狗也会分泌唾液；此时的中性刺激

① Thorndike，E.L.(1912).*Education*：*A first book*. New York：Macmillan，p.173.

变成了条件刺激，并能引发类似于无条件刺激所引发的反应。这个过程被称为经典条件作用（classical conditioning）（见图 7-3）。

图 7-3　经典条件作用

经典条件作用对于解释某些学习现象具有重要的意义。例如，儿童在年纪较小时，失败对他来说可能只是一个中性事件；但是随着年龄增长，他所遭受的失败（如考试不及格）就会逐渐与家长、教师的批评联系起来，而批评是引起焦虑的无条件刺激。这样逐步形成了条件反射，失败就会引发儿童的焦虑。

20 世纪 10 年代，经典条件作用被美国心理学家华生用于塑造人的行为，在儿童身上成功地引发了条件性情绪反应：作为被试的小阿尔伯特对小白鼠形成了恐惧性的条件反射，而且这种恐惧还泛化到兔子、狗乃至裘皮大衣上。① 华生据此认为，常人在普通环境中进行的情绪学习，也不过像在实验中那样，通过建立条件性情绪反射而实现的。他进而用这一原理来解释人的行为：人的一切行为，其构成的基本要素是反应；一切行为表现，不过是多种反应的组合；在这些反应中，除少数属于与生俱来的反射，其他全都是个体在适应环境时，经由经典性条件反射的学习过程所形成的；因此，只要了解环境刺激与个体的关系，就可以创设或控制刺激，然后借助条件作用，引发个体的适当反应，进而经由反应组合形成预期的复杂行为。

---

① Watson, J.B.& Rayner, R.(1920).Conditioned emotional reactions.*Journal of Experimental Psychology*, 3, 1-14.

三、操作条件作用论

人类的某些行为固然是由特定刺激引发的，但也有大量的行为是在没有明显的外部刺激条件下出现的。美国心理学家斯金纳敏锐地注意到这一点，并指出，反射性行为只能解释人类所有行为中很小的一部分，在更多的情况下，我们的行为是自发的，是在缺乏无条件刺激的条件下对环境所做的操作，他把这种行为称为操作性行为（operant behavior）。与许多行为主义者一样，斯金纳以白鼠、鸽子等动物为研究对象，借助一系列开创性的学习实验，提出了自己的学习理论。

斯金纳认为，要想解释人类的操作性行为，首先应该区分两种条件反射：一是应答性反射，亦即巴甫洛夫所描述的条件反射；这种反射可以称为S型反射，因为它取决于外部刺激（stimulus），是对外部刺激的反应。二是操作性条件反射，它是指个体在刺激情境中自发做出反应后，由于该反应受到强化而形成的反射，这种反射可以称为R型反射，因为这种反射是否形成，取决于反应（response）之后伴随的结果。

在斯金纳看来，决定学习的最为重要的一条原理是：行为结果（consequence）决定了个体是否会重复这种行为。如果个体做出某种行为后得到的是积极结果，这种行为就会增强，就更有可能再次出现。在这种情况下，积极的结果叫作强化物（reinforcer）；强化物使行为得到增强，亦即得到强化。反之，如果个体做出某种行为后没有得到强化，乃至得到的是消极结果，其行为就会减弱乃至消退。斯金纳指出，操作条件作用是否出现，取决于三个条件：第一，强化物必须在反应之后出现。在反应之前出现的“强化物”，很少能够对反应起强化作用。第二，在理想的条件下，强化物应紧随反应之后出现，亦即要进行即时强化。因为强化物往往只对刚刚出现的反应具有强化作用。第三，强化物必须与反应存在相倚关系。也就是说，强化物要与个体的积极反应相关联，在个体做出积极反应之后才给予。

为了系统地解释强化与否对行为产生的影响，斯金纳进一步提出了正强化、负强化、惩罚等行为塑造方式。所谓正强化（positive reinforcement），是指在某种反应之后，施加一个积极结果，从而使这种反应进一步增强的情况。例如，学生努力学习得到家长和老师的表扬，其后会进一步努力学习。所谓负强化（negative reinforcement），是指为了增强某种行为反应，而移除消极的后果。例如，学生努力学习后，家长不再对其不良成绩进行批评，有助于保持其学习努力。无论是正强化，还是负强化，其目的都是增强积极行为。相比之下，惩罚则是为了减少消极行为。惩罚也可以分为两种：一是呈现性惩罚（presentation punishment），它是指施加某种厌恶结果以使得个体减少某种不良反应，如学生上课迟到，受到教师批评；二是移除性惩罚（removal punishment），它是指移除某种积极结果以减少某种不良反应，如学生经常上课迟到，被剥夺评优的资格。

斯金纳指出，大多数学生在追求进步的过程中都需要接受强化。如果在学生趋向成功的每一步都给予强化，就可以引导其实现最终目标。他把这种技术称为塑造（shaping）。

在课堂教学中，塑造是促进学生进行复杂技能学习的重要手段。例如，在写作教学中，对于学生写出合适的句子、准确地使用标点符号、完整地写好段落等依次给予强化，就可能塑造出其最终的写作技能。

四、社会学习理论

社会学习理论（social learning theory）是美国心理学家班杜拉提出的侧重于从行为主义角度描述社会行为的习得机制的一种学习理论。社会学习理论是一种把学习理论和认知理论综合起来解释个人及社会学习行为的理论。该理论认为学习是个体主观因素和环境因素交互作用的结果。班杜拉曾宣称自己是新的新行为主义者，所以很多学者把社会学习理论也划归行为主义学习理论的范畴。

社会学习理论的核心是交互决定论、观察学习理论、自我调节理论和自我效能理论，其中，自我效能理论属于动机理论的范畴，将在第八章予以介绍。本章我们重点介绍前三个理论。

（一）交互决定论

班杜拉认为，解释人类的学习行为时，应该把个人、行为和环境视为相互影响地连接在一起的一个系统。分析这三个决定因素时，应该把它们置于同等重要的地位，不能单纯强调其中某个因素的支配作用。为此，他提出了交互决定论（triadicreciprocal determinism）。所谓交互决定论，指的是个人因素（P）、行为因素（B）以及环境因素（E）之间互为因果关系，动态地相互作用（见图 7-4）。

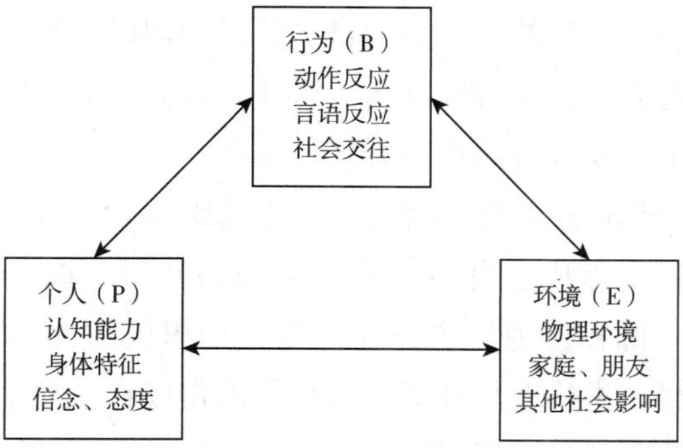

图 7-4 交互决定论

根据交互决定论，首先，个人因素会影响行为，行为反过来也会影响个体的认知和情感。例如，学生强烈的成就动机会推动他们努力学习，而学习成就反过来会增强他们的学习兴趣和信心。其次，环境因素会影响个体的行为，行为反过来也会影响环境。例如，教师的教学会直接影响学生对学习内容的理解，而如果学生反映自己没有听懂，教师就会调整自己的教学策略。最后，个人因素会影响环境，环境也会影响个人的心理。例如，学生的个性、性别、年龄会影响教师的教学决策，而反过来，教师对于具有不同特征学生的教育方式，也会直接影响学生的心理感受。

（二）观察学习理论

班杜拉认为，从是否亲身参与的角度，可以把人类的学习分为两种：一是亲历学习（enactive learning），亦即通过直接经验而获得的学习；二是替代性学习（vicarious learning），或称观察学习（observational learning），它是指基于对他人的行为和行为结果的观察而获得的学习，不需要学习者亲力亲为。班杜拉指出，观察学习是人类学习的捷径和普遍形式，主要依次经历四种心理过程（详见第四章第一节“二、班杜拉的观察学习”）。

（三）自我调节理论

班杜拉认为，人类有三个相对独立的动机系统，即由行为结果所引发的直接动机、由替代性结果所引发的间接动机、经由对行为的自我反思所生成的动机。个体具备自我调节（self-regulation）机制，能够基于对自我效能的评估，自我设置行为目标，对行为进行自我观察、自我评价，并据此调控自己的行为。个体对行为的自我调节主要包含三个过程：（1）自我观察。自我观察是个体对自身行为的某些方面的关注。它在自我调节过程中至少起两种重要作用：为确定现实的行为标准提供信息，为行为评价提供信息。成功的自我调节在很大程度上依赖于自我监控的精确性、一致性和时间上的接近性。（2）自我判断。自我判断是个体对自身行为质量的评判。个体对自己的行为做出积极的还是消极的评判，既可以以自己所制定的标准为依据，也可以以他人的行为水平为参照，还可以以社会规范为基准。（3）自我反应。基于对自身行为的观察和评判，个体会做出自我反应。自我反应能力的获得，是通过两个途径实现的：一是为自己的行动创设激励条件；二是基于自身行为和内部标准的比较，对行为做出评价性反应。这样，人们延续那些产生积极的自我反应的行为过程，限制那些产生自我责备的行为方式。

班杜拉的自我调节理论被其继承者齐莫曼（B. J. Zimmerman）和申克（D. H. Schunk）进一步发展，从而形成了自主学习（self-regulated learning）理论。① 该理论认为，当学生在元认知、动机和行为三个方面都是一个积极的参与者时，其学习就是自主的；自主学习能力的获得，本质上是外部学习技能内化成自己的学习能力的过程，要先后经历观察、模仿、自我控制、自我调节四个阶段，这是一个相对缓慢的过程，需要经过长期的教学干预才能收到明显的成效；影响自主学习的因素很多，大致可分为内部因素、行为因素和环境因素三类。制约自主学习的内部因素主要包括自我效能感、学习策略、设置的目标、归因和情感等，其中自我效能感和学习策略是影响自主学习的两个关键变量，因

① Man, F. (1998). Self-regulated learning: From teaching to self-reflective practice. *Ceskoslovenska Psychologie*, 42(6), 579-580.

为它们直接影响学习动机和学习方法的运用。影响自主学习的行为因素主要包括对学习的自我观察、自我判断、自我反应三个方面，这三种行为反应能够影响自主学习的质量和进一步学习的方向。影响自主学习的环境因素包括他人提供的学习帮助、学习榜样和学习的物质环境等，环境因素为自主学习提供社会性的和物质性的支持条件。

第三节　认知学习理论

认知学习理论可以追溯到格式塔心理学关于知觉和问题解决的研究。1912 年，韦特海默（M. Wertheimer）发表的《关于运动知觉的实验研究》一文，描述了似动现象，揭示了人们的感受本身与感受知觉之间的差异，凸显了认知的重要性。1917 年，苛勒（W. Köhler）出版了《猿猴的智力》（*The mentality of apes*）一书，描述了猩猩的顿悟学习过程，论证了问题要素的心理重构在问题解决中的关键作用。可以说，认知学习理论从诞生伊始，基本上就与行为主义学习论呈对立之势。例如，行为主义拒绝研究心理过程，认为它无法观察和测量，难以满足科学研究中的客观标准，而认知心理学则强调知觉过程、经验组织、认知重构在学习中的重要性；行为主义者桑代克强调尝试—错误学习，而格式塔心理学家苛勒则强调顿悟学习。

但需要指出的是，由于 20 世纪 60 年代以前，行为主义在学习理论中占据支配地位，认知学习理论得到充分发展并逐步取得主流地位，则是 20 世纪 60 年代以后的事。另一方面，与行为主义学习理论一样，认知学习理论也不是单一的学习理论，它包含着认知结构学习理论、信息加工学习理论和建构主义学习理论三个取向。

一、认知结构学习理论

认知结构学习理论是在皮亚杰认知发展理论的影响下，为更好地解决学校教育中学生的学习问题而提出的一种学习理论。其共同特征是认为学习是认知结构的增长或重组，学习者原有的认知结构对新的学习具有重要作用，学习材料本身的内在结构也对学习产生重要影响。认知结构学习理论的代表人物是布鲁纳和奥苏伯尔，但两人在学习方式上存在不同观点，前者强调发现学习，后者则强调有意义接受学习。

（一）布鲁纳的发现学习

20 世纪 50 年代末，由于苏联率先成功发射人造地球卫星而引起美国社会对教育的反思，他们认定行为主义学习理论指导下的教育存在严重问题：学生在环境的控制下机械、被动地学习，缺乏主动学习和探究，所习得的是一些零碎知识而不是由概念、原理等构成的学科基本结构。布鲁纳认为，要解决这一问题，必须在教学方法上进行重大变革，在教学中要引导学生像科学家那样去思考、去探究，从复杂、变化的现象中发现规律和原理，亦即进行发现学习。所谓发现学习（discovery learning），是指学习者在学习情境中通过自己的探索而获得问题答案的一种学习方式；本质上，它是把现象进行重新组织和转换，然后超越现象进行组合，从而获得新的领悟。布鲁纳指出，发现学习不仅有利于记忆保持、智力发展，还有助于激发学习者的内在动机，培养学习者的探究能力。

布鲁纳进一步指出，要想促进学生的发现学习，首先，要考虑两个“结构”：一是个体的认知结构，二是学科知识结构。考虑个体的认知结构，就是要尊重学生的认知发展特点和已有知识经验，以学生能够理解的方式来呈现学科知识，让学生能够探究和学习；考虑学科知识结构，就是要充分关注知识构成的基本架构，特别是学科的基本概念、基本原理及其关系，因为发现学习只有在有结构的学习情境下才会发生。理想的教学，是做到学科知识结构与学习者内部认知结构相匹配，因为“儿童在其发展的每一个阶段，都有其观察和解释世界的独特方式。那么，特定年龄阶段儿童的学科教学任务，就是要以儿童观察事物的独特方式来呈现学科结构”①。

其次，要鼓励学生的直觉思维。布鲁纳认为，直觉思维在发现学习中起着十分重要的作用。在学生发现答案之前，鼓励他们根据自己的知识经验，对问题情境先做一些直觉思维，虽然未必一定会帮其获得正确答案，但能调动学生思维的积极性。在直觉思维过程中，如果学生能够发现问题解决的线索，此时的直觉思维就变成了发现学习的前奏。为了培养学生的直觉思维，可以采取以下四种做法：（1）教材结构化，引导学生对事物的整体结构进行感知；（2）丰富学生的想象能力；（3）鼓励学生进行猜测；（4）运用启发式。

（二）奥苏伯尔的有意义接受学习

奥苏伯尔的有意义接受学习理论，也是在反省美国教育实践、批判行为主义学习理论的基础上提出的。与布鲁纳一样，奥苏伯尔认为在行为主义指导下的课堂，难以让学生习得系统化的学科知识，难以形成良好的认知结构。但是与布鲁纳不同，奥苏伯尔认为学生学习的根本问题不在于更多地采用接受学习、缺乏探究学习，而在于未能有效地开展有意义学习。所谓有意义学习（meaningful learning），是指符号代表的新观念与学生认知结构中原有的适当观念建立起实质性的、非人为的联系。所谓实质性联系，是指在意义上而非字面上的联系；所谓非人为的联系，是指不是刻意的联系。例如，儿童初学乘法时可以熟练背诵“七八五十六”，却不知“八七五十六”，这就说明他只是在“七八”“五十六”之间建立了字面联系，而没有真正理解“七乘八”“八乘七”都等于“五十六”的实质。再如，我们把记忆圆周率“3.14159”记成“山巅一寺一壶酒”，这是人为地建立联系，也不属于有意义学习。

---

① Bruner，J.S.(1960).*The process of education*. Cambridge，MA：Harvard University Press，p.33.

奥苏伯尔认为，布鲁纳提倡的发现学习，并不能解决有意义学习问题。这是因为，学习可以从两个维度进行分类：一是有意义学习和机械学习维度，一是发现学习和接受学习维度。这两个维度的综合，可以构成四种学习形态：有意义发现学习、有意义接受学习、机械的发现学习、机械的接受学习。也就是说，发现学习也可能是机械的，如通过尝试—错误方式解答字谜问题；接受学习也可以是有意义的，如学生通过听老师讲课，理解相关知识。因此，解决学生学习问题的关键，不在于采用发现学习还是接受学习，而是要让学习以有意义的方式发生。

奥苏伯尔指出，有意义学习的心理机制是同化，亦即学习者认知结构中的原有知识吸收并整合要学习的新知识的过程。新知识同化到原有认知结构中，引起认知结构的增长或重组，有意义学习便发生了。在这其中，学习者的已有认知结构特征，是决定有意义学习能否发生的关键。一般说来，良好的认知结构具有三个重要特征：第一，可利用性，亦即面对新的学习任务时，学习者认知结构中具有吸收新知识的相应背景知识；如果学习者的认知结构中缺乏与当前学习相关的背景知识，就必然导致机械学习。第二，可辨别性，亦即个体所拥有的相关背景知识与要学习的新知识之间应存在明显的不同，二者之间的差异应清晰可辨。二者之间的可分辨性越清晰，越有利于新的学习和保持；反之，则容易出现记忆混淆。第三，稳定性。如果认知结构中的相关背景知识不稳定，即使它与新知识建立起联系，个体对新知识的保持也会不牢固。在某种程度上，奥苏伯尔把个体已有的认知结构，视为影响学习的最为重要的因素。他曾提出，如果将教育心理学的基本内容概括成一句话，那会是影响学习的最重要的因素是弄清学生已经知道了什么，并进行相应的教学。

为了深入阐释有意义学习发生的条件，奥苏伯尔还区分了三种意义：一是逻辑意义（logical meaning）。如果学习材料本身没有逻辑意义，即属于机械的材料，必然引发机械学习。例如，对于英文单词、电话号码等机械材料，我们只能采取机械记忆方式。二是潜在意义（potential meaning）。如果学习材料本身有逻辑意义，而且学习者头脑中也具有与之相关的背景知识，那么这些材料对学习者就具有潜在意义。但具有潜在意义的材料本身还不足以引发有意义学习。例如，古诗本身是有逻辑意义的，学习者也有与理解古诗相关的背景知识，但是如果他不愿意理解古诗的意思，还是会采取机械学习的方式。三是心理意义（psychological meaning）。所谓心理意义，是指学习材料本身有逻辑意义，学习者头脑中具有与学习材料相关的背景知识，且学习者具有有意义学习的心向，亦即理解学习材料的愿望。奥苏伯尔指出，如果学习材料对学习者构成了心理意义，有意义学习就发生了。

奥苏伯尔认为，在课堂教学条件下，学生通过发现学习所掌握的知识是十分有限的，绝大多数知识仍然需要学生通过接受学习来掌握。如果教师能将有潜在意义的学习材料同学生已有的认知结构联系起来，学生也具有能采取有意义学习的心向，新知识就能同化到学生的原有认知结构中，使学生获得有意义学习。也就是说，“当我们努力影响认知结构以提高有意义的学习与保持时，我们便深入到教育过程的核心了”①。

二、信息加工学习理论

信息加工学习理论是受信息科学、计算机科学等学科影响，于20世纪60年代晚期发展起来的一种学习理论。迄今，不同的信息加工论者已从不同角度，提出了众多关于学习的过程、方法、影响因素的原理、规律，从而使得该理论体系内涵丰富而又异彩纷呈。但概括来看，信息加工学习论者存在一些共同观点，包括：第一，人类的学习与电脑加工信息一样，包含输入、编码、存储、提取等基本过程（见图7-5）；② 第二，学习过程存在阶段性，每个阶段都会发生信息加工，但各阶段的功能不同；第三，信息加工不是单向直进式的，各阶段之间存在交互影响；第四，学习的结果是在头脑中形成知识表征，这种表征既有语义性的，也有表象性的；第五，不同类型的知识，其学习过程和习得的内外条件存在差异。

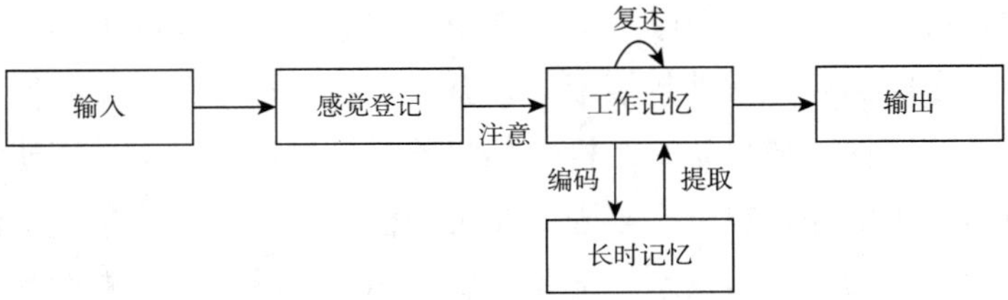

图7-5　学习的信息加工模型

信息加工学习论者普遍认为，感觉登记、工作记忆、长时记忆是构成学习过程的三个核心成分。所谓感觉登记（sensory register），是指感官接收信息输入，并以很短的时间（不超过1秒）对其进行存储。在感觉登记中，信息保持着其原本的形式：视觉输入以视觉形式存储，听觉输入则以听觉形式存储；也就是说，学习者并没有对信息进行编码转换。如果感觉登记中存储的信息被注意和知觉到，并且决定需要进一步进行加工，就会进入工作记忆。

工作记忆（working memory）是对输入的信息进行编码加工的短时记忆系统，类似于电脑的内存。一般认为，工作记忆包含四个部分：（1）中央执行系统，它负责调控注意和其他认知资源的使用，相当于“大脑的大脑”；（2）语音环路，它负责保留听觉信息；（3）视空模板，它负责处理视觉和空间信息；（4）情境缓冲器，它负责整合来自语音环

① Ausubel, D.P.(1963).Cognitive structure and the facilitation of meaningful verbal learning.*Journal of Teacher Education*, 14(2), 217-222.

② Atkinson, R.C.& Shiffrin, R.M.(1971).The control of short-term memory.*Scientific American*, 225(2),82-90.

路、视空模板和长时记忆中的信息，形成对特定情境的整体理解。① 工作记忆具有如下特征：第一，容量有限。工作记忆通常只能容纳 7±2 个信息单元。但如果把小的信息单元组织成大的单元，使之成为一个组块（chunk），工作记忆的容量也会增加。第二，持续时间较短。存储在工作记忆中的信息如果不经复述，通常只能保持 5—20 秒。第三，信息的加工通道具有相对独立性。在工作记忆中，听觉信息和视觉信息具有不同的贮存空间和加工机制。因此对于复杂的学习任务，如果单纯使用听觉或视觉通道进行学习，都可能给工作记忆带来高负荷，从而导致学习困难；反之，如果同时使用听觉和视觉加工通道，学习起来就会更容易一些。

外部输入的信息在工作记忆中经过编码后，就会转入长时记忆（long-term memory)。长时记忆类似于电脑的硬盘，但是其容量是无限的，且存储在其中的信息可以终生保持。一般认为，长时记忆有两种形式，即外显记忆和内隐记忆，每种记忆又可以分为一些小的类别。外显记忆（explicit memory）是指长时记忆中可以被回忆、有意识地思考的知识，亦即我们知道自己记得的知识。外显记忆本身又包含语义记忆和情景记忆两种类型。语义记忆（semantic memory）也称陈述性记忆（declarative memory)，它是对意义的记忆，以命题、表象和图式的形式在头脑中进行表征。我们对词语、事实、概念、理论的记忆，都属于语义记忆的范畴。情景记忆（episodic memory）是指对特定事件的情节和信息的记忆，特别是对个体自身生活事件的记忆。语义记忆并不与特定的经验相联系，而情景记忆恰恰是特定经验的反映。例如，我们很难记住何时获得“礼貌”这个概念的，但是我们会记住谁在何时对我们做出了不礼貌的行为。内隐记忆（implicit memory）是指我们不能有意识地回忆，但可以无意识地影响我们的行为和思考的知识，它又包括经典条件作用、程序性记忆、启动三个类型。对于经典条件作用，我们在本章第二节已有详细介绍，这里不再赘述。程序性记忆（procedural memory）是对做事的程序、步骤的记忆，所涉及的主要是“如何做”的知识。我们对日常生活中形成的习惯的记忆，对于解题步骤的记忆，对于动作顺序的记忆，都属于程序性记忆的范畴。所谓启动（priming)，是指经过无意识加工，激活已经存储在长时记忆中的信息。例如，如果现在让你填空“记_”，你最有可能填“忆”而不是“者”“录”，因为“记忆”这个词在本节已出现多次，它会自动激活你的回忆。

信息加工学习理论提出了一系列促进长时记忆存储的方法，这些方法本身也可以视为学习策略：(1）复述。复述是指为了保持信息而对信息进行重复记忆的方法，如为了记住某个电话号码，在头脑中反复默念。复述可以使信息在工作记忆中保持活跃状态，维持的时间更长，从而有助于更充分地转入到长时记忆中。(2）精加工。精加工是指通过与已有知识建立联系，从而给新信息赋予意义的方法。为学习材料补充细节，使之与其他观念之

① Baddeley, A.(2012).Working memory: Theories, models, and controversies. *The Annual Review of Psychology*, 63, 1-29.

间建立联想，都属于精加工策略的范畴。(3) 组织。组织是把分散的、孤立的知识集合成一个整体并表示出它们之间的关系的方法。画概念地图，就属于一种典型的组织策略。(4) 形象化。形象化是指对要学习的新信息构建视觉表象。根据记忆的双重编码理论，同时采用视觉和言语形式加工的信息最容易学习，因此如果对信息进行语义加工的同时，再附加表象辅助记忆，记忆效果会更好。(5) 言语化。言语化指将先前发生或正在发生的经历讲出来或写下来。对年幼儿童要求把发生的事情讲出来，对年长儿童要求用自己的话来表述学习内容，都能促进对相关信息的记忆。

三、建构主义学习理论

建构主义学习理论是以杜威、皮亚杰、维果斯基等人的理论为基石，在充分关注知识的主观性、学习的主动性基础上而发展起来的一种学习理论。但从严格意义上讲，建构主义不是一种理论，而是一种认识论思潮，因为它自身又包含着多种理论流派，且每种理论流派都从哲学层面对学习的本质提出了自己的见解。概括来看，建构主义主要包含三个理论分支。

（一）个体建构主义

个体建构主义是受皮亚杰认知发展理论影响而形成的一种建构主义，也称认知建构主义。其主要观点是：知识并不是对现实的准确表征和最终答案，它只是一种解释和假设，会随着人类的进步而不断被推翻和更新；知识不是以实体的形式存在于现实中，它是个体从经验中建构出来的，是新旧经验相互作用的结果；由于每个人的已有知识经验不同，对现实的解释各不相同，这使得知识具有鲜明的个性化和主观性；学习不是记忆别人提供的知识，也不是从现实中发现知识，而是主动地创造知识，即基于个人经验不断重构个人对现实的理解；在知识建构的过程中，学习者必须对某一研究领域的专家所创造的知识进行“再创造”，亦即“理解即创造”。

（二）社会建构主义

社会建构主义是在维果斯基的理论基础上发展起来的建构主义，它强调学习过程中人与人之间的知识互动。在认知建构主义看来，知识是个人建构的，是个体的新旧知识相互作用的结果。社会建构主义则认为，知识存在于社会文化中，社会实践是知识的来源；学习本质上是协作性的，需要不同观点之间的意义协商；无论学习发生在小组讨论中，还是个体与情境的互动中，从一定意义上讲都是协作，因为参与的个体要达成一致意见；即使学习者是在与图书、视频中的文本进行互动，在意义的协商中也有协作，因为此时学习者是在全身心地试图解释作者的观点，并把它与自己的观点进行比较。为此，社会建构主义特别强调合作学习（cooperative learning）和交互式教学（reciprocal teaching）。合作学习就是在教学中运用小组，使学生共同开展学习活动，在相互讨论和知识分享中达成最佳学习效果。交互式教学是指在教学中师生轮流更换角色，以求教师和学生站在彼此的立场上理解学习内容，然后在小组讨论中达成对学习内容的深度理解。

（三）情境主义

建构主义中的情境主义者认为，任何认知活动都发生于特定的物理或社会情境中；认知过程并非单纯限于对认知任务的信息加工，它还涉及对个体与环境之间关系的加工；知识是从具体情境中获得的，最终也将被运用于特定的现实情境中。因此，学习不能以去情境化的方式进行，而应发生在（或被置于）现实情境中；测验应该与执行实际任务整合在一起，而不能作为独立的活动。情境主义者还指出，学校通常是在人工环境中，教授学生从实际环境中抽象出来的一般知识和技能，学生的学习环境缺乏真实性、自然性，学习内容缺乏具体性、情境性，这是导致所学知识容易被遗忘或者不能被充分应用的主要原因。为解决这一问题，学校教学应该尽可能根据自然情境来建立其教学模式，应在情境中呈现问题，所呈现的问题对学习者应该具有现实性，引导学生开展“真实的学习”（authentic learning）。

虽然建构主义本身存在不同派别，但大多数建构主义学者对学习还是存在一些共识，包括：(1) 知识的获得不是通过传递，而是通过建构；学习者本身是知识的创造者，而不是存储知识的“档案柜”。(2) 学习是一个主动过程，是学习者主动建构内部心理表征的过程，因此教学应该以学生为中心，应支持对同一内容有多种观点。(3) 学习过程包括两方面建构：对旧知识的改组和重构，对新信息的意义建构。(4) 学习既是个体性行为，又是社会性行为，因此需要交流与合作。(5) 学习应发生于复杂、真实、与应用相关联的情境中，在教学过程中应重视对情境的创设。①

某些建构主义者认为，在教学情境中，应该把建构主义的核心观点统一在一起。例如，美国教育技术专家乔纳森（D. H. Jonassen）在其建构主义学习环境理论中，提出了3C模式，亦即建构（construction）、协作（collaboration）和情境（context）。对于建构主义学习环境的设计，乔纳森认为，首先，应关注学生的知识基础以及支撑学习的认知支架，促进知识的建构；其次，应创设有意义、真实的任务情境，供学生运用他们所建构的知识；最后，师生之间、同学之间应协同努力，形成学习共同体，教师应扮演指导者、督促者乃至学习者的角色，而不是充当知识的提供者。②

---

① Merrill, M.D.(1991).Constructivism and instructional design.*Educational Technology*, 31(5), 45-53.

② Jonassen, D.H.(1999).Designing constructivist learning environments.In C.M.Reigeluth (Ed.), *Instructional-design theories and models: A new paradigm of instructional theory* (Vol.II).Mahwah, NJ: Lawrence Erlbaum Associates, pp.215-239.

第四节　人本主义学习理论

行为主义学习理论关注的是外部因素对学习的影响，认知学习理论关注的是学习的知识基础和认知加工过程。这两种理论都具有一定的合理性，但是都较少关注个体学习的情意因素，而人本主义学习理论则弥补了这方面的不足。

一、人本主义学习理论的基础

人本主义学习理论的基础是人本主义心理学。而人本主义心理学的兴起，一开始就是针对着精神分析、行为主义和认知心理学的局限。在人本主义心理学家看来，精神分析关注的是"病态"的人，因为它主要研究有情绪障碍的个体；行为主义聚焦的是"无脑"的人，因为它不研究内在心理过程；而认知心理学研究的是"半人"，因为它只关注认知过程，而忽视情感、动机、意志等因素在个体成长中的作用。换言之，以往心理学的各种研究尽管各有所长，但是并没有从真正意义上探讨"精神健康的""完整的"人的"心理"。于是 20 世纪 60 年代，以马斯洛和罗杰斯为代表的心理学家，创立了人本主义心理学这一新的心理学学派。

人本主义心理学具有如下四个特征：第一，强调人的完整性。人本主义者认为，要想了解人、研究人，必须从整个人着手。因此人本主义心理学的目标，"是要对作为一个活生生的人所涉及的方方面面进行全面的描述"①。第二，强调人的自主性。人本主义者认为：无论是精神分析理论，还是行为主义理论，都具有强烈的宿命论色彩，前者强调无意识力量的控制，后者强调外部刺激的决定作用；人有自由意志，有自己的选择能力，因此应该把人的行为视为自主选择的结果。第三，强调自我的作用。人本主义者强调，"人先有不同的信念，而后才有不同的行为"；人们对经验的主观认识，特别是对自我的认识，对其行为具有至关重要的影响。因此，"要理解人的行为，就必须理解行为者所知觉的世界，即要知道从行为者的角度来看待事物"；同样地，"要改变一个人的行为，首先必须改变他的信念和知觉。当他看问题的方式不同时，他的行为也就不同了"。② 第四，强调人的潜能的发展。人本主义者相信，每个人都具有超越自我的潜能，自我实现就是充分发展人的这种潜能并获得自身最高成就的过程；人本主义心理学研究的目的，就是找到能够帮助人们发展这种潜能的方法。

---

① 施良方著：《学习论》，人民教育出版社 2001 年版，第 382 页。

② Combs, A.W., Blume, R.A., Newman, A.J., & Wass, H.L.(1974). *The professional education for teachers*. Boston: Allyn & Bacon, p.15.

二、人本主义学习理论的内容

人本主义心理学家普遍同意：学习是个体实现自身潜能的一个重要手段；学习应该是一种主动的、自主的行为，因此应该以学生为中心，体现出个性化；而教师的角色，是做一名学习的促进者，要充分关注学生的情感和认知需求；教育的根本目标，是在一种合作的、支持性的环境中促进人们的自我实现。① 但由于大多数人本主义心理学家并不是以研究学习为重心，因此人本主义视角下的系统的学习理论并不多。然而，有两个学习理论还是值得我们充分关注的。

（一）罗杰斯的学习理论

罗杰斯的学习理论是从其“患者中心”心理治疗理论衍生出来的。众所周知，罗杰斯采用患者中心疗法时遵循三个原则：（1）真诚；（2）无条件积极关注；（3）共情。罗杰斯相信每位患者都有健康成长的潜能，只要设置良好的心理环境，患者就能自我改变，从而达到不治而愈。遵循同样的理念，罗杰斯认为，每个学生都有自主学习的潜能，只要创设良好的学习环境，学生就会自主地学习，学到他们所需要的一切。

罗杰斯指出：现代教育的悲哀是只注重认知学习，这不仅与完整的人无关，而且往往不涉及情感或个人意义；对学生成长来说，真正重要的学习是有意义学习（significant learning)。所谓有意义学习，是指通过亲身体验进行的能够使个体的行为、态度、个性乃至未来行动方向发生重要变化的学习，它并非限于知识的增长，而是综合了逻辑思维和直觉思维、智力和情感、概念和经验、观念和意义的学习。

罗杰斯认为，有意义学习包含四个要素：第一，个人卷入程度，即整个人的身心，包括认知和情感，都投入学习活动中；第二，学习是自我启动的，即使刺激来自外部，但探究、理解、掌握的愿望是发自内心的；第三，学习是渗透性的，它会使学习者的行为、态度乃至个性都会发生改变；第四，学习是由学习者自我评价的，因为学习者最清楚学习是否能够满足自己的需要，是否能够引向自己想知晓的领域，是否帮助自己填补了原本不懂的知识空缺。

基于自己的理论立场和对学校教育案例的分析，罗杰斯提出了关于学习的 10 条原理：（1）人生来就有学习的潜能。在幼儿时期，孩子就表现出对世界的好奇心和求知动机。在学校情境中，学生的求知动机下降，并非是因为丧失了学习潜能，而是因为教育方式对其形成威胁。（2）当学生觉察到学习与达成自己的目标有关时，有意义学习就会发生。如果教材能够满足学生的好奇心，或者能提高其自尊，学生就会从事有意义学习。（3）涉及改变自我组织（即自我知觉）的学习具有威胁性，因而往往会受到抗拒。例如，如果学习活

① DeCarvalho，R.J.（1991）.The humanistic paradigm in education. *The Humanistic Psychologist*，19（1），88-104.

动会引发学生的自卑，学生就不愿学习。(4) 当外部威胁降到最低时，那些原本威胁自我的学习内容就变得更容易被知觉和同化。例如，不善于学数学的学生总会担心自己因考不好而受到批评或嘲笑。但如果他所置身的是一种相互理解和支持的学习环境，其数学学习就会变得更加细致，学到的也会更多。(5) 当对自我的威胁较小时，人们对经验的知觉就会更细致，学习效果也会更好。(6) 大量的有意义学习是从做中学到的。(7) 当学习者负责任地参与到学习过程中时，就会促进学习。(8) 涉及学习者整个人（包括情感和认知）的自我发起的学习，是最为持久和有效的。(9) 当学习者把自我批评、自我评价视为根本，而把他人的评价视为次要时，其独立性、创造性、自主性都会得到促进。(10) 在现代社会里，最有用的学习是对学习过程的学习，对经验始终保持开放，并把自我整合到这种变化过程中。①

罗杰斯还提出了促进自由学习的 10 条途径，包括：(1) 创设对学生具有真实意义的问题。教师要从学生的角度出发，挑选那些对学生来说真实而又与所学课程内容相关的问题。(2) 提供学习资源。教师要扮演学习的促进者的角色，积极为学生提供促进学习的各种学术资源和人力资源。(3) 设置完整的学习目标。学习应该包含行为、情感和技能目标，而不应仅仅包含行为目标这一种。(4) 使用合约。使用合约，可以为学生提供自由、安全的心理氛围，减少心理的不确定性，消除心理疑虑。(5) 利用社区资源。引导学生在社区中开展研究和服务性工作，可以帮助学生学会如何与人交往，如何分析数据，如何确定人们的需求。(6) 通过项目学习。通过研究项目来鼓励学生构建课程，从而实现教学以学生为中心。(7) 同伴教学。鼓励学生扮演“小老师”的角色，辅导那些还未能完成学习任务的同学，这无论对于辅导者还是被辅导者，都是对学习有力的促进。(8) 分组学习。为了实现学生学习的自由，要鼓励学生以自己的方式学习，并把喜欢同一学习模式的学生集中起来，组成学习小组，引导他们自主学习。(9) 鼓励探究。探究一种特殊的参与式、体验式学习，它有助于学生拓展书本知识，发现未知的领域。教师要帮助学生成为探究者，发展学生的探究能力和在探究中进行思维的习惯。(10) 自我评价。引导学生对自己的学习结果进行自我评估，是将其自主学习转变成一种真正负责任的学习的重要方法。

（二）库伯的学习理论

20 世纪 80 年代，伴随建构主义的兴起，人们对学习的看法发生相应转变。在许多教育学家和心理学家看来，学习是通过经验转化创建知识的过程，知识来源于经验的获得和转化过程的综合；单凭一种学习方式，难以取得理想的学习效果。是时，组织心理学家库伯（D. A. Kolb）吸收杜威、罗杰斯等人的合理思想，提出了著名的“体验式学习循环

① Rogers, C.R. (1969). *Freedom to learn*. Columbus, OH: Merrill, p.114.

模式”（见图 7-6）。①

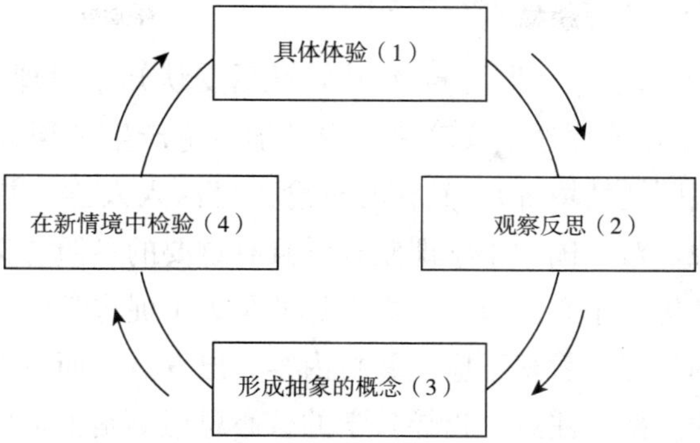

图 7-6　库伯的体验式学习循环模式

在库伯看来，完整的学习要经历四个环节，即具体体验、观察反思、形成抽象的概念、在新情境中检验。这四个环节分别代表了四种最为有效的学习方式，即感知学习、反思性学习、理论学习和实验；把这四种学习方式统一在体验式学习过程中，能够使学生的学习收到最佳效果。库伯还对四个学习环节做了具体描述。

（1）具体体验。这是学习的起始阶段。学习者在真实情境中开展活动，获得各种知识体验，产生相应的感悟，其行为既受到情境的影响，也会影响情境。

（2）观察反思。在这一阶段，学习者回顾、描述自己的体验活动，对自己的活动体验进行深入分析、反思，明确自己在体验过程中学到了什么、发现了什么问题，情境对自己产生了哪些影响，等等，从而形成新的见解。

（3）形成抽象的概念。在这一阶段，学习者的主要任务是基于对自身经历的回顾和反思，使感性认识上升到理性认识，建构一种理论或者模型，对自己发现的某些现象和问题进行因果解释。

（4）在新情境中检验。在这一阶段，学习者的主要任务是在新的情境中对自己的理论假设进行检验，检验所建构的理论的合理性、可靠性。如果自己的理论得到检验，那么学习过程可能暂时告一段落，此时学习者倾向于把自己的理论发现迁移到其他情境中进行应用；但是在通常情况下，一次检验过程是难以完成理论验证任务的，这样就需要进入下一个学习循环。

库伯进一步指出：尽管大多数学习起始于人们在某种情境中实施某种行为，从事某种活动体验，但事实上，体验式学习循环可以从四个环节中的任意一个环节开始，并以连续的方式螺旋推进；学习本质上是以各种不同方式反复推进和提升的过程，我们不能偏废其中任何一种有效方式；自己的理论之所以被称为体验式学习理论，很大程度上是为了突出具体活动体验在学习中发挥的重要作用，这一点有别于学习的其他认知理论。

---

① Kolb, D.A.(1984).*Experiential learning*: *Experience as the source of learning and development*. New Jersey: Prentice-Hall, p.41.

三、人本主义学习理论的教学含义

人本主义学习理论兴盛于20世纪60年代，此后受认知学习理论的“挤压”，似乎有“失势”之嫌，但实际上，该理论不仅对建构主义学习论产生了深刻影响（如强调学习中意义的获得、构建真实问题情境等），其核心理念也已深入人心，并扎根于课堂。人本主义学习理论的如下思想，对我国中小学课堂教学具有重要的参照意义。

（1）教学应该以学生为中心。教学的根本目的是为了促进学生的发展，所以教师的教学，应该服务于学生的学习；教学不应以教材内容为出发点，而应以学生的现有发展水平和教学后的发展水平为主要关注点；指导教学的核心思想不是把学生教会，而是如何帮助学生学会；教师不应把自己视为知识的提供者、传递者，而应把自己定位为学生学习的合作者、促进者、帮助者。

（2）教学目标应该关注“完整的人”的发展。学校教育的目标是培养全面发展的人，而且人的各个方面的发展是相互影响的。因此，教师设置教学目标时，不能单纯聚焦在智力领域，而应同时涵盖德育、智育、体育、美育、劳动教育等多个目标领域。特别是教师在确定教学目标时，要充分考虑目标领域中经常被忽略的方面，如学生的价值观养成、情绪自我调节能力的培养、人际交往技能的发展等。

（3）应该充分发挥学生的自主性。以学生为中心的课堂鼓励学生自由、自主地学习。这要求教师在教学过程中给予学生充分的自主权，引导学生做自我负责任的学习者。在学习过程中，要鼓励学生自定学习目标，采用自己擅长的学习方式，对学习结果进行自我评价；在课堂管理中，要充分相信学生，把管理权更多地交给学生，使之做到行为上自律；在日常生活中，要减少对学生的控制和支配，避免包办代替，让学生逐步实现生活上的自理。

（4）课堂学习要与现实生活相结合。教师要充分考虑当前学习对学生的意义，尽可能提供对学生来说是有意义的学习内容。教师创设的问题情境，最好来自真实生活世界，或者与真实世界中的真实问题相似；学生从这种问题解决中获得的知识、技能，应该能够很好地迁移到现实生活中，以便其为未来生活做准备。为了增强课堂学习与现实生活的关联，教师在教学过程中，要特别注重引导学生开展以项目为基础的学习、体验式学习，鼓励学生在做中学。

（5）鼓励学生采用个性化的学习方式。以人为本的学习，强调尊重学生的个性，包括其个性化的学习方式。每个学生的认知风格不同，偏好的学习方式不同，已有的知识基础不同，兴趣、爱好、价值观不同，因此，为了更好地支持学生的学习，学校和教师应最大限度地为学生提供可以做出自我选择的学习环境，要鼓励学生以自己喜欢的方式学习。

小结

学习是由经验引起的行为或行为潜能的相对持久的变化。学习理论是用于解释学习、指导学习的一组相互关联的原理和规律。理性主义和经验主义两种认识论，都对学习理论的发展产生了深刻影响。

行为主义学习理论是受经验主义哲学影响较大的一种学习理论，它先后经历了联结主义学习论、经典条件作用论、操作条件作用论、社会学习理论四个发展阶段。桑代克的联结主义学习论强调学习是形成刺激与反应的联结，这一过程是通过尝试—错误来实现的；经典条件作用论强调无条件刺激和条件刺激同时出现，在条件反射形成中所起的关键作用；操作条件作用论关注的是行为结果对行为的塑造作用，因此特别强调行为之后的各种强化、惩罚的安排；社会学习理论强调学习过程中自我、行为和环境三者之间的交互作用，强调观察学习以及自我效能感在观察学习中的作用。

认知学习理论是受理性主义哲学影响较大的一种学习理论，它先后经历了认知结构学习理论、信息加工学习理论和建构主义学习理论三个主要发展阶段。认知结构学习论者认为学习是认知结构的增长或重组，学习者原有的认知结构、学习材料本身的内在结构都对学习具有重要影响。认知结构学习理论的代表人物是布鲁纳和奥苏伯尔，但前者强调发现学习，后者则强调有意义接受学习。信息加工学习理论认为人类的学习与电脑加工信息一样，包含着输入、编码、存储、提取等基本过程，感觉登记、工作记忆、长时记忆是构成学习过程的三个核心成分，复述、精加工、组织、形象化、言语化既是促进长时记忆存储的方法，也是可用的学习策略。建构主义强调知识是基于经验而进行的意义建构，学习是个体主动建构心理意义的过程；学习更多地属于社会性行为，需要学习者之间的协商和合作；学习具有情境性，好的学习应发生于复杂、真实、与应用相关联的情境中。

人本主义学习理论强调人的完整性、自主性，强调自我的作用和人的潜能的发展。人本主义者认为学习是个体实现自身潜能的一个重要手段，学习应该是一种主动的、自主的行为，教学应该以学生为中心，教师要做学生学习的促进者，要充分关注学生的情感和认知需求；教育的根本目标，是在一种合作的、支持性的环境中促进人们的自我实现。人本主义学习理论的代表人物罗杰斯提出了 10 条学习原理，强调有意义学习的引导，并提出了 10 条促进学生自主学习的途径；库伯提出的体验式学习循环模式，则强调不同类型学习方式的综合运用。人本主义学习理论对于当前我国中小学课堂教学，依然具有重要的现实参照意义。

思考与练习

1. 有人说，学了很多学习理论，感觉好像无法直接运用，你同意这种观点吗？为什么？

2. 桑代克提出的学习律，对今天的课堂教学有何借鉴意义？

3. 有个同学上课时经常做小动作，扰乱课堂纪律。根据操作条件作用论，如何矫正他的不良行为？

4. 在学校教育中，我们为学生提供了很多榜样人物和榜样行为，为何有些学生不去学习也不愿意学习？

5. 根据布鲁纳的发现学习理论和奥苏伯尔的有意义学习理论，你认为教授物理学科中的“压强”和历史学科中的“禅让制”两个概念，用什么样的教学方法更合适？

6. “有一千个读者，就有一千个哈姆雷特。”那么根据建构主义学习论，阅读教学该注意哪些方面？

7. 人本主义学习理论对今天的课堂教学有哪些重要启示？

拓展阅读

1. ［美］申克著，何一希、钱冬梅、古海波译：《学习理论（第六版）》，江苏教育出版社2012年版。

2. 庞维国主讲的中国大学公开课《学习心理学》，是中国大学公开课首批上线的20门课程之一，共分12讲，系统地教授了学习理论及各类学习的内外条件和教学策略。

第八章　学习动机及其培养

启发与引导

- 有的人求知若渴，有的人不思进取。学习动机究竟是什么？
- 学习动机有来自内部的，也有来自外部的。学习动机的基本结构与分类有哪些？
- 许多学生感觉自己学习没有动力，老师也经常强调学习要有自觉性，学习动机与学习的关系是怎么样的？
- 学习动机如何对学习产生影响？
- 学习动机是学生学习生活和效果的重要影响因素，那么提高学习动机的基本方法与技术有哪些？

在学校时，有的学生求知若渴，有的学生却厌学、逃学，甚至辍学；步入社会后，有的人生活得安逸自在，不思进取，有的人却不断充实自己，终身学习。我们可以在人的一生中发现各种各样的学习行为，有积极努力的，有消极颓废的，有靠别人督促的，也有完全自觉的，这些形式各异的学习行为背后隐藏着变化多端的动机。学习动机是什么？它有哪些基本内容，分为哪些类别？它又是如何影响学习行为和学习效果的？对这些问题的回答，直接关系到如何理解人们为什么而学习以及如何有效地学习。

第一节　学习动机概述

学习动机与学习相辅相成。在实际教学与学习活动中，教师与学生都会常常提起动机这一概念。无论是在学术研究中还是在实际教育工作中，人们的普遍认识是学习动机会影响学习效果和学习成绩，那么学习动机到底是指什么呢？本节将从动机的概念出发，分别对学习动机的定义、基本结构、类别以及对学习动机与学习的关系进行介绍。

一、学习动机的定义

动机是引起并维持指向一定目标的个体活动的内在心理过程或内部动力，即个体行为活动的驱动力。动机的存在十分广泛，我们生活中能观察到的行为一般都具有背后的动机，因而考察动机对理解个体行为具有重要作用。例如，要想弄清犯罪行为的事实真相，就必须了解罪犯的动机。本章所讲的学习动机作为动机的一种具体类别，指学习者在学习活动中产生的动机，它是激发个体产生指向一定学习目标的学习行为的内部动力，是维持、调节学习行为的心理动力过程。学习动机对于描述、解释、预测和调控学生的学习行为和活动具有重要的意义。

二、学习动机的基本结构

学习动机是由多种成分构成的复杂系统，这些成分涉及学习需要和学习内驱力，此外学习诱因作为外部因素也是学习动机产生的重要条件。学习需要和学习内驱力在学习者自身方面产生作用，从学习者的内部心理活动上促使个体产生学习行为；学习诱因作为动机的诱发因素，通过一定的方式从外部作用于学习者的内部心理活动，使其产生学习行为。三者通过不同的途径和方式共同作用于学习者，整体上构成了个体的学习动机。

（一）学习需要与内驱力

学习需要是学习者探究学习内容，追求学业成就的心理倾向。当学习者有了对学习内容、学习结果的缺失感或不平衡感时，学习需要就产生了。它反映了学习者内心对于学习的诉求，具体表现为求知欲、好奇心等。比如，讲故事的人在情节精彩处突然来一句“欲知后事如何，且听下回分解”，此时听者往往意犹未尽，迫不及待想知道故事如何发展，这就是一种学习需要。内驱力是促使个体进行反应或活动以满足需要的内部动力，它表现为一种唤醒状态或紧张状态。广义的内驱力可以被划分为一级与二级两种层次。一级内驱力是个体原生的，包括饥饿、干渴、睡眠、性、排泄、疼痛等方面，它们与生俱来，对个体的基本生存至关重要；二级内驱力是个体后天习得的，包括对金钱、权力、地位、成就、荣誉等方面的追求，它们由后天环境塑造形成，对个体的成长发展意义重大。从对行为产生的作用角度来看，学习需要即学习内驱力，二者并无本质差异。

按照奥苏伯尔的观点，学习内驱力主要包括三类：认知内驱力、自我提高内驱力和附属内驱力。认知内驱力是个体对于未知内容的好奇心或对于知识本身的渴求，它不以获得外界认可或功利性好处为目的，只关注个体自己对于问题的疑惑或者知识内容的需求，实际上是一种求取新知、满足好奇心的需要。生活中人们坚持听有声小说、看电视剧，课堂上学生自发阅读课文、主动向老师发问寻疑，这些学习动机主要包含的就是认知内驱力。自我提高内驱力是个体希望通过学习活动达到提升自我的目的，即为了改善自己的学识、能力与道德修养水平以获得一定的地位而学习。这种内驱力以应用为目的，指向自身品格与能力的发展，通常伴随对获得一定地位的追求。例如，三国时期东吴的吕蒙原本出身行伍，没有文化，在孙权的劝导之下发奋学习，坚持读书，很快由“吴下阿蒙”变成了一位学识和才能让人刮目相看的著名将领，其中的学习动机就涉及自我提高内驱力。附属内驱力指的是因为学习这一行为或者良好的学习效果能够带来一些附属的因素而产生的学习内驱力，这些附属因素包括权力、地位、荣誉、表扬、奖品等。本质上，附属内驱力是学习者对于外在事物的渴求，是在后天环境中习得的一种内驱力。

上述三种内驱力在学生长期学习过程中是共同存在的，它们对学习行为具有交互性影响。但是具体到特定学习时期或学习活动中时，也会产生某些内驱力成为主导，其他内驱力不产生作用或者仅仅起到辅助作用的局面。例如，低年级学生为了得到老师奖励的小贴画或者家长的表扬而努力写好作业，这主要是附属内驱力在起作用。

（二）学习诱因

诱因指的是外部环境中吸引有机体的行为目标，即能够满足有机体需要的具体事物或刺激。酒足饭饱之后面对新上的一盘美食，明知吃不下还是忍不住要尝一尝，体现的就是诱因的作用。学习诱因是学习者所处的学习环境所提供的刺激或事物，是学习者面对的外部条件，具体表现为物质性奖励和精神性奖励两种类型。由于良好的学习行为或学习效果而获得的奖金、小红花乃至棒棒糖等，都属于物质性诱因；家长或老师对于学生的赞赏、由于学习而带来的社会地位的变化和社会认同等，都属于精神性诱因。作为外部条件，学习诱因可以转化为学习内驱力，当学生对奖励、赞赏、认可、地位等产生渴求时，就产生了学习需要或者内驱力。进一步地，当学习需要被激起并指向一定诱因时，就会产生学习动机。从这一角度也可以说，某些学习内驱力就是特定的学习诱因在学习者心理活动中的具体体现。

三、学习动机的类别

根据所指向的具体事物以及动机来源等，学习动机可以被划分为不同的种类，表现出不同的特点。

（一）高级动机与低级动机

学习动机有高级与低级之分。高级学习动机以恰当的学习观念为指导，以个人发展与社会进步为导向，以学习知识、提升技能、服务社会为目的。例如，周恩来总理在青少年时代立志“为中华之崛起而读书”，就是典型的高级学习动机。低级学习动机以不恰当的学习观念为指引，将学习视为赢取个人私利的工具。例如，有些人学习技术、知识是为了制造武器，用于伤害他人、牟取私利，就属于低级学习动机。需要注意的是，学习动机的高级与低级是相对而言的，对二者的判定依赖于特定社会文化情境中的道德准则与价值观。

（二）内在动机与外在动机

学习动机有内在与外在之分。内在学习动机主要是学习者自生的动力，源于学习者的内部需求，如兴趣、求知欲、好奇心、胜任力等，一般指向学习活动本身，具有持续性和稳定性，外部的刺激或诱因并不重要。例如，学生对于新领域知识的探索，通过学习行为获取知识即可满足内心需求，并不以外在评价或者奖励为目的。外在学习动机源于外部环境因素，如来自他人的物质性或精神性奖励、赞赏，指向的是学习活动所带来的结果，具有即时性。学习者通过学习结果获得外部激励，一旦外部诱因撤销，学习动机就会下降或消失。在学习过程中，应该注意培养学生的内在动机，这一工作的实质是培养能够转化为内在学习动机的心理因素，例如兴趣、信念、好奇心、胜任力等。同时也要适当运用外部动机的作用促进学生的学习，提供必要的奖励和鼓励有助于学生获得荣誉感和自信心，进而转化为自主学习行为；过量或完全的外部刺激会使学生的学习目标偏移，这也是不恰当的。

（三）近景动机与远景动机

学习动机有近景与远景之分。近景学习动机着眼于学习活动近期要实现的目标和取得的结果，涉及的学习内容和学习活动十分具体，具有较强的现实性。例如，为了在一个星期后举行的单元测试中取得好成绩而努力学习，这种行为背后的动机就是近景性的。通过近景学习动机，学习者可以解决最近遇到的一些困惑或者疑问，对眼前学习内容进行细致的掌握。远景学习动机着眼于学习活动的长期规划和远程目标，涉及的学习内容虽然并不抽象，但一般比较整体或系统，具有全面性，是对一个或多个领域的知识进行总体、长期学习所需要的动机。例如，很多小朋友立志长大后要成为一名科学家，就可看作是学习的远景动机。与高级和低级学习动机分类相似，近景与远景学习动机也是相对而言的，二者并不能加以绝对区分。例如，一名高中生因为打算考入著名大学而努力学习，相对于为了在期末考试中取得好成绩而言是一种远景动机，但相对于未来学有所成、回报社会的动机而言，这又是一种近景动机。

（四）主导动机与辅助动机

学习动机有主导与辅助之分。学习动机具有混合性的特点，一般不是单一的学习动机在起作用，而是多种动机共同发生作用。学生之所以努力学习，既可能有内在动机的作用，也可能有外在动机的作用；既可能有近景动机的作用，也可能有远景动机的作用。但是各种学习动机在共同作用的时候，并没有相同的影响力，有的动机占主导地位，发挥比较重要的作用，属于主导动机；有的动机虽然也发挥作用，但是作用比较弱，具有临时性或者从属性，就属于辅助动机。主导与辅助学习动机的划分具有相对性，依赖于具体的学习者和学习活动。对于某个学生而言，学习语文的主导动机是喜欢这门科目，享受阅读和写作的过程；而对于另外一名同学，学习语文的主导动机则可能是因为升学，需要一个理想的语文成绩。显然，内在和外在的学习动机在这里分别成为两个学生学习语文的主导动机。

除了上述分类，学习动机还可以被划分为其他类型，如一般与具体之分、普遍与偏重之分。一般或普遍学习动机涉及的方面较多，影响较广泛，对学习者的多种学习行为都具有调节作用，能够推动学习者长久持续地进行多方面、系统化的学习。具体或偏重学习动机具有一定的局限性，只在一些具体方面起作用，但是这种动机对学习具有更直接的影响。

四、学习动机与学习的关系

动机具有引发、维持和调节行为的基本功能，学习动机同样会发挥这些功能，进而影响学习的多个方面。

（一）学习动机决定学习方向

不同的学习动机决定了不同的学习方向，学习者本身采取的学习态度、学习目的等直接反映在学习动机上。良好的学习动机使得学习者向预期的方向开展学习活动，不良的学习动机导致学习者进行错误的学习行为或者减少其积极学习行为。

（二）学习动机决定学习努力程度

学习动机通过影响学生在学习上投入的时间、精力，而作用于学生的学习行为，以保证学习活动的顺利进行。具有足够学习动机的学习者会根据学习目标，更加努力地学习，而学习动机不足的学习者很难达到相同的努力程度。

（三）学习动机影响学习效果

学习效果是学习所取得的成绩或达到的目标，它可以表现为学生的考试分数，也可以表现为学生的学业质量甚至是发展水平。有意识、主动的学习能够取得良好的效果，通常都离不开积极学习动机的影响。但在少数情况下，缺少明显的学习动机也是可以产生一定学习效果的。例如，儿童在观看电视节目时，无意中记下某句广告语，这种学习行为背后的动机并不明显，更不属于积极主动的学习动机，但学习效果依然存在；反之，具有高水平的学习动机，但就是不表现在具体的学习行为方面，如每天虽然因为学习的事情很焦虑，但就是无法坐下来认真读书写字，还是不能产生良好的学习效果。学习动机与学习效果之间存在密切的关系，但这一关系并不是简单直接的，学习动机对学习效果的作用还取决于学习行为、努力程度等其他多种因素。

(四) 学习动机影响学习效率

早在 1908 年，耶克斯（R. M. Yerkes）和多德森（J. D. Dodson）两位心理学家就提出了“耶克斯—多德森定律”（见图 8-1）①，用以解释动机强度与行为效率之间的关系。该定律指出，学习者的学习效率和动机水平之间呈现倒“U”形曲线关系。当学习者具有中等水平的动机强度时，具有最佳的学习效率，过强或过弱的学习动机都会降低学习效率。例如，一名对阅读毫无兴趣的儿童可能由于动机强度过弱而导致语文学习成绩不够理想。反之，一名在考试前夕由于过分担心考不好而辗转反侧、夜不能寐的考生，也可能因为过度紧张焦虑、休息不好导致考场上发挥失常。耶克斯和多德森还发现，不同难易程度的任务需要不同的最佳动机水平。对于困难或复杂的任务，最佳动机水平应较低，即在困难任务面前，学习者的心态越放松，学习效果越好。三国时期“空城计”故事中的诸葛亮在面对司马懿几十万大军兵临城下的危急情况，“任凭风浪起，稳坐钓鱼台”，坐在城楼之上安详抚琴，从容应敌，结果取得了最后的胜利。试想在这样高难度的任务状态下，诸葛亮如果急于退兵，表现出急躁的心态或急于避险的高强度动机，效果往往会适得其反。现实生活中，一些平时成绩很好的学生每逢大考就过度焦虑，进而导致失眠、厌食、考试成绩不理想，也说明了这一道理。相反，对于简单或容易的任务，耶克斯—多德森定律主张最佳动机水平应较高。例如，到操场上进行 7 千米长跑这样的体育锻炼项目，任务相对不复杂，但跑完几圈感到累得气喘吁吁之际，恰恰需要坚强的意志力或较高的动机水平，才能坚持下去。

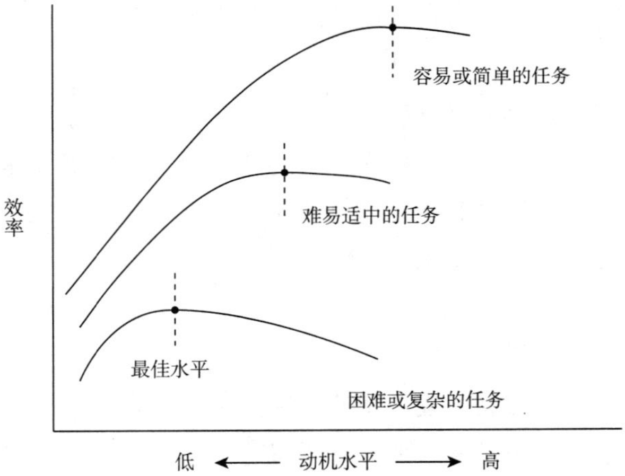

图 8-1　耶克斯—多德森定律

当然，奥苏伯尔也指出学习动机与学习之间并非是一种单向性的关系，两者是相辅相成的。一方面，学习动机影响学习活动或学习行为；另一方面，学习有利于知识技能的获得以及求知欲、自信心的增长，反过来能够提升学习动机水平，促进有效学习活动，从而

---

① Yerkes, R.M., & Dodson, J.D.(1908). The relation of strength of stimulus to rapidity of habit-formation. *Journal of Comparative Neurology and Psychology*, 18(5), 459-482.

形成“学习行为—学习动机—学习行为”这样的循环模式。

第二节　学习动机理论

学习动机是学习的动力系统，不同的心理学家从不同的侧面研究学习时，也都针对学习动机提出了自己的见解，形成了不同的动机理论。归结起来，教育心理学关于学习动机的经典理论主要包括行为主义、人本主义和认知主义三大流派。下面分别介绍三大流派关于学习动机的代表性观点。

一、行为主义的学习动机观——强化理论

行为主义心理学主张研究外部刺激与机体行为反应之间的联结，无论是巴甫洛夫和华生关注的经典性条件作用（S—R 联结），还是斯金纳关注的操作性条件作用（R—S—R 联结），均是如此。不同的是两种条件作用观点分别研究两种不同的行为——应答性行为和操作性行为。[①] 经典性条件作用研究应答性行为，更多地把行为的产生看作是外部刺激作为信号所起作用的结果。例如，容易晕车的人在看到公交车或者闻到汽油味时都可能产生头晕恶心的感觉。操作性条件作用研究操作性行为，更多地把行为的产生看作是受到某种强化的结果，外部刺激在这里扮演了强化物的角色。例如，儿童在帮妈妈端了一次洗脚水受到表扬后，继续做出类似的行为。

（一）基本观点

行为主义心理学家把动机看作是由外部刺激引起的一种对行为的冲动力量，强化则是引起动机的重要因素。[②] 人的某种行为倾向完全取决于先前的这种学习行为与刺激因强化而建立的牢固联结。因而，强化理论是行为主义解释学习动机的关键所在。斯金纳将强化定义为在一种刺激情境中，有机体的某种行为反应带来的结果使得该行为反应出现的概率增加的过程。[③] 比如，某个学生主动打扫班级卫生，这一行为带来的结果是老师在全班同学面前表扬了他，于是这一行为就会频繁出现。相应地，强化物是指能够使有机体的某一操作性行为发生概率提高的结果性刺激，它既可以是令人喜欢的积极刺激物，如口头表

① Skinner，B.F.（1963）.Operant behavior.*American Psychologist*，18(8)，503-515.

② 张大均主编：《教育心理学（第三版）》，人民教育出版社 2015 年版，第 144 页。

③ Skinner，B.F.（1990）.Can psychology be a science of mind? *American Psychologist*，45(11)，1206-1210.

扬、奖状、金钱、玩具等，也可以是令人讨厌的消极刺激物，如批评、责骂等。

强化可以在学习过程中增强某种反应重复出现的可能性，并且这种学习行为可能是为了得到某种报偿（接近自己喜欢的强化物或者逃避自己讨厌的强化物）。例如，有的学生为了得到老师的肯定、表扬而学习，有的学生则是为了避免家长的批评、责骂而学习；有的学生为了得到考到高分后的奖励而学习，有的学生则因为对学习内容感兴趣而学习；等等。从个体以往受到强化不同的角度可以解释这些现象。

（二）强化的类型

强化从性质上可以分为正强化和负强化。正强化是在行为之后呈现令人喜欢的积极刺激物，从而提高个体的学习行为概率，如学校教师发放奖状、家长时常进行表扬等能够促进学生努力学习；负强化是在行为之后通过撤除令人厌恶的消极刺激物，从而增强个体的学习反应，如一名小学生由于写作业粗心大意遭到了父母的严厉批评，接下来当他专注地写作业时，父母的责骂停止了，这种专心学习的行为就可能因此而继续保持下去。按照斯金纳的观点，我们应当尽量避免使用惩罚来控制行为，而应较多地使用正强化来影响行为。

强化还可以根据程序的不同分为连续强化和间隔强化。连续强化是在每一次正确的行为反应之后均给予强化。比如在斯金纳箱中，白鼠每按下一次杠杆，它就可以得到一粒食物丸或者避免被电击。同理，如果采用连续强化的手段，意味着儿童每次认真完成作业都应该得到自己喜欢的刺激物或者避免自己讨厌的刺激物。在连续强化的条件下，个体的反应率很高，只要个体期待获得强化，就会做出相应的行为反应。一旦强化停止，行为反应也就不再出现。但是这种类型强化的缺点也非常明显，它不利于培养个体的延迟满足能力。因为在现实生活中，人们很难做到对学生积极的学习行为每次都提供强化，如果由于偶尔不提供强化就导致行为反应消失，显然难以保持良好的学习动力状态。

间隔强化可以按照间隔时间和频率的不同分为不同的形式。首先，根据间隔时间，可以分为固定时间间隔强化和不固定时间间隔强化——前者是每隔一段固定的时间就进行一次强化，比如认真学习一个星期后可以玩一次游戏或者看一次电视节目；后者则是指强化之间的时间间隔不固定，如不定期地提供一些好吃的、好玩的给儿童，以促进他们每天按时完成作业的行为。其次，根据强化的频率，可将间隔强化分为固定频率间隔强化和不固定频率间隔强化——前者是按照一个固定的频率进行强化，如正确反应 10 次才给予 1 次强化；后者是按照一个不固定（随机）的频率进行强化，比如在 100 次反应中随机安排 10 次强化。一般来说，连续强化在生活中较为少见，间隔强化更符合儿童青少年的实际状况。从连续与间隔两种强化的作用功能来看，在最初的行为获得阶段可以多使用连续强化，而在后期的行为保持阶段则应该多使用间隔强化。

不过，结合前面对学习动机的分类可知，强化主要引发的是学生的外部学习动机，其实质是学生通过寻求外部奖赏或诱因而获得的推动力。外部奖励固然有助于学生学习动机的激发和培养，但也可能使得原本对任务本身非常感兴趣的学生把注意力转向任务结果，从而导致学习的内在动机降低。因此，强化可以在学习过程中作为外部奖励，增强某种反应重复出现的可能性，但教师在教学中还是要注意慎用表扬、奖励等强化手段。

二、人本主义的学习动机观——需要层次理论

行为主义心理学用获得强化和避免惩罚来解释学习动机，而人本主义心理学则采用需要的满足来解释人类学习的动机。1943 年，马斯洛在《心理学评论》期刊上发表《人类动机论》一文，首次提出了著名的需要层次理论①，在后来的《动机与人格》一书中，该理论得到进一步完善。

马斯洛将人类的需求分为五个层次，从下到上依次是生理的需要、安全的需要、归属与爱的需要、尊重的需要和自我实现的需要（见图 8-2）。其中，生理的需要是指对食物、水、性等一些原始欲望满足的需要，是推动个体行为的首要动力；安全的需要是对机体自身安全的追求，包含了身体和心理上的踏实感；归属与爱的需要也称社交的需要，指人人都需要在相互交往的关系中得到归属感与关爱；尊重的需要是对来自他人及自身的认可、尊重的需要，强调人人都希望在社会生活中获得一定的地位，能被接纳、支持和赞赏；自我实现的需要是最高层次的需要，是指一个人实现自己的理想与抱负，把个人潜能发挥到最大化。在进入自我实现的状态后，人们会有超越自我的感受和接近于完美心理境界的“高峰体验”。

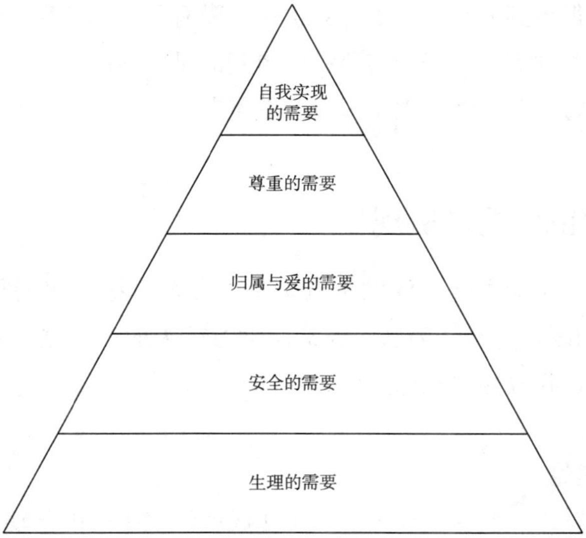

图 8-2　人类的需要层次

① Maslow, A.H.(1943). A theory of human motivation. *Psychological Review*, 50(1), 370-396.

根据需要层次理论，人们必须要满足的一些基本需要有生理需要、安全需要、归属与爱的需要和尊重的需要，马斯洛称之为缺失需要。缺失需要对个体的身心发展与健康非常重要，必须优先得到满足。成长需要是人们认识、理解、欣赏美和实现个人发展的需要，很难完全得到满足，如求知的需要和审美的需要（这两种需要为马斯洛后期所增加，位居尊重需要之上，自我实现需要之下）以及自我实现的需要。对不同的个体来说，各种需要的重要性是不同的：有的人需要不断证明自己是受人尊重的，有的人则对生理上的满足和安全的保障有更强烈的需求。一般来说，只有在较低层次的需求得到满足之后，才会激励个体产生较高层次的需要。一旦某种需要得到满足后，就不再具有激励作用。

对于学习者而言，马斯洛提出的每种层次的需要都可以构成其学习行为背后的动机。例如，为了得到好吃的零食而认真学习，这一现象在低龄学习者身上比较常见，说明生理需要构成了一种主要的学习动机；为了不被责骂或不被体罚而认真学习，则体现了安全需要作为主要的学习动机；一些儿童之所以努力学习，是为了得到小组和班级的接纳，以及同学、老师对他的认可，这是以归属需要、尊重需要为主要内容的学习动机。至于以自我实现的需要作为主要的学习动机，意味着学习者能够接受自己和他人，具有自然、开放、创造性、幽默感、独立性等特征。追求自我实现的学习者，往往在学习方面是乐于学习、主动学习的人，他们更喜欢迎接挑战性的学习任务，将学习视为一种快乐，一种实现自我的过程。

马斯洛的需要层次理论对教育的意义在于他对缺失需要和成长需要做出了很好的解释与划分。很明显，食不果腹或者整天为了生存而发愁的学生是很难把精力放在学习上的。如果学生的基本需要得不到满足，比如忍受饥饿、没有稳定的住所、没有安全感等，其学习就会受到影响。在生理需要、安全需要都已得到满足的情况下，社交需要和尊重需要甚至是自我实现的需要将成为影响学生学习行为的重要动机。

三、认知主义的学习动机观

与行为主义相反，认知主义关注的重点不是外在可直接观察的行为，而是大脑这一“黑箱”中内在的认知因素，并认为这些因素对学习行为的产生至关重要。其中以成就动机理论、归因理论、自我效能感理论及成就目标理论等为代表。

（一）成就动机理论

成就动机可以被看作人们在追求生活和工作成就过程中的内部动力，它促使人们追求某一社会条件下比较高的目标（成就水平）。同时，因为人们在追求目标时，可能成功也可能失败，所以成就动机涵盖了追求成功和避免失败两个方面。在心理学领域最早集中研究成就动机的有默里（H. Murray）、麦克利兰（D. C. McClelland）、阿特金森（J. W. Atkinson）等人。默里提出，成就动机是一种克服障碍、施展才能、力求尽好尽快地解决某一难题而学习的内在推动力量，即对成就的追求。① 麦克利兰和阿特金森继承了默里的理论，并将其发展为成就动机理论。

麦克利兰的成就动机理论认为，成就动机是人格中稳定的特质。个体记忆中储存着与成就相关的一些愉快经历，当情境引发愉快的体验时，就能够激发个体的成就动机。他认为，成就动机强的人对待学习和工作都非常积极，成就动机得分高的人会取得更加优良的成绩。但麦克利兰把成就动机作为决定个体行为的根本原因，忽视了个体行为的复杂性和其他因素对个体行为的影响。

阿特金森的成就动机理论认为人的行为是动机、成功的可能性和激励值三个成分的倍增函数，用公式来表示，即：$Ts=Ms\times Ps\times Is$。② 公式中的 Ts 代表个人的行为倾向，Ms 代表争取成功的动机，Ps 代表对成功的可能性的估计（$Ps=1$，表示确信会取得成功；$Ps=0.5$，表示估计成功的可能性是 50%；$Ps=0$，表示确信必然失败），Is 代表成功的激励值。争取成功的动机是稳定、持续的个人特质，包含两种基本倾向：一种是试图取得成功以体验成功感，另一种是尽量避免失败以避免羞愧感。通常而言，力求成功的倾向可以采用主题统觉测验（TAT）来测量，而避免失败的倾向则采用焦虑问卷（TAQ）来测量。最后，成功的激励值实质上是一种情感，即对取得成就这件事本身所产生的自豪感，它通常与成功的可能性是负相关的。③ 例如，足球比赛中，强队在对阵弱队时有比较高的成功期待，最后如愿取胜时，队员们并不会有太强烈的自豪感；反之，弱队抱着“必死之心”应战，最后却意外获胜的话，队员们将会欣喜若狂，万分自豪。

在阿特金森看来，在决定一个人行为倾向的上述因素中，动机的作用大于成功的可能性和激励值，而成就动机水平不同的人在完成任务和选择目标上有不同的行为表现。成就动机水平较高的学生会表现为高水平的力求成功和低水平的失败恐惧，他们倾向于选择难度适中的目标；成就动机水平较低的学生表现为低水平的力求成功和高水平的失败恐惧，他们倾向于选择简单的或困难的目标。二者在心理机制上的区别是：成就动机高的人往往是在完成各种任务的过程中努力提高自尊心和获得心理满足；而成就动机低的人往往是在完成任务的过程中防止自尊心受到伤害和产生困扰。

（二）归因理论

在日常生活中，人们一般都会在完成某项工作或任务之后进行反思，归结一下行为成败的原因，这就是归因。准确来说，归因是指个体对自己或他人行为的原因加以解释和推测的过程，它反映的是个体对于某个事件引发原因的认识。④

海德（F. Heider）把行为产生的原因大致划分为两大类——内部因素和外部因素。内部因素包括动机和能力，外部因素包括任务难度、时间、身体和情境等。他指出，人们

① 陈强：《现代西方成就动机理论述评》，《心理学探新》1987 年第 2 期。

②③④ 郭德俊主编：《动机心理学：理论与实践》，人民教育出版社 2005 年版，第 96、97、109 页。

通常认为一定的行为可能取决于多种原因，但人们倾向于寻找在不同条件下一定的结果与对应的原因之间的联系。如果在多数情况下，一个原因总是与一个结果相联系，无因则无果，那么就把这个结果归于原因。

韦纳（B. Weiner）的归因理论分析了个体对其活动成败原因的看法以及这种看法对动机的影响，对理解学习动机有重要价值。该理论的一个核心假设是人们会尽力保持一种积极的自我形象，所以当个体的活动成功时，会倾向于归因为自己的努力或能力，而当活动失败时，则认为是由一些自己不能控制的原因造成的，比如运气太差、题目太难等。① 韦纳认为学生通常将学业的失败或成功归因于能力、努力、任务难度、运气、身心状况、环境等六种因素，其中又以前四个为主。为了找到这些不同因素的共同特性，他通过逻辑和经验分析、数理统计分析等方法，确定了三个维度。②（1）控制源：又称原因源，指行为的原因是内部的还是外部的。内部原因是个体自身的原因，比如能力、努力程度、身心状况等；外部原因是个体自身以外的环境因素，比如考试的难度、运气的好坏、外界情境等。（2）稳定性：指行为的原因是稳定的还是不稳定的。稳定的因素随时间不会有太多变化，比如能力、任务本身的难度等；不稳定的因素则随时间会发生很大的变化，如自己的学习用功程度、运气的好坏、身心状况和外界情境等。（3）可控性：指行为的原因是可控的还是不可控的，也即个体可以掌控成功或失败的程度。个体可以控制的只有自身的主观努力程度和一部分经过短期训练可以明显改善的技能（如颠足球、开汽车），像其他种类的能力（如智力）以及任务难度、运气等，对当前的任务而言，是个体不可控制的。对上述提到的六种因素分别从这三个维度进行分析，即可得到表 8-1。

表 8-1　韦纳归因理论的六因素和三维度

六因素	三维度					
	控制源		稳定性		可控性	
	内在	外在	稳定	不稳定	可控	不可控
能力	√		√			√
努力程度	√			√	√	
任务难度		√	√			√
运气		√		√		√
身心状况	√			√		√
环境		√		√		√

这些因素和维度的划分对于学生的学习动机到底意味着什么？韦纳认为，个体对之前行为成败的归因会影响个体对下次成就行为的期望、情绪和努力程度等；反过来，个体的

① Weiner, B. (1979). A theory of motivation for some classroom experiences. *Journal of Educational Psychology*, 71(1), 3-25.

② 郭德俊主编：《动机心理学：理论与实践》，人民教育出版社 2005 年版，第 118 页。

期望、情绪和努力程度等又会对成就行为产生很大的影响。一般而言，把成败归因于内在、可控的因素（如学习努力）有助于学生正确看待自己的学习行为和学习效果，保持良好的动力状态。例如，如果一名小学生把数学考试成绩优异归因于自己在最近一段时间课上和课下比较努力，他就能够更明确这种学习效果与自己学习行为之间的关系，在接下来的学习活动中，继续保持积极主动的学习状态；但如果他把考试成绩优异归因于外在而不可控的运气因素，认为自己之所以考得好，是由于正好在考前练习中解过了与考试题目一样的问题，那么他在接下来的学习活动中，可能就不会保持良好的状态。反之，如果一名小学生把数学考试成绩失利归因于努力不够，接下来他会找到明确的改进方向；但如果他坚持认为这次失利是由于缺乏数学天赋导致的，将会极大地影响他后续学习的信心。

最后，个体的个性差异和成败经验会影响归因的具体表现，长此以往则会形成稳定的归因方式和归因风格。例如，有的人会长期稳定地倾向于把失败归因为自身能力，而有的人则倾向于把失败归因为运气不好。在日常生活与学习中，教师应关注学生的归因风格，引导学生对自己的成败进行恰当的归因，同时指导学生改变不恰当的归因方式。

（三）自我效能感理论

当代著名社会认知心理学家班杜拉把自我效能感视为个体对自己在特定情境下是否有能力操作某种行为的预期，其实质是个体对自己是否能够成功地进行某一行为的主观判断。这一概念指向的不是个体实际的能力水平，而是对自己是否具有某种能力以及对这种能力水平高低所持的主观信念。自我效能感可以被分为一般领域的自我效能感和特殊领域的自我效能感。生活中，我们有时会听说某人很喜欢考试，这种对自己参加各种考试的能力所持的主观判断可以被视为一般自我效能感；而另外一些人则只是更喜欢数学考试，不喜欢语文或者英语考试，他们这种对某一具体领域能力的主观判断就可被看作特殊领域的自我效能感。一般而言，在特定情境下，针对特定行为对自我效能感开展测量和干预可能更有意义。

班杜拉指出，人的行为既要受行为活动所产生结果的影响，又要受一些行为之前的先行因素的影响。结果因素就是通常所说的行为强化，如斯金纳箱中的白鼠按下杠杆会得到食物，这一强化在学习中能够激发和维持行为动机以控制和调节机体的行为；先行因素主要是个体头脑内部的认知（如预期），它们是动机与行为的中介，并可以被分为两种具体内容：结果预期和效能预期。结果预期即人对自己的行为所产生结果的推测。比如一名大学生认为坚持复习就会达到他所希望的考上研究生的最终目的，他就有可能坚持每天早起晚归，去图书馆学习。反之，如果这名学生认为即使自己努力复习，也很难考上研究生，他就非常可能放弃学习的行为。效能预期即人对自己是否具备能够成功地进行某一行为的能力的主观推测。比如一个人认为自己具备很好的临场应变能力与辩论才能，他就可能会去参加辩论的比赛。很明显，自我效能感主要表现为个体在行为活动之前的效能预期，它对个体行为的产生、维持与调节非常重要。

班杜拉的研究发现，自我效能感对行为的重大影响主要有以下几点。首先，自我效能感影响个体的行为取向和对行为任务的选择。日常生活中，人们处处面临做选择、做决定，自我效能感高的人倾向于选择富有挑战性的、高难度的任务，自我效能感低的人则相反，他们由于拥有较低的能力自信，会更倾向于选择容易完成的任务。其次，自我效能感影响人们在困难面前的态度，特别是对任务的努力程度和坚持性。自我效能感高的人敢于面对挫折，有高昂的斗志并且坚信通过努力就能够克服困难，因此他们在任务中会有更多的行为卷入，碰到困难也不会轻易放弃；自我效能感低的人则相反，他们对任务投入的努力程度较低，且很容易在挑战面前放弃。再次，自我效能感能够影响活动中个体的思维方式和情绪反应模式。自我效能感高的人在完成任务的过程中精力充沛、思维活跃，热情开朗、富有激情和自信，在进行活动时，能够集中注意，并能被挫折等激发出更大的潜力；自我效能感低的人面对环境时，由于过多地考虑个人缺陷和不足，可能会充满恐惧与焦虑，把问题与困难夸大，给自己造成更大的心理压力，使结果朝向失败与不利的方向。最后，自我效能感影响个体的归因方式和归因结果。自我效能感高的个体，在归结行为的失败原因时，更可能指向努力程度，这种内部的、可控的归因方式和结果会使得个体保持积极的学习动机；自我效能感低的个体则更可能将失败原因归结为能力方面的问题，从而导致后续的学习动力不足。①

那么，在教育过程中如何培养学生的自我效能感呢？班杜拉提出，自我效能感受到直接的成败经验、替代性经验、言语说服和情绪生理唤醒状态等多种因素的影响，据此可以通过四种途径培养自我效能感。

第一，培养成功的经验。自身亲历的直接成败经验是影响自我效能感的最主要因素，它们能够为学习者提供直接的反馈。成功的学习经验会提高学生对行为的效能预期，而反复的失败经验则会降低个人的学习自我效能感。对于一些每逢大考就容易发挥失常的学生来说，可能就是由之前多次考试的失利导致自我效能感降低引发的。不过这一点并不完全绝对，因为成败经验与自我效能感的关系还会受到归因方式等的影响。成功后的外部归因可能不会提高效能感，而失败后的内部归因也不一定都会降低效能感。

第二，善用替代性经验。替代性经验并非个体的亲历学习经验，而是榜样（观察学习中的被观察者）的行为经验。在《小马过河》的故事中，榜样（老牛和松鼠）的过河经验对于小马来说是间接的、替代性的，但一旦小马把它们作为自己观察学习的榜样时，这些经验将对小马的过河自我效能感产生重要的影响。同理，当学生观察到和自己水平相似的个体在参加某个竞赛中获得了奖励时，他参加同类活动的学习自我效能感可能就会提高；反之亦然。替代经验对个体的影响通常受以下因素的制约：榜样和个体自身的相似性、榜样的数量和种类、榜样完成任务后得到的强化程度，以及学习者和榜样面临的问题情境是否类似。

---

① 郭德俊主编：《动机心理学：理论与实践》，人民教育出版社 2005 年版，第 346—347 页。

第三，恰当地进行言语说服。言语说服即通过给学习者提供诸如“你能行”“相信自己能做到”之类的口头信息，来提升个体的自我效能感。比如，在考试前，教师对学生的鼓励、说服可以增强学生的信心；在完成作业时，父母对孩子的言语鼓励也会提高孩子的表现。言语说服的提供者一般是老师、父母等对学生而言的重要他人，但个体自身也可以进行自我暗示，自我说服。说服有利于激发个体的行为动机，使得他去尝试某一活动，但要获得稳定的自我效能感，还需要行为最终能够产生良好的结果，也即获得直接的成功经验。

第四，保持良好的情绪和生理唤醒状态。情绪和生理上的唤醒状态对自我效能感有重要的影响。诸如悲伤、抑郁、过分的焦虑等负面情绪状态会让学生感到学习缺乏自信，心跳加快、手心出汗等紧张的生理唤醒状态也会让学生感觉缺乏学习技能，考试的底气不足。反之，积极的情绪和生理状态更有助于个体对自己的能力产生信心，从而提升自我效能感。

（四）成就目标理论

20 世纪 70 年代末 80 年代初，德威克（C. S. Dweck）等人将成就目标概念引入成就动机理论。80 年代中期，德威克在社会认知框架研究基础上综合以往成就动机的研究成果，提出了较为完善的成就目标理论，在教育心理学领域产生了重大影响。①

成就目标也称成就目标定向或目标定向，是指个体对自己从事学习行为的目的或意义的认识，如是要证明自己具备学习的胜任力还是要发展自己所具备的学习能力。成就目标理论主要包括两方面的内容：一是对个体的成就目标定向进行分类，二是分析个体产生不同成就目标的原因。在成就目标定向的分类方面，研究者们使用了不同的标签来进行描述，包括掌握定向与成绩定向、学习定向与成绩定向、任务卷入与自我卷入等。这两大类成就目标定向最大的区别在于个体是关注发展自身的能力，还是关注证明自身的能力。如前所述，“考试成绩达到优秀”和“取得跳高比赛冠军”都属于关注证明自身的能力；如果是关注发展自身的能力，则会强调“学会了更多的知识”“掌握了更好的跳高技能”等目标。可见，掌握定向、学习定向、任务卷入三种类型的个体更可能把学习看作是一种目的，强调通过学习活动发展个体自身的能力；而成绩定向和自我卷入类型的个体则更可能把学习作为一种取得成绩的手段或工具，他们更看重学习最终取得的成绩，并希望借助于成绩来证明自身的能力。相应地，两种成就目标定向在学习动机方面的表现分别是：掌握定向的个体更可能迎接具有挑战性的、困难的任务，并把成败归因为努力程度；而成绩定向的个体更可能选择没有挑战性的、容易的任务，并把成败归因为能力水平。

总的来说，学生喜欢追求的目标是清晰的、具体的、合理的，他们往往喜欢中等程度

① Dweck, C.S, & Leggett, E.L. (1988). A social-cognitive approach to motivation and personality. *Psychological Review*, 95(2), 256-273.

的挑战性，且在较短时间内能完成。如果老师比较注重学生的成绩、分数或在竞争中取胜，他们就是在鼓励学生设置成绩目标定向；显然，这会破坏学生的学习能力，阻碍他们成为任务卷入型学习者，使得他们逃避学校学习，并最终导致习得性无助。①

此外，德威克等人指出，个体对成就目标定向的选择受到其自身所持的能力观的影响。学习目标定向的个体倾向于持能力增长观，在他们看来，能力是可以发展、增长的，他们把对任务的理解与掌握和自身能力的发展作为追求的目标；而成绩目标定向的个体则倾向于持能力整体观，在他们看来，能力不容易发生改变，他们更加关心的是如何取得高成就以避免对自己形成低能力的评价。

第三节　学习动机的培养与激发

大量的研究和教育实践表明，学习动机对于学生的学习活动和学习效果起着至关重要的作用，学习动机是学生学业差异的重要影响因素之一。生活中，很多家长、老师都会提到自己的孩子、学生很聪明，智力水平很高，但总是应付甚至讨厌学习。而缺乏学习动机就是其根本原因之一。那么到底应该怎样培养学生的学习动机？本章将从学习动机的培养与激发两方面展开论述。

一、学习动机的培养

（一）提高学习的自主性

一个学生是否具有充分的学习动机，要看其是否把学习当作自己的事情，自主地开展各项学习活动。自主性意味着认可和接纳人作为独立生命个体的存在性，能正确认识学习的社会意义和个人价值，从而把当前的学习和个人发展、社会发展联系起来，让自己成为学习的主人。这样他们才能够形成长远的、持久的学习动机，明确学习的方向，端正学习的态度，激发学习的热情，提高学习的自觉性和积极性，从而提高学习的效率和效果。

具体来说，培养学生的学习自主性可以从以下几项措施入手。首先，帮助学生确定长远的学习目的。可以从实际出发，采取生动、有说服力且适合学生心理发展特点的方法展开教育活动，帮助学生厘清学习的方向、意义和价值。例如，可利用改变认知观念的方法，在学生中经常开展一些讨论活动，如围绕“为什么要努力学习”“知识就是力量吗”等主题展开思考，也可利用榜样示范的原理，结合古今中外杰出人物勤奋学习、努力成才

① Anderman, E.M. & Maehr, M.L. (1994). Motivation and schooling in the middle grades. *Review of Educational Research*, 64(2), 287-309.

的故事，使学生们认识到学习的意义和价值。在此过程中，要注意将课堂内容与学生的生活、经历、需求以及体验联系起来，这会增加学生真正地想要学习这些内容的可能性。① 其次，鼓励学生的进取心和主动性。教师不应通过施压或逼迫的方式要求学生进行学习，而应尽可能为学生创造自主选择、做决策的机会，通过鼓励学生自主选择阅读某一本书、自主决定是否参与某项教育教学活动以及以何种方式参与等途径，给予学生更多的有关主人翁精神和责任感的训练。再次，营造以学生为中心的课堂氛围。按照人本主义心理学的观点，每个人都有一种天生趋向自我实现的动机，这一动机促使个体不断实现自己、维持自己并提高自己。②

（二）增强学习的自我效能感

自我效能感是学习者自我概念的一个重要方面，提高学习的自我效能感有助于改善学习者的自我概念，进而培养其学习动机。例如国内一项研究发现，在教育技术使用行为方面，男生的自我效能感要显著高于女生，因而男生使用教育技术的频率要高于女生，说明自我效能感对于某种具体的学习行为具有重要的动力性影响。③ 如本章第二节所述，在教学中增强学生的学习自我效能感应注意培养学生成功的经验，善用榜样的替代性经验，恰当进行言语说服和保持良好的情绪、生理唤醒状态。同时，应注意把这些措施贯穿于上课、辅导、作业批改、考试和课外学习等教学的各个环节。首先，在上课环节，教师应根据学生发展的个体差异，对不同成绩和不同自我效能感水平的学生区别对待。对待学习成绩好、自我效能感高的学生，可以在提问、教学要求、活动等方面提高标准，启发他们深入思考、积极探究；对待学习成绩暂时落后、自我效能感低的学生，则要注意观察、选好典型，对确有进步的学生提供及时的强化，例如“王东今天的作业完成得又快又正确”。其次，在辅导环节，教师应针对不同学生原有的学习水平对症下药，因材施教，特别是对自我效能感低的学生要有耐心，循循善诱，逐步推进，帮助他们实现从不会到会、不懂到懂的转变。再次，在作业批改环节，教师要注意根据明确的目的分层次布置作业，对学习成绩暂时落后的学生，布置的作业量和难度要适当降低，使其感到经过自己的努力能够完成。如果有的作业确有难度，可以给予必要的辅导和提示。当然，这并不意味着教师降低了教学要求，而是在达到基本教学目标的前提下做出的灵活安排。又次，在考试环节，教师应特别注意引导学生正确看待自身的成绩，进行恰当的归因。要让学生看到自己的成绩与团队标准的差距，更要让他们进行纵向比较，看到自己在学习方面的前后变化。同时引

① Kaplan, A., & Flum, H.(2009). Motivation and identity: The relations of action and development in educational contexts-an introduction to the special issue. *Educational Psychologist*, 44(2), 73-77.

②④ 郭德俊主编：《动机心理学：理论与实践》，人民教育出版社 2005 年版，第 190—191、356—360 页。

③ 薛伟平：《教育技术使用行为的性别差异研究——基于自我效能感的视角》，《教育研究》2015 年第 4 期。

导学生多进行努力程度的归因，保持学习的动力。最后，在课外学习环节，教师也应根据学生在校学习情况和其自身特点，给出一定的建议，帮助学生选择适合自己的学习活动，从而让他们在课外学习过程中也能获得较高的自我效能感。

（三）培养学习的兴趣

“知之者不如好之者，好之者不如乐之者。”① 学习兴趣是影响学习的重要变量，它是指学习者渴望接触、尝试、探究和掌握知识，积极参与学习活动并提高学习效率的心理倾向。学习兴趣是构成学习心理的动力系统中最活跃的因素，是学习活动的最佳动力，也是影响学生学习积极性和自觉性的直接原因。学习兴趣不仅对学生当前的学习起着巨大的作用，也是其日后学习生涯和事业生涯取得成功的重要保证。因此，培养学生的学习兴趣是学校教育教学工作必不可少的环节，具体可以从以下几个方面入手。

首先，改进教育教学方法。从课程标准的角度而言，不同的教师在从事同一内容的教育教学活动时所达到的教学目标是相同的，但采用的方法是不同的，这会直接影响学生的学习兴趣。对于同样的教材，有的老师讲的课能够使学生感到趣味横生，注意高度集中，而有的老师讲的课则可能使学生感到枯燥无味，难以激发学生的学习兴趣，这可能就在于教学方法不同。相比传统的讲授式教学方法，角色扮演和讨论式方法可能更加容易激发学生的学习兴趣。例如在讲到美国的历史时，一位美国老师在课堂上装扮成乔治·华盛顿的模样，学生们则分组扮演来自 13 个州的代表。每个代表小组需要尽可能多地了解自己所代表的州、殖民地时代、美国独立战争和联邦条例下的美国等有关内容，然后进行讨论发言。教师对每个小组所阐述的历史的准确性、恰当性以及内容的组织和表述等方面进行评分。其次，组织学生广泛参加各种实践活动。学生的学习兴趣是在不断的实践活动中逐步形成和发展起来的。单纯的课堂教学不能满足学生对知识的探索需求，要提高学生的学习兴趣，还要让学生多参加相关的实践活动，例如科技领域的“科技创新大赛”“发明大赛”“劳技作品创新大赛”“科普演讲故事会”“无人机竞赛”等。通过给学生搭建平台和提供场地、环境等条件，为他们提供展示自己的科学小发明作品的机会和舞台，能够让他们认识到生活中处处存在科学，认识到学习的重要性和学习所带来的乐趣。最后，建立良好的师生关系。“亲其师，信其道”，师生之间的积极关系对学生学习兴趣的形成和发展有着重要的影响。所谓“爱屋及乌”，学生往往会把对教师的感情迁移到学习上来，因为喜欢某位老师进而喜欢上某一门课程、某一个学科。一项针对两千余名小学生的调查研究发现，师生关系对于学生的学习动机、学业成就具有重要影响，特别是教师与学生的情感距离以及师生之间的地位关系能够直接预测学业成绩。②

① 《论语·雍也》。

② 杨继平、高玲：《小学生学习心理与师生关系的现状调查研究》，《教育研究》2005 年第 1 期。

（四）利用学习动机的迁移

学习动机的迁移是指在学生对原有某种学习活动没有动力的情况下，引导学生把从事其他学习活动的动机转移过来，使学生产生学习的需要，进而推动和维持学习。由于天赋、生长环境不同，学生对同一种学习内容或学习活动的兴趣、动机是有差异的。有些学生对文化课的学习动机不足，但可能对体育艺术活动、科学兴趣小组、实践创新活动、网络互动等有浓厚的兴趣。教师在这个时候就可以因势利导，把学生感兴趣的活动与学习联系起来，使他们产生学习需要。在法国电影《放牛班的春天》中，音乐教师马修正是通过组建合唱团，利用孩子们对音乐的兴趣，引导他们回归正途，从而为这些学生提供了更为积极的成长机会。利用原有学习动机的迁移，需要教师更细心，能够发现学生对某些活动的积极动机，挖掘出他们身上的“闪光点”；需要教师多用心，能够想出办法、抓住机会进行适当的教育，引导他们把这些动机转移到学习活动上来；同时还需要教师有耐心，允许学生在这个过程中出现反复，持续陪伴他们成长。

二、学习动机的激发

（一）恰当设置学习目标

“凡事预则立，不预则废”，作为个体在学习活动中要达到的一种结果，学习目标对于学生非常重要。它既是学习的出发点，也是学习的最终归宿。恰当设置学习目标，即确立合适的、明确的学习目标是每名学生的首要任务。从其内涵而言，学习目标的设置是个体确立活动或成绩标准的过程，这一过程通常涉及明确学习活动的目的、成绩评估的标准、达到目标的水平、完成任务的期限乃至适当的方法策略。例如，一位中学语文教师在布置学生阅读莎士比亚的戏剧名作《哈姆雷特》时，就需要表述以下几层意思：（1）下周文学赏析的课程内容是阅读《哈姆雷特》（明确学习活动的目的）；（2）会出一些多项选择题来检查大家的阅读情况（告知成绩评估的标准）；（3）希望同学们掌握至少80%的题目（明确达到目标的水平）；（4）下周一要考查大家的阅读情况（告知完成任务的期限）；（5）建议每天只读一幕剧，最后通读全剧（提供适当的方法策略）。① 从这一教学案例中可以看出，学习目标的设置需要清晰而明确，同时这个学习目标是适宜且恰当的，目标难度不能太高，也不能太低；过高，学生可望而不可即，过低，对学生缺乏挑战性。只有在学生的能力范围之内，又具有一些挑战性的目标，才能有最佳的动机激发作用。最后，教师还需要在教学中清楚地表达对学生学业的期望（如提前公布评价评估标准），这样学生就会清楚地知道他们必须做些什么才会成功。②

---

① 郭德俊主编：《动机心理学：理论与实践》，人民教育出版社2005年版，第274页。

② Reeve, J., & Jang, H.(2006). What teachers say and do to support students' autonomy during a learning activity. *Journal of Educational Psychology*, 98(1), 209-218.

（二）适当营造竞争氛围

根据马斯洛的需要层次理论，人人都有尊重的需要，希望得到来自他人和社会的认可、接纳与赞赏。因此，学生天性中的好胜心是影响学习活动的一种重要动机。通常来说，学习动机在相对轻松、自由、民主的学习氛围和适当的竞争环境中更容易被激发，学生在这种环境下的学习效能感也更容易被提升。① 此外，通过适当营造学习的竞争氛围，开展学习竞赛，也能够在一定程度上激发学生的学习动机，促进他们的学习行为。例如在短跑比赛中，当发现身边有同学正在紧紧追赶自己或者刚刚超过自己时，个体可能会突然发力，加速前进，从而取得较好的比赛成绩。同样的道理，在学科学习过程中开展学习竞赛，以竞赛中的名次为诱因，可以满足学生自我提高的需要，从而在一定程度上提高学生学习的积极性。比如在某个学科教学课堂上，针对某个重要的问题开设短小的辩论赛，通过对参加辩论学生的辩论质量和积极程度进行评论，评出最佳辩手等。

需要注意的是，你争我抢的竞争氛围也会带来一些消极影响，例如引发学生之间的嫉妒、攀比，破坏班级的团结，等等。有研究认为，当前学生的竞争意识已经很强了，在课堂上更应该强调学生间的合作，即使在设置竞争环境时，也要考虑学习者的特征。② 为了避免这些问题，在组织学习竞赛活动时，要注意通过说服教育使学生正确看待竞争，同时在竞赛标准上突出鼓励进步和团结互助，尽量多用团队竞赛而少用个人竞赛，引导学生把参加竞争的注意焦点更多放到自身能力的发展上来。③

（三）善于创设问题情境

从思维角度而言，教师的课堂教学活动始终与问题相伴随，始终与培养学生的问题解决能力相伴随。通过创设问题情境，提出一个好的问题，既能够培养学生的问题解决能力，更能够激发他们的学习动机。具体来说，创设问题情境是指在教学中提出一些学生用现有的知识和方法不能立即解决的难题，给学生造成一种有目的但却无从达到的心理困境，从而在教材内容和学生的求知欲之间制造一种不协调，引发学生的认知冲突，从而激发学生学习新知的欲望和探究答案的动机。④ 在电视剧播放的过程中，当演到精彩之处时，画面突然停顿，情节戛然而止，我们往往非常希望继续看下去，原因就在于导演在停顿的地方提出了一个重要的问题（如主人公是否会遭遇偷袭等）。试想，课堂中如果教师

---

① 姜兆萍、周宗奎：《学习效能感在高中生班级环境与学习动机间的中介效应》，《中国特殊教育》2011 年第 6 期。

② 徐智鑫：《动机策略、学习动机和动机行为的内在关系——基于大学英语课堂的实证研究》，《外语教学理论与实践》2014 年第 3 期。

③ Urdan, T., & Turner, J.C. (2005). Competence motivation in the classroom. *Handbook of Competence and Motivation*, 37, 70-74.

④ 贾小娟、胡卫平、武宝军：《小学生学习动机的培养：五年追踪研究》，《心理发展与教育》2012 年第 2 期。

都能够通过创设良好的问题情境，从而给学生设置这样的心理困境，接下来的教学就很容易吸引学生的注意了。

那么，教师如何做到善于创设问题情境呢？首先，教师需要熟悉教材和教学内容，在此基础上，教师既可以自己提出一些问题，也可以鼓励学生提出问题。以心理学课堂教学为例，在普通心理学中讲到“错觉”时，教师可以向学生提问：“除了书上所列举的几种常见视错觉以外，你还能找到哪些？”以此引导学生在课外组成小组，自己收集资料，并进行总结和归纳；在环境心理学中讲到“拥挤与行为”时，教师可以布置作业，让学生到街头进行实地观察和体验，围绕“拥挤”现象，自己提出研究的题目以及解决问题的方案。其次，教师要注重把学科内容与真实的情境结合起来，因为只有问题情境与学生在实际生活中或将来在职业生涯中遇到的情境尽可能相似，才能保证充分调动学生的学习积极性。尽可能地把学科内容和真实世界联系起来提出问题，有助于学生对知识和技能的充分掌握。例如，一位教师在讲到黄土高原的相关内容时，可以把电脑模拟出的几千年前的黄土高原的图片和现在的图片并列比较，以此对比说明环境变迁、水土流失等问题。最后，教师还要充分了解学生已有的认知结构状态，在新的学习内容与学生已有的发展水平之间创设最近发展区。一个良好问题的初始状态应该是开放性的，即它与学生的生活密切相关，是基于先前习得的知识经验，同时这一问题在目标上又有较高的水平，这样形成维果斯基所说的最近发展区，可以激发学生去主动深入地探究和理解教师所讲授的知识。

（四）巧妙运用奖惩手段

奖惩手段是行为塑造的重要工具，也是激发学生外在学习动机的重要措施。通过对学习结果进行评价进而实施奖惩，能够有效促进学生的学习。正因如此，奖惩手段在基础教育和高等教育不同学段、不同类型学校的教育管理中一直被广泛地运用，如奖状和奖励证书制度、奖学金制度、淘汰（试读）制度、期末评优评先制度（三好学生、优秀学生干部、优秀团员等），批评、警告、记过、留校察看、开除学籍等处分制度。奖励的效果通常优于惩罚，所以在教学中要给予学生更多的表扬而少一些批评。在奖励儿童时，也应多用精神鼓励，少用物质奖励，并且注重荣誉教育，使得儿童为维护荣誉付出努力，并使得儿童的自我发展成为儿童的自觉行为。① 但是，对这些手段的过多使用或者使用不当，也会产生消极的影响。以外部奖励为例，如果过多使用，将可能导致外部动机过度，从而破坏学生的内在动机。例如，低年级小学生最初认真完成作业，可能是出于对学习任务本身的兴趣。但家长在看到孩子认真完成作业后很高兴，掏出 100 元来进行物质奖励，这一状况下的外部刺激不仅难以帮助学生获得荣誉感和自信心，反而会使他们的学习目标偏移，

① 崔华静、李军靠：《洛克奖惩教育思想及启示》，《基础教育研究》2015 年第 22 期。

导致内在动机受损。因此，应该注意奖惩手段的巧妙使用，具体包括以下五点。①

第一，选择恰当的强化物或奖励诱因。在行为主义的经典实验情境中，奖励诱因通常是与生理需要有关的事物，如白鼠按动杠杆后吃到的食物。显然，这一事物不适用于人类的学习行为，因为除了低龄儿童，大多数学习者不会为了得到一颗漂亮的糖果而进行学习活动。换言之，人类的学习动机更多指向的是比较复杂的奖励诱因。例如，一年级的小朋友愿意写作业可能是因为妈妈答应他可以去一次游乐园，而八年级的初中生努力学习则可能是因为这样可以和同学一起去看场电影。总之，巧妙运用奖励意味着一定要根据被强化对象的需求特点，“投其所好”，选择适合他们的强化物，这样奖励的作用才能最大化。

第二，奖励要面向所有学生，做到“因材施奖”。通常奖励更多地指向表现优秀的学生，例如不少班级通常会奖励考试前几名的学生，但这种做法值得商榷。事实上，所有的学生都需要被奖励，奖励应该面向全体学生，并根据各人不同的情况因材施奖。例如，可以通过设立“进步奖”“达标奖”“优秀奖”等不同的奖励形式，激励班上成绩提高最多的学生，或者持续不断进步的学生。针对学生经过个人努力能够达到的目标开展奖励，让他们每个人都感受到学习的成就感和价值感，可以有效地提升学习自我效能感和学习动机。分层奖励可以使得奖励更为公平，可以更好地预防学生产生不平衡心理或者由一些教师偏见所导致的班级排挤现象出现。比如对总成绩在中游的偏科学生进行夸奖：“这位同学在语文学习上一直很有天分，在这次考试中，数学成绩也比之前进步了很多，如果这种进步持续下去，也许我们就可以期待下一个陈景润的出现了。”

第三，奖励可以延时，惩罚最好即时。在行为塑造的最初阶段，奖励需要即时进行，即看到孩子好的学习行为马上给予表扬、鼓励，发放奖品。但随着行为模式的确立，奖励需要改即时为延时，即在行为表现之后不急于发放奖品，而是等一段时间之后才会有奖励。这么做的一个好处是能够培养学生的延迟满足能力——一种重要的情绪管理能力，从而有助于他们后期进行复杂的学习活动。但是，学习中一旦发现学生身上有需要停止或减少的不良行为，相应的惩罚需要尽快启动，体现即时性。例如，看到学生写错字后最好尽快纠正、指出，避免学生形成写错字的习惯；发现学生不能按时认真完成作业时，也要马上批评，对他们提出明确的要求，矫正这些不良的行为。

第四，恰当地联合运用表扬和批评。按照布罗菲（J. E. Brophy）的观点，有效的表扬应具备以下特点：针对学生的积极学习行为；明确指向学生的某种具体的学习行为；应真诚，发自内心；体现强化的目的，即让学生明白如果投入适当的努力，将来还可能成功；最后还要让学生感到接受表扬与他们喜欢任务有关，并有助于形成相关能力。② 恰当

① 郭德俊主编：《动机心理学：理论与实践》，人民教育出版社 2005 年版，第 236—245 页。

② Brophy, J. (1986). Teacher influences on student achievement. *American Psychologist*, 41(10), 1069-1077.

地联合运用表扬和批评意味着在表扬过程中可以指出问题，而在批评时又要适度肯定，这样有利于学生明确学习行为改进的方向，同时保持适度的自信心。

第五，避免奖惩的误用。事实上，有效地进行奖惩并不容易，很多时候人们会出现误用，从而导致效果适得其反。调查发现，在课堂中有大量的表扬或批评没能针对学生的正确行为，而经常给予了那些不值得奖惩的行为。例如，一名小学生在课堂上做完作业之后，没有像其他同学一样继续安静地看书，而是开始玩书包里的小东西。老师发现后对他这种行为进行了“惩罚”——要求他到讲台上来维持全班的纪律，观察全班同学是否在认真地看书或者写作业，一旦发现有不认真的同学，则把名字记到黑板上。出乎老师意料的是，这名学生对这种“惩罚”措施很喜欢，他很享受在黑板上记下别人的名字、维持纪律的行为，因此他在以后的课堂上更可能会出现注意不集中、学习不认真的情况。这一案例中的老师，就是误用了奖惩措施，导致原本的惩罚变成了奖励，从而错误地强化了学生的不良学习行为。

知识窗8－1

如何进行恰当的表扬

萌萌在家里玩拼搭积木的游戏。看着她即将完成的大飞机，妈妈非常高兴，连续夸奖她：“你真棒，你真聪明！”萌萌非常高兴，继续她的飞机组装工作。可是没多久，她却大哭起来，因为她发现之前在拼搭的过程中漏掉了一个内部的零件，导致现在的工作无法继续，需要拆开很多积木重新拼搭。发现这一情况后，妈妈赶紧过来安慰她。这时候，萌萌向妈妈提出了一个问题：“妈妈，既然我很聪明，很棒，为什么不能做好这件事呢？”对此情境，妈妈应该如何应对呢？

在儿童的家庭和学校教育中，表扬是一种常用的强化手段。但是不恰当的表扬不仅不能达到我们想要的目的，反而可能对被表扬个体产生负面的影响。判断表扬是否恰当，要把握以下几个要点。

1. 恰当的表扬要指向具体的行为。随着年龄的增长，儿童对自我的评价会从无条件认同他人评价向有独立见解的评价发展。如果表扬过于泛化（如“你真聪明，真棒！”），一旦面临现实的挑战（如拼搭积木不顺利），会让儿童产生评价的不一致感，对自身整体能力产生怀疑；但如果表扬指向具体行为，则能够帮助学习者明确学习行为与结果之间的关系，进行恰当的归因，即使遭遇挫折也不会对自己产生太大影响。

2. 恰当的表扬强调过程取向为主，辅以个人取向和结果取向。表扬的内容不能仅仅停留在“你真聪明”“你真棒”，重点应放到表扬孩子坚持不懈、持续努力的过程上来，否则会影响儿童对智力、能力的看法。因此，恰当的表扬应该是“你能专心地拼搭积木这么长时间，真棒”或者“碰到困难不退缩，你能坚持完成这件事情，妈妈真为你自豪”。

3. 恰当的表扬应该是公平的，包括对某个个体不同的方面以及对不同层次个体的表扬。表扬既要符合事实，避免被表扬者认为这是故意的夸大或者有意的行为操纵，同时又要兼顾个体发展的不同方面，以及发展水平不一的各个学生，体现公平性原则。

总体上，根据以上这些要求所进行的恰当表扬应该是这样的：

●今天的这项作业又长又难，但是你坚持做了，真棒！

●你能够不离开座位，认真听讲，真好！

●我很高兴你能自己独立思考，用了这么多种方法解决这道数学题，尽管还没解答出来，但你的表现让老师很满意！

[资料来源]

(1) 何木叶：《基于儿童心理的有效表扬》，《现代教育科学》2007 年第 8 期。

(2) 吴维屏：《如何对儿童进行有效的表扬——国外有效表扬研究对实践的启示》，《外国中小学教育》2008 年第 11 期。

小结

学习动机作为学习活动的一种心理动力机制，在学生的发展过程中起着重要且不可替代的作用。一直以来，学习动机都是教育心理学研究课题中的重点之一，随着研究的不断深入，纷繁复杂的学习动机理论所触及的范围也越来越广。本章主要就学习动机的概念与类别、主要的理论观点及如何培养与激发学习动机进行了较为全面系统的论述，以期帮助读者站在整合的角度上理解学习动机，并在未来的教学和学习活动中恰当地运用相关的方法与技术。

思考与练习

1. 什么是学习动机？学习动机的结构是什么？
2. 学习动机可以如何分类？请分别举例说明。
3. 请谈谈学习动机和学习的关系。
4. 请对几种学习动机理论进行简要对比与评述。
5. 请结合实例，阐述教师如何培养和激发学生的学习动机。

拓展阅读

1. Anderman，E. M. & Maehr，M. L.（1994）. Motivation and schooling in the middle grades. *Review of Educational Research*，64（2），287-309.

2. Skinner，B. F.（1963）. Operant behavior. *American Psychologist*，18（8），503-515.

3. 郭德俊主编：《动机心理学：理论与实践》，人民教育出版社 2005 年版。

第九章　知识获得与迁移及问题解决能力的培养

启发与引导

- 有些知识学完后就忘记了，有些虽然记住了，但往往是零碎的。如何建立良好的知识结构？
- 虽然我们头脑中储存了许多知识，但遇到问题时经常不知道如何使用这些知识。如何提高学以致用的迁移能力呢？
- 许多学生都感到课堂学习的内容与现实生活是脱节的。如何解决这一问题呢？
- 有人认为问题解决主要依赖一般认知能力，也有人认为具体领域的知识是问题解决的前提条件。你对此是如何看的？
- 无知者无能。你对这句话是如何理解的？

知识是人类适应环境、改造环境及进行创造性活动的基础。学生学习的主要任务之一就是掌握科学的知识，建构合理的知识结构，进而用于解决相关问题。良好的问题解决能力的形成和发展是建立在相关的知识经验基础之上的；学生通过学以致用的迁移活动，使知识得以转化为问题解决能力。了解知识获得与迁移以及问题解决的基本规律，有助于教师更有效地帮助学生掌握知识，培养学生的知识迁移能力与问题解决能力。

第一节　知识获得与促进

“知识”是我们经常使用的一个概念，但究竟什么是知识呢？知识主要有哪些常见类型？知识获得的过程是怎样的？促进知识获得的有效教学策略有哪些？本节将围绕这些内容展开讨论。

一、知识的内涵与类型

（一）什么是知识

当我们要对知识进行界定时，不可回避的一个问题是：知识就其本质而言是客观的，还是主观的？一方面，知识是在主客体相互作用的基础上形成的，不同的客观事物在一定程度上决定着不同知识的产生。而人类产生的知识通常借助于纸质印刷物、芯片、大脑或其他各种形式的物质载体来加以储存或展现。因此，从知识的来源以及人类知识的储存形式来看，都是具有客观属性的。另一方面，知识是个体对某个情景或事物的主观解释，这种主观解释既有可能因人而异，也有可能是人们所达成的一种共识。无论能否达成共识，无论正确与否，知识都是个体主观生成的产物。因此，知识又具有主观性。

一般而言，知识可以在两个层面上加以区分。一是人类知识，该类知识经常以书籍、计算机或其他载体来储存，构成人类所具有的信息总和。二是个体知识，是某个个体在头脑中所具有的信息总和。无论是人类知识还是个体知识，其实质都是对客观事物的主观表征。为此，我们将知识界定为：人类通过与环境的相互作用而在头脑中形成的对事物属性和联系的主观表征。

（二）知识的主要类型

对知识类型的划分可以从多个角度进行，此处介绍几种较为常见的知识分类。

1. 感性知识与理性知识

感性知识是对事物的外表特征和外部联系的反映，如儿童有关鸟的知识主要体现在是否会飞、有无翅膀等表面特征上。理性知识则是反映事物的本质特征与内在联系，包括概念和命题两种形式。概念反映的是事物的本质属性以及各属性之间的本质联系，如“能被2整除的数叫偶数”就是一个概念。命题也就是我们通常所说的规则、原理、原则，它表示的是概念之间的关系，如“长方形的面积等于长乘以宽”。

2. 具体知识与抽象知识

具体知识指具体而有形的、可通过直接观察而获得的信息。该类知识通常可以用具体的事物加以表示，如有关日期、地点、物品等方面的知识。抽象知识指不能通过直接观察，只能通过定义来获取的知识。这类知识往往是从许多具体事例中概括出来的、具有普遍适用性的概念或原理，如有关道德、人性等的知识。

3. 结构良好领域知识与结构不良领域知识

结构良好领域知识是有固定答案的知识，如需要背诵的课文中的语言知识、数学四则运算法则等。结构不良领域的知识是指比较复杂的、没有固定答案的知识。比如，有关如何提高学习动机、如何改善学习态度的知识。

4. 陈述性知识与程序性知识

陈述性知识也称描述性知识，主要反映事物的状态、内容及事物变化发展的原因，说明事物是什么、为什么和怎么样的知识。例如，颜色或物体的名称、日期或时间、地理位置、公式或理论等，也可以是陈述某种观点，如“生命在于运动”。最典型的陈述性知识主要有两类：语义知识和情景性知识。语义知识是相对抽象的知识，不受特定的时间和地点的限制，如各学科中的一些概念、原理、理论等。情景性知识是与具体的场景或者事件有关的知识，如某次令人难忘的聚会、庆典中的事件等。语义知识通常是事实性的、概念性的，而情景性知识通常是自传体式的，即带有明显的个人色彩和情节性。

程序性知识也称操作性知识，是关于“怎么做”的知识，主要包括活动的具体过程和操作步骤，是一种实践性知识。例如，知道如何运用四则混合运算法则来解题，知道如何对事物进行分类，知道如何区分不同的几何图形等。由于它主要涉及做事的策略、方法或流程，因此也称为策略性知识或方法性知识。

虽然我们对知识进行分类，但在建构知识结构以及运用知识去解决问题时，不同类型的知识之间通常是相互联系的。比如，小学生只有先掌握四则混合运算法则这种陈述性知识后，他们才有可能在实际的解题中运用这些法则计算出结果。再比如，为了帮助人们记住各种时间、空间或者事件发生的序列性知识，可以建立一个情景性模型，将有关的语义知识、程序性知识以情景化的方式组织起来，建构一个整合的知识结构。心理学中所讲的许多记忆方法都是借助情景模型，将不同类型的知识有机组织起来，形成一个有意义、易提取的知识结构。

二、知识获得的基本过程

知识获得是指通过一系列心智活动在头脑中建立起相应的表征及认知结构的过程。无论是何种类型的知识，其获得都需要学习者进行积极主动的构建，将新旧知识加以整合，以建立起相应的知识结构。知识获得不是一蹴而就的，通常要经过一系列的心智活动过程，其中直观、概括、具体化、巩固是知识获得过程中相辅相成的几个重要环节。

（一）直观

直观是指对直接感知到的事物的表面特征进行加工，从而形成具体的、感性的认识的过程。直观是学习者领会及构建知识结构的起点，是由不知到知的开端环节。例如，在数学课上，给学生呈现实物图片，以帮助学生理解数字所代表的意义；在科学课上，向学生呈现不同植物的图片和标本，以丰富学生对植物属性的理解。缺乏直观这一环节，学习者有可能从字面上死记或套用一些空洞的概念或法则，难以从实质上真正把握其内涵，甚至会产生曲解。

直观有多种方式，在实际教学中，最常见的直观方式有实物直观、模像直观和言语直观三种。实物直观即直接感知要学习的实际事物，如观察动植物、观看实验演示、实地参观等。通过直接观察、接触实际事物，学习者易于形成对事物的真实而形象的认识，这样有利于激发他们的学习兴趣和积极性。模像直观即借助于模拟性形象而非真实的实物来感知其特征。图片、模型等都属于模像。模像可以通过扩大缩小、加快放慢、虚实互换等手段，突出事物的本质要素。例如，细胞结构图放大，突出了细胞的构成要素；地图缩小比例尺，可以展示更广的范围。再比如，通过录像观看动植物生长过程，通过动画模拟化学反应过程等。模像直观正是因为具有这些独特的优点而成为现代化教学的重要手段之一。言语直观则是通过对形象化的语言进行感知与想象而进行的一种能动反映。言语直观在人文历史类知识的学习中最为常见。学习者通过教师或讲解者的形象化的言语描述，在头脑中建立起相应的场景或形象。言语直观通常不受时间、地点、设备条件的限制，可以随时且广泛使用。三种直观方式各有其独特的作用及各自适用的条件，在实际学习与教学中，可根据具体的学习内容及学习条件，选择适宜的直观方式，或多种直观方式配合使用。

（二）概括

概括是在头脑中对感性材料进行加工、改造、组织，从而获得对一类事物的特征与内在联系的理性认识的过程。概括是使学习者的认识由具体上升到抽象、由特殊上升到一般、由感性上升到理性的必经过程，是领会、理解知识所不可缺少的关键环节。在实际教学中，只有引导学生对学习内容进行概括，才能使其进行深度学习，把握事物的本质。

根据抽象程度的不同，可以将概括分为感性概括和理性概括两种。感性概括即直觉概括，是在直观的基础上自发进行的一种概括方式。例如，学生认为的“主语就是句子开端部位的词”，“鸟就是有翅膀、能飞的动物”或者“坏人长得都很难看”等，实际上就是一种感性概括。这种概括只是在比较和综合事物的外显特征的基础上形成的，没有反映事物的本质特征和内在联系。值得注意的是，学生经常采用这种感性概括的方式来加工信息，由此可能导致其产生一些错误观念。因此，教师应意识到感性概括在学生学习过程中的普遍性，引导学生采用更为合理的概括方式。理性概括是在对感性知识进行分析、比较、抽象等一系列加工的基础上，来揭示事物一般的、本质的特征与联系的过程。理性概括不是自发进行的，而是通过一系列的主动思维活动来实现的。对学生而言，理性概括往往是在教师引导下得以实现的。因此，教师不仅要重视概括，更重要的是使学生形成概括的意识和技能，促进学生从感性概括向理性概括升华。

（三）具体化

具体化是将所学的概括知识推广到同类事物的其他具体对象中去，使抽象知识同具体事物建立起联系的过程。例如，在数理化的学习过程中，学生依据所领会的概念、定理或法则等知识，去完成习题或解决有关的问题，如辨认同类的有关事物，解决、说明同类的有关现象，或是去完成相应的操作，等等。在语文知识的掌握过程中，学生利用在范文中学得的语言、文学知识去分析作品中句子的语法结构或写作技巧，或模仿范文的写作特点，去描述、分析人物与事件，等等。具体化是知识掌握过程中不可缺少的一个阶段，通过具体化，可以激发学生学以致用的积极性，检验知识的实际领会水平与知识的巩固程度，进一步扩展、丰富和完善已有的知识经验，进而提升学生运用知识解决问题的能力。

具体化是由一般到个别、由抽象到具体、由理性到感性的过程。从逻辑意义上来说，具体化可以看作是演绎过程。有研究者认为，从直观到概括，可以说是“第一级的抽象”，而从概括到具体化，则可以说是“第二级的抽象”。之所以说是第二级的抽象，是因为具体化有助于进一步提升已有知识经验的认识水平，建构更具有整合性和概括性的知识结构。

（四）巩固

巩固是指学习者对信息进行编码和重复学习，以加深知识的记忆痕迹、克服遗忘的过程。通过巩固，所学内容被合理地编码及储存，进而成为认知结构的有机组成部分。知识只有被个体内化到头脑的认知结构中，才能在问题解决中更好地发挥其定向指导作用。如果一个学生不能及时地巩固所学的知识，则意味着无法将他人的经验转变为自己的经验，因此也就无法积累经验和利用经验。尽管科技进步使得人们更多地借用便捷的工具来减轻大脑记忆的负担，但从学习及有效问题解决的角度来看，如果头脑中缺乏必要的知识经验，那只能是巧妇难为无米之炊，既降低了学习的效率，又无助于创造性地解决问题及发展智慧。因为对于基本事实、原理、原则等的理解与熟记，不仅不会妨碍创造，反而可以为创造活动提供必要的基础，为个体更好地适应环境和改造环境提供正确的导引。创造活动不可能在毫无知识经验的基础上进行，否则只能是低层次的直觉与盲目尝试。

对知识的巩固通常需要学习者付出努力，有意识地对新旧信息进行分析、整合，搭建知识结构并储存于长时记忆中。知识的记忆是一个动态的过程，表现为贮存知识的量和质两方面都会发生不同程度的变化。在量的方面，记忆的知识随着时间的推移有可能会逐渐减少，产生一定程度的遗忘；在质的方面，记忆的知识可能会变得更加简略、概括、合理，或变得更为具体、夸张，甚至有可能失真。为此，应采取措施克服知识的遗忘，提高知识获得的准确性与持久性，进而为建立良好的知识结构奠定基础。但需要注意的是，在有些情况下，应强调对知识的理解而非细枝末节的记忆，以减轻不必要的记忆负担。

直观、概括、具体化与巩固是知识获得过程中的基本环节，它们交织在一起，相辅相成。丰富生动的直观为概括提供了基础，而概括又提升了知识获得的水平，为后续的具体化做好了铺垫。具体化则在运用知识解决同类问题的过程中，进一步充实、验证、提炼直观与概括所得的结果，提升知识掌握的水平。生动的直观、准确的概括以及具体化促进了知识的识记、编码，在理解的基础上进行记忆，增强了知识获得的准确性与持久性，而巩固了的知识作为先前经验，为后续新知识的获得奠定了基础。

三、促进知识获得的教学策略

在知识获得的不同阶段，起关键作用的因素及所需的条件各不相同。下面列举一些常用的有效教学策略，教师可结合知识获得的具体阶段，来选用或综合使用适当的教学策略。

（一）借助信息技术促进学生的多样化直观

信息技术的不断升级变革，在一定程度上促进了课堂教学方式的优化。教师可以根据教学内容的具体情况，充分利用互联网或其他多媒体手段，结合多种直观的方式为学生提供恰当的素材或途径。例如，在教授细胞结构时，先用放大而简化的挂图或者视频来说明细胞的结构，让学生进行模像直观；然后再让学生用显微镜观察，进行实物直观。同时，教师还可通过生动、准确的讲解，引导学生进行言语直观。

至于采用何种技术手段，进行何种方式的直观更有效，或者按照何种顺序来引导学生使用不同类型的直观，并不存在固定模式。技术手段并非越高级越好，直观方式也并非多多益善，应根据学习内容的特点及学生已有的知识水平，选用最适宜的直观方式，以激发学生的学习动机，提高教学效率。否则流于形式，就会分散学生的认知资源，干扰其深层次的认知加工。

知识窗9－1

多媒体设计的七个原则

美国心理学家理查德·迈耶基于大量研究，提出了使用多媒体教学时应遵循的七个原则。

1. 多媒体认知原则：学生学习语词和画面组成的呈现比学习只有语词的呈现效果好。

2. 空间接近原则：书页或屏幕上对立的语词与画面邻近呈现比隔开呈现能使学生学得更好。

3. 时间接近原则：相对应的语词与画面同时呈现比继时呈现能使学生学得更好。

4. 一致性原则：当无关的词语、画面和声音被排除而不是被包括时，学生学得更好。

5. 通道原则：由动画和解说组成的呈现比由动画和屏幕文本组成的呈现能使学生学得更好。

6. 冗余原则：由动画加解说组成的呈现与由动画加解说再和屏幕文本组成的呈现相比，能使学生学得更好。

7. 个体差异原则：设计效应对知识水平低的学习者的影响要强于对知识水平高的学习者，对空间能力高的学习者的影响要强于对空间能力低的学习者。

［资料来源］

［美］迈耶著，牛勇、邱香译：《多媒体学习》，商务印书馆2006年版，第237页。

鉴于直观过程中通常需要学生进行观察，因此，教师应注重培养学生的观察能力。比如，明确观察的目的和任务，指定观察的中心和范围，指导学生遵循一定的流程进行观察，同时提醒学生做好观察记录等。此外，教师还应创设条件，让学生自己动手操作实验或者直接参与到实物或模像的制作过程中，以改变学生被动观察的方式，激发学生积极参与的热情，促进学生的学习投入。

（二）利用变式及正反例

所谓变式，就是变换同类事物的非本质特征，以突出该类事物的本质特征。教师可以借助多种直观材料，通过对比，来凸显事物的核心本质特征。例如，在学习“鸟”这个概念时，教师除了列举大家比较熟悉的麻雀、鹦鹉、鸽子作为鸟的典型例证外，还可以列举鸵鸟、天鹅、企鹅、孔雀等，使学习者通过对比认识到身体大小、形态、颜色、生活习性以及是否会飞等并不是“鸟”这一概念的本质特征，唯有羽毛才是。

为了突出所学内容的关键特征，教师可以通过给出正例和反例的方式来进行。正例又称肯定例证，指包含本质特征和内在联系的例证，如麻雀、鸽子等都属于鸟的正例。反例又称否定例证，指不包含或只包含了小部分本质特征和内在联系的例证，如蝙蝠、蝴蝶等都属于鸟的反例。无论是正例还是反例，其目的都是促进学生概括事物的本质特征，不受无关特征的干扰。教师要意识到，在学习某些知识之前，学生的头脑中可能存在一些错误的直觉认识或前科学概念，它们会对学生准确掌握新知识造成不同程度的干扰，如，认为鸟是有翅膀、会飞的动物，鱼是在水中、会游泳的动物等。为了帮助学生更为准确地理解、掌握新知识，教师应有意识地针对学生已有的错误认知，综合使用正例和反例，更鲜明、准确地彰显出事物的本质特征和内在联系。

如何呈现各种变式或正反例呢？教师可以按照“规—例—规”的方式进行。第一个“规”即教师先呈现规则或概念的定义，并给予适当的解释；然后给出“例”，即各种变式、正反例等多样化的事例，引导学生进行比较、分析等；最后再次给出“规”，即强化学生对所学内容的核心要点的认识。

（三）指导学生掌握科学的记忆策略

有效的复习是巩固所学知识、避免遗忘的基本方法。德国心理学家艾宾浩斯曾对记忆规律进行研究，揭示了遗忘发生的先快后慢的特点。既然在刚刚学完后不久，遗忘就会发生，且一开始遗忘量很大，那么及时复习是非常有必要的。唯有及时复习，才可能避免更多内容的遗忘。根据遗忘发生的规律，在复习的初期，每次复习所用的时间要长些，复习次数要多些。随着巩固程度的提高，后续每次复习的时间可以逐渐缩短，间隔加长。

知识的巩固程度与复习的次数密切相关，一般而言，复习次数越多，记忆效果越好。据此，心理学家肯定了过度学习的必要性。过度学习即在刚好能够记住所学内容的情况下再重复学习几遍。如在学习 4 遍后，刚好能背诵一首诗；那么，之后再学 2—4 遍，即过度学习。需要注意的是，对知识学习而言，过度学习并不意味着复习次数越多越好。通常学习的熟练程度达到 150％时，记忆效果最好，否则过犹不及，很可能由于学生的厌倦、疲劳等状态使学习成为低效甚至无效的活动。当然，对于技能学习而言，若要达到熟练化、自动化，则需要更多的过度学习或练习。

在记忆所学内容时，还应尝试背诵或自我测查。一遍遍地重复学习虽然对记忆有一定效果，但若能够尝试着背诵或者进行小测验，并根据测查结果来调整自己的学习与记忆，则所学的内容更易保持长久。简言之，测验有助于增强记忆内容的长期保持。这种现象也被研究者称为测验效应。

有效的记忆通常是在理解的基础上进行的，因此，教师除了关注学生的记忆策略外，更应引导、训练学生主动、恰当地掌握其他有效的学习策略，比如做摘录、写提要、记笔记、画思维图或心智图等（结合阅读本教材第十三章相关内容）。长期的方法或策略训练将有助于学生主动加工、理解和储存所学内容，并为后续知识的掌握、应用及迁移奠定坚实的基础。

第二节　知识迁移与促进

如何将习得的知识经验用于解决问题，以达到学以致用的目的？这就涉及迁移。举一反三、触类旁通等都可以看作是典型的迁移现象，那么迁移是如何发生的？有哪些类型？研究者针对迁移问题提出了哪些观点？教师在学校教育中如何培养学生的迁移能力？本节将围绕这些问题进行阐述。

一、知识迁移及其主要类型

（一）迁移的含义

迁移是指一种学习对另一种学习的影响，或习得的知识经验对完成其他活动的影响。迁移广泛存在于我们的学习活动中：例如掌握汉字“青”之后，再学习“晴”“请”“清”“情”“蜻”等汉字时，就比较容易；再比如，学过加法有助于乘法的学习。可以说，几乎所有的习得经验都是以各种复杂的方式相互联系起来的。学习者习得知识经验后，在适当的条件下，将其用于新的学习或用于解决某个问题，进而充实、完善原有的知识结构。这些知识经验之间的相互影响都可以视为学习迁移现象。

迁移是能力形成过程中不可缺少的重要环节，因为学习的最终目的并不只是将知识经验储存于头脑中，而是要应用于各种不同的实际情境中，解决相应的问题。而能力也正是在解决一系列问题的过程中逐步建立起来的。可以说，能力的形成和发展是通过广泛的迁移来实现的。没有迁移，我们只能反复地盲目尝试，能力的形成则成为空谈。此外，教师唯有依据迁移规律进行教学，才有可能使学习者在有限的时间内学得更快、更好，提高教学效率。

（二）迁移的类型

学习迁移现象是多种多样的，研究者从不同的角度对迁移进行了分类，每种分类都强调迁移的某个方面。下面介绍几种常用的迁移类型划分。

1. 正迁移与负迁移

正迁移指一种学习对另一种学习起到积极的促进作用。如平面几何的学习促进立体几何的学习，阅读技能的掌握有助于写作技能的形成。正迁移表现在学习者对于新知识或解决某一问题具有积极的心理准备状态，从事某一活动所需的时间或练习次数减少，学习效率提高。

负迁移指两种学习之间的相互干扰、阻碍。如小学生在学习分数的时候，受到先前关于整数概念的影响，往往认为 1/5 比 1/3 大。负迁移经常表现在产生僵化的思维定式，缺乏灵活性、变通性，使某种学习难以顺利进行，学习效率低下。

2. 一般迁移与具体迁移

一般迁移也称普遍迁移，是将一种学习中习得的一般原理、方法等迁移到另一种学习中去，即将原理、原则和概念具体化，运用到具体的情境中。例如，掌握了 10 以内的加减法，学生就很容易学会 100 以内的其他加减法；学会了造句的规则后，学生就可以用各种词汇造出不同的句子。美国著名心理学家布鲁纳非常强调一般迁移，他认为基本的原理、基本的态度具有广泛的适应性，能适用于许多表面特征不同但内在结构特征相同的多种情境，并且能使以后的学习变得较容易。

具体迁移也称特殊迁移，指将一种学习中习得的具体的、特殊的经验直接迁移到另一种学习中去，或经过某种要素的重新组合，迁移到新情境中去。例如，小学生在学完加减乘除运算以后，在四则混合运算的学习中，就可以把已有经验加以重新组合来解决问题。在乒乓球运动学习中，推挡动作的学习可以直接迁移到左推右攻这种组合的动作学习中去。具体迁移的范围往往不如一般迁移广，仅适用于非常有限的情境中，但这并不意味着具体迁移不重要，相反，它对于系统掌握某一领域的知识是非常重要的。

3. 近迁移与远迁移

近迁移是指将所学的知识经验迁移到与原初的学习情境相似的情境中。比如，学习汉字“木”之后，迁移到“林”“森”等汉字的学习中。这些学习内容相似度较高，容易产生近迁移。

远迁移指将所学的知识经验迁移到与原初的学习情境不相似，但可迁移的其他情境中。通常情况下，当把校内所学的知识经验迁移到校外的实际生活中时，或者将不同学科习得的知识经验整合起来，灵活而创造性地应用所学知识经验来解决新的问题时，都可以视为产生了远迁移。比如，学生将课堂中习得的写作知识与技能应用于日常生活中的写信、写日记等，都是产生了远迁移。

当然，远与近是相对的，近迁移与远迁移在学习过程中同样重要。近迁移训练有助于学生牢固掌握基本的知识技能，远迁移训练有助于学生深化认识，拓展知识结构，创造性地解决问题。

4. 水平迁移与垂直迁移

水平迁移也称横向迁移，指处于同一抽象和概括水平的知识经验之间的相互影响。学习内容之间的逻辑关系是并列的，如直角、钝角、锐角、平角等概念之间的关系是并列的，都处于同一抽象和概括水平，各种概念的学习之间的相互影响即水平迁移。

垂直迁移又称纵向迁移，指处于不同抽象和概括水平的知识经验之间的相互影响。垂直迁移通常表现在两个方面，一是自下而上的迁移，即下位的较低层次的知识经验影响着上位的较高层次的经验学习，如对具体事例的理解有助于相关概念和原理的掌握。二是自上而下的迁移，即上位的较高层次的知识经验影响着下位的较低层次的知识经验的学习，如掌握“角”这一概念对直角、锐角等概念的学习有一定的影响。

二、知识迁移的基本理论

迁移历来是教育心理学家重视的一个主题。针对迁移是如何发生的、有什么规律等一些基本机制的问题，学者们进行了广泛的探讨，由此提出了不同的观点或理论。

（一）形式训练说

形式训练说是基于官能心理学而提出的。官能心理学认为，人的“心”是由多个生来具有的官能所组成的，这些官能包括观察力、注意力、记忆力、想象力、理解力、判断力、推理力、意志力等。

作为一种早期的迁移理论，形式训练说认为各种心理的官能可由在一种科目或一种题材上受到训练而整体发展起来。具体而言，各种官能如同心理的肌肉，可以通过练习而得到加强；而得到加强的官能，又会自动地、无条件地迁移到其他活动中。例如，一个人在数学方面的推理能力很强，那么他在其他领域中的推理能力也一样强。此外，某些学科对于训练或发展某一种或某几种官能具有特殊的作用和价值。比如，学习几何有助于改善逻辑推理能力，学习文学有助于改善想象力，身体训练可以发展意志力，等等。

形式训练说认为教育的目的不是让学生学习一些基本知识，而是通过知识的学习，发展学生的思维、想象、记忆等官能。该学说认为学习的内容不重要，因为这些容易遗忘，而“形式”和“训练”是重要的。练习愈严格，愈充分，官能的发展就愈完善，愈全面；只有通过某种训练发展了的官能，才能长久起作用。

形式训练说重视能力培养和学习的迁移，这些都是有积极意义的。但是，官能可否自动迁移到一切活动中去？教学的主要目标是否就是训练各种官能？对于此类问题，形式训练说都缺乏合理的解释及充分的科学证据。

（二）共同要素说

共同要素说是美国心理学家桑代克和伍德沃斯（R. S. Woodworth）针对形式训练说的不足而提出的一种学习迁移理论。该理论认为，训练某一官能并不能保证它自动地迁移到其他方面，只有当两种情境中有共同要素时，才能产生迁移。也就是说，迁移是非常具体的、有限的，只存在于含有共同要素的领域；迁移是有条件的，需要有共同的要素。

基于一系列的研究，发现形式训练说所强调的官能迁移并非是普适的、无条件的，这推进了迁移的研究。同时，共同要素说强调具体的学习内容在迁移中的作用，这也在一定程度上深化了关于迁移问题的探讨，对教育情境中重视具体学科知识的教学及其应用具有参考价值。但共同要素说仅强调两种情境中具体的相同成分，而无视迁移过程中复杂的认知活动，因此也具有一定的片面性。

（三）经验类化说

经验类化说是由美国心理学家贾德（Judd）提出的学习迁移理论。该理论认为，对不同活动情境中所蕴含的概括化原理的掌握是迁移得以发生的关键。换言之，学习者之所以能够把 A 情境中习得的经验迁移到 B 情境中，是因为在 A 情境中领悟透了解决问题的一般原理，而这种概括化的一般原理又可以应用于其他的相关情境中。对原理学习得越透彻，对新情境的适应性就越强，迁移就越好。

经验类化理论强调原理、法则等概括化的知识经验在迁移中的作用，这对于教育教学具有很大的启示意义。教师在讲授内容时，应引导学生对核心的基本概念、原理进行深入的理解，进而形成抽象或概括的认识。这并非只是记住概念、原理，而是能够区分事物本质与非本质的特性，真正理解、把握实质。当然，影响迁移的因素有很多，概括化的知识经验只是其中一个重要因素。

（四）关系转换说

关系转换说是格式塔心理学家提出的一种学习迁移理论。该理论认为，习得的经验能否迁移，并不取决于是否存在某些共同的要素，也不取决于对原理的孤立掌握，而是取决于能否理解要素间形成的整体关系，能否理解原理与实际事物之间的关系。比如，当个体学会了对深灰纸和浅灰纸中的深灰纸做出反应后，当用黑灰纸代替浅灰纸时，个体的反应并不是根据刺激物的绝对性质（是否为深灰纸）做出的，即不是根据情境中的相同要素进行反应的，而是根据事物之间的相对关系做出反应，即对较深颜色的纸进行反应。

关系转换说从把握事物之间关系的视角探讨迁移发生的机制，这在一定程度上拓展了迁移研究，也为实际教学中注重对知识经验的系统的、整体的建构等提供了有价值的参考。

（五）认知结构说

认知结构说是以奥苏伯尔为代表的心理学家所提出的一种学习迁移理论。该理论认为，一切有意义的学习都是在原有认知结构的基础上产生的，迁移是以认知结构为中介进行的，即先前学习所获得的新经验，通过原有认知结构的有关特征而影响新学习。

奥苏伯尔认为，认知结构具有以下三个方面的特征，这些特征直接影响着迁移。第一是可利用性，即认知结构中是否有吸收并固定新观念的原有观念可以利用。认知结构中处于较高抽象概括水平的起固定作用的观念，对于新的学习能提供最佳联系和固着点。第二是可辨别性，即新的学习任务与原有的认知结构之间的可辨别程度。二者之间愈清晰可辨，愈有助于新的学习与保持，迁移效果越好。第三是稳定性，即原有观念是否被掌握和被吸收。认知结构中的原有观念掌握得越牢固，越有利于新的学习。奥苏伯尔深入细致地分析了认知结构的特征对学习迁移的影响，这对于教师帮助学生建构完善的知识结构、以促进迁移具有重要的指导意义。

上述几种理论分别从不同角度强调影响迁移产生的有关因素，这有助于教师在教育教学实践活动中有意识地创设适宜的条件，以促进学生的迁移。

三、促进知识迁移的教学策略

由于受各种因素的影响，学生掌握的知识经验并非总能有效地迁移。为此，在实际教学中，教师不仅要采取有效策略促进学生获得知识，还应关注如何提升学生学以致用的迁移能力。

（一）妥善处理教学内容的顺序及关系

由于大部分的学习迁移都表现为先前习得的知识经验对后续学习的影响，因此，若要充分利用已有知识经验的迁移来促进新内容的学习，教师就应充分考虑到学习内容间的内在关系及学生的可接受程度，设计恰当的教学活动序列，以最大程度地发挥迁移的效能，提高学与教的效率。

当学生接触不熟悉的知识领域时，从已知的较一般的整体中分化细节，要比从已知的细节中概括出整体容易一些，因为前者更易产生迁移效应。为此，教学内容的呈现也应遵循由整体到细节渐进分化的顺序。例如，教授有关三角形的知识时，可以先教一般三角形，然后按角的大小分化出锐角三角形、直角三角形和钝角三角形，之后在锐角三角形中依次分化出等边三角形、等腰三角形等。再比如，讲授有关植物的内容时，教师可以先从植物的定义及常见的植物入手，然后再引入大树、小草、水生植物等。这种教学顺序能较好地利用迁移规律来促进学生循序渐进地掌握知识，同时也有助于学生建构清晰的知识脉络体系。

教师在遵循由一般到具体、不断分化的原则的同时，还要有意识地引导学生重视不同章节、不同单元内的概念、原理等知识点的前后关联。也就是说，既要重视纵向的垂直迁移，又要重视横向的水平迁移。为此，教师可以利用概念图、思维导图等作为辅助手段，帮助学生建立网络化、系统化、融会贯通的认知结构，进而为后续的学习及问题解决奠定良好的基础，促进迁移的产生。比如，图 9-1 是用嵌套图形代表包含关系的三种三角形，图 9-2 是用气泡图的形式来展示物理学中的“力”的特征，图 9-3 是用树状图来描绘物理学中的“功”的有关知识点。教师可根据所讲授内容的特点，选择不同的表现形式，以帮助学生梳理知识点之间的关系，建构合理的知识结构。教师除了有意识地利用各种概念图、思维导图来组织教学内容外，还应鼓励学生尝试采用这些方法，使其成为学生思考问题的一种有效工具。

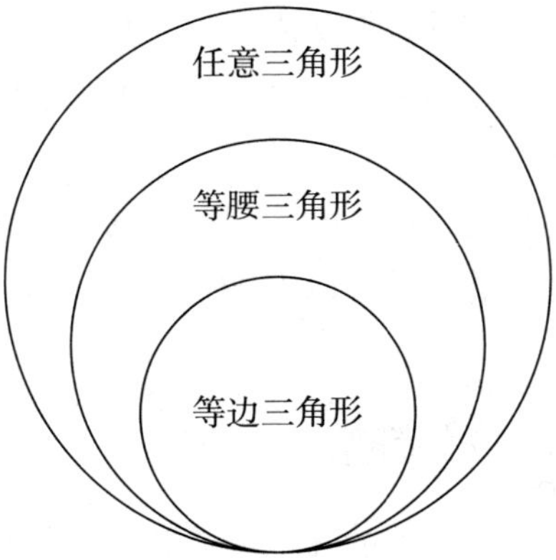

图 9-1　嵌套图示例

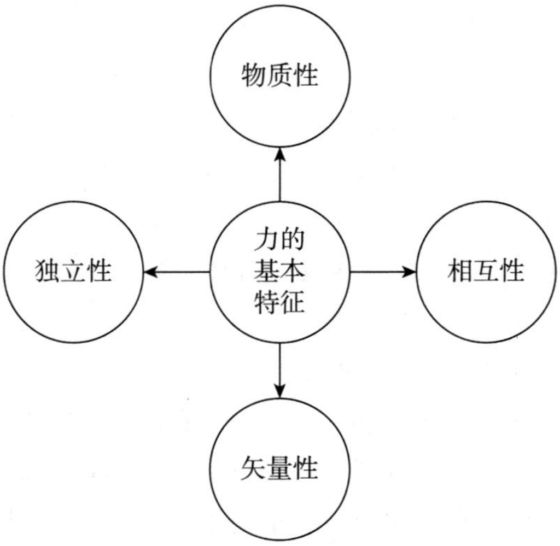

图 9-2　气泡图示例

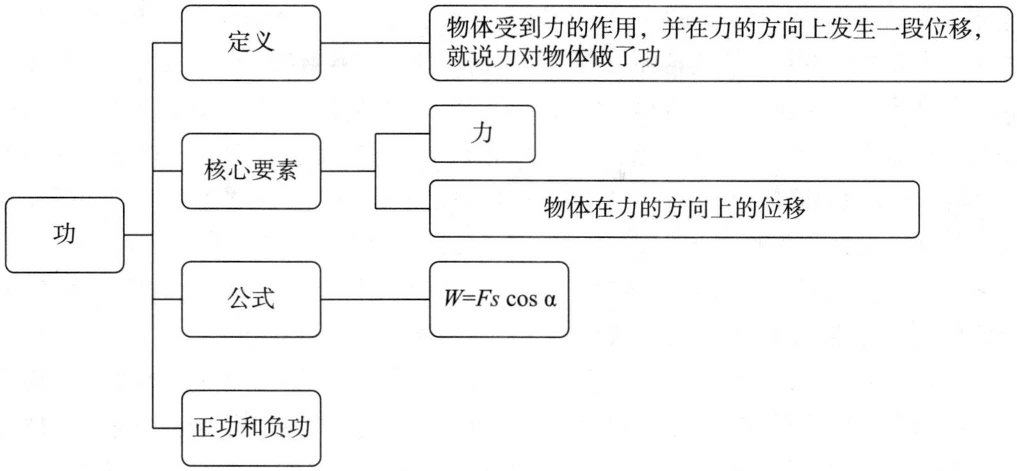

图 9-3　树状图示例

为了加强知识经验之间的联系，尤其是新旧知识经验间的联系，教师可以利用先行组织者。先行组织者是奥苏伯尔提出的一个教学策略，即先于学习任务而呈现的一种引导性材料，它比学习任务本身有更高的抽象、概括和包容水平，并且能清晰地把认知结构中原有的观念与新的学习任务联系起来，起到认知桥梁的作用。比如，给学生提供一定的背景知识，提出引导性的思考问题，呈现学习内容的主题、标题或者纲要等，这些做法都相当于给学生提供了先行组织者。当学生学习较陌生的新知识，同时又缺乏必要的背景知识准备时，先行组织者有助于激活学生头脑中已有的相关知识经验，以帮助学生理解不熟悉的新内容。

（二）指导学生进行深层次的学习

在学习阶段，知识掌握得越透彻，越概括，即越是深层次的加工，将来越有可能将已有的知识经验迁移到新的情境中去。这意味着知识获得的水平越高，迁移的概率越大。在本章第一节中已详细阐述了如何促进学生获得知识，其中，利用各种直观、变式等教学策略都将促使学习者进行深层次的学习。此外，教师在教学过程中还可采取其他多种方式来促进学生进行深层次的学习。比如，在学生阅读理解或撰写读后感时，除了让学生思考作者的主要观点、文本的主要内容之外，还可以引导学生思考这样一些问题：如果你是作者，你会对这本书的某个情节或人物做改动吗？为什么？你最欣赏其中的哪个人物？若可以为其颁奖，你打算为这个奖项起什么名字？为什么？如果让你为这本书写一个续集，书名会是什么？这种拓展性的思考，不仅可使学生对阅读内容有更为深入、全面的理解，而且也有助于培养学生可迁移的阅读理解技能及批判性思维等。

值得注意的是，虽然教师试图为学生提供有组织的知识结构，但有时因其深度不够，导致学生无法迁移习得的知识经验。例如，某科学课教师打算按照“动物—原产地—学名—食物—繁殖方式……”的教学流程来讲授动物的主要特征。在第一单元先介绍袋鼠，描述它主要栖居于澳大利亚，以小草或树叶为主要食物来源，其幼仔为早产，故出生后需要继续在育儿袋中发育。接着再介绍袋鼠的生活习性、生长繁殖、品种等。之后的每一个单元都分别按照与上述类似的流程，依次介绍各种不同动物的特征。虽然学生可能对多种动物及其特点有所了解，但是，这种信息的组织方式很容易导致学生“只见树木不见森林”，无法形成较为概括的认识，其后续迁移的可能性也较低。反之，若教师根据动物的种类（如哺乳动物、两栖动物、爬行动物等）、食物的种类（肉食、草食、杂食）、繁殖方式（卵生、胎生）等来组织相关的教学内容，则学生建构起来的相应的知识结构较为概括，日后更有可能灵活地以多种方式提取信息，并迁移于新的学习情境。

总之，教师应着力于引导学生在重要的核心知识点上进行深层次的认知加工，而不宜在短时间内使学生囫囵吞枣地了解很多零碎、表层的信息。唯有领悟透彻，才有可能触类旁通，产生广泛的迁移。此外，学生进行深层次的认知加工不是一朝一夕就能完成的，相反，需要长时间、多样化的不断练习，以便形成灵活的、具有适应性的认知结构。因此，学生不可急于求成，也不必因学习初期遇到的挑战而焦虑、退缩。

（三）提高学生的迁移意识与动机

学习的主要目的之一就是学以致用，无论是教育实践还是有关研究都发现，学习者虽然在头脑中储存了相关的知识经验，但在解决具体问题时，这些知识经验常常处于惰性状态，可利用性较低，无法产生迁移。针对这种现象，提高学生的迁移意识及动机无疑是非常必要的。

首先，教师应强调所教内容的价值、意义，以充分调动学生学习的动机。有强烈迁移意愿和动机的学习者通常会主动识别不同学习任务之间的相关性；识别可以迁移的具体情境；在迁移机会出现时，主动、恰当地提取或接通有关的经验或可利用的资源，并灵活地应用这些经验或资源；即使遇到困难，也不轻易放弃，而是充分利用相关的知识经验，积极探寻可能的解决方案。许多灵感的产生、顿悟的出现等，并非与先前经验毫无关联；相反，往往都是在强烈的动机驱使之下，激活了多方面的经验而达成的。对学习者而言，应主动将所学内容与实际生活联系起来，学以致用，进一步拓展、盘活所学知识，赋予当前的学习以更大的意义与价值。

其次，要有意识地觉察可能产生的思维定式，避免负迁移。思维定式是个体因先前经验而导致的一种心理准备状态或活动的倾向性。其好处是，在条件不变的情况下，个体可以直接利用已有经验的迁移来解决问题；其弊端是，容易使个体思维僵化、因循守旧而浑然不知。著名的陆钦斯量杯实验即是典型例证。实验中要求被试用容积不同的量杯（A、B、C）去量一定量的水（D）。在多次使用 D＝B－A－2C 这种方法成功解决问题后，被试产生了思维定式，以至于后续解题时直接套用前面使用的复杂方法，而很少意识到 D＝A－C 或 D＝A＋C 的简便算法。

简言之，学习者一方面要有主动迁移的意识，另一方面又要警惕可能发生的负迁移。

这就需要对知识学习及问题解决的过程进行元认知调控，比如自我提问："有哪些知识经验可以用?""还有其他更优的方法可以用来解决这个问题吗?""我是否排除了无关信息的干扰?"学习者的过程性监控及主动反思有助于减少负迁移的发生。

知识窗9-2

警惕并克服数学解题中的负迁移

学生在数学解题过程中经常出现的错误、遇到的难点等，有不少是与学生产生的负迁移有关。比如"1/5+3/5=4/10""2/15×4/15=8/15"。这表明学生将整数运算法则生搬硬套到分数运算中去，产生了负迁移。再比如"$(a+b)^2=a^2+b^2$""$\sin(x+y)=\sin x+\sin y$""$\lg(x+y)=\lg x+\lg y$"。诸如此类的错误都是负迁移的表现，将先前习得的经验（如分配律等）直接加以类比、套用。在课堂上，教师也经常使用"以此类推""同理"等词语来描述类似题型，这也在一定程度上误导学生过度类比，不假思索地凭直觉、习惯进行解题。

为此，教师应意识到学生可能出现的负迁移，通过事先打预防针式的提醒、事后纠正错误、预设可能的负迁移而巧设埋伏等方式，将负迁移作为教学资源加以利用，因势利导，引领学生直面错误，高度警惕，走出误区。

第三节　问题解决能力与培养

我们每天都面临着各种各样的问题，有些可以通过已有知识经验的直接迁移而得以解决，有些则需要综合考虑多种因素，利用多方面的知识经验和资源而加以解决。那么，常见的问题类型有哪些？有效的问题解决通常要经历哪些基本的过程？如何在学校教育情境中培养学生的问题解决能力？本节将围绕这些问题加以阐述。

一、问题与问题解决概述

（一）问题及其类型

所谓问题，通常是指一种疑难情境，即在给定信息与要达到的目标之间需要克服障碍的刺激情境。问题通常包含三种成分：一是初始状态，即问题呈现时提供的信息，比如学过的单词忘记了一大半；二是目标状态，即在某种情境下想要达到的目标或最终状态，如牢固记忆所学的内容；三是障碍，即从初始状态到目标状态的过程中存在的制约条件或阻碍因素，如重复学习多遍仍无明显改进、有畏难情绪等。只有同时具备这三种成分，才能构成一个问题。

问题是多种多样的，对问题类型的划分也有多种角度。其中最为普遍的一种划分是，将问题分为结构良好的问题与结构不良的问题。结构良好的问题指的是该问题的起始状态、目标状态及解决方法是清晰的、确定的，如“1.56×2.45＝?”“三角形的三个内角之和等于多少?”等。结构良好的问题通常有相对确定的解决方法及答案。而结构不良的问题是指问题的起始状态、目标状态及解决方法是不确定的，比如，如何克服厌学情绪以调动学习积极性，如何抵制校园欺凌行为，如何画一幅画、写一篇文章等。此类问题通常也没有确定的解决方法或方案，可以从不同的角度产生不同的解法。

（二）问题解决及其特征

问题解决指通过应用一系列的认知操作，从问题的起始状态达到目标状态的过程。问题解决具有以下几个典型特征。

首先，问题解决具有指向性。问题解决的过程实际上就是一个探寻解决方案以达到目标的过程。目标指引着问题解决的方向，也在一定程度上影响着问题解决所使用的方法与策略等。

其次，问题解决具有认知性。问题解决需要通过表征问题、探寻并实施解决策略、评估效果等认知活动的参与来克服可能的障碍，从初始状态达到目标状态。虽然在解决问题的过程中也会伴随着情感、行为等，但认知操作是其不可缺少的基本成分。那些无需认知参与而自动化完成的活动通常不被视为一个问题解决的过程。

最后，问题解决具有序列性。问题解决不是一蹴而就的过程，它包含一系列的心理加工动作，而且这些心理序列活动通常因不同的问题情境或不同的问题解决者而有所不同；同时，不同的序列活动既可能产生相同的问题解决效果，也可能导致迥然不同的结果。

二、问题解决的基本过程

问题解决通常包含哪几种心理过程？心理学家从不同角度进行了探讨，提出了多种观点。虽然问题解决具有领域特定性，如数学问题解决有赖于数学专业知识及解题策略，语文问题解决则具有语文学科的特点，但大部分学者都认为，存在一些跨学科的通用问题解决过程与方法。其中布兰斯福德（J. D. Bransford）和斯坦（B. S. Stein）提出的 IDEAL（identify，define，explore，act，look，learn）五阶段模式最具有代表性，下面基于该模式来介绍问题解决的主要过程。

（一）识别问题

要解决问题，首先要识别或意识到问题的存在，即要有问题意识。如果学生听不懂课上的内容，而自己又没有意识到这一点，那么他们就无法主动寻求帮助，探寻解决方法。同样，若教师识别不出哪些学生学习上有困难，或者哪些学生存在着潜在的心理健康问题，那也难以采取相应措施，提供有针对性的帮助。总之，识别问题的存在是提高学习与教学效率，优化教育与教学质量的先决条件。

教师通过调动学生学习的积极性、营造自由宽松的学习氛围、创设适宜的教学情境等方式，都可以在不同程度上激发学生主动发现、识别问题的积极性。需要注意的是，尽管学生提出的问题不一定都是正确的、有价值的，但是教师首先应认可、鼓励学生的主动思考，保护其积极性，使学生敢于提问，乐于提问。在此基础上，教师对学生思考的方向、思路或内容等予以必要的引导，使其学会提问，善于提问。

（二）界定与表征问题

若仅知道存在着问题，却不知道存在的是什么样的问题，仍无助于问题的真正解决。例如，学生们虽然知道自己听不懂，却又无法确切地指出究竟哪些内容听不懂。这就需要对问题进行准确的界定、表征。唯有准确地了解问题的实质，才有可能找到有针对性的解决方案。比如，教师发现学生的数学测验成绩较差，那就需要深入地分析导致成绩差的主要原因，是已有经验的不完备、解题方法的欠缺，还是粗心或者其他因素等，并在此基础上制订解决方案。

为了更清晰地界定问题的性质，通常需要将注意力集中于相关的信息上，忽略无关的内容。比如，呈现如下信息："小芳去商店买了一些东西：两包饼干 9 元，一瓶酸奶 5 元，三根香蕉 4 元，两瓶矿泉水 6 元，一盒巧克力 15 元。请问，小芳买了多少件东西?"在问题提出之前，可能大部分人猜想要解决的问题应该是"小芳一共花了多少钱?"，如果这样的话，关注的信息就是每句话里提到的金额数，而不是购买东西的件数。显然，因为关注了无关的信息，分散了注意，致使问题解决受到干扰。再比如，不少学生在解答有多余信息的数学问题时通常会出错，因为他们认为把题目中给出的所有信息或数字都用上才合理。

为了解决问题，个体必须澄清问题是什么，建立准确的问题表征。也就是说，通过分析问题表述中的语句、上下文关系或符号间的关系，准确把握问题的已知条件、要达到的目标、各个条件与目标之间构成的基本关系等。通常情况下，教师可引导学生通过找出关键词句、画关系图、列出简要提纲等方式来表征问题中的有关信息。

（三）探寻可能的解决策略

有些问题的解决往往在正确地表征问题后即可完成，因为头脑中已有的解决问题的方案被激活，可直接用于当前问题。但当遇到没有现成的问题解决方案或无法激活已有经验时，则需要探寻解决问题的策略或方法。有两种通用策略：算法式和启发式。

算法式就是将达到目标的各种可能的方法都逐一尝试，最终找到问题答案或解决方案。例如，解决“五个人站成一排，共有多少种站法?”的排列问题时，若采用算法式解决策略，则需要对五个人的站法依次排列，直至穷尽。如果能够正确地使用算法式策略，通常均可以正确解决问题。但算法式通常比较烦琐且耗时耗力，尤其在解决复杂问题时，采用算法式是不太现实的。

启发式指根据经验缩小问题空间，探寻可能的解决方案。即不断将问题的起始状态转换为与目标状态接近的中间状态，从而只探讨最有可能达到目标状态的中间状态。启发式策略相对简单省时，但不能确保成功。常用的启发式策略主要有手段—目的分析、类比等。手段—目的分析要求问题解决者将问题的目标状态分成若干子目标，通过实现一系列子目标来最终达到总目标，即解决问题。例如，要撰写一篇论文，可以将该任务分解为确定选题、查找相关资料、阅读组织材料、编写提纲、分部分写作等。也可以采用逆向反推的手段—目的法，即从目标开始回溯，直到待解决问题的初始状态。几何证明题中经常使用逆向反推法；或者在完成任务时采用倒计时方法，逆推拟需完成的一系列任务。类比也是常用的一种启发式方法，即在解决问题时，搜寻与当前问题情境相似的情境。例如，数学学习中，当掌握了“同一个三角形任意两边之和必大于第三边”之后，可以通过类比来更快地理解“在同一四面体中，任意三个面的面积之和大于第四个面的面积”。

（四）实施问题解决方案

当确定了某种解决问题的方案后，接着就是执行计划，并对解决问题的过程进行必要的调控。例如，学生在进行列竖式的减法计算时，通常会用大数减去小数，而忽视到底哪个数在上面。这就需要引导学生对执行计划的过程予以关注，培养学生的元认知监控与调节能力。比如，教师鼓励学生理清思路，必要时要求学生写下解决问题的每个步骤，以便引导学生更为清晰地审视自己解决问题的流程，更容易发现错误之处，及时改正。这不仅可以提高解决问题的效率，也有助于降低学生可能产生的挫败感。

此外，问题解决是需要付出时间的，尤其对那些有时间限定的问题而言，有效、合理地分配好时间也是解决问题过程中需要关注的。问题解决者应该对完成一个问题需要多长时间有个预估，然后努力在既定的时间内完成。当然，在解决问题过程中，也应具有一定的灵活性，根据具体情况来合理地重新调整时间的分配。

除了时间资源外，问题解决者还需要合理、有效地利用相关的内外资源。比如付出自己的努力，必要时去寻求帮助，学会利用有关的设备或材料等。在学校中，教师应合理配置相关资源，为学生创设良好的问题解决环境，提供必要的外部支持。

（五）回顾与监控反思

对问题解决的效果进行评估、反思，也是问题解决过程中不可缺少的一个重要环节。但在很多情况下，该环节往往被忽略了。比如，学生解题后通常不会主动地进行检查、验算、校对等，也不去思考有无更优的解法或方案；教师上完课之后，不去反思所授课程的效果优劣。这都无助于后续问题解决的优化及问题解决能力的提升与迁移。

对问题解决效果的评估也在一定程度上体现了个体的元认知调控能力。事实上，在整个问题解决的过程中，都需要根据具体的进程来进行不断的评估与调控。比如，从解题的原有思路中跳出来，换个角度审视问题；不断地评估阶段性的进展与目标的距离。为此，教师应将效果评估作为完整的问题解决过程中的一个必要环节来对学生加以训练，不应只看重答案正确与否，还应引导学生养成监控、评价、反思的习惯。

对于复杂的问题解决而言，上述几个过程往往需要经过多次循环。此外，由于问题的难度、类型等不同，某些过程也可能更为烦琐或简略。

三、提高问题解决能力的教学策略

本章第一节和第二节曾论述了如何促进知识获得及迁移的教学策略，可以说，促进知识获得及迁移的教学策略同样也有助于培养学生的问题解决能力，因为大部分的问题解决都依赖于已有知识经验的有效迁移。除上述介绍的有关教学策略外，教师还可从以下几个方面提高学生的问题解决能力。

（一）关注学生认知能力的训练

问题解决是通过一系列的认知活动来实现的，是否具有良好的认知能力，这直接决定了问题解决的效率及水平。为此，提升学生的认知能力是非常重要的。随着认知科学及脑科学研究的不断深入，执行功能在问题解决中的作用也越来越被重视。执行功能是在完成任务过程中涉及的高级认知功能，比如，制订达到目标的方案与步骤，并根据轻重缓急来统筹安排各项活动的计划与组织能力；对信息进行存储与加工的工作记忆能力；根据任务要求而变换、调整思维方式，克服思维定式，控制不当反应的灵活转换与反应抑制能力；对认知过程进行监督、评价的自我监控能力；等等，都是执行功能的各种典型表现。执行功能是问题得以解决的前提条件，执行功能发展异常或受阻时，难以顺利完成相应的认知加工，其问题解决的效果也比较差。通常说来，学习困难儿童、注意缺陷与多动障碍儿童都存在着不同程度的执行功能发展障碍。然而，执行功能是可以通过长期不断的训练而得以发展的，尤其对年幼儿童，更有赖于外部的支持与训练。因此，教育者应有意识地利用各种机会或创设条件来训练学生的执行功能，开发其认知潜力。

知识窗9－3

提升学生的阅读理解监控能力

研究者曾要求三年级学生听四个故事，其中两个故事中有自相矛盾之处，举例如下。

海马是一种令人着迷的鱼。海马生活在海洋中，其体积非常小，最多长到 12 厘米左右。海马的头看起来像一匹小马的头，其躯体短小，但尾巴很长。海马在水中游动时，就好像是站在它的尾巴上。海马通过摆动头上和背上的鳍而在水中行进。海马游动的速度不是很快，它游动时会上下颤动。海马在水中游动得很慢。海马凭着快速的游动而逃离敌人。海马就是通过这种方式来保护自己，避免被其他鱼类吞食掉。

这是一篇关于海马的故事。学生听完每个故事后要回答“这个故事合理吗?”的问题。若回答“不合理”，则继续追问“为什么”“哪个地方不合理”。上述海马故事的正确答案是应指出“海马游动的速度不是很快”和“海马凭着快速的游动而逃离敌人”之间的矛盾。

将学生分为三组：教学组的阅读材料中呈现具有矛盾之处的例子，策略组除接受与教学组同样的材料训练外，还接受如何使用阅读理解策略来发现句子间的矛盾之处的训练。比如训练学生进行提问“我的计划是什么”“我正在运用我的计划吗”以及“为什么我这么做”，以此来训练学生如何使用理解监控策略。控制组只阅读故事，不进行其他训练。结果发现，策略组学生发现矛盾之处最多（91%），教学组其次（73%），控制组较少（37%）。这说明策略训练能够极大改善学生的理解监控技能。

［资料来源］

［美］迈耶著，姚梅林、严文蕃等译校：《教育心理学的生机——学科学习与教学心理学》，江苏教育出版社 2005 年版，第 84—85 页。

还有一些研究者直接着眼于问题解决中的思维技能训练。比如，前面介绍的 IDEAL 模式，它既是问题解决的一种规范流程，又是一种可通过训练而形成的思维技能。此外，科文顿（M. Covington）的生成性思维教程与费厄斯坦（R. Feuerstein）的工具性丰富教程是受到较多关注的问题解决思维训练教程。

科文顿等研究者研发了针对小学生的生成性思维教程。该思维教程由 15 个卡通故事组成，主要描述两名儿童（莱丽和吉姆）在两名成人的引导下，如何解决各种不同的谜案。故事先就某谜案提供一些线索，然后要求学习者用自己的话陈述问题或者提出问题，形成能解释谜案的各种想法等。在此基础上，故事中的两名儿童通过对话提出他们的想法，其中有些想法可能是错误的。此时两名成人会引导儿童尽量从不同角度或从新的角度看问题，抓住问题的要点，关注重要的事实和条件，关键时刻如何做出最佳决策等。在成人的评析和帮助下，两名儿童最终破解了谜案。该教程通过描述两名儿童解决问题的过程，给学习者提供了如何建立假设、寻找证据检验假设的样例或示范，进而有助于学习者的问题解决能力的训练。

另一项思维技能训练是费厄斯坦的工具性丰富教程。该教程主要针对学习困难者，旨在培养其演绎推理、归纳推理、聚合思维与发散思维等。比如通过空间定向、比较、辨别时间关系、数的序列、三段论推理和关系转换等来进行思维能力的训练。在训练过程中，教师描述某个事件的特性或单一的关系，让学习者推断其中的逻辑关系或联系；教师也可组织课堂讨论，引导学生将自己的思考过程与他人对比，进而拓展、丰富自己的问题解决思路及方法。

鉴于认知能力的形成有赖于长时间的科学训练，教师应设计循序渐进的教程内容，不可操之过急。尤其对那些基本技能而言，应进行多次甚至长期的训练，尽量达到自动化，进而使学习者能够以更多的认知资源去进行高水平的思维加工与问题解决。此外，在进行认知训练时，还应注意避免面面俱到或者过分关注细节，以免因小失大，降低了训练的效率。比如，在训练学生构思、计划、组织等逻辑思维时，对其字迹、标点、图画等书写方面存在的问题暂时不予过高要求，否则高水平的认知加工将受到干扰。

（二）采用适宜的情境性教学

情境性教学强调在真实问题情境或创设的具体情境中教授学科内容，关注学习者与环境线索、同伴或教师之间的互动。与相对简化的课堂情境相比，当学习者身处真实问题情境中时，需要发现及主动利用各种显性和隐性的物理线索和社会线索，或者排除无关信息的干扰，并对已有的知识经验进行重构、组织，而不是简单套用。情境性教学对于避免高分低能现象、优化学生的认知结构、提升其问题解决能力具有直接的促进作用。

情境性教学适用于各类学科及各个年龄段的学生。比如，以布兰斯福德（J. D. Bransford）为代表的美国学者曾研发了一套基于信息技术的数学问题解决的教学光盘，即“贾斯珀历险记”（Adventures of Jasper Woodbury）。① 该光盘提供了包含几何、代数或方程等一系列数学问题的丰富而复杂的情境信息，其中也涉及许多无关信息，这就需要学生学会对信息进行筛选。筛选信息不同，相应的解决方案也不同。鉴于问题解决比较复杂，所以需要通过小组合作来完成。研究发现，这种情境性教学对于增强学生的学习动机及问题解决能力具有显著的促进作用。

教师通过有效的教学设计，可以结合具体课程来进行情境性教学。比如，讲授电学的相关知识后，要求学生结合实际去组装一些简单的电路，排除一些简单的故障，计算家用电器的耗电量，知道在学校和家庭中如何做到安全用电等；或者要求学生结合所学内容去设计一个展览或模型，制作视频，完成一件艺术作品，制订家庭花费预算，在互联网上制作一个主页，等等，都是不同形式的情境性教学。

情境性教学通常需要教师给予学生更多的支持，并采用认知学徒的方式。认知学徒即教师和学生一起解决问题，在此过程中，教师给学生示范如何解决问题，外化并清晰地解释自己的认知过程，同时在学生遇到困难时给予必要的引导和支持。除师生合作外，同辈群体之间的合作也有助于学生澄清、拓展和深化认识，进而形成有效的问题解决策略。

---

① ［美］美国温特贝尔特大学认知与技术小组著，王文静、乔连全等译：《美国课程与教学案例透视——贾斯珀系列》，华东师范大学出版社 2002 年版。

需要注意的是，情境性教学虽然在促进学生高水平的问题解决方面具有积极作用，但若将学校中的学习活动都安排成复杂的真实性活动，那也是不必要、不现实的。应综合考虑各种因素，采取适宜的教学方法，否则流于形式只会降低教学效率。

（三）引领学生建构适应性的认知结构

适应性的认知结构意味着个体不仅能够快速而准确地解决熟悉领域中的问题，而且还可以在面对新异的复杂情境时扩展甚至放弃已有的知识经验，重整相关的资源以解决问题、适应环境。在当今科技日新月异和社会不断变迁的背景下，引领学生建构具有适应性的认知结构显得尤为必要。

教师可以从多个方面着手，帮助学生建构适应性的认知结构。比如，注重多学科、跨学科的适当融合，以突破学科体系的人为限制，开拓学生思维，开发其创造潜力。而对学生学习成效的评价方式又在很大程度上影响着认知结构建立的水平。为此，研究者提出了 PFL（Prepare for Future Learning）的测评方式。①

传统的学习测评在考察不同学习（如 A 或 B）效果时，往往人为地限制各种可用的学习资源，在相对隔离、孤立的情形中考察学习者的记忆水平以及直接的、重复性应用的水平（见图 9-4）。确切地说，是对已有经验的记忆及熟练程度的考察。而 PFL 则是先让个体进行不同的学习（如 A 或 B），然后给学生提供配有可用的外显或内隐资源的环境用于学习，之后再解决测验问题（见图 9-5）。相比而言，PFL 测评方式更为关注学习者是否具有利用各种资源进行后续学习的能力，或者说在新情境中建构具有生成性的、适应性的认知结构的能力。该测评方式关注个体为当前或将来的学习所做的准备，考察的是延展性的、过程性的、可持续发展的学习能力。从学习者的视角来看，不宜以记住所学内容或者应试为主要甚至唯一目的，而是要以测促学，以用促学，关注如何基于所学内容来适当拓展，如何在实际问题的解决过程中不断完善认知结构，不断提高学习能力。

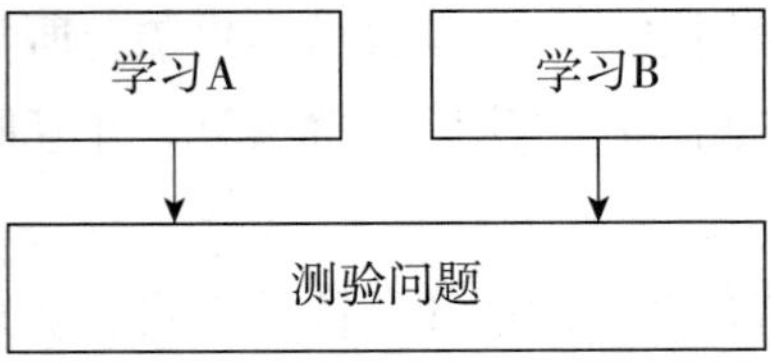

图 9-4　常规测评方式

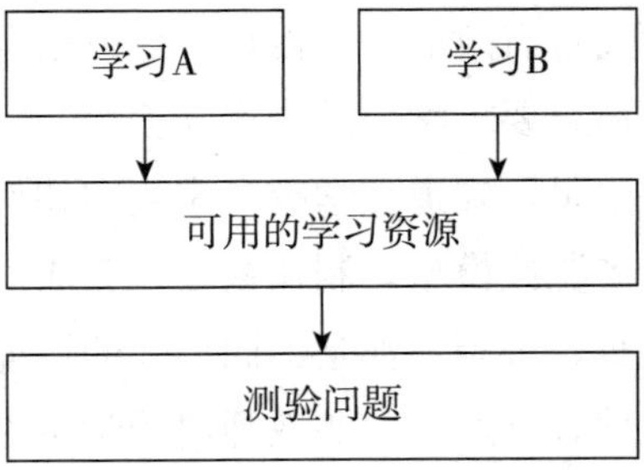

图 9-5　PFL 测评方式

---

① Schwartz, D. L., Martin, T. (2004). Inventing to prepare for future learning: The hidden efficiency of encouraging original student production in statistics instruction. *Cognition and Instruction*, 22(2), 129-184.

总之，教师不仅要考查学生对知识掌握的多少、准确与否等，还应考查学生在新的问题情境中的学习能力，以及他们是如何灵活地运用、改变、拓展，甚至创造生成新的知识和技能的。唯有如此，才能激发学生的探究、创新意愿，引导学生不断完善其认知结构，培养具有可持续发展潜力的学习者。

小结

知识是个体通过与环境的相互作用而在头脑中对事物属性和联系的主观表征。最常见的知识类型主要有感性知识与理性知识、具体知识与抽象知识、结构良好领域知识与结构不良领域知识、陈述性知识与程序性知识。知识的获得通常需要经过直观、概括、具体化与巩固这几个相辅相成的阶段而得以实现。教师可借助信息技术来促进学生的多样化直观，利用变式或正反例来帮助学生深刻理解所学知识，指导学生掌握记忆策略及其他有效学习方法，以促进知识的有效获得。

迁移是指一种学习对另一种学习的影响，或习得的知识经验对完成其他活动的影响。获得的知识经由迁移过程才有可能转化为能力，因此，迁移是形成能力所不可缺失的环节。迁移有多种类型，如正迁移与负迁移、一般迁移与具体迁移、近迁移与远迁移、水平迁移与垂直迁移等。围绕迁移的实质性问题，研究者提出了不同的理论观点，其中形式训练说、共同要素说、经验类化说、关系转换说、认知结构说是较有代表性的几种观点。为促进迁移的产生，教师应妥善处理好教学内容的顺序与关系，引导学生进行深层次的学习，提高学生的迁移意识与动机。

问题解决能力的培养是教育的主要目标之一，教师不仅要帮助学生解决结构良好的问题，更应培养学生解决结构不良问题的能力。一个完整的问题解决过程通常包括识别问题、界定与表征问题、探寻可能的解决策略、实施解决方案、回顾与监控反思这几个阶段。为切实提高问题解决能力，教师应注重学生的执行功能等基本认知能力的持久训练，培养学生良好的思维习惯。同时，教师还应创设条件开展情境性教学，为学生提供真实的问题情境，引领学生建构具有适应性的认知结构。

思考与练习

1. 什么是知识？你是如何理解知识的客观性与主观性的？

2. 举例说明什么是陈述性知识与程序性知识。

3. 知识获得的基本过程及有效条件有哪些？请根据所学内容，设计某个知识点的教学方案。

4. 请对几种代表性的迁移理论进行简要评述。
5. 请运用迁移的基本规律来设计某个学科或某个单元的教学方案。
6. 什么是问题解决？问题解决的基本过程是什么？请举例说明。
7. 结合教育实践，阐述教师如何促进学生问题解决能力的提高。
8. 请以概念图的方式画出知识、迁移及问题解决之间的关系。

拓展阅读

1. ［美］安德森著，秦裕林、程瑶、周海燕、徐玥译：《认知心理学及其启示》，人民邮电出版社 2012 年版。

2. ［美］奥苏伯尔等著，佘星南、宋钧译：《教育心理学——认知观点》，人民教育出版社 1994 年版。

第十章　规范学习与品德培养

启发与引导

- 一谈到学习，人们常常想到的是知识学习，却容易忽视规范学习。你知道什么是规范学习吗？
- 态度是规范学习的基本内容。态度不是与生俱来的，而是在社会实践活动中逐渐形成与改变的。你怎么看待态度的形成与改变？
- 纪律是规范学习的重要内容，形成自觉纪律是纪律学习的最高目标。你怎么理解自觉纪律形成的心理结构、过程和特点？
- 品德是规范学习和内化的核心内容，贯穿个体一生的发展，其间经历不同的发展阶段和多个关键期。对此你怎么看？
- 品德是社会道德规范内化的结果，个体品德不是自发形成的，而是在社会实践中主客体相互作用的结果，其形成过程受到多种因素的影响，其培养需要采用多方面的教育策略。对此你怎么看？

学习包括知识学习和规范学习。规范学习不仅能使学生掌握社会行为准则，而且能帮助学生形成正确的社会态度和良好品德，促进其社会性发展。在学校教育中，规范主要表现为纪律、态度和品德。纪律是外显的行为规范，而态度是规范内化的基本表现，品德是规范内化的最高层次的表现。本章在概述规范学习的基础上，着重探讨纪律的形成与教育、态度的形成与改变、品德的发展与培养等规范学习的基本问题。

第一节　规范学习概述

规范学习是学习的一种类型，其基础理论主要包括行为强化论、心理动力论和社会活动论。规范学习是个体内化社会规范的过程，经历依从、认同和内化三个阶段。规范学习过程主要受到规范本身的特点、学生的交往需要、学生心理发展水平、反馈调节等主客观因素的影响。

一、规范与规范学习的含义

（一）规范

在现代汉语中，规范被解释为约定俗成或明文规定的标准或准则。它是哲学、社会学、伦理学、心理学等多学科共同研究的对象，但不同学科对其研究的角度不同。心理学研究规范内化为个人观念系统之中所显现出来的规律。规范是对人们社会行为活动的规定，而社会行为的普遍性以及社会组织的多样性使得规范具有广泛性的特点。规范在社会中典型的表现为规章、制度、纪律、道德和法律条文。这些规范渗透到人们生活的方方面面，可以从不同角度对其进行分类。依据对人的行为制约方式，规范可以分为道德规范、法律规范。依据适用范围，规范可以分为大型群体规范和小型群体规范。依据社会生活的领域，规范可分为政治规范、经济规范、社会生活规范等。依据规范的存在方式，规范可分为成文规范和不成文规范两类。

规范是人类社会生活中不可或缺的基本要素，是人类需求得以满足、人性得以体现的社会生活模式，是随着人类社会的发展而逐渐发展和完善起来的，覆盖社会生活的方方面面。在学校规范学习中，学习的内容不仅包括日常行为规范，还包括思想规范、政治规范、法律规范、道德规范、生活规范、工作规范和学习规范等。

（二）规范学习

规范学习是指学生在获得一定的规范认识的基础上，将规范所确定的外在行为要求转化为内在的行为需要，从而建构起内部行为调节机制的过程。

规范学习可以概括为两个方面：一方面是化规范为德行的过程，即学生通过社会实践活动不断地将现实规范据为己有的内化过程，如将外部的行为规范要求转化为内部的行为需要，外部的规范冲突转化为内心的动机斗争；另一方面是化德行为规范的过程，即学生通过社会实践活动不断地将内在的德行转化为现实规范的外显过程，如拥有追求秩序的内在德行的个体就会在社会生活中表现出遵章守纪的自觉行为和不断提出有利于构建社会秩序的具体要求，直至成为规范和不断完善规范。从这个过程来看，规范学习不是自发发生的，它是学习者在社会实践中，在主客体相互作用的过程中，通过主体的心理变化而实现的。只有在主客体相互作用的活动中，主体才能完成对社会规范从接触到接受的心理变化过程。规范学习的心理实质就是通过对规范的内化，从而形成对外部行为的调节。

规范学习不仅包含规范的认知学习，而且包含规范的情感学习和行为方式学习。规范的认知学习是指对规范意义与内容的学习，获得规范的相关知识，形成规范观念和规范认知能力。规范的情感学习是指形成与规范相一致的情感体验与需要状态。规范的行为方式学习则是指通过规范操作性经验的积累，获得与规范相一致的行为方式与行为习惯。规范学习就是在这三类学习的基础上，通过规范自主活动的反复实践，构建以情感为核心的知、情、行的一体化结构，形成对人、对事、对己的基本态度，从而获得参与社会生活的交往经验。①

规范学习是一种塑造学生国民基本素质的学习，即让学生学会如何“做人”的学习，与学生学会如何“做事”的知识和技能的学习迥然不同。规范学习具有情感性、约束性、滞后性、发展性等基本特征。规范学习是学生社会性学习的核心，是提高学生社会适应性的根本途径。所以，规范学习不仅有助于学生构建良好品德和健全人格，促进学生实现社会化，而且有益于学生形成健康心理。

二、规范学习的心理学理论

（一）行为强化论

行为主义经典条件作用观点认为，要使规范学习得以实现，在作为中性刺激的规范出现在学习者面前后，接着要给出能引起学生特定反应的无条件刺激，经两类刺激的不断相继重复出现，作为中性刺激的规范就成为条件刺激，从而获得原来由无条件刺激所引起的反应，于是，规范得以内化。② 而操作条件作用观点认为，个体是否内化规范，内化什么样的规范，总是受到所在环境的影响，即强化。如果所在环境赞同这些规范，那么这些规范就容易被内化；反之，如果受到所在环境的反对，即没被强化或被惩罚，则这些规范就不容易被内化。③ 因此，在持操作条件观点的人看来，内化规范最重要的是环境的强化作用，而不是持经典条件作用观点的人所强调的无条件刺激的呈现。

新行为主义者班杜拉提出的社会学习观则认为，人类常常通过观察榜样的行为及其结果，获得替代性强化，然后调节自己的行为使之与被模仿者的行为方式相同。因此，人的行为不单是由个人的内在因素或外在环境因素单方面所决定的，而是两者交互作用、相互影响的结果。一方面，人通过其行为创造环境条件并产生经验；另一方面，被创造的环境条件和个人内在经验因素又反过来影响以后的行为。④ 根据这一原理可知，通过观察和模仿榜样行为，个体可以习得新的规范。如学生看到自己崇拜的偶像的助人行为受到人们的赞扬，学生便获得了助人行为及其替代性强化，在个人的观念系统中就有了助人行为是被社会赞扬行为的认知（个人因素）。这种认知使学生产生助人行为（行为因素），助人行为

---

① 王健敏：《社会规范学习心理与品德建构》，《教育研究》2000 年第 8 期。

② ［美］华生著，李维译：《行为主义》，浙江教育出版社 1998 年版，第 22—51 页。

③ ［美］斯金纳著，谭力海等译：《科学与人类行为》，华夏出版社 1989 年版，第 56—120 页。

④ ［美］班杜拉著，林颖等译：《思想和行动的社会基础——社会认知论》，华东师范大学出版社 2001 年版，第 1—109 页。

的后果是让别人认识到该学生是一个乐于助人的人（环境因素），环境因素进一步强化了学生最初的认识（个人因素）。正是在这种相互作用中，社会规范、道德规范、生活规范、交往规范等才内化为个体内在心理品质的一部分。

（二）心理动力论

以弗洛伊德为代表的精神分析学派认为，人格由本我、自我、超我三种成分构成。本我是人格结构中与生俱来的最原始的成分，受快乐原则支配，追求最大限度的快乐，代表人的生物成分。超我是后天生活中接受社会文化、道德规范等教养而逐渐形成的成分，遵循理想原则，监控自我行为，代表人的道德成分。自我是后天社会环境中由本我分化而来的成分，介于本我与超我之间，受控于现实原则，它既要满足基本需要，又要控制过分的冲动，它是有意识的、理智的象征，代表人的现实成分。人格三成分各行其责，相互交织，形成一个有机整体，为个体提供行为动力，促进个体的发展。① 根据这一理论可知，本我为规范学习，如纪律的养成和态度的改变等，提供基本动力；自我通过接受现实生活中的各种规范来平衡内心的矛盾冲突；超我则是通过对社会规范的接受而产生德行。当人们违背社会规范时，超我的良心作用会使人产生内疚感和负罪感，从而使个体回归到遵章守纪的轨道上来。

（三）社会活动论

苏联社会历史文化学派认为，心理源于活动，在活动中形成，又在活动中发展。如包若维奇（П. И. БоЖоВИЧ）的动机圈理论不仅强调反映学生与周围环境关系的泛社会动机在品德及人格形成中的作用，而且强调人的需要是在活动中产生的，因而是活动的改变导致了动机、需要的变化。② 在社会活动论看来，各种规范总是寓于各种活动之中，因此可以通过活动来促进规范的学习与内化。在学习各种规范时，必须把它作为外部活动内容事先教给学生。此时，学生个体以原有的知识经验为基础，通过一系列活动，对外化的实践活动进行逐步改造、概括，使它的各个环节得以压缩，并改变它的执行水平——使之由外部活动转为内部活动，成为完全在人的“头脑内”进行的活动，从而解决所出现的各种问题，最终达到活动的目标——内化规范。这一理论从人的心理功能发展的社会制约性角度对规范学习进行解释，强调在规范学习中活动（尤其是社会活动、群体活动）的重要性，同时还指出了外化规范的重要性。

---

① ［奥］弗洛伊德著，车文博主编：《弗洛伊德文集（6）·自我与本我》，长春出版社 2004 年版，第 122—136 页。

② 陈会昌：《苏联德育心理研究概述》，《心理学报》1983 年第 1 期。

三、规范学习的心理过程及影响因素

（一）规范学习的心理过程

从本质看，态度、纪律和品德的发展过程都是内化社会规范的过程。社会规范内化是一个逐步完成的过程，大致经历依从、认同和内化三阶段。

1. 依从阶段

依从指个体迫于外在情境、舆论、风俗、规范约束等压力下，策略性地采取仅在外显行为方面与他人保持一致的行为倾向。此时，外界的要求与个体的内在需要并不一致，之所以依从是为了满足某种安全的需要。所以，依从是外在压力作用下出现的规范学习结果，具有盲目性、被动性、工具性、情境性的特点，是规范内化的低层次水平。① 针对这种情况，规范学习中就要注意对外部情境进行精心设计处理，努力使学生将原来用于满足安全需要而依从的规范转化为一种新的更高水平的需要，促使新的规范态度形成。

2. 认同阶段

认同是指个体主动地在认识、情感、态度和行为上与规范要求趋于一致，从而能自觉、自愿地接受规范影响。认同分为偶像认同和价值认同两种基本类型。偶像认同就是个体期望与崇拜或仰慕的榜样趋同而产生的遵从心理，而价值认同是个体出于对规范本身的意义及必要性的认识而发生的对规范的遵从现象。② 如学生有了勤能补拙的认识，就会自觉地而不是屈于外在压力地尽可能多地将时间用于学习。认同作为规范内化的一种较高水平，不受外在压力约束，而是主动地去接受外部影响，表现出自觉性、主动性和稳定性的特点。针对这种情况，规范学习需要根据学生的特点，有效选择规范体现者和激活对规范本身意义认识的相关知识、体验和动机，让规范顺利进入个体的知、情心理因素及规范行为的自觉驱动机制之中，为实现规范的深层内化奠定基础。

3. 内化阶段

内化指个体的价值观、信念、态度等与规范准则的要求相一致，规范本身的价值信念成为规范行为的驱动力量源泉，规范成为行动的指南。所谓规范的价值信念是人们对规范的伦理学意义与作用的认识与体验，是一种系统化、概括化的规范认识与稳定、持久的情感体验的结晶。以信念为基础的行动通常能带给人一种自我满足感，即能获得“内部奖励”。因而，价值信念就成为稳定而自觉行动的内在条件。内化阶段作为规范学习的一种高级接受水平，具有高度自觉性、高度主动性和高度坚定性的特点。到了这个阶段，规范意识已相当牢固，内化而来的规范已成为人的个性的一部分。

（二）规范学习的影响因素

规范学习作为学习的一种类型，必然会受到学习过程中诸多主客观因素的制约。最基

---

①② 冯忠良、伍新春、姚梅林、王健敏著：《教育心理学（第三版）》，人民教育出版社 2015 年版，第 477—478、488 页。

本的影响因素有规范本身的特点、学生的交往需要、学生的认知发展水平、反馈调节等。

1. 规范本身的特点

任何学习都要受到学习内容的影响。规范学习的内容是各种规范，必然要受到规范本身特点的制约。规范作为调节个体行为的基本准则，其内容广泛，类型繁多。不同内容和类型的规范具有不同的特点与要求，导致学习的难易程度也各不相同。

2. 学生的交往需要

社会心理学研究表明，个体都有归属于群体的需要和对偏离群体的恐惧。① 即人的社会性本质决定了交往需要是个体社会性发展的基础。对学生而言，交往需要的满足是建立在自己被他人、群体及社会所接受的前提下。要做到这一点，学生就必须掌握相关社会规范并在社会交往中实践。因此，交往需要是规范学习的根本动因。

3. 学生的认知发展水平

认知发展论认为学生的认知发展具有不同的阶段与水平，这些认知发展特点直接影响学生的学习。规范学习是集认知学习、情感学习和行为方式学习于一体的复杂学习。规范学习首先需要通过认知学习形成对规范及其意义的认识，这就受到学生认知发展水平，如理解能力与接受能力的制约。如果学生的认知水平较低，他们可能难以理解和接受规范，即使机械生硬地记住这些规范，也难以同化或顺应而形成融合的知识结构，不能产生与规范相一致的情感体验，也不能内化规范并指导实践。

4. 反馈调节

反馈是学习的重要调节机制。如班杜拉将社会学习分为注意、保持、复制及动机四个基本过程，其中的动机过程就是指个体通过对行为的社会反馈信息的接收来决定是否将所学得的行为模式付诸实施的环节。同样，规范学习也离不开反馈调节的影响。在规范学习中，来自内外的反馈常常具有三重作用：一是增强或减少相同情境下的行为频率；二是依据信息产生期待，形成未来行为的诱因；三是提供基本的行为结果的成败信息，为未来行动提供指南。所以，反馈影响后续行为，也制约着规范学习。

第二节　态度与纪律

在学校教育中，规范学习就是要将外在社会规范内化于个体的观念系统，成为行为的指南。规范内化的基本表现是态度，而规范外化的基本表现是纪律。例如，学校为维护课堂秩序而制订了不许迟到、不许早退等规范，这些规范被学生接受后在行为上表现出来，就说明学生遵守课堂纪律的观念已形成。如果学生通过观察他人和亲身体会遵守课堂规范

① 金盛华主编：《社会心理学》，高等教育出版社2005年版，第333页。

给学习带来的作用，从而在心里认同这些规范，并自觉将这些规范作为课堂行为的指南，此时就表示学生对课堂规范的态度已形成。所以，规范学习首先表现为态度的形成或改变和纪律的形成。

一、态度的形成与改变

（一）态度概述

态度是一个众说纷纭的概念。国外的奥尔波特、加涅和国内的邵瑞珍等人从不同角度对态度进行过界定。① 一般而言，态度是通过经验获得的影响个体对特定对象做出行为选择的有组织的内部准备状态。态度的实质是对外部客体与主体需要之间关系的反映。态度主要具有对象性、内在性、持久性和概括性四个特点。态度具有过滤功能、调节功能、价值表现功能和适应功能。作为一种具有认知基础的心理反应倾向，态度的心理结构由情感、行为和认知三种成分构成，且三种成分彼此相互联系。②

（二）态度的形成

个体的态度不是与生俱来的，而是在社会生活中逐渐形成的。其形成的过程就是规范学习的心理过程。但态度形成也有其特有的方式和影响因素。

1. 态度形成的学习方式

（1）通过亲历学习方式形成态度。亲历学习方式就是学生通过亲自去做并体验到相应的行为结果而习得态度，即做中学。如甲同学借笔给乙同学（行为）并受到同学、老师等的赞扬（行为结果），于是甲同学通过亲自去做而形成了乐于助人的态度。亲历学习方式强调个体因素在态度形成中的作用，认为行为结果之所以能够引发学习，取决于个体对行为结果功能价值和动机价值的认识。功能价值就是个体从行为结果中获得了对行为结果与行为之间关系的认识，这种关系认识又频繁地在个体实践活动中获得强化或弱化，甚至被否定，随之个体的态度也不断地形成或改变。动机价值就是个体在实施行为之前能够预期行为带来的后果，这种以观念形式存在于头脑中的预期有可能转化为行为动机，推动个体行动。

亲历学习方式有三种形式：第一种是通过直接面对态度对象形成态度。这种学习方式既不需要学生针对态度对象做出任何行动，也不需要学生针对态度对象形成任何观念，仅需要学生亲身接触或面对态度对象，即可形成态度。扎伊翁茨（Zajonc）做过一个研究：通过屏幕给大学生呈现 10 个汉字，每次呈现时间为 2 秒钟，要求大学生仔细关注。这些汉字以两个一组的方式呈现，第一组呈现 1 次，第二组呈现 2 次，第三组呈现 5 次，第四

---

① 邵瑞珍主编：《教育心理学》，上海教育出版社 1997 年版，第 181 页。

② 张大均主编：《教育心理学（第三版）》，人民教育出版社 2015 年版，第 248—251 页。

组呈现10次，第五组呈现25次。另外还有2个汉字没有呈现。呈现结束后，告知大学生这些汉字都是形容词，要求猜这些汉字的意义。一会儿实验者又说，让大家猜出这些词语的准确含义是不可能的，因此，要求大学生指出这些词在中文里是褒义词还是贬义词即可，并用七点量表对每个词语进行好与坏的评价。结果发现，重复次数越多的词，其评价越积极。后来，实验材料换成无意义音节和人物面部照片也获得相似的结果。对此，心理学家从进化角度给出了解释：为了生存，人类在长期的进化过程中已形成了对陌生对象或情境保持警惕、犹豫或恐惧的倾向。通过反复接触不熟悉的对象或情境，人们的警惕或恐惧会逐渐平息，以前的陌生对象逐渐变得熟悉和安全，从而形成对它们积极的态度和感受。所谓"日久生情""潜移默化"，也从经验角度对此提供了证据。①

第二种是通过经典条件作用形成态度。经典条件作用原理认为，当中性刺激与无条件刺激相继或同时多次结合后，中性刺激就变成条件刺激，可以引起条件反应，产生条件作用。新的中性刺激与条件刺激相继或同时多次结合，新的中性刺激又变成条件刺激，建立二级条件作用，以此类推，可以建立多级条件作用。运用这一原理可以形成态度。如要让学生形成喜欢心理学的态度，可以将态度对象"心理学"作为中性刺激，将要形成的态度"喜欢"作为条件反应。态度形成就是要通过亲历学习，将"心理学"与"喜欢"建立联结。要做到这一点，就需要知道学生有哪些喜欢的事情或对象，即已有的刺激—反应联结。假设学生喜欢阅读，就可以借助于"阅读"与"喜欢"的已有联结来建立"心理学"与"喜欢"的联结，喜欢心理学态度的形成就变成了将"心理学"与"阅读"相继或同时多次呈现，利用已有"喜欢阅读"来建立"喜欢心理学"的条件作用，至此态度就形成了。

第三种是通过操作条件作用形成态度。操作条件作用原理认为，有机体自发产生的行为如果受到随后的强化，这些行为就会在特定环境中得以出现。操作条件作用原理的核心是强化。根据操作条件作用原理可知，学生对态度对象表现出某种观点时，及时给予强化，就可以形成某种态度。如学生表现出赞成"为中华之崛起而读书"时，教师及时给予强化，就可以形成正确的学习态度。

（2）通过观察学习方式形成态度。观察学习方式也称为替代学习方式，就是通过观察环境中他人的行为及其行为后果而习得态度，即看中学。根据班杜拉的研究，他认为观察学习要经历注意、保持、复制和动机四个过程。

注意是学习者将心理资源贯注于榜样事件的过程，它决定学习者从大量的榜样事件信息中，选择榜样对象及提取相关信息。注意要学习的榜样事件是形成态度的首要条件。榜样事件和学习者特征直接影响注意的效果。

保持是记住榜样的行为特征，学习者将注意到的榜样事件信息转换成表象的、语义概念的符号表征并储存在记忆中，成为未来态度形成的认知基础。

---

① Franzoi, S. L. (2009). *Social psychology*. Boston: Higher Education, p. 155.

复制是将榜样事件中观察到的行为复制出来，同时也需要将记忆中符号化的内容转化成相应的行为，以准确重现榜样行为。

通过上述三个阶段的学习，学习者未必就要将学会的榜样行为表现出来，这时就需要动机和诱因的作用。比如，学生注意到某偶像人物出门时礼让一位女士，会将偶像的礼让行为及其结果保存在记忆中，时不时地进行行为复制。虽然短时间看不到学生的礼让行为，但一旦遇到相似的场景，学生就可能突然表现出礼让行为。所以，通过观察学习方式可以形成态度。

2. 态度形成的主要影响因素

（1）个体需要。态度具有情感体验的成分，与个体需要能否满足的经验密切相关。一般而言，凡是能够满足个体需要的对象，个体倾向于获得积极情绪体验，相应地就产生了肯定态度。相反，对于不能满足个体需要，尤其是妨碍个体达成目标或引起挫折的对象，则倾向于获得消极情绪体验，产生否定态度。同时，个体需要具有层次性，不同层次的需要对态度形成的影响存在差异。

（2）个体经验。态度是在社会实践活动中逐渐形成的，是个体经验累积的结果，个体经验在态度形成中起着内在参照系的作用。即个体面对新的态度对象产生新经验时，头脑中储存的过去相关实践活动经验被激活，并成为与当前新经验进行比较的标准，比较的结果如果无显著差异，原有相关态度得以迁移到新的对象上。比较结果如果存在显著差异，原有态度就会从另外的角度影响新态度的产生。

（3）群体参照。人的社会性属性决定了个体在价值取向上或行为方式上总有自己认同的群体，个体所认同的群体会为个体提供社会同一性和自我评判的标准。在社会生活中，一方面，个体会自觉自愿采纳认同群体的态度，使个人需要、价值观、行为方式与认同群体保持高度一致，以获得归属感；另一方面，认同群体的规范、制度、纪律会对个体产生一种外在的群体压力，使个体产生与群体一致的态度。

（4）社会文化。人都在一定的社会文化环境中生活，存在于特定社会文化环境中的个体，其价值观、行为准则、认知方式等都不同于生活在其他社会文化环境中的人们，从而影响人们态度的形成。如人类学家米德（M. Mead）发现，在南太平洋的群岛上有一个阿尔派西部落，这里的男子崇尚与女子一样的女性化特征，一般社会强调的男子要刚毅、果敢等阳刚特征在这里被鄙视。同时，亚文化也深刻制约着人们的态度形成。

（5）家庭教养。家庭是个体社会化的第一场所，父母是个体早期心理发展的核心影响源。在教养过程中，个体不仅通过模仿学习父母的语言、行为，也学习各种规范和要求。幼年掌握的行为规范和父母的教养方式等成为个体社会化过程中新态度形成的重要内在经验。许多研究都表明，个体对政党、宗教、风俗习惯等的态度与父母的态度有极高的相关性。

（三）态度的改变

在社会生活中形成的态度并不是一成不变的，而是随时间和情况的变化而改变。心理学对态度改变进行了大量研究，提出了许多态度改变理论，从不同角度揭示了态度改变的原理。

1. 态度改变的理论

（1）认知相符论。认知相符论认为，人的态度或信念如果与其他观点、自身行为发生矛盾，人自认为自己是理性的观念就会生成一种动力倾向性，推动其进行自我调整，以达到或恢复认知上的相符和一致，从而维护自己的理性形象。因此，态度系统中诸成分的不一致是促进态度改变的主要因素。该理论又有如下两种观点。

①认知平衡理论。认知平衡理论由海德（F. Heider）提出。① 他认为，认知者对某一对象的态度取决于第三者的态度。如果认知主体对两个对象（态度对象与第三者）的态度趋于一致，则其认知属于平衡状态，态度就不容易改变，否则其认知就陷入不平衡状态。人类所具有的追求平衡与和谐的需要就促使态度较容易发生改变。后来，纽科姆（Newcomb）对海德的理论予以完善，除注意态度的方向变量外，还注意到了态度的强度变量。奥斯古德和坦南鲍姆（Osgood & Tennenbaum）提出的和谐理论在基本观点上与认知平衡理论相同，认为一致性原则支配人们的思维，为态度改变提供动力，态度改变时涉及三种变量因素（个人对信息源的态度、个人对信息对象的态度、对信息源关于信息对象所做断言的态度）的方向，而且也涉及它们的强度指标。

②认知不协调理论。认知不协调理论由费斯廷格（L Festinger）提出。②他认为，认知失调是态度改变的先决条件。态度的认知成分包含许多认知元素，认知元素之间存在三种可能关系，即认知协调关系、无关系和认知不协调关系。当个体意识到认知元素处于不协调关系时，就出现了认知失调，个体就产生不愉快或紧张的体验。此时，个体就会力求通过改变自己的观点或行为态度以恢复认知协调关系。认知失调虽为态度改变提供了条件，但并不必然导致态度改变，为此要及时抓住认知失调的时机，采取有效的措施来促使态度发生转变等。

（2）精加工可能性模型。这是由佩蒂和卡西奥普（Petty & Cacioppo）提出的关于个体在面对说服情境下如何改变态度的模型。③ 他们认为，个体在面对说服信息时，因加工信息的动机和能力不同而有中枢和边缘两条加工信息的路径。个体如果具备接受信息的动机和能力，就通过中枢路径对说服信息进行精加工，而得出与说服信息一致或不一致的观点，从而实现态度的改变或不变。个体如果没有接受信息的动机和能力时，则通过边缘路

①② 沙莲香主编：《社会心理学（第四版）》，中国人民大学出版社 2015 年版，第 265—267、267—269 页。

③［美］泰勒、［美］佩普劳、［美］希尔斯著，谢晓非等译：《社会心理学（第十版）》，北京大学出版社 2004 年版，第 154—155 页。

径加工信息，只是此时加工的主要信息不是说服信息本身，而是说服信息的相关情感体验线索，如说服者的身份、地位、吸引力，说服性信息量的多少等线索。经过边缘路径加工也会得出线索信息有说服力或没说服力的结果，从而导致个体态度的改变或不变。尽管两条路径加工后都可以导致态度的改变或不变，就态度改变后的稳定性而言，边缘路径加工的结果远不及中枢路径加工的结果。

(3) 双重态度模型理论。由威尔逊（T. D. Wilson）等人提出。① 他们认为，人们对同一态度对象能同时具有两种不同的评价：一种是能被人们所意识到的外显态度，另一种则是自动化的、不能被意识到的内隐态度。当人们由原有态度改变到新的态度时，原有态度并不会消失，而是仍然留存在记忆中，以内隐的形式潜在地影响着个体的认知和行为，出现双重态度。其中，内隐态度是自动激活的，而外显态度则需要较多的心理能量和动机从记忆中去检索而发挥作用。即使外显态度被检索出来，内隐态度也还会影响个体那些无法有意识控制的行为反应和那些个体不试图去努力控制的行为反应。目前，对外显态度和内隐态度改变的心理机制、相互关系还有待进一步探索。

2. 态度改变的方法

根据态度改变的理论可知，态度改变需要注意方法的使用。在学校教育中，教师可以综合运用一些方法来帮助学生改变某种态度。通常可应用的方法有榜样示范法、说服沟通法、角色扮演法等。

(1) 榜样示范法。榜样是无声的语言，其力量是无穷的。在态度改变中，通过榜样示范，可以将内隐的态度具象化、典型化，会收到很好的教育效果。榜样示范法的效果取决于榜样的真实性，所以，提供的榜样必须真实可信，不可人为拔高、夸大。最好从学生熟悉的群体中寻找榜样。一般说来，学校所能提供的榜样一般来自教材、教师和校友。就教材而言，其内容提供了古人、今人的生活方式，或有意或无意地表达了作者的态度以及前人所推崇的态度。就教师和校友而言，学生所仰慕、模仿的教师和校友通常是品德高尚、专业知识渊博、兴趣广泛、有爱心和责任心的人。总之，在学校情境中，教师应根据学生心理发展水平和心目中有关榜样的特点，按照班杜拉的社会学习理论来选择榜样，设计榜样，示范榜样行为，以及运用有关的奖惩，引导学生学习某种合乎要求的态度。

(2) 说服沟通法。在教育情境中，言语说服是改变学生态度的常用方法。在对学生进行说服的过程中，教师常常要向学生提供对其原来态度的支持性和非支持性的论据，使学生获得与教师要求的态度有关的事实和信息，或强化已有态度，或形成新的态度，或改变原有的态度。说服沟通法有赖于有效的说服技巧。

①有效选择证据。霍夫兰德等研究认为，只提供单方面证据（如正面证据）对受教育程度较低的人以及原来持赞同态度的人更为有效，而提供正反两方面证据对受教育程度较

① Wilson, T. D., Lindsey, S., & Schooler, T. Y. (2000). A model of dual attitudes. *Psychological Review*, 107(1), 101-126.

高的人以及原来持反对态度的人更为有效。[①] 因此在态度教学中，对于低年级学生，教师说服时应主要提供正面证据，而对于高年级学生，则可以考虑提供正反两方面证据。此外，如果教师提出自己的观点后，学生未产生相反观点，这时，教师只提出正面观点和材料，有助于学生形成肯定态度。对于学生本来就反对的观点，教师则应提供正反两方面证据，这会使学生感到教师是公正的，从而容易改变态度。同时，提供何种证据还要考虑说服任务的诉求。如果说服任务是要解决当务之急的问题，那么只提出正面证据比较有效；若是培养学生长期稳定的态度，则提出双面证据比较有效。

②情理服人。说服沟通重在以理服人，以情动人。社会心理学研究发现，说服内容的情感因素对态度的改变立竿见影，但其影响效果不能持久，而说服内容的理智因素会对态度的改变产生长期的效果。[②] 针对学生态度改变而言，不仅要注意说服内容的情感因素和理智因素，还要考虑学生的成熟水平。一般而言，富于情感色彩和引人入胜的说服内容较易导致低年级学生的态度改变；而说理充分、逻辑严密的说服内容更易导致高年级学生的态度改变。对于一般学生，开始说服时注重情感渲染，然后运用充分的材料进行说理论证，这样的说服效果比较持久。

③逐渐缩小态度差距。态度改变是由于说服者态度与被说服者态度之间存在差距，这差距是影响态度改变的一个重要变量。如果两种态度差距小，被说服者态度就较易改变；反之，态度则较难改变。此时就需要将态度改变的目标细分成子目标，然后逐渐接近态度改变的目标。在教育过程中，改变学生的态度不仅要了解态度差距，还要清楚学生的原有态度。

（3）角色扮演法。沙夫特（F. Shaflet）等对角色扮演研究发现，让分别扮演演员和观众的学生处于一种真实情境中，形成解决问题的愿望和对参与活动的理解，产生移情、同情、愤怒、爱慕等情感，在此基础上进行讨论、分析。这样，扮演演员和观众的学生都会形成一定的态度、价值观。[③] 角色扮演能够改变个体的态度，主要是由于在角色扮演中，个体有了真切的换位认识和较多的情感卷入。有研究发现，人们在角色扮演中的投入程度越高，改变态度的效果就越好。在教育情境中，根据态度教学要求，有效创设情境，让学生尝试扮演不同的角色，可以有效改变学生的态度。如让一位对英语学习不感兴趣的同学扮演英语课代表的角色，他很快就会产生与英语课代表身份相符合的行为模式，对英语学习的态度就会变得积极、主动和努力。

二、纪律的形成与教育

（一）纪律概述

纪律具有多重含义。从教育角度看，纪律就是学校为了维护教与学秩序而制定的要求

---

① 周晓虹主编：《现代社会心理学》，上海人民出版社 1997 年版，第 256—257 页。

②③ 皮连生主编：《学与教的心理学（第四版）》，华东师范大学出版社 2006 年版，第 166、168 页。

学生遵守的规范、要求和守则。纪律的类型多种多样。从纪律的形成角度看，纪律包括教师促成的纪律、集体促成的纪律、自我促成的纪律（即自律）和任务促成的纪律。从纪律实施的角度看，纪律可分为专制型纪律、放纵型纪律和健康型纪律。纪律是所有文化体系中普遍存在的现象，具有约束和导向两个主要功能。

（二）自觉纪律的心理结构、形成过程和特点

1. 自觉纪律的心理结构

自觉纪律是纪律水平的最高表现，由纪律认识、纪律态度、纪律意志和纪律习惯构成。

（1）纪律认识。纪律认识是个体对纪律的重要性及其内容的理解，包括对纪律的感性观念，对纪律的理性理解、评价及纪律信念。感性观念为纪律认识奠定基础。在感性观念基础上，通过理性理解及评价而形成纪律意识。纪律认识的最高层次是纪律信念，确信纪律的必要性与正确性，并坚决遵守。

（2）纪律态度。个体在纪律认识的基础上会形成相应的态度。自觉纪律是在对纪律正确认识的基础上产生的对纪律的自愿遵守、主动执行和积极维护态度。

（3）纪律意志。个体遵照纪律要求积极行动或为了维护纪律而抑制某些行动。在这个过程中，需要个体选择正确的动机、排除内外干扰、控制不良情绪和坚决执行纪律的意志品质。

（4）纪律习惯。纪律习惯是长期遵章守纪的纪律行为累积的结果，是从强制性的被动遵守转变为自觉遵守纪律的关键环节。纪律习惯不仅可以使个体遵守纪律的行为形成常态化的自觉行动，而且这种自觉行动的受阻会引起个体的消极体验，从而使纪律习惯成为自觉纪律行为的一种动力。

2. 自觉纪律的形成过程

自觉纪律的形成过程，是从强制性遵守的外部纪律要求转化为自觉自愿遵守的内心需要，再转化为纪律习惯的过程。其间要经历三个阶段：

（1）强制纪律阶段。本阶段的主要特征是遵守纪律具有他律性，即个体主要依靠外部强制力制约和遵从利己需要表现纪律行为。该阶段个体主要是通过机械学习和模仿学习记住纪律要求，通过外部强化和内在需要满足的内在强化使纪律要求与认知结构中的相关信息发生联系，由此获得对纪律的最初认知和情感体验，形成最初的自觉纪律心理结构。

（2）半自觉纪律阶段。本阶段的主要特征是遵守纪律具有半自觉性，即个体已能理解纪律的要求，也能知晓纪律的价值，在一般情况下能够遵守纪律。但在面对强大外在诱因，或执行纪律与内在需要满足发生矛盾的情况下又会违背纪律要求，表现出执行纪律的动摇性。个体在该阶段的纪律学习中，除了模仿学习外，主要通过对纪律意义的学习接受新的纪律要求或规则，不断丰富和深化相关纪律认知结构，但纪律意志成分有待进一步发展。

（3）自觉纪律阶段。本阶段的主要特征是形成了自觉纪律，即个体开始以自我要求、自我监督、自我检查为主要方式，随时随地把纪律要求、原则变成自觉行动。经过前面两个阶段的发展，本阶段个体的纪律心理结构已趋于完善，各成分已达较高水平，并相互协调，共同作用，使个体将外在的纪律要求内化为自觉遵守的纪律需要，达到自觉自律水平。

3. 自觉纪律的特点

自觉纪律是个体建立在自我意识基础上的自我决定和自我选择。自觉纪律具有三大特点：

（1）自觉性。表现为个体主动地运用纪律对自身行为进行参照评价，并用评价结果指导后续行为。个体在对纪律要求理解的基础上，自觉把纪律作为评价自己行为的准绳，通过对自身各种行为可能结果的分析、预测、评价，考察行为的社会意义，避免行为选择的盲目性、任意性。同时，个体对纪律的运用和行为的评价又总是寓于具体情境中，并根据现实情境分析，灵活而不是僵化地执行纪律，以实现纪律的最大社会价值。

（2）自愿性。表现为个体对纪律要求的自我接受和认同以及对纪律行为的选择与认定。自愿性不是随意性，而是体现了意愿或意欲、意向或专一、坚毅或坚韧等形态的意志作用。意愿或意欲表现为个体对纪律的内在要求；意向或专一制约着个体的选择过程，并为行为的选择提供导向；坚毅或坚韧则为个体克服执行纪律过程中的困难提供力量源泉。

（3）自由性。表现为个体对纪律要求的内化和对自身向善和秩序的追求。对纪律要求的认知和理解渗透着个体情感，对纪律行为的决策和评价也离不开个体情感的制约。一旦纪律要求融入个体的情感结构，那么个体对纪律行为的选择便能超越有意和勉强的驱使，也不再为欲望和冲动所主宰，而是达到从容、自然、自我主宰的自律境界。

（三）良好纪律的形成与培养策略

1. 纪律形成的内在冲突

在学生将纪律要求内化为自己的内在需要，再外化为纪律行为的过程中，存在复杂的转化环节与矛盾冲突。这些矛盾冲突是在纪律形成时要特别予以重视的。

其一，外在纪律规范与学生认知之间的矛盾。纪律规范总是以知识的方式来表达，而学生纪律的形成首要环节应该让学生在正确认识和理解纪律知识的基础上形成正确的纪律观，这就关涉学生的认知水平。一般而言，学生理解纪律等行为规范要经历四种水平：（1）具体性理解水平。学生的纪律认识处于感性观念时期，这是形成正确纪律意识的基础。（2）知识性理解水平。学生将纪律规范作为一种知识来理解，他们可以熟记但不能把纪律要求转化为自己的纪律认识。（3）认同性理解水平。学生同意并接受纪律规范的约束，但只是被动遵守。（4）内化性理解水平。纪律要求成为学生自己的内在行为准则。不同学生认知水平的差异可能会导致对纪律的理解不同，因此，在进行纪律教育时，恰当地解决外在纪律规范与学生认知水平之间的矛盾至关重要。

其二，纪律认识与纪律态度之间的矛盾。学生在了解纪律的要求及意义并形成纪律认识后，并不意味着必然接受这些要求且在现实情境中表现出纪律行为，其间受个体纪律态度的调节。学生对纪律可能持有不同的态度，不同态度与学生的情感体验密切相关，情感体验又建立在纪律认识基础上。只有纪律认识与积极的纪律情感相结合，才会形成正确的纪律态度，导向纪律行为。反之，就可能出现消极或错误的纪律态度，导向违纪行为。因此，纪律教育要让学生形成正确的行为态度——自愿遵守、主动执行、积极维护，必须消除学生对纪律的消极或错误态度。

其三，遵守纪律与个人动机之间的矛盾。遵守纪律就是要约束自己的行为，而动机是激活满足自己需要的相关行为。如果此时动机激活的行为正是纪律要求约束的行为，二者之间就发生冲突。遵守纪律与个人动机之间冲突的解决依赖于学生的动机斗争与意志力。研究表明，一个人在动机斗争中选择正确的动机，起决定作用的不仅是思考和斟酌，更主要的是对自己行为后果的预见能力。此外，学生的意志力与自我调节机制在动机斗争中也发挥着重要作用，尤其是在极具诱惑力的情境之下，它可以依据纪律的要求对自己的冲动、欲望等行为倾向进行抑制。但抑制是否成功，则取决于学生意志力的强弱。因此，纪律教育中要注意引导学生对行为后果的分析评价和增强学生的意志力。

其四，遵守纪律与辨识能力低之间的矛盾。学生所学的纪律一般是脱离具体情境的抽象的纪律知识，要将这些抽象纪律知识向丰富多彩、充满矛盾的现实生活转变和具体化，常会出现遵守纪律与学生的实际辨识能力较低之间的矛盾。因此，纪律教育中，一方面要重视纪律情境，使学生在各种不同的纪律情境中领悟纪律的实质，建构、发展自己的纪律辨识能力；另一方面要重视自我纪律评价能力的促进，使学生对纪律的评价从现象到实质，从片面到全面，从情境到原则，从自我到群体，从他人到自己，不断上升发展。

其五，遵守纪律与不良行为习惯之间的矛盾。行为习惯是逐渐养成的不需要任何意志与外在监督而能自发实现的行为方式。许多教育心理学家强调，教育需要使学生养成良好的行为习惯。一个人的行为习惯一经养成，那么按习惯行事，就会使人产生积极的情感体验，否则只能产生消极的情感体验。处于发展之中的学生，每个个体身上都或多或少有一些不良行为习惯，这些不良行为习惯与遵守纪律的要求之间就会产生矛盾，妨碍自觉纪律的形成。因此，纪律教育中，要注重消除学生的不良习惯，为纪律规范学习扫清障碍。①

2. 良好纪律的形成与培养措施

纪律形成过程是一个复杂的内化过程，也是一个系统的教育过程，需要认知、情感、意志等成分的协同参与。在纪律培养过程中，除了要指导学生正确处理所遇到的内在冲突外，还要注重利用以下措施，进行纪律培养。

---

① 陈安福、曾欣然主编：《小学德育工作心理》，四川教育出版社 1991 年版，第 172 页。

(1) 夯实对纪律规范的认知。对纪律规范的认知是纪律行为培养的逻辑起点。学生纪律教育最重要的依据便是各种纪律规范、准则，只有在学习并熟知纪律规范和准则的基础上，才能做到心中有戒尺，言行有依据，在社会实践中，才能有所为有所不为。因此，夯实对纪律规范的认知要依据学生认知发展水平，充分发挥教育和自我教育的主导作用，引导学生正确认识纪律规范的内涵及其社会价值，提高纪律认识水平。

(2) 唤醒守纪的积极情感。情感是根植于个体内心的行为动力。纪律情感是伴随纪律认知而产生的一种爱憎、好恶、支持和反对的心理体验和态度倾向。它既反映个体的纪律需要，又表现出个体对执行纪律的态度体验，是一种促进纪律行为的内在力量。因此，纪律培养就是将情感体验摆放在教育的突出位置，引导学生体验纪律带来的积极情感，调控和消除与纪律有关的消极情感，运用情感的力量促进学生纪律行为的养成。

(3) 增强纪律意志品质。纪律行为习惯的培养具有长期性和动荡性的特征，尤其是在内心需要与纪律行为后果存在冲突、在纪律行为力量由他律向自律转化等情境下，学生需要有坚韧不拔的意志去执行纪律、维护纪律，这就要求培养学生持久的耐性、面对困难挫折不退缩不灰心和百折不挠的意志品质。为此，在教育中可以通过创设各种纪律冲突情境，让学生身临其境，在解决纪律冲突中不断增强意志品质。

(4) 促进纪律行为习惯化。实现从纪律认识到纪律行为的转化既是纪律培养过程中的关键环节，也是最困难的环节，还是学生纪律行为习惯养成的基础性环节。在学生已具备相关认知基础、纪律情感得到激发和纪律意志准备充分的前提下，对学生进行纪律行为训练是促进学生良好纪律行为习惯化的重要保障措施。纪律行为训练可以在学习理论的指导下，通过角色扮演、榜样示范、共同讨论、参与制订纪律等实践活动实现纪律行为的习惯化。

(5) 营造良好的纪律支持环境。环境对个体具有潜移默化的巨大影响作用，良好的环境有利于对个体的教化，也成为个体践行纪律行为的重要支持力量。因此，纪律教育中要努力营造良好的环境，充分发挥环境对学生纪律心理结构的完善和纪律行为表现的促进作用。营造良好支持环境不仅要重视学校环境，也要重视学生所在家庭、社区和社会环境；不仅要重视对现实环境的优化，也要重视对网络虚拟环境的净化；不仅要重视分析研究静态环境，也要重视分析研究动态环境。营造良好的纪律支持环境，将纪律教育与环境教育有机结合，为学生遵章守纪提供最有力的社会支持。

第三节　品德的发展与培养

品德是规范内化的高级表现形式。个体品德发展是贯穿一生的全程发展，其间经历不同的发展阶段。心理学界对该领域的研究丰富多样，有代表性的成果主要是皮亚杰和科尔伯格的道德认知发展阶段论。品德发展过程存在多个关键期；品德形成与发展受到环境和自身两大类因素的影响；品德培养主要包括价值引导、实践体验和感悟建构等策略。

一、品德概述

品德即道德品质，是个体依据一定的社会道德行为准则行动时所表现出来的稳定而持久的心理特征。品德是被个体内化了的社会道德。品德作为一种个体心理现象，学者们提出了因素构成说、功能结构说、系统结构说等品德心理结构观点。尽管这些观点各异，但从不同角度为进一步揭示品德的实质奠定了基础。

二、品德的发展

品德作为一个多层次、多形态、多序列的动态发展心理结构，其形成不是遗传决定的，而是在后天社会生活和实践中逐渐形成的，特别是在教育的影响下形成和发展的，同时也受到个体心理发展规律的制约。

（一）品德全程发展观

20 世纪中叶，心理学家开始用生命全程发展观审视品德发展，认为品德发展同样具有全程性。品德全程发展观就是用生命全程发展观指导研究个体品德的发生、发展和变化，即人生历程中品德成分、品德结构及其功能的发展变化。

1. 品德全程发展观的基本观点

（1）品德发展与完善贯穿于生命全程。品德在实践中形成的特点使学者从不同侧面对品德的萌芽进行了探索。有的以品德认识或评价的发生为标准：如皮亚杰把规则的习得与遵从作为品德发生的标志；朱智贤认为 1—3 岁儿童出现两义性道德判断标志着品德意识的萌芽。有的以道德情感的发生为标准：如库尔奇兹卡娅（Е. И. КулЪЧИЦКаЯ）认为儿童羞愧感萌芽于 1—3 岁，就标志着品德的萌芽；① 墨森（P. H. Mussen）等人明确提出 2 岁左右儿童道德感出现标志着品德的萌芽。② 有的以品德动机的出现为标准，如苏联学者通过实验研究幼儿社会性动机的产生问题。③ 有的以品德结构出现和处理他人与自己需要关系的多学科综合表现为标准，如曾欣然等人的实证研究发现个体品德的萌芽确定在

① 林崇德著：《品德发展心理学》，上海教育出版社 1989 年版，第 284—286 页。

② Eisenberg, N., & Mussen, P. H. (1989). The roots of prosocial behavior in children: Cognition, role taking, interpersonal problem solving, and moral judgment. *Developmental Psychology*, 15(2), 228-229.

③ 陈帼眉著：《学前心理学》，人民教育出版社 1989 年版，第 359 页。

2—3 岁。①

品德一经萌芽，就开启了发展与完善的历程。这方面国内外有许多重要研究成果，如皮亚杰提出的道德认知发展阶段论，科尔伯格的道德发展三水平六阶段论，曾欣然从品德结构视角将德行发展划分为九个阶段或水平②，张向葵等从品德行为角度发现助人行为发展存在四个阶段，每个阶段或水平各具特点。③ 尽管个体从出生到生命的终结，品德发展从未间断，但品德发展肯定有成熟的时候，对此也存在许多研究。如皮亚杰认为，儿童能够进行自律判断时，其品德就达到了成熟水平，大概在 12 岁左右。科尔伯格则认为，儿童青少年道德成熟的标志就在于个体具备做出正确的道德判断和形成自己的道德原则的能力。林崇德提出了判断品德成熟的两个指标：一是较自觉地运用一定的道德观点、原则、信念来调节行为；二是世界观、人生观的初步形成。④ 陈旭认为可以从综合角度衡量个体品德是否成熟：首先，品德心理结构相对定型、稳定，可塑性变小；其次，品德结构的自我组织、自我调节能力的成熟；最后，自觉实现社会人的道德价值，这是人的品德功能的最高体现，也是衡量品德成熟的根本标准。⑤ 根据综合标准，个体品德成熟大概在青年晚期才能达到。脑科学的相关研究结果也为此提供了有力证据。

（2）品德发展既包括品德心理结构的形成和完善，也包括品德结构的功能发展。品德心理结构的形成与完善首先是品德认识、品德情感、品德动机、品德意志、品德行为、品德自我评价等构成品德心理结构的各成分先后萌芽并不断发展与完善，其次是由发展水平不同的各成分逐步形成完整的、相对稳定的、由社会道德准则和规范内化并积淀的品德结构的发展变化。品德结构的功能主要是指已经形成的品德对社会道德规范的定向选择功能、内化道德价值的功能、发动维持整个品德心理活动的功能、反馈调节品德行为的功能等。品德结构功能发展的最高目标在于发挥个体的自觉性、自主性、自律性和创造性，实现人的道德价值。

（3）品德发展具有可塑性。品德的实质决定了其发展不仅存在年龄阶段特征，而且其发展历程绝不是单向的、唯一的、线性的变化。在不同发展阶段，甚至在同一阶段的不同个体，其品德发展方向、速度和水平可能是多样的、多维度的。品德是社会生活的产物，社会生活的复杂性和个体自身因素可能导致品德发展中出现倒退、反复、暂时停滞的现象。所以，在品德成熟之前，品德发展具有可塑性，其发展方向、速度及可能性在较大程度上取决于何种外部影响源占主导地位。

---

① 曾欣然著：《德性心理活动规律探索》，西南师范大学出版社 2012 年版，第 123—135 页。

② 曾欣然著：《德性心理活动规律探索》，西南师范大学出版社 2012 年版，第 121—141 页。

③ 张向葵、盖笑松、陈彩琦、宋小冬：《当前社会形势下儿童—老年助人行为发展的实验研究》，《心理发展与教育》1996 年第 2 期。

④ 林崇德著：《品德发展心理学》，上海教育出版社 1989 年版，第 125 页。

⑤ 张大均主编：《教育心理学（第三版）》，人民教育出版社 2015 年版，第 259 页。

2. 品德发展的阶段及关键期

品德是社会规范内化而建构的遵从性交往经验结构，其过程是逐步完成的，存在阶段性和关键期。

（1）皮亚杰的道德认知发展阶段论。皮亚杰认为，儿童道德发展是认知发展的一部分，道德发展的进程可以在认知发展中找到依据。据此，皮亚杰运用自创的对偶故事法对儿童道德认知发展进行系列实证研究，并得到了一些规律性的结论：从单纯的规则到真正意义上的准则；从客观责任到主观责任；从服从的公正到公平、公道的公正；从抵罪性惩罚到报应性惩罚；从他律到自律的发展。在此基础上，皮亚杰提出道德认知发展的三阶段。

前道德阶段（2—4 岁）：儿童没有真正的道德概念，也不能把自己与他人区分开来。道德认知不守衡，分不清公正、义务和服从。

道德实在论阶段（5—10 岁）：即他律道德阶段。儿童服从外部规则，接受权威指定的规范。

道德相对论阶段（8—11 岁）：即自律道德阶段。儿童道德判断的特点是能够认识到规则不是绝对的，而是可以怀疑和改变的，违反规则并非总是错误的，也不一定非要受惩罚。判断行为时不仅考虑后果，还要考虑动机和意图。能够把自己置于别人的地位，判断不再绝对化。对权威的遵从既非必要，也不总是正确的，如果实施惩罚，应该考虑惩罚与犯错误者的意向和错误性质之间的补偿性，即儿童开始使用一种互惠性的公平标准。

（2）科尔伯格的道德认知发展阶段论。在皮亚杰研究的基础上，科尔伯格认为儿童道德成熟过程就是道德认知发展的过程。具体而言，道德成熟首先是道德判断上的成熟，然后是与道德判断一致的道德行为上的成熟。他运用自创的道德两难故事法对儿童品德发展问题进行了大量实证研究，提出了道德发展三水平六阶段理论。

前习俗水平：在这一发展水平，儿童的道德观念是外在的，儿童是为了免受惩罚或获得奖励而顺从权威人物规定的行为准则的。这一水平包括两个阶段。第一阶段，以惩罚与服从为准则。儿童对行为好坏的判断并没有固定的准则概念，而是看是否会受到惩罚和是否服从父母或权威人物的命令。第二阶段，以行为的功用和相互满足需要为准则。如果行为者最终能取得成功，获得奖赏，满足相互间的需要，就是好的。这带有浓重的互利交换的实用主义色彩。也可以说，儿童的道德判断，往往是从自身利益出发的。

习俗水平：在这一发展水平，儿童为了得到赞赏、表扬或维护社会秩序而服从各种准则，也可以说是为了力图满足社会的需求和希望。它也可分为两个阶段。第三阶段，以人际和谐为准则，又称“好孩子”取向。儿童心目中的道德行为就是取悦于人，有助于人或获得别人的赞赏。所以，他们判断道德行为好坏的主要依据是看是否被人们赞许。第四阶段，以权威和维持社会现有秩序为准则。儿童所做判断的根据是相信准则和法律维护着社会秩序，因此应当遵循权威和有关规范去行动。

后习俗水平：即原则水平，达到这一水平的人，其行为原则更具有普遍性，已经超出了某个权威人物的规定。它表现为个人的义务感、责任感。它也可以分为两个阶段。第五阶段，以社会契约和法律为准则。这个阶段的道德判断特别看重相互之间的契约关系，即相互承担义务和享有权利。同时，看重法律的效力，认为法律可帮助人们维持公正。认为契约和法律的规定并不是绝对的，而是可以改变的，个人应尽的义务和责任显得更为重要。第六阶段，以普遍的道德原则和良心为准则。这是进行道德判断的最高阶段，它完全诉诸个人的良心和人类普遍的道德原则和道德规范，他们认为人类普遍的道义高于一切。①

科尔伯格的研究在一定程度上揭示了个体品德发展的顺序和阶段特点。但其研究局限于道德认知研究，忽视了对道德情感等其他成分的研究，同时，研究结论强调了发展的顺序性，却忽视了发展的曲折性等现实特征。

（3）国内学者对品德发展中的关键期研究。李伯黍等对儿童的公私观念、分享观念等10种道德观念的研究发现，多数道德观念的转折期在8—9岁。② 李怀美等人的研究表明，小学三年级是道德情感的转折期。③林崇德通过对50个先进班集体的调查，提出小学三年级下学期前后和初中二年级上学期分别是小学、中学阶段儿童品德发展的关键期。④陈旭等研究发现，从出生到青年期品德发展至少存在以下几个关键时期：①2—3岁，品德心理成分萌芽；②5—6岁，情境性品德的发生时期，自律性品德开始萌芽；③10—11岁左右，品德心理由经验水平向原则水平过渡，由依赖性开始向独立性过渡，由外部他人监控开始向内部自我监控过渡，由服从向习惯过渡；④13—14岁前后，品德心理的独立性与依赖性、自觉性与幼稚性交替并存，各种心理矛盾、冲突极其明显、激烈；⑤17—18岁左右，开始关注自己的内心世界，随着理论型抽象逻辑思维的初步成熟，品德的心理成分迅速发展，初步成熟，但品德心理结构未定型，功能发挥程度有限；⑥25岁左右，品德心理结构成熟、定型，自觉、自立、自主、自律、自评能力水平迅速发展，开始实现人生道德价值。⑤ 由于品德发展存在着转折、飞跃等关键期，品德教育需要了解和把握这些关键期，才能更具实效性和科学性。

（二）品德发展的影响因素

品德是社会道德规范内化的结果。道德规范基于社会生活，包罗万象的社会生活决定了道德的复杂性特征，由此决定了品德发展的影响因素的复杂性。品德发展的众多影响因

---

① ［美］科尔伯格著，郭本禹等译：《道德发展心理学：道德阶段的本质与确证》，华东师范大学出版社2004年版，第173—186页。

②③ 朱智贤主编：《中国儿童青少年心理发展与教育》，中国卓越出版公司1990年版，第473—488、516—517页。

④ 林崇德著：《中学生心理学》，中国轻工业出版社2013年版，第349页。

⑤ 陈旭、曾欣然主编：《现代品德情境测评与德育实验》，西南师范大学出版社2000年版，第67—84页。

素可以聚类为环境因素和自身因素两大类，现就其中核心要素进行简要分析。

1. 家庭环境

家庭是个体成长的起点，家庭环境对品德的形成与发展具有奠基作用。艾森伯格（Eisenberg）等人研究发现，与父母或兄弟姐妹的交往不仅为儿童提供了道德定向信息，而且提供了意识这些定向的机会。怀特（White）根据系统理论，从家庭凝聚力、家庭适应性和家庭沟通三方面的结构及其与道德观念影响源的关系进行研究，发现家庭因素影响个体品德内化。① 俞国良在研究学习不良儿童的社会性发展中发现，家庭资源如父母期望、父母教养方式、父母教育态度、父母关系、家庭心理气氛等对学习不良儿童的社会性发展有深刻影响。② 家庭构成因素众多，家庭结构、家庭规模、家长职业类型与文化程度、家长对子女的教养态度及期望、家长作风、家庭气氛、家长自身品德等都对孩子的品德形成与发展具有显著影响作用。

2. 学校环境

学校环境是按照一定社会目的、要求、意志进行建构和发展的人为教育环境，具有极高的品德塑造价值。学校环境不仅通过德育，而且通过诸如班集体氛围、校风等软环境影响学生的品德形成与发展。学校德育是根据一定的社会思想政治观点、道德行为规范和学生的身心发展规律，有目的、有计划地塑造儿童与青少年心灵的教育活动。它主要是通过三条途径实现。

（1）学科教学。政治思想品德课是进行品德教育的主要学科，承担着学生品德培养的主要任务。其他学科教学在传授知识、发展能力的同时，也担负着培养学生品德的任务。由于各科教学是学校教育的主要形式，占用时间最多，因而将品德教育渗透于各科教学中必然会对学生品德发展产生很大影响。

（2）校内各种团、队主题活动。学校根据学生的年龄特点，有目的、有计划地组织内容丰富多彩、形式多样的德育主题活动，如报告会、演讲会、竞赛等，也是促进学生品德发展的重要途径。

（3）课外和校外活动。教学计划外的各种课外活动和校外活动，如科技小组活动、军训、社会调查和公益劳动等，作为社会实践活动，它们对学生品德发展的影响不可低估。

詹万生等根据德育和学生发展的相关理论，把小学德育、中学德育、中职德育、大学德育作为一个系统加以统筹规划，从目标、内容、途径、方法、管理、评价等方面来整体构建具有中国特色的、适应素质教育要求的学校德育系统，并用实证方法加以验证，为增强学校德育工作的科学性、系统性、针对性和实效性提供了理论参照和实践模式。③班集体是构成学校环境的基本单位，也是学生德育的重要影响因素。林崇德对先进班集体作用

① 莫雷主编：《教育心理学》，广东高等教育出版社 2002 年版，第 360 页。

② 俞国良：《学习不良儿童社会性发展的研究》，《教育研究》2001 年第 5 期。

③ 詹万生：《整体构建学校德育体系研究报告》，《教育研究》2001 年第 10 期。

的系统研究发现，集体道德心理从两个方面影响着集体成员的品德诸因素，即知、情、意、行的发展。一方面，良好的集体道德品质促使大部分正常儿童青少年形成良好品德；另一方面，良好的集体道德品质能改造品德不良学生。① 校风是学校集体中成员普遍具有的、占优势的言行倾向性和作风。它对学生良好品德的形成和不良品德的改造具有十分重要的价值。哈桑（Hasan）等对校风班风研究发现，如果校风班风不健康，将会影响该集体中几乎所有的成员。② 我国的研究也发现，具有良好而稳定班风的班集体对改造学生不良道德行为习惯的效果非常明显。作为校风内容之一的教风也是影响学生品德的形成与发展的重要变量。李皮特和怀特（Lippit & White）等人发现，教师以民主的态度对待学生，学生将向着情绪稳定、态度友好和具有领导能力等方向发展；教师采取专制的态度对待学生，易于导致学生的紧张情绪、冷淡、攻击性和不能自制；教师采用放任的态度对待学生，易使学生向无组织、无纪律的方面发展。③这说明教师的态度和作风在一定程度上影响学生的品德发展。

3. 社会环境

人的社会化就是在与社会环境的互动中逐渐内化社会规则的过程。品德也是个体在与社会环境互动中将社会道德内化的结果。所以，社会环境对品德的形成与发展具有重要作用。相对于家庭环境和学校环境而言，社会环境常常通过由社会舆论、大众传媒、互联网、成人榜样作用等构成的社会风气和社会文化等形式影响学生品德的形成与发展。品德尚未成熟的学生极易受到性质不同的社会风气的影响。国内外许多关于暴力电影对个体攻击性认知和行为影响的横断研究和纵向研究发现，观看暴力电影的个体表现出更多的攻击性认知和行为。④⑤ 互联网拓宽了品德发展的空间，但也由于缺少他人的监督且极具诱惑性而导致品德的弱化。崔丽娟等人的研究发现，对互联网的依赖显著影响大学生的社会疏离感。⑥ 胡志海的研究发现，网络行为失范者不论在外显层面还是内隐层面都体现出较高的攻击性和较低的自尊水平。⑦ 社会环境的最重要成分就是社会文化。社会文化塑造了社会成员的品德特征，使社会成员的品德朝着相似的方向发展，这种相似性具有维系社会稳定的功能，又将成员稳固地嵌入社会文化形态中。一旦成员表现出相异的品德行为特征，就被打上行为失范或心理异常的标签。米德对新几内亚具有不同社会文化的民族进行研究发现，居住在山丘地带的阿拉比修族彼此间具有互助友爱、团结协作的特征；居住在河川地带的孟都古姆族成员具有争强好胜、攻击性强、冷酷无情、妄自尊大等特征；而居住在

① 林崇德著：《中学生心理学》，中国轻工业出版社 2013 年版，第 351 页。

②③ 林崇德著：《品德发展心理学》，上海教育出版社 1989 年版，第 212、207—210 页。

④ 刘桂芹、张大均、刘衍玲、阿拉坦巴根：《观看暴力电影片段对青少年攻击性认知的影响》，《民族高等教育研究》2013 年第 4 期。

⑤ 金盛华主编：《社会心理学》，高等教育出版社 2005 年版，第 314—317 页。

⑥ 崔丽娟、刘琳：《互联网对大学生社会性发展的影响》，《心理科学》2003 年第 1 期。

⑦ 胡志海：《网络行为失范者的内隐攻击性、内隐自尊研究》，《心理科学》2009 第 1 期。

湖泊地带的张布里族男女的思维方式、对人事物的态度又不一样。① 李伯黍等对国内八个地区的少数民族儿童的道德判断发展的研究发现，各民族儿童道德认知发展的总趋势一致，但在公正观念、惩罚观念、公有观念和行为责任判断的发展上存在显著差异。② 这些研究结果都揭示了社会文化对个体品德的塑造作用。

4. 个体心理

个体品德是在心理活动基础上形成和发展的。心理活动可分为两大类，一类是直接参与认知和操作的智力因素，另一类是影响认知和操作的非智力因素。苏格拉底的"德行即知识"论断揭示了品德与知识的关系。但知识不是与生俱来的，知识是学习的结果。知识获得与"化识为德"都离不开智力因素，且受智力水平高低的制约，导致不同个体在品德各成分上表现出不同的特点和水平。科尔伯格曾明确指出，后习俗水平阶段的道德推理是建立在形式运算思维基础上的。鲍姆（Boehm）关于行为动机和后果的道德判断与智力的关系研究发现，个体道德判断水平与智力水平和文化修养存在相关性。普林格尔（Pringle）等人的一项追踪研究也揭示出智力与道德行为存在相关关系。③

当然，智力水平只是品德形成与发展的一个必要条件，但不是充要条件。品德形成与发展也受到非智力因素的影响。首先，品德是心理活动的结果，主要是认知、情感、意志、信念、行为相互作用的结果。其中认知是智力因素，情感、意志、信念、行为是非智力因素。品德形成始于认知，终于品德行为习惯的养成。但认知到行为的转化要受到情感、意志、信念等因素的影响。从某种意义上而言，个体品德形成就是这些智力因素与非智力因素在发展方向和发展水平上不断由不平衡到平衡、由不适应到适应、由不和谐到和谐的矛盾运动过程。只有当这些智力因素与非智力因素协调一致、和谐发展时，良好品德才能形成。其次，心理活动是品德形成与发展的动力。行为由动机和兴趣引发，动机和兴趣决定于需要，它们构成了品德的动力系统。最后，个体人格影响品德。人格主要包括气质、性格和认知方式。气质虽然不能决定个体品德的发展，但它却影响某些品德形成的快慢和难易程度。如胆汁质的人性急、多动、奔放，在社会活动中可以表现为待人热忱，也可以表现为莽撞、不守纪律。可以说，气质直接影响品德结构、品德发展过程，特别是品德行为的强度、速度、灵活性、平衡性和指向性。性格主要表现在人对现实的态度和行为方式中，包括了对事物的评价、趋避。因此，一个人的性格可以表现他的品德，也可以发挥动机的作用，推动个体从事某种活动或不从事某种活动。因此，性格培养可以巩固已形成的品德心理特征，也可以改造或矫正不良品德。认知方式是个体偏爱的信息加工方式，是人与人之间差异性的重要表现。认知方式也影响品德的形成。有研究发现，沉思型认知方式者对外界的反应总是建立在对信息进行仔细而深刻加工的基础上的。虽然他们信息加

① 彭聃龄主编：《普通心理学》，北京师范大学出版社 2012 年版，第 525 页。
② 李伯黍主编：《品德心理研究》，华东化工学院出版社 1992 年版，第 359—375 页。
③ 莫雷主编：《教育心理学》，广东高等教育出版社 2002 年版，第 361 页。

工速度较慢，但正确率较高，因此其道德认知往往较深刻，道德行为的目的性、指向性较明确；冲动型认知方式者会迅速对信息做出反应，但正确率较低，因而其道德认知有待深化，其道德行为的指向性有待加强。

三、品德的培养

学生的优良品德不是自发形成的，而是在人与人、人与群体、人与社会错综复杂的相互作用中形成和发展的。这一过程经历了由简单到复杂、由低级到高级的矛盾运动。许多因素在此过程中发挥了作用，而品德培养的基本策略就是对各种影响进行选择与调控，力求创设一种良好的环境和条件，使学生向社会所期望的方向发展。

（一）价值引导策略

价值引导策略是品德培育中的基础导向策略，由学生的认知发展特点和品德形成规律所决定。在品德培养中，学生虽然是品德建构活动的主体，但影响其主体性发挥的因素既有来自学生自身方面的原因，也有来自建构活动客体即培育内容方面的原因。但归根结底看，主体才是最根本的原因。从品德建构活动的主体看，由于学生知识、经验、认知水平等方面的局限性，建构活动主体常常会弱化建构活动功能的发挥，甚至使建构活动成为无效活动。由此决定了品德建构活动需要外在力量，即师长的参与。从主体性生成的规律看，学生品德建构活动的主体性生成和发挥从本质上看不是外部强制的结果，而是主体能动、自主选择的结果。因此，教育者的活动方式不能是强制性的，而应该是非强制性的价值引导。价值引导策略强调在品德建构活动中师生开展平等的价值沟通，共同与品德客体对话，不固守单一的价值标准，不将某种价值观念或体系强加于学生，重在熏陶和感染；努力做到态度上相互尊重，认知上允许存在差异，在非原则问题上“和而不同”，乐于通过协商讨论澄清问题，达到“润物无声”的效果。

（二）实践体验策略

实践体验策略是学习者品德认知提升、品德情感丰富、品德意志获得、品德行为养成的行动策略。实践体验是个体的亲历，是学生对当前存在状态的感知和经验。当学生整个身心浸入到当前存在状态中的时候，就是将已有品德经验带入其中并与当前存在状态中的新对象打交道的时候。来自新对象的品德信息能量和来自学生内在的品德认知能量相互作用，形成一种独特的能量场。能量场为学生身心活动提供碰撞、对话、交融等机会，从而使学生既将自己的过去、现在和将来联结起来，又将自己与他人、与当前存在状态中的一切进行及时的交互作用，从而实现使学生品德的知、情、意、行在历时性和共时性上获得亲历、检验、修正和领悟，学生所拥有的更多相关品德知识、经验在能量场被激活、锻造并被赋予崭新的意义。实践体验策略可通过课堂实践体验、校园实践体验、社会实践体验、网络实践体验、创业创作实践体验等路径得以具体化。

（三）感悟建构策略

感悟建构策略是在实践体验的基础上，主体自主、能动地对自身价值选择的确认和建构的反思策略。根据建构主义学习理论可知，品德培养中，学生一方面以自己已有的品德经验为基础，通过与外界的相互作用，对新的品德信息进行加工处理，以实现对新信息的意义建构；另一方面，又要对自己原有的品德经验进行改造和重组。个体品德发展正是不断地接受价值引导，在实践中体验价值的意义，进而丰富、矫正自己的德行的双向自主建构过程。品德建构可能给学生带来成功体验，也可能带来失败的体验。而失败体验正是锻炼学生品德意志的契机。所以，从品德培养而言，无论品德建构的过程与结果、成功与失败，都是主体内化社会道德必须经历的过程，也是良好品德行为习惯养成的内在要求和必须付出的成长代价。这样亲身经历的认知过程及其亲历结果才使学生获得品德价值，进而生成品德智慧。感悟建构策略强调品德培养要关注学生的生活世界并嵌入学生的经验系统，培育内容和方法要基于学生智慧的发展水平，要注重学生品德成长内在动力的唤醒，要将学生带入充满道德冲突和智慧挑战的情境中。

小结

规范学习是有别于知识学习的一种学习类型，是学生在获得一定的规范认知的基础上，将规范所确定的外在行为要求转化为内在的行为需要，从而建构起内部的行为调节机制的过程。规范学习的理论基础主要包括行为强化论、心理动力论和社会活动论等。规范学习是个体内化社会规范的过程，经历依从、认同和内化三个阶段。规范学习过程主要受到规范本身的特点、学生的交往需要、学生的认知发展水平、反馈调节等主客观因素的影响。

态度和纪律是规范学习的基本表现形式。态度形成主要通过亲历学习和观察学习两种方式实现，还要受到个体需要、个体经验、群体参照、社会文化和家庭教养等因素的影响。态度改变的理论主要有认知相符论、精加工可能性模型和双重态度模型理论。常用的态度改变方法包括榜样示范法、说服沟通法、角色扮演法等。纪律就是学校为了维护教与学秩序而制定的要求学生遵守的规范、要求和守则。自觉纪律是纪律水平的最高表现，由纪律认识、纪律态度、纪律意志和纪律习惯构成。自觉纪律具有自觉性、自愿性和自由性三个特点；其形成要经历强制纪律、半自觉纪律和自觉纪律三个阶段；纪律形成中存在五种内在冲突；良好纪律培养措施包括纪律规范的知、情、意、行和环境支持等内容。

个体品德发展与完善具有全程性，其间经历不同的发展阶段，相关理论主要包括皮亚杰的道德认知发展三阶段理论和科尔伯格的三水平六阶段理论。国内学者发现品德发展过程存在多个关键期。品德形成与发展受到环境和自身两大类因素的影响。品德培养主要包括价值引导、实践体验和感悟建构等策略。

思考与练习

1. 谈谈你对规范学习的理解。
2. 简述规范学习的心理过程。
3. 分析规范学习的影响因素。
4. 谈谈你对态度、纪律和品德的理解。
5. 举例说明态度形成的学习方式。
6. 分析态度形成的主要影响因素。
7. 运用有关态度改变的心理学原理，分析改变他人对待某事的态度的方法。
8. 简述自觉纪律的心理结构、形成过程和特点。
9. 举例说明学生良好纪律形成与培养的措施。
10. 如何利用品德发展的关键期来培养学生的良好品德?
11. 分析品德形成与发展的影响因素。
12. 举例说明品德培养的基本策略。

拓展阅读

1. 张大均主编:《教育心理学(第三版)》，人民教育出版社 2015 年版，第八章。

2. 冯忠良、伍新春、姚梅林、王健敏著:《教育心理学(第三版)》，人民教育出版社 2015 年版，第二十一、第二十二、第二十三章。

3. 曾欣然著:《德性心理活动规律探索》，西南师范大学出版社 2012 年版。

4. 林崇德著:《品德发展心理学》，陕西师范大学出版总社 2014 年版。

5. [美] 津巴多、[美] 利佩著，邓羽、肖莉、唐小艳译:《态度改变与社会影响》，人民邮电出版社 2007 年版。

第十一章　心理健康与心理素质培养

启发与引导

- 心理健康与心理素质的关系是“标”与“本”的关系。你对此怎么理解？
- 心理健康标准提出的依据有多种，心理健康的判断标准也有多种。你是如何看待心理健康标准的？
- 儿童青少年常见的心理问题有哪些？你知道其表现和成因及矫治方法有哪些吗？
- 学校心理辅导的技术和方法主要有哪些？它们各有什么特点？
- 学校心理素质教育包括哪些基本途径？这些途径是如何实施的？

儿童青少年正处在身心发展的重要时期，随着生理、心理的发育和发展，社会阅历的扩展及思维方式的变化，特别是面对社会竞争的压力，他们在学习、生活、自我意识、情绪调适、人际交往和升学就业等方面，会遇到各种各样的心理困扰。因此，在中小学开展心理健康教育，既是学生健康成长的需要，也是全面推进素质教育的要求。本章第一节集中探讨心理健康的概念、标准及其与心理素质的关系；第二节论述儿童青少年心理健康问题的分类，常见心理问题的表现、成因及矫治，以及学校心理辅导的技术与方法；第三节围绕学生心理素质培养，阐述学校心理素质教育的目标、任务、基本模式和基本途径。

第一节　心理健康与心理素质概述

围绕促进学生心理健康开展的教育称为心理健康教育。《中小学心理健康教育指导纲要（2012 年修订）》指出：“中小学心理健康教育，是提高中小学生心理素质、促进其身心健康和谐发展的教育，是进一步加强和改进中小学德育工作、全面推进素质教育的重要组成部分。”实证研究结果表明，维护学生心理健康的根本途径是培养学生健全的心理素质。① 因此，科学理解心理健康与心理素质的关系，是在素质教育背景下顺利开展心理健康教育的基本理论问题。②③

一、心理健康的内涵

心理健康的内涵，国内外尚无公认的界定。到目前为止，学术界对心理健康内涵的认识主要经历了消极心理健康、积极心理健康和完全心理健康三个不同取向的发展阶段（见图 11-1）。④

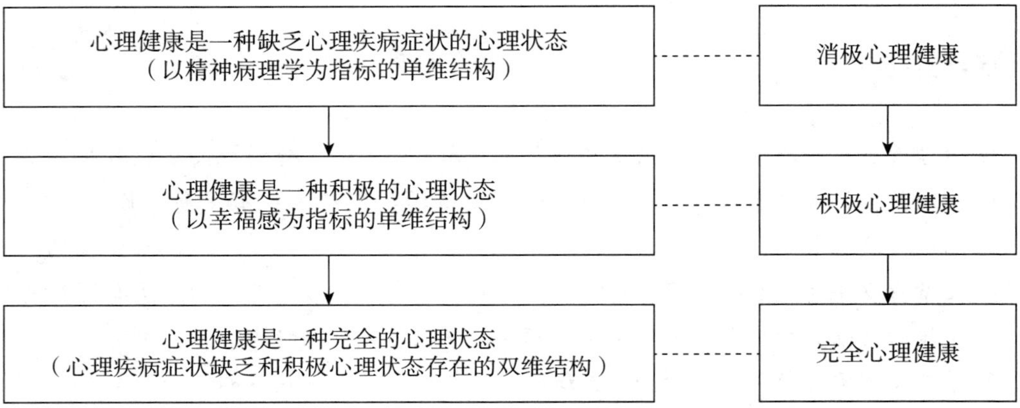

图 11-1　心理健康内涵结构的演变过程

消极心理健康阶段，也称病理学取向（pathological approach）阶段。⑤ 这个阶段的研究者们由于受早期“健康就是没有疾病”的健康观影响，认为心理健康就是没有心理疾病，以精神病理学为指标。然而，一个人即使没有任何行为问题或情绪紊乱等症状，也仍可能是一个没有人生目标的空壳，这样的人至多可以说是消极的心理健康；同样，当心理疾病症状出现时，个体的心理健康一般已经受到比较严重的损害，这种病理学取向易使心理健康工作陷入被动和消极的“救火队长”境地。

① Liu, G., Zhang, D., Pan, Y., & Hu, T. (2017). Self-concept clarity and subjective social status as mediators between psychological *suzhi* and social anxiety in Chinese adolescents. *Personality & Individual Differences*, 108, 40-44.

② 张大均、冯正直、郭成、陈旭：《关于学生心理素质研究的几个问题》，《西南师范大学学报（哲学社会科学版）》2000 年第 3 期。

③ 张大均：《论人的心理素质》，《心理与行为研究》2003 年第 2 期。

④ 张大均、王鑫强：《心理健康与心理素质的关系：内涵结构分析》，《西南大学学报（社会科学版）》2012 年第 3 期。

⑤ Snyder, C. R., Lopez, S. J. (2009). *Oxford handbook of positive psychology*. New York: Oxford University Press, pp. 89-95.

积极心理健康阶段，也称有益健康取向（salutogenic approach）阶段。杰何达（M. Jahoda）曾提出“积极的心理健康”概念，认为心理健康是指个体心理在本身及环境条件许可范围内所能达到的最佳功能状态，表现为个体具有生命的活力、积极的内心体验、良好的社会适应，并能有效地发挥个人的身心潜力和积极的社会功能，强调心理健康的积极面，通常以幸福感作为指标。

完全心理健康阶段，也称完全状态取向（whole state approach）阶段，是目前国内外对心理健康概念认识的新阶段。完全心理健康认为心理健康包括积极和消极两个重要方面，不只是心理疾病症状的缺失，也不只是幸福感等积极心理状态的存在，而是一种两者结合的完好状态，包括没有心理疾病和拥有积极向上发展的心理状态。心理健康既是一种积极适应的状态，也是一种主动发展的状态。①

总体来看，不管学者们对于心理健康内涵界定的取向怎么变化，心理健康在本质上都是一种心理状态的事实已被认可。

二、心理健康的标准

（一）心理健康标准的依据

如何判断一个人的心理健康状况，国内外学者对此尚无一个公认的评价标准。意见分歧来源于人们确立心理健康标准的依据不同，关于心理健康标准的判断依据概括起来主要有以下三个角度。②

1. 病理学角度

心理是人脑的功能。假定脑在结构和生理生化方面发生障碍，如颅脑损伤、中毒、感染、营养缺乏、遗传或代谢障碍等，即使心理异常现象较轻微，也可定为异常。该判断依据虽较客观，但局限性较大，范围比较狭窄，迄今许多心理异常并没有找到敏感、特异的体征和实验证据。此外，大脑没有明显的结构损害，但由于精神刺激而引起大脑功能失调，例如出现幻觉、妄想等症状，也可能有心理异常存在。

2. 统计学角度

持这一依据者假定，人的各项心理特征的测量值在人群中接近正态分布。用统计学方法，把大多数在统计坐标上分配居中（即接近平均数）者视为正常，把处于两端者视为异常。这一判断依据意味着，与多数人一致的心理与行为才是健康的，偏离大多数人的心理与行为则是不健康的。这种统计学方法简单地以纯数量为依据来界定极为复杂的心理现象，也有一定的局限性，如容易将“超常”“卓越”者列入心理异常范围。

---

① 张大均：《加强学校心理健康教育 培养学生健全心理素质》，《河北师范大学学报（教育科学版）》2002 年第 1 期。

② 胡佩诚主编：《医学心理学》，北京大学医学出版社 2009 年版，第 112 页。

3. 文化学角度

人总是在一定的社会文化环境中生活。在正常情况下，人与其文化氛围应是协调一致的，即可依据其社会生活的需要来适应和改造环境。因此，可以从人的心理和行为是否符合其生活环境所提出的要求，是否符合社会行为规范、道德准则等方面来判断。符合者为正常，否则为异常。不同的民族、地域、文化和年龄段，都会有不同的行为准则。心理健康与否不能一概而论，这种标准并不是一成不变的，它会随着时间的变迁而变化。

除上述判断依据外，还有其他一些划分依据：如生活适应角度，即善于适应生活者为正常，生活适应困难者为异常；主观感受角度，即自觉幸福、满足视为健康，反之为不健康；心理成熟与发展水平角度，即身心两方面发展和成熟相当者为正常；心理机能角度，即以心理机能充分发挥为健康。①

（二）心理健康的判断标准

心理健康标准是心理健康含义的具体化。由于国内外学者确立心理健康标准所遵循的依据不同，因而对心理健康的判断标准的认识也存在差别。②

1. 关于心理健康的标准，马斯洛提出了十原则，即：充分的安全感；充分了解自己，并对自己的能力做适当的评估；生活的目标能切合实际；与现实环境能保持接触；能保持人格的完整与和谐；具有从经验中学习的能力；能保持良好的人际关系；适度的情绪表达及控制；不违背团体要求的情况下，能做有限的个性发挥；不违背社会规范的前提下，能适当满足个人的基本需求。

2. 适应与发展和谐统一的人是心理健康的人，这是比较公认的综合标准。其中，适应指标是指一切不适应社会的心理现象都属于心理不健康。例如，学生中存在的诸如嫉妒、自卑、孤僻、焦虑、社交困难乃至自杀等心理或行为问题，都属于适应性问题。发展性指标比较复杂，因为学生处于发展阶段，多数问题属于尚未发展或尚未得到充分发展的问题。例如，青春期的种种表现，只要在正确的教育指导下，通过发展就可以进一步转变。③ 因此，“积极适应，主动发展”可作为判断学生心理健康的基本标准。④ 依据这一标准，可以认为，青少年的心理健康是指其具有正常的智力、完善的人格、和谐的人际关系，能积极适应学习、生活、交往和环境，能主动寻求、探索自我发展途径和开拓创新的能力。

---

① 邓云龙、戴吉：《心理健康标准的中国文化解读尝试》，《中国临床心理学杂志》2010 年第1 期。

② 张大均主编：《教育心理学（第二版）》，人民教育出版社 2011 年版，第 451 页。

③ 林崇德、李虹、冯瑞琴：《科学地理解心理健康与心理健康教育》，《陕西师范大学学报（哲学社会科学版）》2003 年第 5 期。

④ 张大均：《加强学校心理健康教育 培养学生健全心理素质》，《河北师范大学学报（教育科学版）》2002 年第 1 期。

3. 最近西方学者提出的心理健康双因素模型标准①，以及我国学者基于心理健康双因素模型不足提出的心理素质与心理健康关系模型标准②③，也引起了人们的关注。其中，心理健康双因素模型认为低心理症状和高幸福感的人才是完全心理健康，并区分出了低心理症状和低幸福感的部分心理健康者（也称易感者）、高心理症状和高幸福感的部分病态者（也称有症状，但自我满足者），从而使得诊断和治疗更加准确。

鉴于中国标本兼治的中医哲学思想，心理素质与心理健康关系模型超越心理健康双因素模型对心理健康状态的关注，不认为症状的消失或状态良好就是心理健康，而认为高心理素质水平和高心理健康水平的人才是真正心理健康的人，即康健型。康健型由于具有良好的心理素质和心理健康状态，不仅当前心理健康，且在未来的发展中也能相对保持心理健康，它与“当前拥有心理健康状态，但在未来的发展中相对会陷入心理危机”的易感型、“当前的心理健康状态不佳，但在未来的发展中会相对地恢复良好心理健康状态”的易复原型、“当前心理健康状态不佳，在未来发展中心理健康状态也相对不良”的重患型相区分（见图 11-2）。④ 该模型主张不要将青少年留在易感型阶段，认为康健型才是心理健康教育的最终目标，只有同时拥有健全心理素质和高水平心理健康，标本兼治，才有可能避免心理健康问题治疗中部分有效、无效及复发的情况。

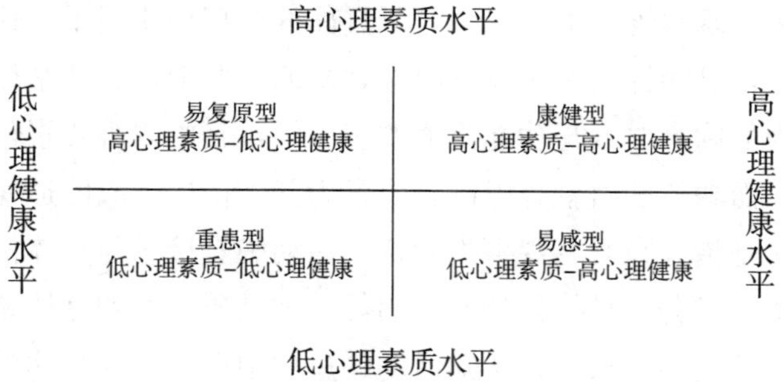

图 11-2　心理素质与心理健康关系模型

在理解和把握心理健康标准时，应主要考虑以下几点：（1）判断一个人心理健康状况应兼顾个体内部协调与对外良好适应两个方面。从内部来说，心理健康的人各项心理机能健全，人格结构完整，心理素质健全，能用正当手段满足自己的基本需要；从对外关系来说，心理问题源于人与环境的不良互动，心理健康的人能适应周围环境，有较强的人际交往能力。（2）心理健康标准是动态的，不是静止的；是相对的，不是绝对的。人的心理健

① Suldo, S. M., & Shaffer, E. J. (2008). Looking beyond psychopathology: The dual -factor model of mental health in youth. *School Psychology Review*, 37(1), 52-68.

② 王鑫强、张大均：《心理素质与心理健康关系模型构建：对 PTH 和 DFM 的超越》，《西南大学学报（社会科学版）》2012 年第 6 期。

③ 张大均：《青少年心理健康与心理素质培养的整合研究》，《心理科学》2012 年第 3 期。

④ 王鑫强、张大均著：《青少年心理素质与心理健康关系模型研究》，科学出版社 2015 年版，第 48—50 页。

康状态处于不断变化之中，一个心理健康的人并非方方面面都符合标准。在对某人进行心理健康评价时，要考虑其较长一段时间内持续的心理状态，其偶尔出现的不健康状态，并不意味着被考察者就一定不健康。人的心理健康水平可分为不同的等级，是一个从健康到不健康的连续体，并且心理健康与否的临界状态很难明确划分，更可能只是程度上的差异。（3）心理健康既是一种适应状态，也是一种发展状态。心理健康的人不是无失败、无冲突、无痛苦，而是能在这些情况下做出有效的自我调整，且能保持良好的工作效率，促进自身发展。（4）心理健康作为一种整体的心理状态，反映出一个人健康的人生态度与生存方式。心理健康的人在生活中会持有一种积极的、开放的、现实的、发展的、辩证的、通达的人生态度。

三、心理素质的内涵

心理素质是以生理条件为基础的，将外在获得的刺激内化成稳定的、基本的、内隐的，并具有基础、衍生、发展和自组织功能的，并与人的适应—发展—创造行为密切联系的心理品质。从构成成分来看，心理素质由认知品质、个性品质和适应性（适应能力）三个基本维度构成，每个基本维度下又包含若干具体的心理品质因子。这三个基本维度作为心理素质的基本结构，是测评儿童青少年心理素质的重要依据。从结构—功能角度看，心理素质是心理和行为的内容要素与功能价值的统一体，其中内容要素包括认知品质和个性品质两项基本内容，而功能价值就是以内容要素为基础衍生形成的适应性（适应能力）。①

其中，认知品质是指人在对客观事物的认知活动中直接参与具体操作的认知特性，是心理素质结构最基本的成分，具体包括元认知等心理品质。认知品质始终是在认知活动过程中表现出来的，因此我们也只能在认知活动的过程中揭示认知品质的各个方面。个性品质是指人对客观事物的对待活动中的个性心理表现，虽不直接参与对客观事物认知的具体操作，但是具有动力和调节机能，居于心理素质的核心地位，是心理素质结构的动力成分，具体包括乐观性等心理品质。适应性是个体在认知品质和个性品质的基础上，在特定年龄阶段所处的社会生活背景中，通过与社会生活环境的交互作用，对外在社会环境进行学习、应对和防御，对内在心理过程进行控制、理解和调适时所表现出来的习惯性行为倾向，是心理素质结构中最具衍生功能的因素，具体包括学习适应性等。因此，通过从结构—功能角度的总结和归纳，可认为心理素质的内部关系结构模型如下（见图 11-3）。

心理素质的形成机制认为，心理素质是在后天社会文化环境（含教育）与先天遗传生理基础交互作用的过程中，将外在刺激逐步内化而形成的稳定的、基本的、内在的心理品质。这种心理品质具有相对稳定性，它会进一步对其社会文化环境进行能动的选择，趋利

① 张大均、苏志强、王鑫强：《儿童青少年心理素质研究 30 年：回顾与展望》，《心理与行为研究》2017 年第 1 期。

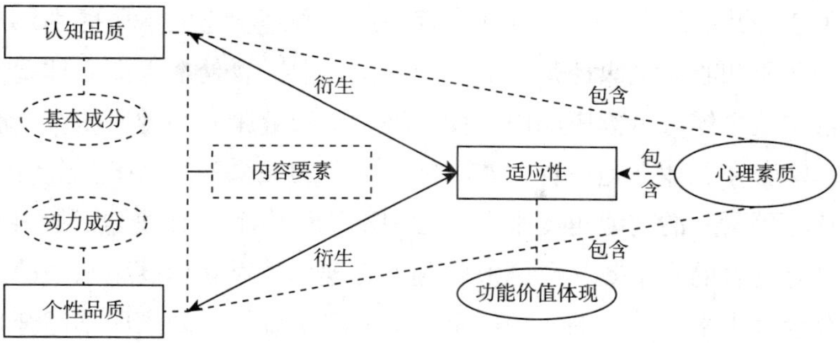

图 11-3 心理素质的内部关系结构模型

避害，从而选择性地接受环境的影响，进而维持或促进心理素质的发展变化（见图 11-4)。① 从中小学生心理素质教育的角度来看，学生心理素质的形成一般要经历“自我认知—晓理动情—行为导向—反思内化—形成品质”五个基本环节。② 依据文化历史活动理论，从心理发生的角度分析，心理素质是主体依托实践共同体，通过实践活动内化外部刺激而形成的心理品质。③

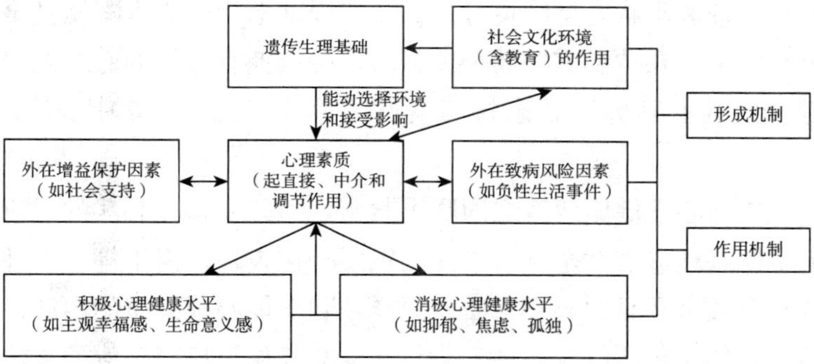

图 11-4 心理素质的形成机制与作用机制

四、心理健康与心理素质的关系

（一）心理健康与心理素质的基本联系与区别

首先，从两者的本质属性来看，心理素质包含从稳定的内源性心理品质到外显的行为习惯的多层面的自组织系统，其本质是一种相对稳定的心理品质自组织系统，而心理健康

---

① 王鑫强、张大均：《心理素质与心理健康关系模型构建：对 PTH 和 DFM 的超越》，《西南大学学报（社会科学版）》2012 年第 6 期。

② 陈旭：《学校心理素质教育过程论》，《西南师范大学学报（人文社会科学版）》2004 年第2 期。

③ 张大均、李晓辉、龚玲：《关于心理素质及其形成机制的理论思考（一）——基于文化历史活动理论的探讨》，《西南大学学报（社会科学版）》2013 年第 2 期。

在本质上是一种心理状态，两者之间存在心理品质与心理状态的本质区别。①

其次，心理素质和心理健康都是人的心理现象，但二者处在人的心理现象两个不同的层面，即心理素质是个体心理健康的内源性因素，心理健康是心理素质健全的功能状态和外显表现之一。两者在总体上是一种“本”与“标”的关系②，存在着密切联系。

一方面，从心理素质的功能角度来看，心理素质作为个体心理健康的内源性因素，对心理健康水平具有显著的直接效应和调节效应。心理素质对心理健康水平的直接效应表现为：心理素质健全且水平高的人的心理健康水平一般来说较心理素质不健全且水平低的人高。心理素质对心理健康水平的调节效应则表现为保护效应，即心理素质健全且水平高的人能较好地抵御、调节和缓冲学业压力、考试失败、父母离异、人际挫折等负性生活事件对心理健康水平的影响，能较好地主动汲取社会支持等环境中的保护性因素，构建积极的外在保护系统，维护个体良好的心理健康状态。

另一方面，从心理健康的功能角度来看，个体较长时间拥有的良好心理健康状态在一定程度上反映了个体心理素质健全且水平较高，心理健康是心理素质健全的重要外显标志之一。不过，虽然心理健康状态持续良好能在一定程度上反映心理素质健全且水平高，但这并非完全一致。如某些在“温室”的个体虽然也持续拥有较好的心理健康状态，但其心理素质不一定健全，其心理健康状态持续良好的原因可能只与其持续的外部保护系统有关。

此外，心理素质与心理健康两者之间联系紧密，但并非存在必然的对应关系。心理健康状态好虽然是个体心理素质健全且水平高的重要外在表现，但不等于心理健康状态好的个体就一定拥有健全且水平高的心理素质。同样，除个体心理健康的内源性因素心理素质外，心理健康还受到外在环境以及心理素质与环境交互作用后而采取的具体应对方式等影响，因此，个体心理素质健全且水平高也不能完全确保个体当前的心理健康。不过心理素质健全且水平高的个体即使暂时出现心理健康状态不良，也更有可能主动调整和控制自己的行为，较容易克服心理障碍，具有自我康复的能力，从而达到良好的主观选择与适应的目的，即达到罗杰斯所主张的“实现趋向”。

（二）心理健康与心理素质的相互影响机制

从心理健康与心理素质的相互影响机制来看，心理素质与心理健康相互影响，动态发展。③

---

① 张大均、王鑫强：《心理健康与心理素质的关系：内涵结构分析》，《西南大学学报（社会科学版）》2012 年第 3 期。

② 刘翠翠、高良、郑雪：《心理问题与心理素质：心理健康教育的“标”与“本”》，《心理研究》2017 年第 2 期。

③ 张大均：《青少年心理健康及其教育的整合研究》，《西南大学学报（社会科学版）》2008 年第 5 期。

首先，心理素质结构中的认知品质与个性品质是心理问题发生、发展的内源性因素，心理素质结构中的适应性（适应能力）则是反映外因与内因交互作用的结果，是外因通过内因而起作用的中介环节，负性生活事件等外在致病风险因素和社会支持等外在增益保护性因素均通过内在的心理素质（适应性）而起作用。例如，有研究发现，心理素质在社会经济地位与儿童问题行为之间起中介作用①；依恋也是通过心理素质的中介作用对青少年的问题行为产生影响②。

其次，心理素质水平及其健全程度除直接和作为中介影响个体的心理健康水平外③，还调节外在致病风险因素和外在增益保护因素对个体心理健康水平的影响。王鑫强等人调查发现：当生活事件较多时，心理素质高分组的抑郁水平上升很缓慢，心理素质的"雪中送炭"效应明显；但心理素质低分组的抑郁水平则上升很快，大大超过了心理素质中等组和高分组的抑郁水平，其抑郁水平犹如"雪上加霜"。该研究还发现心理素质低分组即使社会支持增多，其抑郁水平也不会明显下降，仍维持在很高的水平；只有当个体的心理素质达到中等以上时，社会支持才会产生明显的积极作用，产生"锦上添花"效应。④

最后，个体获得的心理健康状态的长期维持又进一步反作用于个体的心理素质。王鑫强等人还发现，抑郁等消极心理健康状态对 11 个月后的心理素质因子具有显著的削弱作用，而生活满意度等积极心理健康状态对 11 个月后的心理素质因子具有显著的促进作用。此外，在外在致病风险因素和外在增益保护因素作用于心理素质的同时，个体的心理素质水平及其健全程度也会影响其外在致病风险因素和外在保护性因素的数量、受影响程度（可利用度）及性质。总之，健全心理素质的形成是个体维护心理健康的关键，也是打破儿童青少年心理健康问题恶性循环从而转入良性循环的关键。

第二节 心理健康问题及其矫正

学校开展心理健康教育应面向全体学生，既要对学生进行正面教育，强调教育性、发

① Wu, L., Zhang, D., Cheng, G., Hu, T., & Rost, D. H. (2015). Parental emotional warmth and psychological *suzhi* as mediators between socioeconomic status and problem behaviours in Chinese children. *Children & Youth Services Review*, 59, 132-138.

② Pan, Y., Hu, Y., Zhang, D., Ran, G., Li, B., Liu, C., Liu, G., Luo, S., & Chen, W. (2017). Parental and peer attachment and adolescents' behaviors: The mediating role of psychological *suzhi* in a longitudinal study. *Children & Youth Services Review*, 83, 218-225.

③ Wang, X., Zhang, X., & Zhang, D. (2016). The relationship between psychological *suzhi* and mental health among Chinese college students. *Journal of Biosciences and Medicines*, 4(5), 21-29.

④ 王鑫强、张大均著：《青少年心理素质与心理健康关系模型研究》，科学出版社 2015 年版，第 154—156 页。

展性和预防性，又要对学生中常见的心理健康问题进行识别，实施有效干预，帮助学生面对压力和困难。客观认识心理健康问题是有效开展心理健康教育的前提①。本节从学生心理健康问题的分类，常见心理健康问题的表现、成因及其矫治，学校心理辅导的技术与方法等方面进行阐述。

一、学生心理健康问题的分类

学生心理健康问题有不同的分类方式，常见的分类有如下几种。

第一种，奥肯博（T. Achenbach）把心理与行为问题分为外化性问题（externalising problems）和内化性问题（internalising problems）。② 其中外化性问题大多指向他人，一般与社会规范和教育期望相抵触，包括攻击、对抗等行为。内化性问题是指向个体心理内部的问题，如抑郁、焦虑等。与外化性问题相比，内化性问题通常不易被他人察觉，也不会对他人构成直接的威胁，但这些具有自贬性质的内化性问题却是损害个体心理健康的持久隐患。③ 因此，不但要重视学生的外化性问题，而且要重视学生的内化性问题。

第二种，心理咨询师把心理问题分为一般心理问题、严重心理问题和神经症性心理问题。根据“主观世界与客观世界的同一性原则”“精神活动的内在协调一致性原则”“人格的相对稳定”的三原则，心理活动可区分为心理正常和心理异常。心理异常是指有典型精神障碍症状的心理活动，包括神经症以及精神分裂症等精神病（见图 11-5）。根据《中华人民共和国精神卫生法》，教师和心理咨询师不可对心理异常的学生进行诊断和治疗，应当建议其到符合精神卫生法规定的医疗机构就诊。不过，对于心理异常的个体，心理咨询师可以根据需要进行辅助性的心理咨询，并且要满足如下条件：（1）必须是在经过系统临床治疗，病理性症状缓解或基本消失以后才能进行；（2）必须密切配合精神科医生一起实施；（3）社会功能的康复和预防复发是心理咨询的主要目标。

心理正常包括心理健康和心理不健康，其中心理不健康个体是心理咨询的主要工作对象，心理不健康包括一般心理问题、严重心理问题和神经症性心理问题（也叫可疑神经症）。④ 一般心理问题是指由现实因素激发，持续时间较短，情绪反应能在理智控制之下，不严重破坏社会功能，情绪反应尚未泛化的心理不健康状态。严重心理问题是由相对强烈的现实因素激发，初始情绪反应强烈，持续时间较长，内容充分泛化的心理不健康状态。

---

① 张大均：《科学有效地开展学校心理健康教育》，《教育科学论坛》2016 年第 2 期。

② Campos, R. C., Besser, A., Morgado, C., & Blatt, S. (2014). Self-criticism, dependency, and adolescents' externalising and internalising problems. *Clinical Psychologist*, 18(1), 21-32.

③ 徐夫真、张玲玲、魏星、张文新、陈亮、纪林芹、陈欣银：《青少年早期内化问题的稳定性及其与母亲教养的关系》，《心理发展与教育》2015 年第 2 期。

④ 中国就业培训技术指导中心、中国心理卫生协会组织编写：《心理咨询师（基础知识）》，民族出版社 2015 年版，第 328—338 页。

神经症性心理问题的内心冲突是变形的，一般不具备现实意义，常人难以理解，也不具备道德意义。但是如果根据许又新的神经症简易评定法还不能确诊为神经症，那么，它已经接近神经症，或者它本身就是神经症的早期阶段。

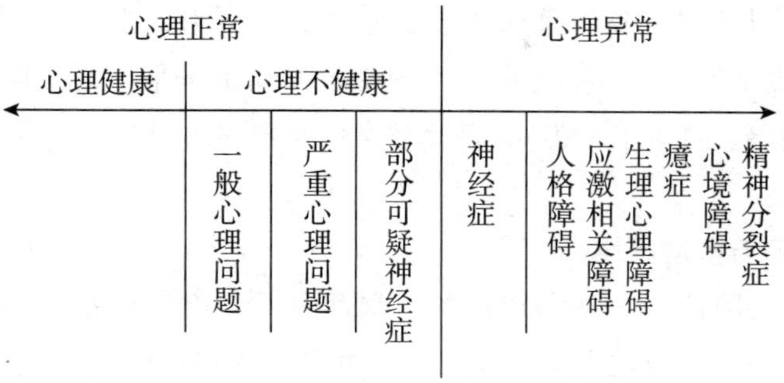

图 11-5　心理健康、心理不健康、心理异常的图示

第三种，研究者从学生心理健康问题的内容、成因及所涉及的生活领域来分析，中小学生心理健康问题主要表现在以下几个方面：(1) 学习问题，包括学习困难、逃学、考试焦虑、学校恐惧症、注意缺陷与多动障碍等；(2) 人际关系问题，包括亲子关系、师生关系、同伴关系等方面的问题，如社交恐惧、人际冲突等；(3) 学校生活适应问题，包括生活自理困难、对学校集体生活不适应、对学习生活的不适应等；(4) 自我概念问题，包括缺乏自知、自我膨胀、理想自我与现实自我的差距过大、自贬的思维方式等；(5) 与青春期性心理有关的问题，包括青春期发育引起的各种情绪困扰、异性交往中的问题、性困惑、性恐慌等。①

二、常见心理健康问题的表现、原因与矫治

（一）学习困难

学习困难，又称学业不良或学习乏能。学习困难学生是指感官和智力正常而学习结果远未达到教学目标的学生。判断一个学生是否属于学习困难，要看是否符合以下三个条件：(1) 个体的智力正常或接近正常，一般认为智商应该在 80 分以上。(2) 无法在正常的教学条件下从事有效的学习，学习结果远未达到教学目标的要求。(3) 他们的学习困难不是感官障碍、情绪困难或缺乏学习机会等因素造成的。② 常见的学习困难儿童有语文学习困难儿童、数学学习困难儿童、英语学习困难儿童等。

造成学业不良的因素是十分复杂的。生理因素有大脑损伤、神经系统功能失调、身体内生物化学物质失调、疾病影响等。心理因素除前述的各种障碍外，还有自我效能感偏低、错误的成败归因、学习方法不当、不良的个性等。外部因素则可能来自家庭、学校、

① 张大均主编：《教育心理学》，人民教育出版社 2004 年版，第 325—326 页。

② 皮连生主编：《学与教的心理学》，华东师范大学出版社 2009 年版，第 63—64 页。

社会等多方面。

对学习困难学生的心理辅导与教育干预包括：学习知识技能的干预（如训练阅读流畅性、帮助学习困难学生记忆单词）、对认知策略的干预（如在数学、阅读以及写作任务中，让学习困难个体练习把握任务的目标和策略的选择与使用，或是锻炼学生的自我监控能力），对个体心理因素的干预（如提高学习困难者的动机水平，调节他们的不良情绪，提高他们的自我效能感、自尊水平等），以及对家长及教师的中介干预等。①

（二）注意缺陷与多动障碍

注意缺陷与多动障碍（ADHD）是在儿童青少年中较为常见、以注意缺陷作为基本症状的一种心理障碍，一般发生于7岁之前，可以持续到青少年阶段。其主要表现如下：（1）注意障碍，这是最主要的症状。注意难以持久，容易因外界刺激而分心；或常常不断地从一种活动转向另一种活动，在活动中不能注意到细节；平时容易丢三落四；与成人交谈时心不在焉，似听非听。（2）活动过多和冲动。经常显得很不安宁，小动作多，任性冲动，自控力不足，不顾后果。（3）表现出学习困难，神经和精神的发育较差等症状。②

ADHD是多种因素交互作用的结果，一般与基因遗传、额叶等脑区发育异常、神经递质异常有关，也与患儿和父母沟通不良、家庭破裂、教养方式不当、受虐待、学校教育方法不当等有关。药物治疗能够短期缓解ADHD的症状，对于该疾病导致的对个体及其家庭的系列不良影响则更多地依靠如下非药物治疗：（1）心理治疗。让其预先估计自己的行为所带来的后果，克制自己的冲动行为，识别自己的行为是否恰当，选择恰当的行为方式，用新的有效的行为来替代不适当的行为。（2）家长培训。给父母提供良好的支持性环境，让他们学习和掌握解决家庭问题的技巧，与孩子共同制订明确的奖惩协定，有效地避免与孩子之间的矛盾与冲突，掌握使用正强化方式鼓励孩子的良好行为，使用惩罚方式消除孩子的不良行为等方法。（3）学校干预。教师需要避免歧视、体罚或其他粗暴的教育方法，恰当运用表扬和鼓励的方式提高学生的自信心与自觉性，通过语言或中断活动等方式否定学生的不良行为，课程安排时要考虑到给予ADHD者充分的活动时间。

（三）焦虑与焦虑症

焦虑是指个体因预感到某种不利情况即将出现而产生的一种担忧、紧张、不安、恐惧、不愉快等综合情绪体验，或发作性惊恐状态，如运动性不安、小动作增多、坐卧不宁或激动哭泣等。焦虑常伴有自主神经功能失调并在躯体功能反应方面出现口干、胸闷、心悸、血压升高、呼吸加深加快、肌张力降低、皮肤苍白、失眠、尿频、腹泻、出冷汗、双

---

① 俞国良、王琦：《毕生发展视角：学习困难者的教育干预与展望》，《中国特殊教育》2013年第12期。

② 郝伟、于欣主编：《精神病学》，人民卫生出版社2014年版，第215—219页。

手震颤、厌食、便秘等现象。严重焦虑时，可表现为肌张力增高，出现刻板动作，消化不良或食欲减退以及睡眠障碍。当焦虑的严重程度与客观事件或处境很不相称，或非由实际威胁所引起，或者持续时间过长时，就变成了病理性焦虑，称为焦虑症状，符合相关诊断标准的话，就会被诊断为焦虑症。

学生中常见的焦虑反应是考试焦虑。其表现是：随着考试临近，心情极度紧张；考试时不能集中注意，知觉范围变窄，思维刻板，内心慌乱，无法发挥正常水平；考试后又持久地不能松弛下来。学生焦虑或焦虑症产生的原因是：各种压力使学生缺乏内在的自尊心和价值感；家长对子女过高的期望，学生个人过分地争强好胜，学业上多次失败的体验等；某些人具有容易诱发焦虑反应的人格基础，遇事容易紧张、胆怯，对困难情境做出过高程度的估计，对身体的轻微不适过分关注，在发生挫折与失败时过分自责。

对于焦虑障碍，通常采用药物治疗和心理治疗相结合的方法，以获得最佳治疗效果。目前对学生焦虑的干预常采取肌肉放松、系统脱敏、认知疗法等。也有研究表明，关于考试焦虑的干预方法和技术方面，精神分析疗法和沙盘游戏的效果最好；组织形式方面，个体训练比团体训练效果好；在干预时间方面，总疗程在 2—3 个月，干预次数在 5—8 次，干预间隔时间在 1 周以内，每次干预时间在 60 分钟以上的干预效果将会是最好的。①

（四）抑郁与抑郁症

抑郁或抑郁症是指由各种原因引起的以心境低落为主的精神状态。抑郁的症状表现：（1）情绪低落。即兴趣索然，痛苦难熬，忧心忡忡、郁郁寡欢，有度日如年、生不如死之感。典型抑郁者的情绪低落常在早晨较为严重，而傍晚时可有所减轻。（2）悲观失望，感觉孤立无援，缺乏改变现状的信心和决心。（3）认为自己一无是处，生活毫无价值，充满失败，可能出现内疚、自责和负罪感，至少有 25%的人有自杀企图或自杀行为。（4）丧失兴趣和快乐体验。（5）思维迟缓，思路闭塞，思考问题困难。（6）精力减退，易疲劳，行动缓慢，生活被动、懒散，不想做事，不愿交往。（7）出现早醒、入睡困难或睡眠过多，食欲明显增减，躯体的疼痛等不适感。抑郁症的抑郁症状比抑郁更为严重，如果符合相关诊断标准的话，就会被诊断为抑郁症，会出现悲观厌世和自杀行为，必须高度重视，及时治疗。

遗传因素、神经生化因素、应激性生活事件以及个性缺陷等心理社会因素与抑郁发作有关。行为主义认为抑郁的产生是多次不愉快的经历、生活中缺少强化鼓励的结果。精神分析派认为抑郁症源于各种丧失和失落，对外界赞赏的过分依赖以及愤怒的内化（即自我惩罚）。认知理论认为个体的想法和信念是引发和影响情绪状态的关键因素，例如贝克（A. T. Beck）认为抑郁源于个人自贬性的思维方式，而塞利格曼认为抑郁的产生与个人对于失败的不适当的归因方式所造成的习得性无助感有关。

---

① 孔博鉴、路海东：《国内中学生考试焦虑干预效果元分析》，《上海教育科研》2011 年第 8 期。

目前一般认为药物治疗是严重抑郁症的最好选择，它能较快地控制症状。在病情较稳定后，应通过人际关系疗法等积极恢复抑郁者的心理社会角色和功能，并通过给予适当的心理治疗和家庭教育以及必要的药物维持治疗，让其复发、再发的风险降到最低的程度。① 在对有抑郁症状的学生进行辅导时，要注意给当事人以情感支持和鼓励；以坚定而友好的态度促使学生做一些力所能及的事情，积极行动起来，从活动中体验到成功和人际交往的乐趣；改变学生的自贬性思维方式和不适当的成败归因模式，发展学生对自己、对未来更为积极乐观的看法。

（五）恐惧与恐惧症

恐惧是人的一种情绪，恐惧反应的特点是对发生的威胁表现出高度的警觉。恐惧症是恐惧的一种病态形式，是对特定的无实际危害的事物与场景的非理性惧怕。恐惧症可分为单纯恐惧症（对某一具体的东西、动作或情境的恐惧）、广场恐惧症（害怕大片的水域、空荡荡的街道等）和社交恐惧症。中学生中社交恐惧症较为多见，表现为害怕社交场合和人际接触，怕与他人目光接触，常伴有自我评价低和害怕批评。

精神分析派观点认为恐惧是焦虑的移置，即个人将焦虑转移到不太危险的事物之上，从而避免了对焦虑来源的忧虑。行为主义观点认为恐惧是学习得来的，例如直接经验学习，或者观察学习，或者由信号学习得来（如一个学生在采黄花时被蜜蜂螫了，就形成了对黄花的恐惧）。认知主义心理学家则认为恐惧症源于个人对某些事物或情境的危险做了不现实的评估。此外，行为退缩和内向等个性因素、不当的父母教养方式（例如缺乏温暖、信任和鼓励，较多拒绝、惩罚、干涉或过度保护）也与恐惧症的发生有很大关系。

行为疗法是治疗恐惧症的首选方式，对恐惧环境的系统脱敏疗法或暴露疗法对恐惧症效果良好。基本原则是消除恐惧对象与焦虑恐惧反应之间的条件性联系；对抗回避反应；并在此过程中改变恐惧者不合理的认知。此外，“顺其自然，为所当为”的森田疗法也适合恐惧症，尤其是社交恐惧症的治疗。例如让其接受社交中的“胆怯、紧张或脸红”的症状，不排斥，不关心，而是带着这些症状像正常人一样交往，使症状在不知不觉中消失。

（六）青春期性心理问题

由于社会文化方面的性禁锢、性放纵等因素的影响，也由于青少年人格发展不成熟、自控力差等方面的原因，他们在成长的过程中，常常会出现性生理、性心理方面的问题和偏差。这些问题主要有以下几种。(1) 性恐慌与性罪恶感。如对月经初潮与遗精现象不理解又羞于启齿，内心充满困惑和不安；对自己身体发育、明显的外形改变感到羞耻或窘迫，甚至认为自己是得了大病，精神负担很重。(2) 性梦与梦遗。部分青少年睡眠时会产生与异性有亲密接触的梦境，男孩有的还有梦遗现象，醒来后感到后悔、自责和自卑。

---

① 钱铭怡主编：《变态心理学》，北京大学出版社 2006 年版，第 157—172 页。

(3) 轻度性识别障碍。表现为不喜欢甚至厌恶自己的自然性别，并为自己的性别深深痛苦。此外，还有由于过分关注自己身材外貌的体象烦恼、迷恋黄色书刊与黄色网站、过度手淫等问题。由于受“手淫有害”观念的影响，青少年手淫后常伴随深深的自责，情绪低落，精神紧张，既为发生手淫现象而感到羞耻，也为自己缺乏控制手淫的意志而自卑。

一般性的性心理问题，如性恐惧、性罪恶感、性梦、梦遗、过度自慰行为等，多是由性无知及错误的性观念造成的，只要普及有关知识，列举有关事例加以解释，是会逐步得到解决的。有些性心理问题、性心理障碍的产生与家庭的性观念和教育方式有关，故在性教育问题上，让家长树立正确的性教育观极为重要。

（七）神经性厌食

神经性厌食是指有意节制饮食，导致体重明显低于正常标准（体重指数小于或等于17.5）的一种进食障碍，多见于青少年女性。其核心症状是对肥胖的恐惧和对形体的过分关注，自己有意减轻体重。例如有些学生即使已经骨瘦如柴，仍认为自己肥胖，对食物由极端厌恶到恐惧，甚至会采取过度运动、引吐、服泻药等方法来减轻体重。神经性厌食会造成内分泌障碍，女性多表现为月经紊乱或闭经，男性多表现为性欲减退及阳痿。如果在青春期前发病，青春期发育会放慢甚至停滞。约有5%—10%的神经性厌食者死于极度营养不良或其他并发症或情绪障碍所导致的自杀等。①

神经性厌食的发生具有家族性，发病前往往有诱发事件发生（如学习压力、转学、失去朋友、家庭冲突等），并且这些事件常常很难解决，从而影响个体的情绪。对体重的控制使青少年找到了心理转移点，这使得他们义无反顾地追求纤瘦，固执地抵制改变；同时，也与现代社会追求苗条瘦身为美的审美趋向有关。这些个体往往存在过分依赖、过分追求完美、逃避等人格弱点，自我控制感较低，缺乏自信。

神经性厌食的治疗需要建立良好的咨访关系，使神经性厌食者了解厌食的危害和康复的好处，克服内心的抵触，愿意主动接受治疗。治疗首先要改善营养不良，增加体重的同时或稍后开展心理治疗。其中认知疗法消除过分怕胖的观念；行为治疗采用系统脱敏和标记奖励等方法，以纠正不良进食行为，使其逐渐恢复正常进食；家庭治疗主要是调整家庭成员的相互关系，改变不良的家庭动力模式，缓解家庭矛盾，调动家庭的资源来帮助神经性厌食者。此外，针对神经性厌食，还可以开展辅助的药物治疗。

（八）网络成瘾

网络成瘾是指由于对互联网络过度依赖而导致的一种心理异常症状以及伴随的一系列生理性不适。主要特征包括：(1) 思维、情感和行为都被上网这一活动所控制，上网成为其主要活动。(2) 对网络的使用有强烈的渴求或冲动感。(3) 减少或停止上网时会出现周

---

① 郝伟、于欣主编：《精神病学》，人民卫生出版社2014年版，第147—149页。

身不适，易激惹、烦躁不安等戒断反应。(4) 逐渐增加上网时间和投入程度，才能获得以前曾有的满足感。(5) 网络过度使用行为会导致网络过度使用者与周围环境及其他活动的冲突，例如与家庭、朋友关系淡漠，学习成绩下降等。(6) 即使知道过度上网的危害，仍难以停止，行为失去控制。(7) 平均每日连续上网达到或超过 6 个小时，且符合症状标准已达到或超过 3 个月。①

“失补偿”假说认为上网行为是青少年心理发育过程中受阻时的补偿表现。② 精神分析理论认为，网络成瘾与人格有密切的关系，常表现为过分地追求身体与心理的满足感与完美主义。行为主义理论认为网络成瘾是上网行为得到各种强化的结果。人本主义理论认为，网络成瘾者更多的是为了获得自尊需要，追求自我实现的达成。认知心理学理论认为网络成瘾是由于对网络的错误认知（如上网有利于增加和别人的交流），从而导致了相应的行为反应。③

研究表明青少年健康上网行为的健康时间限度为每天不超过一个半小时，每周不超过十个小时。④ 目前，网络成瘾干预领域的研究者倾向于认为绝对的戒除网络是不合理的，预防与干预的目标在于改变问题性的上网方式，形成健康、可控和平衡的网络使用模式。⑤ 青少年网络成瘾的心理与行为干预常以认知行为疗法为主导，即通过要求成瘾者察觉和监督管理自己的思维、感受及行为来避免成瘾问题的反复及获得新的应对技能，最终达到合理使用网络的目标。也可采用动机激发疗法来帮助成瘾者探索和解决内在冲突，以一种直接的、以来访者为中心的方式激发成瘾者做出改变，将改变的责任和信任交给他们。网络成瘾干预的元分析研究发现，个体干预的效果相比团体辅导更优。⑥

三、学校心理辅导的技术与方法

（一）建立有效辅导关系的技术

良好的辅导关系对心理辅导工作的效果起决定作用，它是心理辅导过程中师生之间建立起来的、对学生心理健康状况有改善功能的一种特殊的人际关系。同感、真诚和尊重是建立良好辅导关系的促进条件，也是心理辅导的关系建立技术。

---

① 王陇德主编：《健康管理师：基础知识》，人民卫生出版社 2014 年版，第 187 页。

② 高文斌、陈祉妍：《网络成瘾病理心理机制及综合心理干预研究》，《心理科学进展》2006 年第 4 期。

③ 许思安编著：《青少年十种常见问题行为的矫治》，暨南大学出版社 2012 年版，第 149—151 页。

④ 雷雳：《青少年“网络成瘾”干预的实证基础》，《心理科学进展》2012 年第 6 期。

⑤ 方晓义、刘璐、邓林园、刘勤学、苏文亮、兰菁：《青少年网络成瘾的预防与干预研究》，《心理发展与教育》2015 年第 1 期。

⑥ Winkler, A., Dörsing, B., Rief, W., Shen, Y., & Glombiewski, J. A. (2013). Treatment of internet addiction: A meta-analysis. *Clinical Psychology Review*, 33(2), 317-329.

1. 同感

同感也称共情，指进入受辅导学生的内心世界，通过他的眼睛看事物，体察他的思想与感受，了解他观察自己与周围世界的方式。具体包括：（1）设身处地，将心比心，从受辅导学生的角度看问题；（2）以一种客观心态去分析“如何才能协助对方解决问题与发展他未利用的机会”；（3）把自己对对方的了解与体察，准确地反馈给对方，以引起他的互动。

2. 真诚

真诚指教师在辅导过程中诚实、自然、自由、开放，去掉保卫式的伪装或戒备心理，以“真正的我”的面目出现，做到表里如一、言行如一、前后如一。具体包括：在个别谈话中，他可以全身心投入地聆听受辅导学生的倾诉，不必因多虑如何对学生的倾诉做出完美的回答而中断倾听。在辅导过程中，他可以表达自己真实的想法和感受；如有必要，他也可以对学生做自我暴露，坦诚地说出自己的经历、遭遇与感受，与学生分享。但是，真诚并不意味着辅导教师可以毫无顾忌地表达自己的所有想法和感受，也并不意味着教师可以自由放纵、任意行事。

3. 尊重

尊重指尊重受辅导学生的人格、价值、自我选择的权利。尊重表现在对受辅导学生的承诺上（遵守约定的时间、对对方的倾诉高度专注、恪守为对方保密的承诺），表现在对学生谈话内容的准确理解上，也表现在对受辅导学生的非评判的、非批评的、不贬抑的态度上。尊重以接纳为条件，既接纳他的长处，也接纳他的短处。接纳一个学生，意味着承认他是与其他人不同的个体，承认他的独特性。尊重可以为受辅导学生提供一种安全的环境，使他可以自由地袒露内心世界，相信不论他有什么错误和不适宜的行为，都会有人真心地帮助他。同时，辅导教师尊重学生，也可以促使学生尊重他自己，相信自己是一个有价值的人。

（二）心理辅导的参与性技术

参与性技术在于引导求助的学生深入、有序、准确地探讨自身的问题，可以起到促进探讨、澄清问题的作用，使其对自身的问题等有深入、准确的认识，也使辅导者深入、准确地理解求助者，并使求助者易于接受辅导。参与性技术包括倾听、提问、鼓励、重复、具体化、内容反应、情感反应等技术。

1. 倾听技术

倾听技术是指在接纳基础上，积极地听，认真地听，关注地听，并在倾听时适度参与，不仅仅是用耳朵听，而是要用心听。辅导者不但要听懂求助者通过言语、表情、动作等所表达出来的内容，还要听出求助者在交谈中所省略的和没有表达出来的内容和隐含的意思，甚至是求助者自己都不知道的潜意识，因此倾听还具有助人的治疗效果。

2. 提问技术

提问技术包括开放式提问技术和封闭式提问技术，心理辅导中一般将两者结合起来使用。其中开放式提问技术一般在收集资料时使用，就是辅导者提出的问题没有预设的答案；封闭式提问技术一般在明确问题时使用，辅导者提出的问题带有预设的答案，用来澄清事实，获取重点，缩小讨论范围。

3. 鼓励技术

鼓励技术是指辅导者通过语言对求助者进行鼓励，鼓励其进行自我探索和改变。

4. 重复技术

重复技术就是辅导者直接重复求助者刚刚陈述的某句话，引起求助者对自己某句话的重视和注意，以明确要表达的内容。该技术在求助者的表达出现了疑问、不合理、与常理不符等情况下使用。

5. 具体化技术

具体化技术是指辅导者协助求助者清楚、准确地表达他们的观点以及他们所用的概念、所体验到的情感以及所经历的事情。该技术一般在求助者出现问题模糊、过分概括、概念不清等情况时使用。

6. 内容反应技术

内容反应技术是指辅导者把求助者陈述的主要内容经过概括、综合与整理，用自己的话反馈给求助者，以达到加强理解、促进沟通的目的。

7. 情感反应技术

情感反应技术是指辅导者把求助者所陈述的有关情绪、情感的主要内容经过概括、综合和理解，用自己的话反馈给求助者，以达到加强对求助者情绪、情感的理解，促进沟通的目的。情感反应技术最有效的方式是针对求助者现在的而不是过去的情感，其最大的作用就是捕捉求助者瞬间的感受。

（三）心理辅导的影响性技术

影响性技术是在心理辅导实施过程中对求助者进行辅导干预时采用的，包括面质、解释、指导、情感表达、内容表达、自我开放等技术。

1. 面质技术

面质技术又称“质疑”“对质”“正视现实”等，指的是在求助者言行、理想与现实、前后言语、咨询意见等不一致时，指出其身上存在的矛盾，促进探索，最终实现统一。面质的使用需要和支持结合起来，以事实根据为前提，以良好辅导关系为基础，避免个人发泄和无情攻击，可用“似乎”等词留有余地地进行尝试性面质。

2. 解释技术

解释技术是指运用心理学理论来描述求助者的思想、情感和行为的原因和实质等，或是对某些抽象复杂的心理现象、过程进行解释。解释的运用要了解情况，准确把握，要懂得灵活运用，不可强加给求助者，需要进行适当的“匹配”，要谨慎解释。

3. 指导技术

指导技术是指辅导者直接地指导求助者做某件事、说某些话或以某种方式行动，是对求助者影响力最为明显的一种技巧。

4. 情感表达技术

情感表达技术是指辅导者将自己的情绪、情感及对求助者的情绪、情感等告诉求助者，以影响求助者。

5. 内容表达技术

内容表达技术是指辅导者传递信息，提出建议与忠告，给予保证，进行解释和反馈。在内容表达过程中，要注意语气缓和，表现出对求助者的尊重，不要用“你必须……”等命令的语气。

6. 自我开放技术

自我开放技术也称“自我暴露”，是指辅导者提出自己的情感、思想、经验与求助者共享，或开放对求助者的态度、评价等。是否对求助者开放，一般应以求助者请求为准，不宜随意、过于主动地自我开放，即使求助者提出请求，辅导者也不一定进行自我开放，要考虑开放后对辅导的影响，应以有助于促进辅导关系、促进求助者进一步自我开放和深入地了解自己、加强咨询效果为准则。

（四）心理辅导的行为改变方法

行为改变的基本方法有强化法、惩罚与消退法、代币奖励法、行为塑造法、示范法、自我控制法等。这里简要介绍其中常用的几种方法。

1. 强化法

强化法用来培养新的适应行为，即一个行为发生后，如果紧跟着一个强化刺激，这个行为就会再一次发生，包括正强化和负强化。正强化的性质是施所欲（喜欢的刺激），即在行为之后施加行为者所需要的刺激以提高此行为再次发生的概率；负强化的性质是去所恶（厌恶的刺激），即消除伤害性或厌恶的刺激以增加合乎要求反应出现的概率。

2. 惩罚与消退法

惩罚的作用是消除不良行为，包括惩罚一型和惩罚二型。惩罚一型的性质是施加所恶，是在不良行为出现后，呈现一个厌恶刺激（如否定评价、给予处分等）；惩罚二型的性质是取消所欲，是在不良行为出现后，撤销一个愉快刺激。消退法也是消除不良行为的方法，但是指对不良行为不予注意和理睬，不给予强化，使之渐趋削弱直到消失。消退法对于无理取闹等行为具有良好的效果。

3. 代币奖励法

代币是一种象征性强化物，筹码、小红花、盖章的卡片、特制的塑料币等都可以作为代币。当学生做出我们所期待的良好行为后，我们发给数量相当的代币作为强化物。学生用代币可以兑换有实际价值的奖励物或活动。代币奖励的优点是：可使奖励的数量与学生良好行为的数量、质量相适应；代币不会像原始强化物那样产生“饱足”现象而使强化物失效；可以使更多学生得到强化；可以使学生逐渐习惯于需要的延缓满足，心理上变得更成熟。

4. 行为塑造法

行为塑造指通过不断强化逐渐趋近目标的反应，来形成某种较复杂的行为。有时候我们所期望的行为在某学生身上很少出现或很少完整地出现，此时我们可以依次强化那些渐趋目标的行为，直到合意行为的出现。

5. 示范法

示范法是指观察、模仿教师呈示的范例（榜样），学习者因榜样受强化而使自己也间接受到强化。

6. 自我控制法

自我控制是指让当事人自己运用学习原理，进行自我分析、自我监督、自我强化、自我惩罚，以改善自身行为。它是一种经过人本主义心理学改善过的行为改变技术，其特点是强调学生个人的责任感，增加了改善行为的练习时间。

（五）心理辅导的行为演练方法

1. 全身松弛训练

全身松弛训练是指通过改变肌肉紧张状况，减轻肌肉紧张引起的酸痛，以应付情绪上的紧张、不安、焦虑和气愤。它有不同的操作方式，紧张、松弛对照训练是最常见的一种，其要点是：训练者要学会接受自己生理状态的信息，辨认肌肉紧张、放松的感觉，对肌肉做“紧张—坚持—放松”的练习，从紧张与放松的感觉对比中学会放松；对全身多处肌肉按固定次序依次放松，每日练习，坚持不懈。

2. 系统脱敏法

系统脱敏是指当个体对某事物、某环境产生敏感反应（害怕、焦虑、不安）时，我们可以在当事人身上发展起一种不相容的反应，使对本来可引起敏感反应的事物不再发生敏感反应。例如，一个学生过分害怕猫，我们可以让他先看猫的照片，谈论猫；再让他远远观看在笼中的猫；然后让他靠近笼中的猫；最后让他摸猫，抱起猫，消除对猫的惧怕反应。系统脱敏法包括几个步骤：（1）进行全身放松训练；（2）建立焦虑刺激等级表，焦虑等级评定以受辅导学生主观感受为标准，排在最前面的是仅能引起最弱程度焦虑的刺激；（3）焦虑刺激与松弛活动相配合。

3. 肯定性训练

肯定性训练也称自信训练、果敢训练，其目的是促进个人在人际关系中公开表达自己的真实情感和观点，维护自己的权益，也尊重别人的权益，发展学生的自我肯定行为。自我肯定行为主要表现在三个方面：（1）请求他人为自己做某事，以满足自己的合理需要；

(2) 拒绝他人无理要求而又不伤害对方；(3) 真实地表达自己的意见和情感。肯定性训练是通过角色扮演以增强自信心，然后再将学到的应对方式应用到实际生活情境中。通过训练，当事人不仅降低了焦虑程度，而且发展了应对实际生活的能力。肯定性训练的步骤包括：(1) 设置训练情境；(2) 以角色扮演方式逐一进行训练；(3) 决定其他变通方式；(4) 在现实生活中运用学得的交往方式；(5) 评价训练的效果。①

(六) 心理辅导的认知辅导方法

1. 认知辅导的基本理论

认知辅导理论与方法有多种，都是以改变个人的认知结构、思考方式进而改善人的情绪与行为。其基本思想是：(1) 人同时具有理性思考与非理性思考；(2) 人的情感和行为受他们对事件的知觉的影响；(3) 人借助于重新组织知觉和思考，可以改变自己消极的情绪与行为。

在认知辅导中，首先必须能正确识别理性思考和非理性思考。理性思考的特征表现为：这种思考是客观的、符合事实的；是合理的、符合逻辑的；是适当的、与情境相适应的；是积极的、可防止情绪困扰发生的；是能使个体更迅速地达到目的的；是能使个体和别人保持良好关系的。不合理信念的三个主要特征是：(1) 绝对化的要求，指个体以自己的意愿为出发点，认为某一事物必定会发生或不会发生的信念。这种特征常与“必须”和“应该”这类词联系在一起，例如“别人必须友好地对待我”。(2) 过分概括化，指一种以偏概全的不合理的思维方式，其典型特征是以某一件或某几件事来评价自身或他人的整体价值。例如，有些人遭受一些失败后，就会认为自己“一无是处”。(3) 糟糕至极，是一种把事物的可能后果想象、推论到非常可怕、非常糟糕的情况，甚至是灾难性结果的非理性信念。例如，“我没当上班长，不会有前途了”。

2. 合理情绪疗法

艾里斯 (A. Ellis) 认为引起人们情绪困扰的不是外界发生的事情，而是人们对事件的态度、看法、评价等认知内容，合理的观念导致健康的情绪，不合理的观念导致负向的、不稳定的情绪。因此，要改变情绪困扰，不是致力于改变外界事件，而是应该改变认知，通过改变认知，进而改变情绪。他认为个体遇到的主要事实、行为和事件为 A (activating event)，人们的认知和观点为 B (belief system)，情绪和行为反应为 C (emotion consequence)，因此其核心理论又称为 ABC 理论。

我们的情绪反应 C 是由我们的观念 B 直接决定的。可是许多人只注意 A 和 C 的关系，而忽略了 C 是由 B 造成的。B 如果是一个非理性的观念，就会造成负向情绪。若要改善情绪状态，必须驳斥 (D，dispute) 非理性观念 B，建立新观念并获得正向的情绪效果 (E，effect)。这就是艾里斯合理情绪疗法的 ABCDE 步骤。

---

① 张大均主编：《教育心理学》，人民教育出版社 2004 年版，第 347—353 页。

（七）辅导策略的综合运用

心理辅导方法经筛选可归并为12种。

（1）关注。辅导教师对受辅导学生无条件地接纳、关注与关怀，以便建立良好的辅导关系。

（2）反馈。辅导教师作为学生的一面镜子，引导学生自我探索与了解。

（3）阅读疗法与电影疗法。推荐优秀读物或电影，开辟辅导专栏，组织书报或电影讨论。

（4）认知改变。消除学生的非理性观念，重建其合理观念，进而改变其情绪与行为。

（5）行为练习。对于缺乏自信与勇气行为的人，可指定行为作业令其练习，并给予督导和鼓励，以促进当事人的“自我肯定”。

（6）行为改变。运用行为改变基本技术（强化、惩罚、消退等），消除不适应情绪与行为，促使学生养成良好习惯。

（7）角色扮演。借角色扮演体验、学习新角色经验，增强学生的社会适应力。

（8）示范作用。辅导教师做到保密、公正、热忱、守信、表里如一、诚恳待人，对受辅导学生起到示范作用。

（9）同辈辅导。利用同辈资源，取得学生中“得力分子”的合作，提高辅导工作成效。

（10）家庭治疗。约请家长及其子女一同来面谈，增进父母与子女的沟通了解。

（11）改变环境。设置“中途之家”，举办夏令营、周末营。协助有特殊困难的学生离家住校，转、调班，让他们在新环境中获得新体验。

（12）自我管理。调动学生求善、向上的动机，让学生学会自我观察、自我指导、自我监控、自我强化。

以上12种策略分别归入关系策略［（1）和（2）］、认知策略［（3）和（4）］、制约策略［（5）和（6）］、模仿策略［（7）（8）（9）］、环境策略［（10）和（11）］和自我控制策略（12）六大类策略之中。

第三节　学生心理素质培养

促进心理健康的过程既是解决心理问题的过程，更是培养健全心理素质的过程①，应

① Zhang, D., Wang, J., & Yu, L. (2011). *Methods and implementary strategies on cultivating students' psychological suzhi*. New York: Nova Science Publishers.

二者兼顾，须标本兼治。① 以培养学生健全心理素质为基本目标的心理健康教育，是学校素质教育的重要组成部分，是具有中国特色的心理健康教育理论与实践。由于学生处于发展阶段，多数问题属于尚未发展或尚未得到充分发展的问题，倡导心理健康教育时，不要过多地强调学生心理如何不健康，而应该从正面来发展和提高学生的心理素质，学校的心理健康教育重点应放在学生心理素质的发展上。② 开展学校心理素质教育是学校心理健康教育的主要途径，培养学生健全的心理素质是从根本上促进学生心理健康，从内源性上解决心理健康问题的关键。③

一、学校心理素质教育的根本目标和基本任务

（一）根本目标

顾明远提出基础教育首要的任务是打好学生身心健康成长、终身学习、走向社会这三方面的基础。④ 学校心理素质教育作为素质教育的重要组成部分，其根本目标就是培养学生健全的心理素质，使学生心理素质的各成分都得到健全健康的发展，使其形成正常的智能、完善的人格和良好的适应能力，为促进学生整体素质的发展奠定良好的心理基础，即为学生的心理健康、终身学习、走向社会打下基础。所谓健全的心理素质，主要是指学生心理素质水平符合年龄特征（常模），心理素质结构与心理素质功能相匹配，同时心理素质系统具有开放发展性特征等。⑤

（二）基本任务

任务是与目标相联系的，从学校心理素质教育的根本目标出发，学校心理素质教育的基本任务主要体现在以下五方面。⑥

1. 促进和维护学生心理健康

心理素质教育的首要功能是促进和维护学生心理健康。学校心理素质教育运用现代心理科学的成果，针对学生心理素质发展中出现的问题，采取有效的干预措施（咨询辅导、心理训练等），消除学生的心理障碍或矛盾，使其处于心态平和、情绪稳定、积极进取、思维灵活、是非分明、举止适度这样一种有利于正常成长的态势之中，即首先使学生成为

---

① 张大均、苏志强、王鑫强：《儿童青少年心理素质研究 30 年：回顾与展望》，《心理与行为研究》2017 年第 1 期。

② 张大均：《心理健康教育的目标与功能》，《中国教育报》2000 年 12 月 16 日第 4 版。

③ 张大均：《青少年心理健康与心理素质培养的整合研究》，《心理科学》2012 年第 3 期。

④ 顾明远：《中国基础教育的任务与改革方向》，《当代教师教育》2017 年第 2 期。

⑤ 张大均：《青少年心理健康及其教育的整合研究》，《西南大学学报（社会科学版）》2008 年第 5 期。

⑥ 张大均主编：《教育心理学（第二版）》，人民教育出版社 2011 年版，第 454—455 页。

一个心理健康的人。

2. 提高德行修养，培养良好品德

个体良好品德的形成不但与社会道德规范的教化有密切的关系，而且与学生（主体）对社会道德的认识、情感、态度和行为评价等心理因素的水平紧密联系。此外，心理素质教育从学生具体心理需要入手，强调的针对性、主体性与自我内化体验等策略可以迁移到品德教育之中，能起到增强学校德育的效果，有利于学生良好品德的形成。①

3. 开发智力，促进能力发展

现代心理学的研究表明，儿童、青少年时期是个体心理素质形成的关键期，且可塑性大，如能及时给予心理辅导或训练，有利于开发其大脑的智慧潜能，形成正常甚至超常的智能。

4. 培养主体意识，形成完善人格

学校心理素质教育坚持以人为本，强调尊重、理解、信任学生，使学生感受到自身的存在与价值、优点与缺点、现实与未来，能更有针对性地确立人生目标，选择自己的成才道路，找准自己的位置，在学会处理与社会、他人的关系中，使自己的人格得到升华和完善。

5. 养成良好行为习惯，提高社会适应能力

心理与行为是不可分的，良好的行为习惯总是受良好的心理素质支配的，同时良好行为习惯又可内化积淀为一定的心理素质。人的心理素质一经形成，在相应情境中，会产生条件性反应，表现出与之匹配的行为，进而形成一定的适应能力。心理素质教育可以根据学生心理或行为中出现的问题，采取科学有效的教育方式，使其养成良好的行为习惯，提高其相应的社会适应能力。

二、学校心理素质教育的基本模式

学校心理素质教育模式是一种体现某种心理素质教育思想和目标定向，促进其功能发挥的操作思路或范型。按学科划分，学校心理素质教育模式可以分为医学模式、社会学模式、教育学模式和心理学模式等。在信息时代，由于刺激源的丰富多彩，学生心理问题日趋复杂，以某一学科理论为依据的单一模式很难适应心理素质教育的要求，需要探索和构建新的心理素质教育模式。经过理论探索和实验验证，学生心理素质培养模式不应是单一的模式，而应是一个模式系统。从学校心理素质教育的总目标出发，针对全面心理素质培养，可以把学校心理素质教育模式概括为整合模式；从心理素质教育的分层目标出发，针对某方面心理素质培养，可以把学校心理素质教育模式划分为适应层面的模式、发展层面

① 姚运肖、武宇清：《心理素质教育与德育教育融合策略探讨》，《学校党建与思想教育》2011 年第 9 期。

的模式和创造层面的模式；从心理素质教育的分段（年龄段）目标出发，针对学龄段的心理素质培养，可以把学校心理素质教育模式概括为分段培养模式。①

（一）整合模式

整合模式是从心理素质教育的多层次、多侧面、全方位出发，构建出适合各级各类学校心理素质教育基本要求的基本模式。整合是指多方面的整合，如“学生—家庭—学校—社区”的整合，“生理—心理—个体经验”的整合，“专题训练—学科渗透—咨询辅导”的整合。整合模式的基本内涵包括：以培养学生健全的心理素质为基本目标；遵循积极适应与主动发展两条基本原则；综合运用专题训练、学科渗透、咨询辅导等基本教育途径；有效发挥学生、学校、家庭、社区等基本教育要素的作用；着眼于“自我认知—晓理动情—行为导向—反思内化—形成品质”等学生心理素质形成的内部过程的基本环节；重点突出学会学习、学会生存、学会交往、学会做人、智能发展、个性发展、社会性发展和创造性发展等方面的基本内容。② 该模式综合了各学科模式的优点，克服了单一模式的不足，明确了学校心理素质教育的基本目标，提出了具有普遍适用的两条原则，并对心理素质教育的途径、要素、环节及内容做了较清晰的规定。

（二）分层模式

心理素质教育的分层目标是根据对学校心理素质教育的根本目标，依据发展阶段提出的。据此学校心理素质教育可分解为三个层次的目标，即适应—发展—创造，与之相应可概括出三种不同的教育模式：适应层面的培养模式、发展层面的培养模式和创造层面的培养模式。它们分别从指导学生积极适应、促进学生主动发展和激发学生勇于创造等不同的教育目标出发，采用不同的教育内容，对学生进行有针对性的培养和训练。具体而言，结合心理素质教育的分段目标，小学生心理素质培养的重点应是指导适应，中学生心理素质培养的重点应是促进发展，大学生心理素质培养的重点应是激发创造。

（三）分段模式

心理素质教育的分段模式是根据学生心理素质发展的年龄特征和不同年龄段心理素质发展的需要，以及不同年龄段心理素质教育的目标不同而提出的。学校教育是一个复杂的系统，不同学段的教育内容、方式和策略有所区别。因此，学校心理素质教育应建立适合不同学段学生的多级培养模式，即以不同学段学生的生理、心理、社会性发展的水平、特点及具体的教育培养目标要求为出发点，针对学生学习、生活、交往、成长中普遍存在或可能出现的心理问题，进行各有侧重的培养训练，灵活地采用丰富多彩的教育途径和训练

---

① 张大均主编：《学校心理素质教育概论》，西南师范大学出版社 2004 年版，第 49—50 页。

② 陈旭、张大均：《心理健康教育的整合模式探析》，《教育研究》2002 年第 1 期。

策略，做到循序渐进，设置分阶段的具体教育内容。

三、学校心理素质教育的基本途径

教育途径是依据教育模式而选择的。根据学校心理素质教育整合模式的要求，学校心理素质教育的基本途径主要包括心理素质学科渗透、专题训练和心理辅导三种。

（一）学科渗透

学校应将心理素质教育始终贯穿于教育教学全过程，全体教师都应自觉地在各学科教学中遵循心理素质教育的规律，将适合学生特点的心理素质教育内容有机渗透到日常教育教学活动中。心理素质作为个体全面发展的一个重要素质，绝不是通过一门课程就可以培养出来的，它需要借助各个学科、各个教师的协调配合。学校中如果只有个别教师赞同并注重在教学中渗透心理素质教育，而其余的教师对此持怀疑或否定的态度，那么心理素质教育就很难开展起来。各科教师对学生的影响都是巨大而重要的，只有教师全员参与，在教学中渗透心理素质教育的原则、方法，才能保证学生形成良好的心理素质。①

学科渗透是指教师在进行常规的学科教学时，自觉地、有意识地运用心理学的理论、方法和技术，让学生在掌握知识、形成能力的同时，完善各种心理品质，特别是诸如情感、意志、个性品质等方面。

以学科渗透的方式开展心理素质教育，具有潜移默化的特点，学生在进行具体知识的学习时，不知不觉中受到了教育和“点化”。教师如何才能把握好这种教学形式，需要专业化的训练和实践。教师首先应在思想上重视心理素质教育的目标，进而找到与教材的适当切合点。其次，要营造和谐的、具有情趣的、使学生体验到成功的良好教学氛围，这是实现学科教学目标与心理素质教育目标的前提条件。最后，在教学中应采取灵活多样的形式，调动学生主动参与，使他们在积极的活动中，既掌握有关的知识、形成相应的技能，又能有所反思、体验和内化，逐渐形成各方面健康的心理品质。

（二）专题训练

心理素质专题训练以心理素质训练课的形式开展，以活动为主，是心理健康教育课的主体部分，可利用地方课程或学校课程开设的心理健康教育课来进行，具有提高学生心理素质，开发心理潜能，预防心理疾病，促进学生身心和谐可持续发展，为他们健康成长和幸福生活奠定基础的重要作用。心理素质专题训练过程一般由“判断鉴别—训练策略—反

---

① 孙远、张大均：《学科渗透心理素质教育的原则》，《长安大学学报（社会科学版）》2003 年第 3 期。

思体验”三个彼此衔接的基本环节构成（见图 11-6）。①②

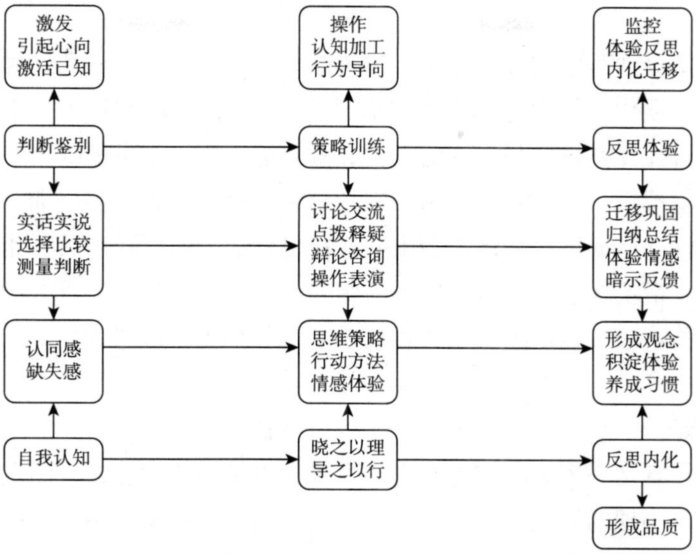

图 11-6　中小学生心理素质训练课教学模式

1. 判断鉴别

判断鉴别是通过多种形式的心理检测和评估，让学生了解自己某方面心理素质发展的现状，自己是否具有该方面健全的心理素质，以此引起学生的认同感或缺失感，唤起情感共鸣或震撼，激活心理能量，思考问题根源，进而体会、感受该种心理素质对自己学习、生活、交往及成长的意义，激发接受训练的积极动机。判断鉴别强调情境化、生活化，即鉴别一定要把学生置于具体、生动的情境之中，鉴别的内容一定要和学生的生活紧密联系。

2. 策略训练

策略训练就是针对该课主题和在判断鉴别中所发现的问题，提出若干解决该问题的具体而有效的方法和技巧，通过组织学生参与讨论和操作活动来感受、理解，进而选择。其步骤是：（1）引思，引导学生思考该方面涉及的问题，提高认识，转变思维方式、角度，确立新观念；（2）导行，通过活动参与，协调心理与行为；（3）激情，在思考、行动中唤醒其情感体验，发挥积极情感的动力作用；（4）练习，按照策略规定的方式方法进行练习，掌握基本的思维过程、思维方法及行动方法。一次训练可安排 2—3 种训练策略。策略训练在形式上强调操作性、主体性和教育性。具体形式主要有：（1）学生自己讲解；（2）角色扮演、角色换位；（3）讨论；（4）辩论；（5）生生之间、师生之间、亲子之间交流（口头交流、书面交流、电话交流）；（6）动手操作；（7）参观、访问；（8）教师辅导

① 郭成：《学校心理素质教育的教学设计与操作》，《课程·教材·教法》2004 年第 6 期。
② 张大均、田澜：《论心理素质教育的设计和实施策略》，《课程·教材·教法》2003 年第 6 期。

或咨询。

3. 反思体验

反思体验就是对训练中的心理感受、情感体验、行为变化、活动过程及效果等进行反思、强化、内化，强化训练效果，促进自我认知与评价。反思环节一定要强调“三自”，即自觉、自发、自控。其目的是对训练过程、方式进行反思，将训练中掌握的方法、步骤延伸到类似的其他情境，并且对训练结果进行总结。反思体验内容以训练目标、内容为依据，考察训练目标的达成度。在形式上主要有：(1) 针对问题，前后对比，发现变化，增强信心；(2) 设计情境，实际操作，发现问题，掌握策略；(3) 分析案例，由此及彼，归纳总结，促进迁移；(4) 言语暗示，箴言提醒，自我感悟，形成观念。

(三) 心理辅导

学校心理辅导既是心理健康促进的重要手段，也是心理素质提升的重要途径，有其自身的方法和技术。心理辅导是一种心理上的助人活动，是指在一种新型的建设性的人际关系中，辅导教师运用其专业知识和技能，给学生以合乎需要的心理上的协助与服务，帮助学生处理他所面临的问题，发展其未能充分利用的潜能与机遇，进而使其获得自助的能力与意愿，克服成长中的障碍，增强与维持自身的心理健康，以便在学习、生活与人际关系各个方面做出良好适应。心理辅导的最简单的定义是“助人自助”。

学校心理辅导以学生为本，指向学生的生活生涯发展，面向全体学生，它的一般目标与学校教育目标是一致的。① 但心理辅导毕竟只是学校教育的一个方面，其目标应有自己的独特之处。其重点是：(1) 帮助学生认识自己、接纳自己、管理自己；(2) 认识、掌握周围环境，同环境相适应，帮助学生解决面临的问题，应付危机，摆脱困难，并增强应对环境与压力的能力和勇气；(3) 使学生能祛除特殊症状，改善行为，化解负向的或冲突的思想与情感；(4) 指导学生自主抉择，承担起对社会和个人的责任；(5) 鼓励学生通过自我探索寻求生活意义，认清自己的内在潜力与资源，充分发挥个人潜能，使其能过健康的、充实的、有意义的生活。

开展心理辅导必须遵守职业伦理规范，在学生知情自愿的基础上进行，严格遵循保密原则，保护学生隐私，谨慎使用心理测试量表或其他测试手段，不能强迫学生接受心理测试，禁止使用可能损害学生心理健康的仪器，要防止心理健康教育医学化的倾向。②

① 宋晓东、施永达：《美国中小学心理辅导综合模式及其对我国的启示》，《外国中小学教育》2010年第6期。

② 俞国良、赵军燕：《论学校心理辅导制度建设》，《教育研究》2013年第8期。

小结

心理健康教育的根本目的是提高心理素质。心理健康内涵的界定主要经历了消极心理健康、积极心理健康和完全心理健康三种不同取向的阶段，其本质是一种心理状态。心理健康标准的判断依据主要有病理学角度、统计学角度和文化学角度三类。心理素质是以生理条件为基础的，将外在获得的刺激内化成稳定的、基本的、内隐的，并具有基础、衍生、发展和自组织功能的，并与人的适应—发展—创造行为密切联系的心理品质。心理素质是个体心理健康的内源性因素，心理健康是心理素质健全的功能状态和外在表现之一；心理素质与心理健康是“本”与“标”的关系。客观认识心理健康问题是有效开展心理健康教育的前提。学生心理健康问题有不同的分类方式，儿童青少年常见的心理问题有学习困难、注意缺陷与多动障碍、焦虑与焦虑症、抑郁与抑郁症、恐惧与恐惧症、青春期性心理问题、神经性厌食、网络成瘾等。儿童青少年问题的心理辅导技术和方法包括关系建立技术、参与性技术、影响性技术、行为改变方法、行为演练方法、认知辅导方法等。促进心理健康的过程既是解决心理问题的过程，更是培养健全心理素质的过程，应二者兼顾，须标本兼治。学校心理素质教育作为素质教育的重要组成部分，其根本目标就是培养学生健全的心理素质。学校心理素质教育的基本任务主要体现在五个方面：促进和维护学生心理健康；提高德行修养，培养良好品德；开发智力，促进能力发展；培养主体意识，形成完善人格；养成良好行为习惯，提高社会适应能力。学校心理素质教育的基本模式包括整合模式、分层模式、分段模式。学校心理素质教育的基本途径主要包括心理素质学科渗透、专题训练和心理辅导等。

思考与练习

1. 请谈谈你对心理健康概念及其标准的理解。
2. 简述心理健康与心理素质的关系。
3. 儿童青少年常见的心理问题及其各自表现、矫治方法有哪些？
4. 进行学校心理辅导应该掌握哪些具体的方法与技能？
5. 简述学校心理素质教育的基本模式和基本途径。

拓展阅读

1. 张大均、余林、王金良等著：《学生心理素质培养模式及实施策略研究》，科学出版社 2014 年版，第二、第三、第四章。

2. 王鑫强、张大均著：《青少年心理素质与心理健康关系模型研究》，科学出版社 2015 年版，第一、第二、第三、第六、第七、第九、第十章。

第三编　教学心理

第十二章　教学设计

启发与引导

- 有人认为，教学设计就是写教案、备课，对此观点你有何看法？你觉得教学设计与备课、写教案有何区别与联系？
- 有人提出，教学设计会限制和束缚教师的教学思维和临场发挥，对此你怎么看？
- “凡事预则立，不预则废。”教学设计就是对教学活动的提前谋划、构思和制订行动方案的过程。它对教师的教学行为和教学效果有何影响？

教学是学校教育活动中最具目的性、计划性和组织性的育人活动，是学校实现育人目标、促进学生发展的基本途径。然而，教学能否实现其目标，在很大程度上取决于科学的教学设计。本章在概述教学设计的内涵、理论观点的基础上，着重探讨教学目标的分析、教学内容的组织、教学方法与媒体的选取的心理学原理与技术，为有效教学提供理论依据和方法引导。

第一节　教学设计概述

有效的教学离不开教师对教学活动的周密思考和精心策划。教学设计是完整的教学过程中必不可少的重要环节。教师是否能按照现代教学心理学的理论和教学实践要求进行课堂教学设计，是教学科学化、规范化和有效性的重要标志。本节主要阐述教学设计的内涵、理论基础以及教学设计的原则和一般模式。

一、教学设计的内涵

（一）什么是教学设计

关于什么是教学设计（instructional design，ID），学者之间还存在分歧。美国教学设计专家肯普（J. E. Kemp）指出："教学设计是运用系统方法与技术，分析研究教学问题和需求，确立解决它们的方法和途径，并对教学结果做出评价的系统的计划过程。"① 国内教育心理学家皮连生认为，教学设计是运用现代学习与教学心理学、传播学、教学媒体论等相关理论与技术，分析教学中的问题和需要，设计解决方法，试行解决方法，评价试行结果，并在评价基础上改进设计的一个系统过程。② 由此可见，人们对教学设计内涵的理解有两种视角：（1）基于教学设计形态描述的"计划说"与"方案说"，认为教学设计是系统规划教学、形成教学方案的过程；（2）基于教学设计的功能和本质判定的"方法说""程序说"和"技术说"，认为教学设计是预先筹谋教学的系统方法、操作程序或技术。③

综合上述观点，我们认为，教学设计就是教师在教学活动之前根据社会要求和学习者特点，对教学目标、内容、方法、媒体、程序、环境以及评价等教学要素进行系统谋划，形成教学思路和方案的导教和促学过程。④从性质上看，教学设计是一个谋划过程，既涉及教师对教学诸要素的内在认知加工过程，更涉及如何有效选择、安排和呈现教学信息、组织教学实践活动的行为操作过程；从内容上看，一个完整而有效的教学设计需要解决好四个基本问题："我现在在哪里？——课堂教学的现状分析"；"我要去哪里？——课堂教学目标的设计"；"我如何去那里——课堂教学内容、媒体、组织形式与方法等的设计"；"我是否到达了那里——课堂教学的监控与评估的设计"。⑤ 可以说，有效的教学设计是保证教师和学生交互作用的最佳条件，是优化教学质量、提高教学效率的一项重要措施。正因如此，教学设计已成为现代教学心理学研究的热点问题之一。

（二）教学设计的特点

要理解教学设计的内涵，需要把握教学设计的如下特点。

1. *教学设计的主要功能是导教和促学*

教学是教师有目的地帮助学生获得知识和技能，形成良好态度和行为的复杂过程。科学可行的教学设计，能够使教师减少教学的盲目性和失控性，避免教学的低效性，提高教学的稳定性和有效性。同时，教师的教学设计总是针对特定学生的。教师在制订教学计划

① 张旭、许林编著：《现代教育技术》，科学出版社1995年版，第30页。
② 皮连生主编：《教学设计——心理学的理论与技术》，高等教育出版社2000年版，第2页。
③ 林宪生：《教学设计的概念、对象和理论基础》，《电化教育研究》2000年第4期。
④ 张大均主编：《教育心理学（第三版）》，人民教育出版社2015年版，第277页。
⑤ 郭成主编：《课堂教学设计》，人民教育出版社2006年版，第6页。

时，不仅要考虑自己的教学行为，还应考虑如何针对不同学生的不同学习需求，为其提供诊断性的学习设计，对其进行有目的的学习引导，直至所有学生达成教师所预设的学习目标。

2. 教学设计是将教学诸要素进行系统性谋划的过程

教学设计是一种计划教学的系统过程。教师期望通过对教学活动诸要素的优化组合，创设一种效率高、吸引力强的教学，这就需要教师在教学之前对教学过程中的一切进行合理的计划安排，不仅要确定教学的目标和内容，选择正确的教学方法和媒介，而且要合理安排教学程序，精心创设教学环境。

3. 教学设计的结果是形成教和学的计划和方案，具有明显的预期性

教学设计仅是对教学系统的预先分析与决策，是一个制订教学计划的过程，而非教学实施，但它是教学实施必不可少的依据。好的教学设计对活动的实施是一个良好的施工蓝图，它是在充分研究教学主体现状和教学背景的前提下，设计出的切实可行的教学过程。教学设计的直接结果就是形成“教什么”“如何教”以及“如何学”的教程和学程的双重计划。这种计划常常以教学和导学方案的形式体现出来。

4. 教学设计是一项极富创造性的工作

创造性是课堂教学设计的一个基本特点，也是它的一个最高表现。俗话说，文无定体，教无定法。面对千差万别的学生，课堂教学不可能有一套刻板的程式。课堂教学设计的过程，也就是教师在创造性思考、深入钻研教材的基础上，根据不同的教学目标，不同学生的特点，创造性地设计教学实施方案，为成功进行教学绘制蓝图的过程，这也是教师发挥创造才能的过程。

二、教学设计观

教学设计观是指在一定的教学理论指导下，支配教学设计的思想和观点。教学设计总体上存在着教学论、学习论和教育技术三种视角。① 不同的教学设计观，必然会产生不同风格、不同特点的教学设计。在教学改革的实践过程中，我国学者基于理论与实践结合的角度，提出了如下的教学设计观。

（一）“结构—定向”设计观

“结构—定向”设计观是我国著名教育心理学家冯忠良教授通过长期教学实验提出来的。“结构—定向”设计观中的所谓“结构”是指“教学应以构建一定的心理结构为中

① 李永婷、徐文彬：《当代中国教学设计研究三种视角的比较》，《课程·教材·教法》2016 年第 10 期。

心”，“定向”是指“依据心理结构形成、发展的规律，实现定向培养”。① “结构—定向”教学设计观强调，首先是根据学习的内容确立形成某种能力的心理结构，然后运用学习规律，如学习动机、知识掌握、迁移等规律进行定向培养，加速心理结构的形成。根据“结构—定向”设计思想，冯忠良教授等进行了一系列实验研究，总结了一套以构建心理结构为指导思想的教学设计的原则和方法。

（二）“知识分类定向”设计观

“知识分类定向”设计观是“根据知识分类学习论与教学的原理来指导中小学各科知识、智慧技能和认知策略的教学设计”②。知识分类学习论是一个研究知识如何转化为智力技能和认知策略以及最终发展人的认知能力的过程和条件的理论。该理论认为知识的学习包括意义获得、意义巩固和转化以及意义的提取和应用三阶段。该设计观的核心是根据现代认知心理学理论，依据知识的类型和知识学习的阶段设计相应的教学。该观点的设计步骤是：（1）确定教学目标。即教师必须描述学生将形成何种新能力。（2）分析教学任务。它包括做以下一系列的分析：①根据上述知识分类的观点，明确教学目标中的知识类型；②确定学生的起点能力；③分析从起点能力到终点能力之间的从属能力；④明确知识学习的阶段，由此决定课程的类型。（3）根据知识学习的阶段和课程的类型，设计相应的教学方法或技术。该设计观对教学的指导较为直接、具体，被一些中小学甚至大学所接受。

（三）“目标定向”设计观

“目标定向”设计观主要借鉴了布鲁姆的“掌握学习理论”和巴班斯基（бабански）的“教学过程最优化理论”，围绕如何有效达标，构建了四种达标基本课型和达标课堂教学程序。四种基本课型为：（1）前置补偿课。旨在解决学生学习新课题时，在知识、技能、策略、情感等方面存在的缺陷。（2）新授课。主要任务，一是让学生掌握新知识，二是形成相应的技能技巧。（3）综合课。旨在复习、巩固新知识，实现知识的系统化、结构化，落实高层次教学目标。（4）矫正课。目的是在形成性测试的基础上，依据反馈信息，有针对性地进行矫正教学，为大多数没有达标的学生提供第二次学习的机会，同时对部分优秀生实施延伸性教学。③ 一个完整的单元达标教学过程一般由这四种基本课型构成。

---

① 冯忠良著：《结构—定向教学的理论与实践——改革教学体制的探索》上册，北京师范大学出版社 1992 年版，第 13 页。

② 皮连生：《知识分类学习论、教学论及其应用》，《湖南教育》1995 年第 4 期。

③ 张志勇：《义务教育教学新体系的探索——关于单元达标教学的研究》，《教育研究》1995 年第 2 期。

（四）“建构主义”设计观

“建构主义”设计观关注的不是教师讲授，而是思考学生的学习，简单地说，就是从“教案”走向“学案”。[①] 因此建构主义学习理论把情境、协作、对话和意义建构作为学习环境中的四大要素。

（1）情境。在建构主义学习环境中，教学设计不仅要考虑教学目标分析，还要考虑情境的创设问题，学习环境中的情境必须有利于学生的意义建构。

（2）协作。这是贯彻整个学习过程的师生之间、生生之间的相互合作、对话，甚至是竞争。协作对获取与分析学习资料、提出与验证假设、评价学习成果直至意义的最终建构均有重要作用。

（3）对话。对话是达到意义建构的重要手段之一。学习者必须通过对话讨论怎样完成学习任务，使自己的智慧得以共享，同时加深自己对问题的理解。从这种意义上说，对话过程也是一种协作学习的过程。

（4）意义建构。这里的意义是指事物的性质、规律以及事物之间的内在联系。在学习过程中帮助学生建构意义就是要帮助学生对当前学习内容所反映的事物的性质、规律以及该事物与其他事物之间的内在联系达到较深刻的理解，这是学习过程的最终目的。

建构主义教学设计强调：“以学生为中心，在整个教学过程中由教师发挥组织者、指导者、帮助者和促进者的作用，利用情境、协作、对话等学习环境要素充分发挥学生的主动性、积极性和首创精神，最终达到使学生有效地实现对当前所学知识的意义建构的目的。”[②] 在这种模式中，学生是知识意义的主动建构者；教师是教学过程的组织者、指导者、意义建构的帮助者、促进者；教材所提供的知识不再是教师传授的内容，而是学生主动建构意义的对象；媒体也不再是帮助教师传授知识的手段、方法，而是用来创设情境、进行协作学习和会话交流，即作为学生主动学习、协作式探索的认知工具。这是一种“以学生为中心”的教学设计。

三、教学设计的原则与模式

（一）教学设计的原则

为保证教学设计的科学性，教学设计应遵守以下原则。

1. 系统性

教学设计是一项系统工程，它是由教学目标、学生状况分析、教学内容、方法选择、教学评估等子系统所组成。各子系统既相对独立，又相互依存，相互制约，组成一个有机

---

① 陈彩虹、赵琴、汪茂华、汪晓慧、吁思敏、向荣：《基于核心素养的单元教学设计——全国第十届有效教学理论与实践研讨会综述》，《全球教育展望》2016 年第 1 期。

② 何克抗：《建构主义——革新传统教学的理论基础（上）》，《电化教育研究》1997 年第 3 期。

的整体。在诸子系统中，各子系统的功能并不是等价的，其中教学目标起着制约其他子系统的作用。因此，确立合适的教学目标在整个教学设计系统中起着“纲举目张”之效。同时，教学设计应立足于整体，每个子系统应协调于整个教学系统中，做到整体与部分辩证地统一，系统的分析与系统的综合有机地结合，最终达到教学系统的整体优化。因此，进行教学设计，应遵循科学的系统观，统筹兼顾其他子系统，只有将本子系统和谐地统一于整体之中，才能算是科学成功的设计。

2. 程序性

教学设计是一项系统工程，诸子系统的排列组合具有程序性特点，即诸子系统有序地呈等级结构排列，且前一子系统影响、制约着后一子系统，而后一子系统依存并制约着前一子系统。根据教学设计的程序性特点，教学设计中应体现出其程序的规定性及联系性，确保教学设计的科学性。同时，每节课的教学是由承担不同教学任务与功能的教学环节组成的，尽管这些环节的安排会因为学科类型和课型的不同而发生变化，但是教师进行教学设计的一个重要任务就是要妥善安排各教学环节，把整个教学活动规划为具有一定逻辑顺序的行为系列，从而减少教学时间的误用和资源的浪费。

3. 可行性

教学设计是依据一定教学理论对教学实践所做的规划。这种规划要成为现实，必须至少具备两个可行性条件：一是符合主客观条件。如主观条件应考虑学生的年龄特点、已有知识基础和师资水平，客观条件应考虑教学设备、地区差异等诸因素。二是具有操作性。只有具备这两个基本条件，教学设计方案的实施才能达到预期目的。

4. 创造性

教学设计水平体现了教学者的教育智慧。因为教学设计不仅是一门科学，还是一门艺术。作为一门科学，它必须遵循一定的教育理论和心理学规律。作为一门艺术，它融入了设计者许多个人的经验与体会，需要根据教材和学生特点进行再创造，并灵活、巧妙地运用教学设计方法与策略。

（二）教学设计的一般模式

模式是解决某一类问题的方法论。教学设计的模式是在教学设计的实践过程中逐渐形成的，运用系统方法来进行教学开发、教学设计、教学策划的理论的简约化形式。教学设计模式种类繁多，不同教学设计模式有各自不同的设计步骤。一般来说，都包括以下七个步骤（见图 12-1）。

（1）学习需要分析。学习需要分析指通过系统化的调查研究，发现教学中存在的问题。通过分析问题产生的原因，确定问题的性质，论证解决问题的必要性和可行性。其核心是发现问题，而不是寻求解决问题的方法。

（2）学习内容分析。学习内容分析指根据课程目标，确定内容、大纲，科学地组织、确立知识结构，把课程总目标分解为一系列子目标（即单元目标），进而根据单元目标进

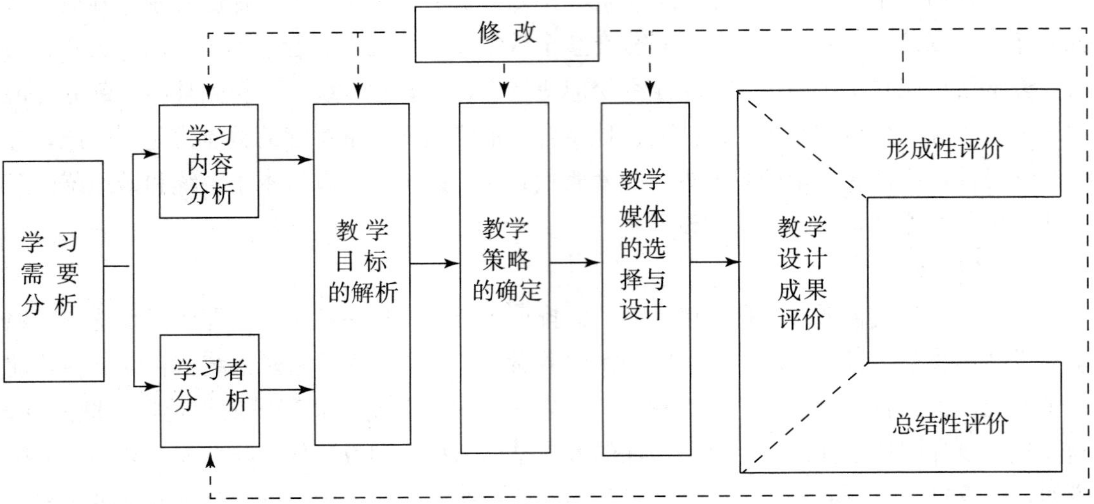

图 12-1　教学设计的一般模式

行学习任务分析，确定单元目标所需的从属知识与技能。

（3）学习者分析。学习者分析即教学对象分析，其目的是了解学习者的学习准备情况及学习能力与学习风格，为教学内容的选择和组织、学习目标的编写、教学活动的设计、教学方法与媒体的选择和运用等提供依据。

（4）教学目标的解析。教学目标的解析就是揭示单元教学目标要求掌握的各项从属知识与技能、过程与方法、情感态度价值观及其相互关系，并对其通过每一单元或每一课时的教学之后应达到的最终行为状态做出具体、明确的界定和说明。

（5）教学策略的确定。教学策略是实现教学目标的手段，对教学策略的设计主要解决教师“如何教”和学习者“如何学”的问题。教学策略设计常常要从四个方面着手：课的划分、教学顺序的设计、教学活动设计及教学组织形式的确定，既要符合教学内容、教学目标的要求，适合学习对象的特点，又要考虑实际教学条件的可能性。

（6）教学媒体的选择与设计。根据教学目标、教学策略设计以及各种教学媒体具有的教学功能和特性对教学媒体加以选择。教学媒体选择的好坏直接影响教学目标的达成以及教学策略的实施。

（7）教学设计成果评价。经过以上各部分的分析、设计，可得到解决某一教学问题的方案。那么，这个方案是否能带来预期的教学效果？对学习需要、学习内容的分析是否准确？要检验这些问题，就必须对这一初步成果进行评价，包括形成性评价和总结性评价。①

① 乌美娜主编：《教学设计》，高等教育出版社 1994 年版，第 52—53 页。

第二节　教学目标设计

教学设计是一个由目标引导的教学谋划过程，旨在实现某种目的或意向。① 因此，教学目标是课堂教学的出发点和归宿，是教师进行课堂教学活动的指南，是学生能力发展的具体指标，是评价课堂教学效果的主要依据。本节主要分析教学目标的内涵、功能以及当前教学目标设计存在的主要问题，介绍教学目标分类的相关理论，探讨教学目标设计的原则与表述技术。

一、教学目标与功能

教学目标是师生通过教学活动预期达到的结果或标准，是对学习者学习后能做什么的一种明确具体的表述。传统教学理论认为教学目标有广义和狭义之分。广义的教学目标是指教育宗旨和教育目的。狭义的教学目标是教师将国家和地区的教育宗旨以及学校教育计划分解到具体的教学单元和课时的过程中产生的课堂教学目标。这里我们所讲的主要是在学校课堂教学活动过程中的教学目标，属于狭义的教学目标。教学目标在教学中有三种功能：导学、导教、导测评。

（一）指引学生学习

教学目标对学生学习的指引作用主要体现在三个方面。其一，教学目标有利于学生明确学习的意义、要求和价值，增强学习热情。在开始上课时，教师若能将学习的类型（知识、技能、态度）和掌握要求清晰地告知学生，则可把学生吸引到当前的学习课题上，使其在正确学习意念的支持下，接受新的学习任务。其二，教学目标有利于学生抓住学习的主要内容，减少盲目性。以学生上课做笔记为例，不明确学习目标的学生把握不住教师讲授的重点，很可能全盘记录，表现出明显的学习盲目性。其三，依据学生个别差异所设置的教学目标可指导学生自我调控学习，增强教师教学的针对性，激发学生学习的主动性。优秀教师习惯于在设置一个适合全体学生（通常是以中等生为对象）的普遍教学目标外，还为基础较好和较差的学生设计分层目标，从而指导这些学生自行调整学习条件和掌握要求。

---

①［美］费兹科、［美］麦克卢尔著，吴庆麟等译：《教育心理学——课堂决策的整合之路》，上海人民出版社 2008 年版，第 314 页。

（二）指导教学方法、技术、媒体的选择与运用

教学目标对教学方法、技术和媒体的选择具有统摄定向作用。当然，教师还需要经验和理论的支持，才能判断哪些教学方法、技术和媒体是与教学目标相适应的。如果教学目标侧重知识或结果，则宜于选择接受学习，与之相应的教学方法是教师的讲授法。如果教学目标侧重于过程或探索知识和经验，则宜于选择发现学习，与之相应的教学方法是教师指导下的学生发现法。讲授法适于传递信息，讨论法适于改变人的信念或观念，实验操作和演示法有助于矫正学生的认知偏差。因此，离开了目标，就很难比较各教学方法的优劣。

（三）指导教学结果的测量与评价

单元教学结束后，为考察教学效果，教师通常需要获得评价信息。作为对学生学习结果的具体描述，教学目标是最可靠和最客观的评价依据。教师只要紧密围绕教学目标提问和编制测验，就足以保证评价的效度。而其他因素，如教学内容的科学性与新颖度、教学语言和媒体的直观性、教学监控的适宜度、学生参与的广度与深度等只能充当辅助指标。

二、教学目标的分类理论

教学目标分类理论是指把各门学科的教育教学目标按统一标准分类，使之规范化、系列化、具体化的理论。系统的教学目标分类理论由布鲁姆等人开创，至今已有许多教学目标分类系统。

（一）布鲁姆的教育目标分类

布鲁姆等人把教育目标分为三大领域——认知领域、情感领域和动作技能领域。

1. 认知领域目标分类

认知领域目标分类于1956年公布。根据学生掌握知识和技能的深度，布鲁姆将认知目标由低到高分为六级，即知识、理解、运用、分析、综合、评价。这六个方面是呈逐步递进、循环上升的关系（见表12-1）。其中知识、理解、运用是属于低阶思维，分析、综合、评价是高阶思维。①

---

① 陈彩虹、赵琴、汪茂华、汪晓慧、吁思敏、向荣：《基于核心素养的单元教学设计——全国第十届有效教学理论与实践研讨会综述》，《全球教育展望》2016年第1期。

表 12-1　布鲁姆对认知目标的分类①

水平	含义	举例
知识	学生对先前学习过的具体事实、方法、过程、理论等材料的记忆。其所要求的心理过程主要是记忆，这是最低水平的认知学习结果。	1. 回忆杜甫的诗《春望》
理解	领悟所学材料的意义，但并不一定将其与其他事物相联系，代表最低水平的理解。可使用的描述动词：解释、辨别、概括等。	1. 通过阅读，辨别现实主义与自然主义各自的特征 2. 概括出《老人与海》的故事情节
运用	将所学概念、规则、方法、规律和理论应用于新情境中的能力，代表较高水平的理解。可使用的描述动词：计算、操作、演示等。	1. 演示能量守恒定律在生活中的应用 2. 让学生模拟到商店买东西，由此观察他们能否准确计算
分析	将整体材料分解成其构成成分，并理解其组织结构，包括对要素的分析、关系的分析和组织原理的分析，代表了比运用更高的智能水平。可使用的描述动词：分解、说明、推理等。	1. 让学生区分一篇报道中的事实和观点 2. 让学生将《荷塘月色》的结构分解出来
综合	将所学的零碎知识整合为知识体系，它强调的是创造能力，需要产生新的模式或结构。可使用的描述动词：创造、编写、设计等。	1. 给定一些事实材料，学生要能写出一篇报道 2. 请学生设计出科学实验的程序
评价	学生对材料做价值判断的能力，包括按材料内在的标准或外在的标准进行。可使用的描述动词：评价、对比、证实等。	1. 给学生两篇有关某一事件的报道，学生要能评定哪一篇较为真实可信 2. 评价“孔乙己”的价值观

2. 情感领域目标分类

情感领域的目标由克拉斯沃尔（D. R. Krathwohl）于 1964 年公布，主要与学习者的态度目标、感情目标及价值目标有关（见表 12-2）。依据价值内化的程度，情感领域的目标可细分为接受、反应、价值体系、价值组织和价值体系个性化五级目标。②

① ［美］斯滕伯格、［美］威廉姆斯著，张厚粲译：《教育心理学》，中国轻工业出版社 2003 年版，第 393 页。

② Morshead，R.W.，Krathwohl，D.R.，Bloom，B.S.，& Masia，B.B.(1965).Taxonomy of educational objectives handbook II：Affective domain.*Studies in Philosophy and Education*，4(1)，164-170.

表 12-2 情感领域的目标分类①

水平	含义	行为表现举例
接受	对环境中正在发生的事情的低水平觉知	不经意地听；对教师付出的努力做轻微的反应
反应	由经验引起的新的行为反应，由学生主动参与	主动举手回答问题 对恰当的观点表示出兴趣
价值体系	学生将特殊的对象、现象或行为与一定的价值标准相联系	欣赏文学作品 刻苦学习英语
价值组织	纳入新的价值观，使自己的价值系统发生改变	参加各种俱乐部 改变学校行为，如早点到校
价值体系个性化	表现出与新价值观相一致的行为	愿意做出牺牲以继续参加活动 过去受到批评的行为有所改进

3. 动作技能领域目标分类

动作技能领域的教学目标分类比情感领域的教学目标分类公布更晚，而且出现了好几种分类法。这里介绍辛普森（E. H. Siompson）等人于 1972 年做出的分类。该分类将动作技能教学目标分成七级。

（1）知觉：指学生运用感官获得信息以指导动作。它包括刺激辨别、线索选择和动作转换，主要了解某动作技能的有关知识、性质和功用等。

（2）定向：指学生对稳定的活动的准备，包括心理定向（心理准备）、生理定向（生理准备）和情绪准备（愿意活动）。知觉是其先决条件。

（3）有指导的反应：指学生在教师的引导下做出反应，包括学生跟随模仿和自行尝试错误。

（4）机械动作：指学习者的反应已成为习惯，能以某种熟练和自信的水平完成动作。这一阶段的学习结果涉及各种形式的操作技能，但动作模式并不复杂的外显反应。

（5）复杂的外显反应：指较为复杂的或包括多种不同反应的动作技能已初步形成，动作的熟练性以迅速、连贯、精确和轻松为指标。

（6）适应：指技能的高度发展水平，学生能修正自己的动作模式以适应特殊的装置或满足具体情境的需要。

（7）创新：指个人的动作技能达到熟练程度之后，能够从事超越个人经验的创新设计，即技能达到创造性发挥的地步，这是动作技能形成的最高境界。

布鲁姆的教学目标分类理论并非尽善尽美，但有助于我们从多角度、多层次去思考学

① ［美］斯滕伯格、［美］威廉姆斯著，张厚粲译：《教育心理学》，中国轻工业出版社 2003 年版，第 394 页。

校的教育、教学目标问题。它提醒教师，有效的教学不仅要考虑认知领域目标的实现，还要促进学生态度和情感的发展，使学生能够积极地参与各学科的学习；除了发展学生的认知和情感外，教师还要发展学生的各种身体运动技能，以使其拥有健康的体魄。

（二）加涅的学习结果分类

加涅对目标理论有着重大影响，加涅的学习结果分类是指导教学目标设计的具有实用价值的学说。他在 1965 年编著的《学习的条件》一书中，将教学可能产生的结果分为五类：言语信息、智慧技能、认知策略、运动技能和态度。

（1）言语信息：指可以用言语符号或文字符号表达的信息，是回答世界“是什么”的陈述性知识。

（2）智慧技能：指学生运用符号或概念与环境相互作用的能力，是回答“怎么办”的问题。

（3）认知策略：指运用规则调控自己的学习、记忆和思维等认知过程的能力，是回答“怎么学”的知识。

（4）运动技能：指运用规则调控自身肌肉协调的能力，是回答“怎么操作”的知识。

（5）态度：指通过后天学习形成的影响个体行为选择的内部倾向，是回答“怎样对待”的问题。

（三）布洛克的教学目标分类

布洛克（D. Block）以教师的活动为依据，建立了一个三维坐标目标系统（见图 12-2）。其中横轴（x 轴）表示教的水平，纵轴（y 轴）表示学的水平，z 轴表示教学内容的水平。x 轴分为 3 个层次，即：（1）在学科内迁移和联系的水平上的教；（2）在学科间迁移和联系的水平上的教；（3）在创造性的知识迁移条件下，学生学习和实践活动相互作用的水平上的教。y 轴分为知识、领会、运用、概括 4 个层次。z 轴分为事实、概念、对应、结构、方法、关系 6 个层次。

（四）国内教学目标分类

我国研究者在借鉴和改造布鲁姆等人的教学目标分类理论的基础上，结合我国教学实际，提出了自己的目标分类的实践尝试。如认知领域的教学目标分类，把布鲁姆的六级分类转化为中学的“记忆、理解、应用、创新”四级分类和小学的“记忆、理解、运用”三级分类；情感领域的教学目标分类，以行为分类和内容分类相结合的思路，将克拉斯沃尔的五级分类，转化为中小学的“接受、反应、爱好、个性化”四级分类，提出中小学情感教育的内容包括情感健康、学习情感、个性情感、社会情感四个方面；动作技能领域的目标分类，将辛普森的七级分类转化为中小学的“知觉、定式、熟练、自动化”四级分类，

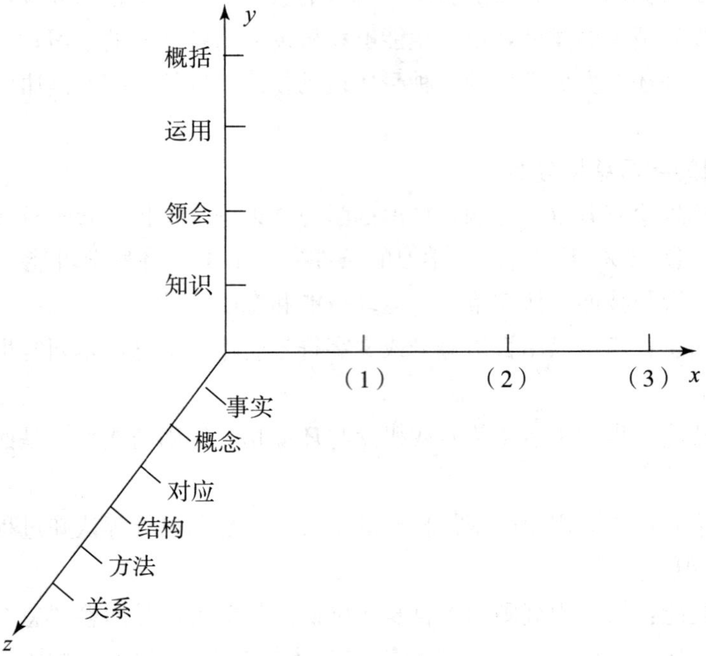

图 12-2　布洛克的三维坐标目标系统

并结合学科特点做了初步验证。① 2001 年，教育部颁布的义务教育阶段课程标准，将教学目标分为“知识与技能”“过程与方法”“情感态度与价值观”三个维度，强调每个领域、每个学科的教学目标要注意三个方面的有机结合，整个教学目标的定位从知识中心向能力中心转变，促使学生知识技能学习的过程成为学会学习、形成态度价值观的过程。

知识窗 12－1

全日制普通高中《数学》（试验）第一册第三章第四节第一课时内容“等比数列（一）”

教学目标：

（1）知识与技能目标：使学生理解等比数列的概念，掌握等比数列的通项公式，并能利用公式解决与储蓄、增长率、细胞分裂等内容相关的应用问题，培养学生的运算能力、抽象思维能力及应用所学知识解决实际问题的能力。

（2）过程与方法目标：在学习等比数列的概念及推导等比数列通项公式的过程中，引导学生学会观察、分析、归纳、猜想，养成良好的思维习惯。通过将等比数列与等差数列的有关知识进行对比，渗透类比的思想方法。

① 张大均主编：《教育心理学》，人民教育出版社 2004 年版，第 460 页。

（3）情感、态度与价值观目标：通过列举上述实例，让学生感受数学在实际生活中的作用，提高学生的学习兴趣，调动学生学习的积极性。另外，通过本节课学习，使学生进一步体会数学知识来源于我们周围实际生活，又用于解决实际问题，体会数学的使用价值。

[资料来源]

陆建中主编：《高中新课程课堂教学设计》，科学出版社、龙门书局 2003 年版，第 33 页。

三、教学目标的设计原则与表述技术

（一）教学目标的设计原则

1. 主体性

教学过程主要是由教师、学生、教学内容和教学手段构成，其中学生是学习活动的中心，教学设计的一切活动都是为了学生的学习能够达到理想效果。因此，教学目标设计要重点突出学生在学习过程中的主体地位，遵循其认知规律和能力特点，关注学生的学习过程，重视以学生的自主学习来实现目标。同时，也要求教师在设计教学目标时要站在学生的角度，根据教学内容和学生实际来策划设计，陈述行为结果的典型特征。

2. 开放性

探究教学活动应是一个开放的活动过程，教学目标设计也应根据培养学生综合素质、创新精神、实践能力的需要，为学生提供开放的教学内容、教学材料、教学媒体、教学方法、教学空间和时间。①

3. 激励性

根据皮亚杰的研究成果，学生学习的兴趣和动机对其学习效果的提高、学习方法的掌握、学习积极性的维持有重要作用；同时，激励性的学习经历或欲望将有助于学生学习需要的情感满足。

4. 多样性

新课程理念下的教学设计应体现教学目标多样性的特点，既注重以知识为载体，以过程与方法为手段，又注重情感态度与价值观评价，立足思想素质的提高，关注学生的情感、态度和行为表现，培养学生的发散思维能力和动手技能。

（二）教学目标的表述技术

自教学设计诞生以来，许多教育心理学家致力于设计一套描述和阐明教学目标的方

① 刘泽兴主编：《新课程教学设计——语文（七年级）》，群言出版社、华文出版社 2002 年版，第 20 页。

法，以发挥目标的导向、控制、激励和中介功能，促进有效教学。教学目标的表述方法主要有三种：认知观的表述方法、行为观的表述方法及两种观点相结合的表述方法。[①] 其中，认知观的表述方法强调用内部心理过程对教学目标进行陈述；行为观的表述方法强调用可观察的外显行为对教学目标进行陈述；结合式的表述方法则强调以外显行为和内部心理的有机结合来表述教学目标。

一般来说，陈述教学目标应注意以下几点。

（1）陈述目标必须明确、具体、可观测，尽量避免用含糊的、华而不实的语言描述教学目标。要发挥教学目标的导教、促学和检测功能，就必须增强教学目标的明确性和可测程度。为避免教学目标陈述的模糊性和抽象性，教师除了灵活变通地借鉴和运用各种表述技巧外，还可参照各种目标表述方法，使目标表述更清晰、明确、可行。

（2）目标设计与编写要尽可能用可观察的、外显的行为反应来界定，行为动词必须是可测量、可评价、具体而明确的。教学目标的编写和界定，既要使它能直接指导教学，同时还要考虑其是否便于比较和评价，其中最重要的就是动词使用。“了解”“认识”“学习”“欣赏”等都是一些比较笼统、不具备明确目的性的词语，而“说出”“举例说明”“默写”“背诵”“使用”“解释”等，就可对学习结果做出明确、具体的规定，大大增强了可操作性，同时也便于观察、测量和评价。不仅如此，行为目标还要在表述中指明行为的条件（即影响行为表现的特定的限制或范围等），如“根据地图”“不靠帮助或参考书”等。

（3）目标应该描述的是教学后学生达到的学习结果而非教师的教学过程，即要全面考虑教学结果。教师在陈述教学目标时，应重点描述经过一定教学活动后，学生在言语信息、心智技能、动作技能和情意态度上所产生的学习结果类型与层次，避免用描述教学过程、教学要求或具体教学行为的术语代替学习结果的表述。如在《科学（7—9 年级）课程标准（实验稿）》中，“了解传染病的特点、传播三环节及预防措施”是学科教学内容，是编制教学具体目标的素材和纲要，本身并不是教学目标，应将其改为“了解事实（有关传染病症状的一般现象、特征）、掌握程序（传染病传播的三环节）和形成正确的预防态度等”。[②]

1. 行为目标表述技术

基于行为主义的心理学思想，1962 年，马杰（R. F. Mager）提出了教学目标的行为目标技术。[③] 马杰主张，教学目标应陈述“学生能做什么以证明他的成绩和教师怎样能知道学生能做什么”。一个陈述得好的行为目标应具有三个要素：一要表述行为；二要表述条件；三要表述标准。在教学设计的实践中，有的教育研究者认为有必要在马杰的三要素

① 马会梅：《教学目标设计的心理学研究》，《天津师范大学学报（基础教育版）》2008 年第4 期。

② 盛群力、马兰、褚献华：《论目标为本的教学设计》，《教育研究》2008 年第 5 期。

③ Mager, R.F., & Clark, C.(1963). Explorations in student-controlled instruction. *Psychological Reports*, 13(1), 71-76.

基础上，加上对教学对象的描述，这样一个规范的学习目标就包括四个要素，简称 ABCD 模式。

A——对象（audience）：阐明教学对象，规范的目标开头是“学生应该……”。

B——行为（behavior）：说明通过学习以后，学习者应能做什么或产生什么样的行为变化。较多使用“知道”“理解”“掌握”“欣赏”等动词。行为动词应当明确适当，而不应含糊不清。

C——条件（condition）：表示学习者完成规定行为时所处的环境和条件，如“根据参考书……”“看完第一章后……”等。一般说来，条件包括下列因素：（1）环境因素（空间、光线、气温、室内外噪声等）；（2）人的因素（个人单独完成、小组集体进行、个人在集体的环境中完成、在教师指导下进行等）；（3）设备因素（工具、设备、图纸、说明书、计算器等）；（4）信息因素（资料、教科书、笔记、图表、词典等）；（5）时间因素（速度、时间限制等）；（6）问题明确性的因素（为引起行为的产生，提供什么刺激和刺激的数量）。

D——标准（degree）：教学所要求达到的标准。标准一般从行为的速度、准确性和质量三方面来确定，例如：在 1 分钟以内准备好必需的电脑配件（速度）；测量长方形的长和宽，误差在±5 毫米以内（准确性）；加工件质量要达到国家Ⅱ级标准（质量）。

【例】

提供 10 个图形，二年级学生（A）能够识别（B）哪些是正方形、哪些不是正方形，在 10 个图形（C）中至少有 8 个被识别正确（D）。

由此可见，行为目标的优点是它的清晰性，通过目标的确定，可以清楚地让教师观察和测量学生的能力。

2. 内部心理与外显行为相结合表述技术

持学习的认知观的心理学家认为，学习的实质是内在心理的变化。因此教育的真正目的不是具体的行为变化，而是内在能力或情感的变化。格伦兰（N. E. Gronlund）提出了一个折中的目标陈述技术，即采用描述内在心理过程与外显行为表现相结合的方法来陈述目标。格伦兰主张，在陈述教学目标时，教师首先需要采用描述内部过程的术语，来陈述概括的教学目标，如记忆、理解、创造、欣赏、热爱或尊重等，然后用可观察的行为作为例子，使这个目标具体化。表 12-3 是运用格伦兰结合观进行教学目标表述的一个实例。

表 12-3　格伦兰教学目标结合观表述举例①

要　素	例　子
一般目标	理解议论文写作中的“类比法”（内部心理过程）
子目标 A	用自己的话来表达对运用类比条件的理解（行为样例 1）
子目标 B	在课文中找出运用类比法阐明论点的句子（行为样例 2）
子目标 C	对比含有类比法和喻证法的课文，能找出包含类比法的句子（行为样例 3）

格伦兰提出的目标陈述技术既强调了学习的实质在于内在心理状态的变化，而非具体行为的变化，避免了行为目标引发教学的机械性与局限性；同时又提倡用具体行为实例作为评价教学目标的依据，克服了用传统方法陈述目标的模糊性。因此，其观点赢得了许多心理学家的支持。

3. 表现性目标表述技术

表现性目标表述法是指不需要精确陈述学习者学习结束后的结果的方法，该法主要针对属于内部心理过程或体验等目标。有时，人的认识和情感变化并不是参加一两次教育活动就能达到的，教师也很难预期在一定的教学活动后学生的内心将会发生什么变化。在品德教育方面，这种情况尤为明显。表现性目标只要求教师明确规定学生必须参加的活动，而不必精确规定每个学生应从这些活动中习得什么。例如，爱国主义教育方面的一个表现性目标可以这样陈述：“学生能认真观看学校组织的反映爱国主义的影片，并在小组会上谈自己的观后感。”当然，表现性目标只能作为教学目标具体化的补充，教师切不可完全依赖这样的目标。

总之，教学目标是进行教学的基本依据，也是衡量教学质量的依据。对于教师来说，教学目标能满足教师进行教学的需要，直接支配教师的教学活动，推动教学的进程。对于学生来说，教学目标规定着学习的方向和学习者需要达到的水平，学生如果能够明确教学目标，能按照教学任务的具体要求积极主动地学习，便能收到较好的教学效果。因此，明确教学目标的结构层次和功能，并能够清晰准确地对其进行陈述，是进行教学设计的基本要求之一。

第三节　教学内容设计

教学内容设计是指教师根据教学目标要求及教学对象的具体情况，对教学内容的数量、质量、深广度和难易度进行适当处理的过程②，本质上就是解决“教什么”的问题。

---

① 岑国桢主编：《教育心理学》，中国人民大学出版社 2006 年版，第 211 页。

② 郭成主编：《课堂教学设计》，人民教育出版社 2006 年版，第 142 页。

在实际教学过程中，教学内容设计主要表现为教师为达到教学目标而在教学实践中呈现的材料，既包括在教学中对现成教材内容的沿用，也包括教师对教材内容的“重构”——处理、加工、改编乃至增删、更换；既包括对课程内容的执行，也包括在课程实施中对课程内容的创新。在教学实践中，教师需要遵循学生心理发展的规律对教学内容进行组织和安排，同时，掌握针对不同类型的知识（如陈述性知识、程序性知识和策略性知识）的设计技术。

一、教学内容的组织与安排

（一）教学内容的组织方式

根据课堂教学目标选定教学内容后，就需要对这些内容进行恰当的安排和组织，以使学生能够快速有效地掌握知识，顺利地达到教学目标。在组织教学内容时，需要确定各项教学任务之间的关系，然后再做具体安排。近 40 年来，很多学者就教学内容的组织进行了深入的研究，提出了各种不同的教学内容组织、编排方法，其中较有影响的有以下三种。

1. *加涅的层级式组织*

加涅认为个体的学习活动可以概括为八类，即信号学习、刺激—反应学习、连锁学习、言语连锁学习、多重辨别学习、概念学习、原理学习和问题解决学习。这八类学习按照由简单到复杂依次组成一个层级系统，每一高层次的学习必须以较低层次的学习为基础。以这种方式组织教学内容，我们就应该对该教材做具体分析，考察个体所要掌握的教材内容属于哪一层次的学习，同时考虑层级中较低层次的教学，然后在此基础上进行相应的高一层次的学习。例如，要学习三角形面积测量的内容，就必须先学习三角形的概念、识别以及面积计算公式等内容。

2. *布鲁纳的螺旋式组织*

布鲁纳认为教学不只是为了学生目前的学习，还应该使学生能够主动地选择知识、记住知识和改造知识，从而促进今后的学习。教材应该把反映该学科发展水平的最基本的概念和原理作为主体，并以螺旋上升的方式呈现教学内容。随着儿童年龄的增长，教学涉及的基本概念和原理可能相同，但总体上而言，教材的具体直观程度逐渐降低，抽象程度不断提高，从而体现了教材的螺旋式上升的特点，使学生一步步地在较高的认知层次上掌握教学的内容。在课程改革中，不同学段的教学目标（内容）就体现了这种螺旋式的组织方式。比如对图形教学目标的表述依次为：在对简单的物体和图形的形状、大小、位置关系、运动的探索过程中发展空间观念（小学低年级）；在探索物体的位置关系、图形的特征、图形的变换以及设计图形的过程中，进一步发展空间观念（小学高年级）；在探索图形的性质、图形的变换以及平面图形与空间几何体的相互转换等活动中，初步建立空间观念，发展几何直觉（初中）。这种螺旋方式保证了各阶段教学内容既要有一定程度的重叠，同时又要有新的发展。①

3. 奥苏伯尔的认知同化组织

奥苏伯尔依据认知同化理论，提出了教学内容的渐进分化和综合贯通式组织理论。渐进分化指依照概括性和包容性大小的顺序依次呈现教材，即首先呈现某学科的最一般和最概括的观念，然后按细节和具体性逐渐分化，使学生能将下位观念类属于原有的上位观念。综合贯通是强调学科本身的特定结构、方法或逻辑的整体性，注意学科中处于同一包容水平的概念、原理和章节的异同，清晰地指出它们之间的联系与区别，从而消除学生认知结构中原有知识之间的混淆与模糊。奥苏伯尔就如何贯彻逐渐分化和整合协调原则，提出了具体的应用策略——设计先行组织者。“先行组织者”是指先于学习任务本身而呈现给学生的引导材料，其抽象概括水平高于新知识，同时又能清晰地同原有的认知结构相联系。奥苏伯尔认为只有有意义的知识才能与学习者头脑中已有的知识建立实质性的、非人为性的联系，因此，在教学设计中，要先于学习材料呈现一个引导性材料，也就是为学生新知识的学习提供生长点。例如，要学习平行四边形面积的计算，可以先比较平行四边形与矩形，通过这样一个比较性组织者，教学内容的掌握就变得较为容易。

值得注意的是，教学内容的组织方式多种多样，我们不能拘泥于某种形式，而应根据学生的特点和课堂教学目标，灵活并富有创造性地加以运用。

（二）教学内容的安排顺序

课堂教学内容的顺序是对“先教什么”“后教什么”做出科学的安排。传统课堂教学只按照教学内容的逻辑顺序依次递进，没有考虑到学习者的接受性等问题。而科学的教学设计不仅要按照教学内容的逻辑顺序逐步展开，而且要根据学习理论的原则和必要的条件来安排教学内容的顺序。这种安排既符合可接受原则的要求，又符合学习者的实际情况；不仅考虑到教师教的顺序，而且考虑到学生学的顺序。下面简单介绍不同课堂教学内容的安排顺序。

1. 言语信息的教学顺序

言语信息可分为两类。一类是几乎不存在学习迁移的言语信息的学习。例如，记住“唐朝的建立时间”与“水的化学分子式”，在教学顺序上可以不分先后。另一类是有意义的言语信息的学习，这时需要按照一定的逻辑联系，安排教学顺序。例如，教学目标是“要求学习者说明鸦片战争的历史背景、发展过程及其历史意义”，教学顺序应按照时间的先后，依次介绍有关的历史事件。一般认为，言语信息的教学顺序设计，应先提供先行组织者，然后用逻辑顺序或根据有意义的上下文组织言语信息。这样可促使学习者用其已有的认知结构来组织教材，还可使新知识与原有知识发生有机联系，使新知识的学习更有意义。

① ［美］布鲁纳著，邵瑞珍译：《教育过程》，文化教育出版社 1982 年版，第 64—65 页。

2. 智力技能的教学顺序

关于智力技能的教学顺序，人们有不同的看法。加涅按照从简单到复杂的次序把智力技能依次划分为辨别、概念、规则、问题解决。他认为智力技能的教学顺序是从最简单的技能开始，进而过渡到复杂的技能。布鲁纳认为发现学习的教学顺序应该是：创设问题情境，使学习者在情境中产生矛盾，提出要解决的问题；学习者利用所提供的材料，对问题提出解答的假设；从理论和实践上检验假设，不同观点可争论；对争论做出总结，得出结论。奥苏伯尔认为教学顺序的起点是呈现先行组织者，然后再呈现具体的教学内容。先行组织者作为新旧知识之间的桥梁，能让将要学习的知识更好地进入学习者的认知结构中。

3. 运动技能的教学顺序

运动技能的教学顺序包括三个递进的阶段：认知阶段、分解阶段和定位阶段。(1) 认知阶段。运动技能的认知内容包括知识和动作两方面，要让学习者了解技能的有关知识、性质、作用，动作的难度、要领、注意事项等，包括讲解和示范两个环节。(2) 分解阶段。把全套动作分解成若干局部独立的动作呈现给学习者，以便进行逐个动作的学习，分解后的动作更简单，也容易掌握。(3) 定位阶段。将全套动作按顺序呈现给学习者，全套动作的各个分解动作连为一体，自动地依次展现。学习者经过一定程度的练习，直到达到自动化的境界。这时，学习者形成了熟练的技巧，做起全套动作来得心应手，并逐步适应环境的变化，形成应变能力。

4. 态度形成的教学顺序

加涅认为，让学习者观察一个他所信赖和尊敬的榜样人物所表现出的特定态度，而榜样人物的行为又受到一定的奖励，这比直接的说服更有效。这种观点为设计德育教材的教学顺序提供了启示：让学习者了解并相信榜样人物；由榜样人物示范符合教学目标的个人行为；显示和介绍榜样人物受到奖励的结果。

知识窗12-2

《济南的冬天》教学内容设计

①导入新课：借前一课《春》作为引子，提问学生“由春天想到的相关的词语或成语有哪些”，如“春光明媚”“春意盎然”“春风和煦”等，然后引导学生联想描写冬天的词语，如“寒风刺骨”“冰天雪地”“大雪纷飞”“天寒地冻”等，引出本文：这些都是人们在描写冬天时常用的词语，写出了冬天给人的感觉。那么，今天我们就来读读老舍先生笔下济南的冬天，看看它给你什么样的感觉。

②感知课文：首先听课文录音或让学生自由朗读课文，然后思考：“济南的冬天给你的感觉和你印象中的冬天是否相同？它给你的总体印象是什么？”

③研读课文：首先引导学生进一步感知、赏析文章，思考济南的冬天为什么会给你这

样的感觉（如通过济南的天气的特点、济南的山的特点、济南的水的特点来分析），然后谈论结尾句“这就是冬天的济南”与题目“济南的冬天”有何不同，有什么作用，并让学生进行小结。

④扩展练习：文中用大量的笔墨写到了济南的山，如果让你选其中的一部分画成画，你准备怎样画，在小组内互相说说自己的设计构思，也可以动手作画。

这个教学内容设计不但培养了学生的总结概括能力，为以后的写作打下了基础，还让学生掌握了比喻、拟人等修辞手法的使用，加深了对文章的体会理解，受到情感熏陶，享受到审美乐趣。另外，还可让学生根据自己对课文的理解，亲自动手把名作家笔下的语言绘成一幅五彩缤纷的画，以提高艺术修养，开拓思维，增强对教材内容的领会和理解能力。

二、不同知识类型的教学设计

教师可以根据所教知识类型的特点来进行教学设计。现代认知心理学把知识概括为陈述性知识、程序性知识和策略性知识三类。根据这三类知识的特点，可以进行具有不同侧重点的教学设计。

（一）陈述性知识的教学设计

陈述性知识是关于世界“是什么”和“为什么”的知识。检查陈述性知识掌握的标准主要看学生能否回答“是什么”的问题。它包括三类知识：一是有关事物的名称或符号的知识，如关于人、飞船、电脑、CHN 等符号的意义；二是简单的命题知识或事实知识，如“2008 年奥运会在北京举行”“人是一切社会关系的总和”等；三是有意义的组合知识或事实的意义，如“电脑开机的程序”“沙尘暴产生的原因”等。陈述性知识具有静态的性质，传统课堂教学中的知识大多是这类知识。

陈述性知识是以非独立的网络方式储存在个体头脑中，而且陈述性知识的获得是一个积累的过程，具有叠加与扩充的性质。根据这种特点，进行教学设计时，首先要促进学生对知识的理解，然后在理解的基础上加强对知识的识记和保持。

1. 利用先行组织者，提高教材可懂度

组织者是一种引导性材料，奥苏伯尔认为它最适合在两类情况下运用。（1）当学生的认知结构中缺乏适当的上位观念来同化新知识，就可以设计一个先行组织者。学生通过组织者获得同化新知识的认知框架，这是一种陈述性组织者。比如要讲授新课文，可以先给学生呈现一些有关这篇文章的作者背景、写作背景等材料，通过这些材料，学生形成陈述性组织者，用来同化新课的内容。（2）学习新知识时，学生认知结构中已经具有同化新知识的适当观念，但原有观念本身不够清晰或不巩固，学生难以分辨新旧知识之间的关系，这时可呈现一个比较新旧知识异同的组织材料，这被称为比较性组织者。例如，要学习分数的运算，可以先提供自然数的运算方法作为参照，这样可以更好地理解分数的运算方法。

一般来说，组织者的观念水平要高于新学习的材料中的观念水平，它可以是定律、概念，也可以是说明性文字，同样也可以用具体形象化的模型。不管组织者的形式如何，其基本目的都是从外部影响学生的认知结构，使之易于同化新材料。

2. 设计教学活动，促进知识理解

当学生的知识和心理准备完成之后，教师就需要积极促进学生对教学活动的参与，引导学生积极投入知识的心理建构过程。教师通过教学活动，要把新知识整合到学生的知识结构中去。但这种整合需要教师帮助学生激活原有知识。整合技术包括先行组织者、事件概况和例子等方式。先行组织者主要是为新知识提供一个“固着点”，即整体的知识框架，从而使新知识能够被原有知识所同化。用事件概况结构（包括一些核心概念，并用语义联系的方式将之相联系）来激活学习者的原有知识，并作为同化新知识的基本框架，从以一般性、浅显性的方式呈现教学内容，逐步过渡到以详细方式呈现。而用例子则可以使一些抽象的知识变得更形象，学生还可以在某一特定的具体情境下建立新旧知识的联系，使自己易于接受。教学呈现方式也是从具体例子到一般原则比较好。

教师在运用教学技术促进学生掌握知识的过程中，需要学生自己积极主动地进行建构，而非被动地接受。因为有意义学习的重要条件就是学习者具有学习的心向，也就是要求教师帮助学生进行正确的知识理解活动。促进学生积极建构的方法除了组织者外，还可采用提问、认知冲突、设置情境、策略训练等技术。

3. 指导复习策略，促进知识巩固

陈述性知识本身具有累积、叠加的性质，因而教学目标主要是学生的理解和保持，也就是以记忆为主。学生的复习记忆需要教师的积极指导才会更加有效。而作为教师，在教学中应该给学生提供一些策略，以促进学生巩固学到的知识。当前教学策略和学习策略研究给我们提供了许多复习技术，如复述策略、组织策略、精加工策略等。另外，还可根据先快后慢的遗忘规律安排复习，如分散与集中的处理、反复阅读与试图回忆的处理、多种感官参与等。策略的教学与指导，目的是为了让学生自觉应用。当这些策略由教师外部控制转化为学生的自我控制时，教师的教学策略就转化为学生的学习策略了。

（二）程序性知识的教学设计

程序性知识是关于“怎么办”以及“如何做”的知识。程序性知识解决的是思维操作过程的问题，是关于如何从已知状态向目标状态转化的知识。程序性知识也是一种技能，即如何做事的一套程序。程序性知识与实践操作密切相关，具有动态的形式，在课堂教学实践中比较受重视。

程序性知识是以独立的模块性方式储存在头脑中的，规则是其心理机制，其具体表现就是产生式，即“如果……则……”。根据程序性知识的特点，进行教学设计时，教学目标应该确立为应用概念规则解决问题的能力。检验这种能力的行为指标不是学生能告诉我们学到了什么，而是学生面对各种不同的概念与规则的运用情境，能顺利地进行识别、运算和操作，将事物分类，进行问题解决，运用已知概念和规则解释新情境中出现的自然和社会现象等。

在教学内容与方法设计上，首先应让学生理解概念和规则。程序性知识是由陈述性知识转化而来的，因此在巩固概念和规则之后，应该通过多样化的练习，使陈述性知识转化为程序性知识。

1. 概念与规则的理解

如果教学内容是概念，在讲授上位概念时，教师应该唤起、充实下位概念；在讲授下位概念时，应该帮助学生与相应的上位概念建立联系，使新知识能顺利地纳入相应的知识网络中。如果教学内容为规则，教学中应该着重引导学生将新习得的规则广泛运用于新情境，做到一见到适当的条件（“如果”），便能立即做出反应（“则”）。例如，学生做混合运算题时，如果有括号，则应该先算括号内的，再算括号外的；如果还有乘除运算，则再做乘除运算，最后才做加减运算。

2. 变式与反馈

对于概念或规则，如果学生仅仅记住并理解它的含义，只能说明还处于陈述性学习阶段，尚未转化为一种问题解决的技能。练习是学习者形成熟练技能必须经历的过程，可以将记住并理解的概念和规则转化为技能，即转化为程序性知识，而变式练习则是一种有效的练习手段。例如，医学院大学生需要进行长时间的临床实习，接触大量的临床病例，才能把从课堂上习得的陈述性病理知识转化为程序性的诊断治疗疾病的技能。由于概念和规则的变式多样化，在给学生提供变式时，应选择有代表性的典型变式，以便使学生进行侧向迁移。

学生在进行变式练习时，必须获得反馈才能对学习起促进作用。反馈信息有及时的，也有延时的。若是连续性的学习，如学校中的大多数学习，可让学生获得及时反馈；若是不连续的学习，如动作技能的学习，也可采用延时反馈。概念和规则的转化与运用是连续的过程，及时反馈能帮助学生及时发现、纠正错误，调整学习进度，并使用合适的学习策略。因此，教师应尽可能让学生及时、准确、具体地了解自己学习的进展和取得的成绩，对学生完成的练习和试卷的反馈切忌拖延，也不能过于笼统，对学习中出现的错误的指导反馈意见越具体、越有针对性，其效果就越好。

（三）策略性知识的教学设计

策略性知识实质就是关于“如何学习”的知识，如怎样记住世界各国的首都名称、如何写好观察作文、怎样学好英语等。策略性知识是由程序性知识转化而来，是一种特殊的程序性知识。一般的程序性知识涉及的对象是外部的客观事物，而策略性知识所处理的对象是学习者自身内部的认知活动。如果说程序性知识是关于如何做的知识的话，那么策略性知识就是关于怎样有效地做的问题。根据策略性知识本身的特点，其教学设计应当从以下几方面加以考虑。

1. 在教学目标中明确策略性知识的教学

策略性知识与其他知识最大的不同在于其知识的内隐性。学生对策略性知识的理解接受的进度要慢于陈述性知识和程序性知识，而且策略性知识的表现形式也与这两类知识不同。学生难以把自己的学习活动对象指向自身的认识活动。因此，教师只有通过在教学设计和教学活动中将策略性知识明确化，并提出明确的检查机制，才能真正促进学生对策略性知识的掌握。比如，教师可以要求学生能设计图表、系统整理所学习的内容，能比较鉴别某些事物、事件的异同，能总结自己学习中的错误和有益经验等。

2. 强调策略性知识的情境

策略性知识一般存在于陈述性知识和程序性知识之中。不同的策略性知识有相应的背景，每一种策略也有其相应的应用领域。如组织策略适合在只有回忆的学习中应用，精加工策略适合在配对联想学习中应用，复述策略适合在系列学习中应用。因此，学生在某一领域的知识越丰富，就越有利于掌握相应的策略性知识。

3. 强调发展学生的元认知能力

元认知又叫反省认知，是对自身认知活动的认知，主要包括元认知知识、元认知体验和元认知监控。学生掌握策略性知识与其元认知水平密切相关。从认知发展来看，儿童先有认知发展，然后才有元认知的发展。由于儿童自我意识发展水平较低，儿童掌握策略性知识的进度比其他知识缓慢。在教学过程中，教师要有意识地引导学生将认知活动指向认知过程本身。如引导学生在解决问题时有意识地分配时间，采用恰当的解题策略，反思自己的解题思路和错误等。

4. 强调学生的感悟能力

策略性知识不涉及客观存在的对象。如文章是思维的产物，隐含在文章中的构思方法（或规则）是读者从文章中推断出来的。对于隐含在作者头脑中的规则，读者只能通过对文章内容的深层次理解，领悟到作者在文章中想要传达的意义。而这种领悟如果没有教师有意识的培养，学生很难将文章中的规则和概念上升到策略性知识的启发式规则。

第四节　教学方法设计

在教学设计中，当教学目标和内容确定之后，就要考虑教学方法的设计。教学方法在教学内容的完成、教学目标的达成之间起着中介、连接的作用。教学方法的设计是影响教学成败，决定教学目标能否实现的一个关键因素。

一、影响教学方法选择的因素

在教学设计中，当教学目标和内容确定下来之后，教学方法的设计便成为决定教学成败的关键因素之一。任何一种教学方法都是为促进学生学习和提高学生学习满意度服务的，其本身无所谓优劣、好坏，只有对特定教学目标、教学内容、教育对象以及教育情境的适宜程度之别。教师在选用教学方法时，可综合考虑以下五个因素。①

（一）教学目标的要求

现代教学理论表明，根据不同的教学目标选用不同的教学方法是走向教学最优化的重要一步。因此，围绕目标的实现来选择方法是一条重要的原则。根据教学目标来选择方法要考虑以下几方面。

（1）特定的目标要求特定的方法去实现。教学目标不同，所需采用的教学方法也不同，在选用教学方法时，教师首先要考虑它与教学目标的协调性。

（2）教学目标的多层次化要求教学方法的多样化。特定的方法只能有效地实现某一个方面或某几方面的目标，完成某一个环节或某几个环节的任务，要保证教学目标的全面实现，教学中往往要求选用几种能互补的方法，并把它们有机结合起来。另外，每一种方法都有优缺点，都有助于实现一定的教学目标。因此，我们在选用不同的教学方法时，要尽可能地扬长避短。如选用发现法时，要注意克服其费时、费力的缺点；选用讲授法时，则要努力调动学生学习的积极性、主动性。

（二）学科特点和教学内容

学科性质不同，其适合的教学方法也不同。如语言类的语文、英语等学科，着重于培养学生的口语交际能力，宜采用讲解法、谈话法和练习法；物理、化学涉及实验较多，适合采用比较直观的演示法和实验法；而数学侧重于严密的逻辑推理，使用练习法可帮助学生更有效地达到教学目标。即使是同一学科，也有不同的教学内容，所以教师在选择教学方法时，还要考虑教学内容的差别。认知领域的教学内容比较适合采用发现法，动作技能领域的教学内容采用示范模仿法和练习反馈法较好，而情感领域的教学内容则更适合采用欣赏法和强化法。

---

① 张大均主编：《教育心理学》，人民教育出版社 2004 年版，第 470—471 页。

（三）教学方法自身的适宜性

表 12-4　各种教学方法运用的条件①

教学方法	利用条件			
	1. 最适宜解决的任务	2. 最适宜解决的教材内容	3. 相应的学生特点	4. 教师应具备的可能性
口述法	形成理论的和实际的知识	教材以理论性为主	学生具有掌握文字形式的知识信息的准备	教学掌握这一方法胜于其他方法
直观法	发展观察能力，提高学生对所学问题的注意	教材内容可以直观形式表达	学生能够接受直观教具	教师具备必要的直观教具或能够独立制作直观教具
实际操作法	发展实际操作技能和技巧	课题的内容包括实际练习、进行实验以及完成劳动任务	学生具有完成实际操作方向的作业准备	教师具备组织实际操作练习的物质材料和教学资料
复现法	形成知识、技能和技巧	内容过于复杂或过分简单	学生不具有以问题性方式学习该课题的准备	教师没有时间以问题性方式组织该课题的学习
探索法	发展思维的独立性，形成研究性的技能和创造性态度	教材内容具有中等程度的复杂性	学生能够以问题性方式学习该课的准备	教师有时间以问题方式组织该课题的学习，熟练掌握探索性教学方法
归纳法	发展概括能力和归纳推理的能力	在教科书中，课题内容按归纳的形式叙述	学生能够进行归纳推理，而进行演绎推理则有困难	教师能够较好地掌握归纳教学法
演绎法	发展演绎推理的能力和分析现象的能力	在教科书中，课题内容按演绎的形式叙述	学生具有进行演绎推理的准备	教师能够较好地掌握演绎教学法

① 陆兴发：《教学方法：界定与选择的策略》，《内蒙古师范大学学报（教育科学版）》2002 年第 2 期。

续表

教学方法	利用条件			
	1. 最适宜解决的任务	2. 最适宜解决的教材内容	3. 相应的学生特点	4. 教师应具备的可能性
独立工作方法	发展学习活动中的独立性，形成学习技巧	教材适合于独立研究	学生已做好独立学习课题的准备	具备在课堂上组织学生独立工作的教学材料和时间

任何一种教学方法都不是万能的，都有其适用范围和局限性，在具体教学中也有利有弊，可以为达到某一目标很好地服务，但同时又可能妨碍另一个目标的实现，我们在选择的时候要扬长避短。表 12-4 列出了几种主要教学方法的适应特征和条件，教师只有在了解各种教学方法使用条件的基础上，才能根据具体的教学情境做出最佳选择。

（四）教师的素质与个性特点

教师和学生一样，也是千差万别的，不同的教师，其知识水平、专业素质以及性格气质各不相同。由于自身的差异，不同的教师使用同一种教学方法的效果也会存在差异。首先，教师的素质差异制约着教学方法的选择。如果一个教师善于根据自己素质的特点，选用某种教学方法来弥补素质的不足，会收到意想不到的效果。例如一个口语较差的英语教师，可采用视听法，利用电教设备，如录音机播课文、读单词，来弥补素质的缺陷而取得良好的教学效果。其次，不同个性的教师使用同一种方法的效果也会有差异。这里的个性主要是指在教师个性心理特征基础上表现出来的教学风格、对不同的课堂气氛的偏好、与学生的亲疏程度等。例如一位平时总是表情严肃的教师在使用游戏法、角色扮演法时，可能就不如一位平时和蔼可亲的教师采用这类方法的效果好。因此，教师要正确地选择教学方法，不仅要正确地认识自身的素质、教学风格；而且还要善于扬长避短，根据自己的特点选用恰当有效的教学方法。

（五）学生的年龄特征、学习特点

教学方法的选择还应考虑学生的年龄特征、学习特点。对不同年龄的学生及不同思维水平的学生应采取不同的教学方法。例如，发现法和讨论法对于小学低年级学生或思维水平低下的学生而言，往往不能达到预期的教学目标。角色扮演法对于低年级学生来说，更有利于激发他们的学习动机和兴趣。学生的思维类型差异和个性差异决定了他们的学习特点，影响着他们对不同方法的偏好和适应性。例如，有的学生必须在教师讲解后才能清晰地把握知识，有的学生要通过亲自动手操作后才能对知识印象深刻，还有的学生则对经过充分讨论或自己发现的知识才能过目不忘。

二、常用教学方法的设计

在实际教学中，教师们最为熟悉和常用的教学方法主要有讲授法、讨论法、自习法、发现法和合作学习法等。下面着重介绍最常用的讲授法、讨论法和自习法。①

（一）讲授法

讲授法属于接受性教学模式的范畴，是指教师对学生进行信息陈述和展示。讲授的形式多样，可长可短；可以是正式的，也可以是非正式的；可以是现场的，也可以是报告式的。精彩的讲授，首先要求教师应巧妙导入课题，吸引学生的注意，呈现、描述学习的类型和目标；其次，使用“先行组织者”、例证或图解，为学生提供清晰的、结构化的、渐进式呈现的信息；再次，在讲授过程中，应加强对学生学习的监控，要求学生做课堂笔记，促进学生之间的互动，要求他们提出从一般到具体的见解；最后，要控制讲授的容量、时间和范围。讲授的内容既不要太多，也不能太少，对最重要的部分的讲述应安排在最开始的 15 分钟之内，讲授时应避免跑题。在结束讲授时，教师应对所讲内容进行复习和总结，检查学生对新知识的理解程度。

讲授法的优势：首先，从效能上看，教师通过精彩的讲授能够把教学涉及的大量新信息、新内容较快地向大多数学生传输。其次，使用讲授法可能也满足了教师与工作相关的需要，如控制需要、学生成功需要、时间管理需要。② 最后，精彩的讲授还有助于发展学生的倾听、做笔记等学习技能。

讲授法的局限：其一，讲授法对教师的素质和教学风格有较高要求，教师应是友善的、幽默的、口语流畅的。其二，它主要是一种单向的教学交流，学生不容易卷入其中，教师也不能及时地获得学生的反馈信息，如果运用不当，容易导致注入式或填鸭式教学。其三，它更适合于传递信息，不利于促进学生的思考。其四，对有些学生来说，听讲 15 分钟后注意力就会迅速下降，进行到 30—40 分钟时，学生所能接受的信息量就相当有限。其五，该方法容易使那些缺乏良好的注意、做笔记技能或记忆技巧的学生遭遇学习挫折。

（二）讨论法

讨论法是通过为学生提供一种交谈情景，促成学生之间或师生之间分享信息、观念或见解的教学方法。讨论法对教师和学生都有一定的要求。它不仅要求教师（引导者）能控制自己的讲述，而且要求他是一个富有技巧的促进者、澄清者和总结者；它还要求学生能

① 张大均主编：《教育心理学（第三版）》，人民教育出版社 2015 年版，第 303 页。

② ［美］克里克山克、［美］贝勒尔、［美］梅特卡夫著，时绮等译：《教学行为指导》，中国轻工业出版社 2003 年版，第 178 页。

有效地进行思考，说出他们对某信息、观点、主题或问题的想法，并通过思考和有效的互动获得心智和社会性的发展。运用讨论法，在准备阶段，应确定好讨论的目的和程序，在分析学生准备性的基础上确定讨论的实施方式、教师应扮演的角色以及讨论的时限。在实施阶段，教师首先应确信学生已理解了讨论的目的、任务和要求，提醒学生在讨论中要遵守的行为准则；其次，教师要加强对学生的组织，鼓励学生积极参与讨论并学会倾听和尊重他人的发言；最后，教师只有在完成讨论任务和相关信息发布以及组织发动任务之后，方可让学生自由讨论。在结束阶段，教师除了应对学生经讨论所得的发现、结论、解决方案进行总结外，还要评价学生参与讨论的态度、表现及学习效果。

讨论法的优点：首先，组织得当的讨论，能激发和维持学生的学习兴趣；其次，学生在群体思考、人际互动的过程中相互启发，既可以提高自己的交流能力，又可以发展分析性思维和批判性思维，加深对所学知识的理解；最后，讨论在转变学生的态度和促进道德判断方面也是有效的，有助于促进学生社会性的发展。但是如果讨论没有得到好的引导，可能会导致无目的的和浪费时间的低效学习。

（三）自习法

自习法是指教师要求学生独立地完成与课堂作业或实践性练习有关的自由学习方法。教师让学生自习的目的主要是为其提供复习、实践以及学会怎样学习的机会。自习法是相当有价值的教学方法，因为“教是为了达到不需要教”，学校教学的最终目标是教会学生学会学习，以逐步减少他们对学校和教师的依赖。

需要指出的是，自习法既不是完全放任学生，也不是教师和学生互不相干，其有效运用同样有赖于教师的引导和调控。在准备阶段，教师应该确定作业的性质和类型，确保所提出的作业目标符合学生的兴趣和能力水平。在实施阶段，教师应清晰地陈述作业的目的和要求、作业的步骤与时间限制。在结束阶段，教师应及时收集作业，对其进行批改和评价，为学生提供详细的反馈，必要时进行补充教学。

自习法的最大优点是可以提高学生对所学知识的理解和巩固程度，可以培养学生的学习自主性。其缺点主要是它的实际教学效果受教师和学生对它的理解和运用程度的影响。如果学生对自习的目的和要求不明白，或者认为它们不合理，就会消极应付或抵制作业任务；如果教师引导、调控或评价不当，也会影响学生的学习成效。

三、教学媒体的运用设计

教学中涉及大量的信息交流。对教学进行设计时，不仅要考虑教学的过程、教学的方法等方面，还要考虑如何有效使用教学媒体。

（一）教学媒体的内涵与特点

1. 教学媒体的内涵

教学媒体是承载和传递教学信息的载体或工具。① 从历史发展的角度，教学媒体分为传统教学媒体（如黑板、挂图、标本、模型、实验演示装置等）和现代教学媒体（如幻灯、投影、录像、电影、计算机等）；根据教学媒体作用的感觉器官的不同，我们可以将其分为视觉媒体（如黑板、印刷材料、照片、模型、幻灯、投影）、听觉媒体（录音机、复读机、语言实验室等）和视听媒体（电影、电视和录像、交互媒体和多媒体系统等）。

2. 教学媒体的特点

第一，教学媒体必须能作用于人，使主体能对其产生能动反应。教学媒体作为传递经验的物质手段，必须具有一定的物质形式。它可以是一种极其简单的声波或光波，也可以是一种复杂的器具或设施。

第二，教学媒体不是经验或信息本身，而是运载经验或信息的工具或信号。经验的传递在根本上不同于物的传递。因为，运载经验的工具或信号的接收，不等于对经验或信息本身的接受。教学媒体仅仅为经验、信息的传递提供了一种能够作用于学习主体的方法或手段，从而引起主体的反应系统活动。而经验、信息本身，则是主体反应系统的能动反应的主观产物。

（二）教学媒体的合理运用

1. 多种媒体组合运用

鉴于各种媒体的适应性与局限性不同，且往往一种媒体的局限性又可用其他媒体的适应性来弥补，因此在可能的条件下，最好采用多种媒体组合教学，以使各种媒体扬长避短，互为补充。例如，电视录像在表现动态情景上占有独特优势，但在表现静态放大画面时却不如幻灯、投影，若二者结合使用，则既能表现动态场景，又能表现静态放大画面。多媒体组合教学需要注意：（1）不同通道传递的信息要一致或有联系，否则会产生相互干扰；（2）不同通道传递的信息并不是越多越好，单位时间内信息量过大，超过了学习者的接收能力，反而会降低学习效果。

2. 一定程度的传媒冗余度促进信息整合

学习者对信息进行顺利整合，很大程度依赖于一定程度的传媒冗余度。学习者要形成信息的整体印象，必须使前后信息同时保存在大脑中，才能进行整合。因此，为了保证信息的分析、整合，一方面，媒体传递信息的速度不能太快；另一方面，应创造信息分析、整合的有利条件。例如，可利用媒体的优势，以方便地控制时间顺序和空间距离来强调事物的接近性；利用或强调事物的因果关系、功能关系、种属关系、层次关系等来促进信息的整合。

---

① 皮连生、刘杰主编：《现代教学设计》，首都师范大学出版社 2010 年版，第 265 页。

3. 选择适合学习者思维水平的传媒符码

传媒的显示必须以某一特定的符号（或称符码）为形式。传媒的符码形式可分为语言和非语言两大类，也可分为模拟符码（例如芭蕾舞的动作）、数序符码（印刷、语言、文字）、形状符码（图画、图表、图解）。由于符码容易储存，容易追忆，且易于迁移，因此，对符码的研究已引起极大关注。近十年来，对符码的研究发现，传媒的符码与学生思考时所用的符码越一致或接近，学生就越能有效地思考。这意味着，我们在用某种传媒符码教学时，应考虑学生是否能用最有利于自己的形式来解释、储存、提取和使用、转用这种符码。

4. 遵循学生学习的心理学规律

由于学习过程中主要的心理活动包括注意、知觉、记忆和概念形成，所以对媒体的设计就要遵循注意的选择性、新异性、简洁性、适中性和期望性，知觉的整体性、相对性和对比性，记忆的组块性和有限性，要注意综合使用实例、正反例、列属性表等方法引导学生有效地形成概念。

小结

教学设计决定着教师的课堂教学行为，是教师教学智慧的重要体现，是教师专业发展的基本技能。所谓教学设计，就是教师在教学活动之前根据社会要求和学习者特点，对教学目标、内容、方法、媒体、程序、环境以及评价等教学要素进行系统谋划，形成教学思路和方案的导教和促学过程。教学设计既要追求科学性、最优化，还要兼顾艺术性和人文性；既要遵循系统性、程序性、可行性和创造性的原则，还要依据学习需要分析、学习内容分析、学习者分析、教学目标解析、教学策略确定、教学媒体选择与设计、教学设计成果评价这七个环节构成的一般模式来进行。教学目标的设计，首先需要考虑教学目标的分类，并采用相应的目标表述技术来陈述目标；教学内容的设计既要按照教学内容建构的心理学原理来组织和安排教学内容，同时，还要考虑不同知识类型的差异性。教学方法设计的关键在于科学地选择和有效运用教学方法和教学媒体。

思考与练习

1. 什么是教学设计？教学设计一般包括哪几个基本步骤？
2. 简要说明布鲁姆教学目标分类理论和加涅学习结果分类理论的基本观点。
3. 简要说明表述教学目标的技术及其应注意的基本问题。
4. 简述陈述性知识、程序性知识、策略性知识的教学设计。

5. 简要说明教学内容设计的理论观点。
6. 简述讲授法、讨论法和自习法的主要区别。
7. 如何设计教学方法，才能充分调动学生学习的主动性和积极性？

拓展阅读

1. ［美］琴纳莫，［美］考克著，蔡敏主译：《真实世界的教学设计》，中国轻工业出版社 2007 年版。

2. 张大均主编：《教育心理学（第三版）》，人民教育出版社 2015 年版。

3. 郭成主编：《课堂教学设计》，人民教育出版社 2006 年版。

第十三章　教与学的策略

启发与引导

- 教学活动是复杂的智能活动，有效地选择和使用策略是教学有效性的重要保证，那什么是教与学的策略呢？教与学的策略有哪些类型呢？
- 教与学是教学活动的两个重要方面，但二者在教育心理学中被关注的程度和先后却不同，原因是什么？
- 教与学的策略是多种多样的，其影响因素更是纷繁复杂，那么教师应当依据什么来选择和制定教学策略呢？
- 在教与学的各个阶段或环节有哪些具体的策略，应当如何有效实施和操作呢？

教与学的策略主要探讨如何有效学习及有效促进学习的方式方法问题。本章首先介绍教与学策略研究兴起的背景，然后对教与学策略的含义、种类及其制订依据进行分析，最后以教学过程的基本环节为线索，对不同教学环节和学习阶段的有效策略及其具体操作进行详细的阐释，以期帮助学习者了解和掌握有效教与学的策略，并促成其在教学实践中能主动、灵活地运用。

第一节　概述

教学是一个复杂的智力活动过程，为了保证教学的有效性，教师需要有意识地选择和使用相应的策略。那什么是教与学的策略？有哪些常见类型的教学策略？怎样有效地制定和选择教学策略呢？本节将主要围绕这些问题进行阐述。

一、教与学策略的研究背景与现状

20 世纪 60 年代，心理学研究取向的转变带来的不仅是对人类学习本质认识的变化，同时也引发了对学习过程及其操作的思考，即对学习策略的探讨。1956 年，布鲁纳在人工概念学习研究中提出两种学习策略——整体策略与部分策略；1968 年，斯金纳基于强化学说提出了学习中的“自我管理行为”概念；1969 年，帕斯克和斯科特（Pask & Scott）进行了信息理解和保持学习策略实验研究：这些研究将人类对认知策略的兴趣引向学习领域。早期学习策略研究关注外显的强化记忆方法，如画线、概括、复述、摘录、图表、纲要等，对于更高级、更复杂的思维加工过程涉及较少。20 世纪 70 年代末，元认知理论的提出极大地丰富和推进了学习策略的研究，先后出现了多种学习策略的训练教程，如丹瑟洛（Dansereau）的学习策略指导教程、芝加哥掌握学习阅读教程、赫伯（Herber）内容指导教程等。西方学习策略研究呈现一派欣欣向荣的局面。

教学策略研究是继学习策略研究之后兴起的。20 世纪 70 年代，在教育心理学中长期被忽视的教学心理开始受到重视，研究者们开始关注教学对学习的影响，并将教学策略和学习策略一并置于更为广泛的学校情境中加以考察。美国教育学家史密斯（B. O. Smith）和教育心理学家加涅为这一时期的教学心理研究做出了杰出的贡献。史密斯等对教学中的逻辑运用问题进行了历时 10 年之久的研究，他们把教学策略描述为教学内容的总部署，是教师控制学生行为总方向的方法，教学中需要运用相应的策略引导学生行为达到预定的目标。后来，库宁（J. S. Kounin）、布罗菲和盖奇（Gage），以及约翰逊（R. Johnson）等对史密斯提出的策略进行了诠释和补充，指出教师应避免过分使用命令式和自由式教学策略，那些基于对教学内容和学生兴趣的、有检查的教学方法更可取。教学研究的关注点被引向教学内容的科学安排、良好师生关系的建立等问题，推动了对教学策略的深入和广泛的研究。加涅先后出版和修订了多本著作，如《学习的条件与教学论》（1965、1970、1977、1985）、《教学设计原理》（1974、1979、1988、1992）、《知识的获得》（1962）、《教学方法的学习基础》（1976）、《记忆结构与学习结果》（1978）和《教学的学习基础》（1988），用以阐明教学与学习的关系和策略。由于加涅等人在教学心理方面的富有成效的研究和卓越的贡献，科学心理学与学校教育的结合进入了一个崭新的阶段，教学策略研究蓬勃发展。

我国对教与学策略的研究起步于 20 世纪 80 年代初。国内早期的学习策略研究偏重于对外显程序、方法步骤的探索，对相对内隐的规则与系统的研究关注不多。20 世纪 90 年代，国内学习策略研究开始着眼于教学中实际问题的解决，研究范围不断扩大，不仅涉及阅读、问题解决等领域的认知策略，还涉及动机激发、情绪调节、自我监控等非认知策略的研究。国内教学策略的系统研究也始于这一时期，如王维城、刘克兰等翻译了美国学者埃金（P. D. Eggen）所著的《课堂教学策略——课堂信息处理模式》，最早介绍了国外教学策略的研究成果。李伯黍、燕国材主编的《教育心理学》中，把教学策略作为“教学心理”的内容之一，并提出了实现教学目标的两种教学策略——“指导的教学策略和发现的教学策略”。张大均等人从教学心理的角度对教与学的策略进行了长期深入、系统全面的研究，他们的研究以具体学科教学为背景，以策略训练为手段，以提高学生学习能力为目标，形成了一系列富有成效的教与学策略的研究成果。

国内关于教学策略的研究大致归为以下三个方面：(1) 教学策略理论问题探讨，包括对教学策略的含义、特征、分类、形成条件等的探讨。(2) 学科教学策略研究，研究对象涉及中小学开设的所有主要学科，尤以语文、数学、英语、物理为甚，研究内容涉及教学策略在特定学科教学中的应用，学科教学策略对教学目标、效果的影响等。(3) 教学策略训练实验研究，这一领域研究着力解决的问题是“如何将教学策略运用于学科课堂教学之中，以提高教学效果”。

二、教与学策略的含义与种类

(一) 教与学策略的含义

教与学策略是教学策略与学习策略的总称。对教与学策略概念的解析将从教学策略与学习策略两个方面展开。

1. 教学策略的含义

对教学策略的理解主要有两种观点：一是广义的理解，将教学策略视为教和学的策略，在概念使用时，二者不加区别；二是狭义的理解，将教学策略视为教的策略，认为学的策略虽然与教的策略有目标上的一致性，但两者的侧重点是不一样的，使用时应当加以区分。本书采用第二种观点，即教学策略专指教的策略，学习策略专指学的策略。

教学策略是在特定教学情境中为实现教学目标和适应学生学习需要而采取的教学行为方式或教学活动方式，是教学设计的有机组成部分，也是联系教学理论与教学实践的桥梁。这一含义包含三层意思：(1) 教学策略从属于教学设计，确定或选择教学策略是教学设计的任务之一；(2) 教学策略的制定以特定的教学目标和教学对象为依据；(3) 教学策略既有观念驱动功能，又有实践操作功能，是将教学思想或模式转化为教学行为的桥梁。

2. 学习策略的含义

学习策略是指在特定的学习情境中，学习者为了提高学习效果和效率，结合自身特点而制订的学习规划和采取的学习活动方式或学习措施。它既可以是内隐的规则系统，也可以是外显的操作程序和步骤。学习策略不同于学习风格，学习风格与个体之间处于“硬连接”(hard-wired) 状态，是特质性的，在常规教育的过程中难以改变①；而学习策略是个人适应或应对当前学习任务和环境的方式，是更具情境性的、可改变的学习行为模式，可

① [美] 贾维斯著，刘纳、国程悦、刘清、凌政通译：《有效教学心理学》，广东教育出版社 2013 年版，第 86 页。

以通过后天学习和训练形成和改变。但二者又有着密切的联系，学习策略的选择和运用部分受到策略主体学习风格的影响。

（二）教学策略与学习策略的种类

教学策略的分类目前尚未形成统一的标准。史密斯等认为，教学策略可以从师生与教学内容关系的角度分析，形成内容限制性策略，也可以从具体技巧、行为和活力的总和的角度进行分析，形成非内容限制性策略，具体包括课堂教学策略、课堂管理策略以及师生之间与学生之间的合作策略等。加涅根据教学活动中教学行为指向不同，将教学策略分为管理策略和指导策略，其中，有效教学管理策略包括使教学井井有条、坚持教学常规等，教学指导策略则包括清晰明确的教学目标、及时有效的反馈以及复习巩固必要的知识等具体策略。① 张大均等人根据教学活动过程的基本环节，将教学策略分为教学准备策略、教学实施策略、教学监控策略，每一类策略又包含了若干具体的子策略，如确定教学目标的策略、处理教学材料的策略、组织教学的策略、传输教学内容的策略和课堂监控策略等。②

学习策略的分类标准同样是多元化的。温斯坦（C. E. Weinstein）根据学习策略指向的内容，将学习策略划分为认知信息加工策略、积极学习策略、辅助性策略和元认知策略。丹瑟洛将学习策略划分为基本策略和辅助性策略。基本策略用于直接操作课本材料，包括获得和存储信息的策略（领会和保持策略）、提取和使用这些存储信息的策略（提取和利用策略）；具体又可分为理解（understanding）、回想（recall）、消化（digest）、扩展（expand）、复查（review）等策略。辅助性策略用于维持适宜进行学习的心理状态，包括计划和时间安排、专心管理以及监控与诊断策略。迈克卡（Mckeachie）等人将学习策略区分为认知策略、元认知策略和资源管理策略三类。其中，认知策略包括复述策略、精细加工策略和组织策略，元认知策略包含计划策略、监控策略和调节策略，资源管理策略包含时间管理、环境管理、努力管理、支持管理等策略。张大均等人根据学习的过程将学习策略分为学习准备策略、课堂学习策略和课后巩固策略。③ 各阶段的学习策略又被具体划分为若干子策略：学习准备策略包括明确目标策略、计划策略、动机管理等；课堂学习策略包括陈述性知识学习策略、程序性知识学习策略、听课策略；课后巩固策略包括复习策略、应用与反思策略等。

三、制定教学策略和学习策略的基本依据

教学活动中教与学的策略是多样化的，其影响因素更是纷繁复杂，但一般来讲，有效

---

① ［美］加涅、［美］韦杰、［美］戈勒斯、［美］凯勒著，王小明、庞维国、陈保华、汪亚利译：《教学设计原理（第五版）》，华东师范大学出版社 2007 年版，第 242 页。

②③ 张大均主编：《教与学的策略》，人民教育出版社 2003 年版，第 16—17、19 页。

教与学策略的选择或制定与教学目标、教学对象、教育者以及教学情境等有着密切的关系。

（一）教学目标是制约教与学策略制定或选择的决定性因素

教学目标和任务不同，采取的教学策略也不尽相同。如数学教学中掌握基本原理和提高学习数学的兴趣则属于两种不同的教学目标，采用的策略也不尽相同。只有根据不同的教学目标，采用相应的策略，才可能有效地实现目标。

（二）学习者的初始状态是制约教与学策略制定或选择的基础

学习者的初始状态是指学习者现有的知识和技能水平、学习风格、心理发展水平等。它决定了教学的起点，有效教与有效学的策略制定或选择必须以此起点为基础进行具体分析，选择与之相适应的策略。事实证明，如果仅仅依据教学目标而无视学习者的初始状态制定教学策略和学习策略，那么制定或选择的策略就会缺乏针对性而失效，甚至产生消极的效果。

（三）教师的个人特征是制约教与学策略制定或选择的重要条件

教学策略要通过教育者来实现，教育者在制定或选择教学策略时必然会受自身诸多条件的制约，包括人格特质、智力水平，甚至是年龄、性别等。因此，教育者应尽量扬长避短，选择那些既符合教学目标和学生需要，又能够发挥自身特长的教学策略。

（四）有效教与学策略的制定或选择受到教学环境的制约

教学环境是教学活动赖以进行的重要条件，它由学校内部有形的物质环境和无形的心理环境两部分构成。有形的物质环境包括校舍、教学场所、教学设施以及教室的光线、温度等条件，无形的心理环境指的是学校中的人际关系、教师期望等条件。从表面上看，教学环境只是相对静止地存在于教学活动的外围，但实际上教学环境却以其特有的影响力潜在地影响着教与学的过程以及效果。在科技发展日新月异的今天，学校教学环境越来越多样化，其对教与学的策略的制定或选择的影响也日益突出，显得更加重要和复杂。

第二节　有效教的策略

教学是促进学生学习的内部心理加工过程得以顺利展开的一系列外部事件。在教学活动中，教师需要运用相应的策略来组织和协调这一系列外部事件，对整个教学过程进行调控，进而提高教学的有效性。本节将围绕在教学准备、教学实施和教学监控中有哪些基本的教学策略，怎样有效地运用这些策略组织和实施教学活动进行详细讨论。

一、教学准备策略

教学准备是教学活动的起始环节，也是教学活动得以顺利、高效进行的前提。在这一阶段，教师为找到掌控课堂情境和为学生创造发展空间之间的平衡，需要依据教学目标要求，研选和组织教材，分析自我和学生，选择教法及制订教学方案。据此，教学准备策略可以分解为确定教学目标的策略、处理教学材料的策略、分析教学活动主体的策略、选择教学模式的策略。

（一）确定教学目标的策略

确定一个难度适宜的教学目标，并且清晰明确地对其进行表述是取得教学成功的先决条件之一。

1. 确定教学目标

教学目标是通过教学活动要达到的预期结果。它对课堂教学活动具有导向和激励的作用。① 教学目标也是判断课堂教学是否有效的直接依据。在诸多教学目标分类理论中，布鲁姆的目标分类理论影响最为重要，他将教学整体目标划分为认知、情感和动作技能三大领域。每个领域都包含着由低到高、由简单到复杂的细化目标序列（具体层次含义参见本书第十二章第二节的相关内容）。

表 13-1　布鲁姆的教育目标分类②

认知领域目标	情感领域目标	动作技能领域目标
知识	接受	知觉
理解	反应	定向
运用	价值体系	有指导的反应
分析	价值组织	机械动作
综合	价值体系个性化	复杂的外显反应
评价		适应
		创新

2. 表述教学目标

一个清晰明确的教学目标应当包含对学生行为以及达到标准的陈述。马杰提出用行为

① 周军著：《教学策略》，教育科学出版社 2003 年版，第 40 页。

② ［美］安德森等编著，蒋小平、张琴美、罗晶晶译：《布鲁姆教育目标分类学：分类学视野下的学与教及其测评（修订版）》，外语教学与研究出版社 2009 年版，第 89 页。

描述法来表述教学目标，认为教学目标表述中应当包含三个要素：行为、行为条件、行为标准或程度，这一技术后被发展成“教学目标陈述ABCD法”。ABCD即行为主体（audience）、行为描述（behavior）、行为条件（cognition）、行为标准或程度（degree）。为了避免教学目标表述中过于行为指向和简单化、表面化的问题，格伦兰提出用目标演绎法来表述教学目标，即将心理描述与外显行为相结合，把总的教学目标从一般教学目标到具体学习结果逐层分解陈述。① 如“理解”这个一般教学目标，要求某种程度的领会，期待学生能够变换表达形式，转述或阐释读到的内容，以及在信息的各个部分之间发现联系，常常会用到“释义”“概括”“辨别”“区分”“解释”等动词。

行为描述法与目标演绎法实例对比

行为描述法

学生（A行为主体）在看完全文后（C行为条件），能列出（B行为描述）其中十项（D行为标准或程度）景色特点。

学生（A行为主体）学习本小节后（C行为条件），能够独立完成四则混合运算（B行为描述），准确率达到90%以上（D行为标准或程度）。

目标演绎法：

一般教学目标：理解昆虫发育中“完全变态”的含义。

具体学习结果：①能用自己的话阐释什么是“完全变态”；

②能识别昆虫发育“完全变态”的正反例；

③能区别“完全变态”和“不完全变态”。

（二）处理教学材料的策略

教师需要事先处理的教材，并非只是传统意义上的课本及习题练习册，还包括丰富教学的一切形式，如多媒体资源（视频、音频、软件）、网络教学资源、教学参考书、教学实物等。教师需要通过对教学目标的理解，结合教学环境和条件，对可得到的、有价值的材料进行编选、研究和分析，并以结构化的形式呈现给学生。具体策略包括：（1）图解，用以表征基本概念（或观点）与概念（或观点）之间的关系。（2）框架，即根据所学内容列出主题词，形成框架，方便学生从整体上进行把握。（3）分类，包括：通过比较与对照，列出相似与不同；呈现对问题解决过程及其思路的归类与提炼；采用因果分析，表述结果与事件发生的过程；表述观点（主要概念或论点）并以列表的方式呈现支持材料。

（三）分析教学活动主体的策略

教学活动主体指作为教育对象的学生和作为教育指引者的教师。学生与学生之间既存

---

① ［美］鲍里奇著，朱浩译：《有效教学方法（第七版）》，江苏凤凰教育出版社2014年版，第96—106页。

在相同的年龄特征，也存在普遍的个体差异。每个学生都有经过家庭、学校、社会环境相互作用而形成的自身独特的生理、心理、智力、能力特点，具有不同的优势和劣势。教学前对学生的共性与特性、优势与劣势进行分析，并设计适宜其发展的表现任务及评估方式，是教师教学准备阶段的核心任务。同样，教师的个性特征、认知加工方式以及教学年限等个人因素也会成为影响确定教学目标、教材选取、差异化教学、教学模式选择的重要因素。教学前对教师自身和所教学生的特点与优劣势进行分析，对于有效教学准备必不可少。

（四）选择教学模式的策略

教学模式是指建立在一定的教学理论基础上，为实现特定的教学目的，将教学的诸要素以特定的方式组合成具有相对稳定的结构和可操作性的程序模型。① 教学模式实质上是教学策略体系，通常一种教学模式会包含一种或多种教学策略，选择教学模式也是对教学策略的选择。

选择教学模式时，需注意以下几点：(1) 任何教学模式都有其理论基础和价值诉求，如基于社会相互作用理论的同伴学习模式、基于信息加工理论的九段教学模式、基于个人发展理论的角色扮演模式、基于行为主义学习理论的程序教学等。(2) 教学模式具有相对稳定的结构。虽然根据不同理念设计的教学模式不尽相同，但通常其结构中必然包括以下四个基本要素：教学目的、教学程序、作用方式和教学环境。(3) 教学模式有其适用的范围和局限。② 不存在任何情境和条件下都绝对好或绝对差的教学模式，教师需要全面考量教学目的、具体任务、情境以及教师教学风格、学生身心发展水平等因素，才能选择出一个最合适的有效教学模式。

二、教学实施策略

教学实施是实现教学目标的关键阶段。教学实施策略主要包括组织教学的策略、传输教学内容的策略和深化教学内容的策略。

（一）组织教学的策略

组织教学是教师依据教学目标和学生特点对教学内容进行处理的过程。

1. 先行组织者策略

先行组织者策略是奥苏伯尔的有意义学习理论的重要组成部分，意指在学习新知识

---

① ［美］乔伊斯、［美］韦尔、［美］卡尔霍恩著，兰英等译：《教学模式（第八版）》，中国人民大学出版社 2014 年版，第 335 页。

② 李晓文、王莹编著：《教学策略》，高等教育出版社 2000 年版，第 105 页。

前，先呈现一种具有组织作用的材料，用于将新知识与学习者已有知识经验联系起来，促进学习者对学习材料的组织和理解。先行组织者能够为新知识的学习提供一个知识生长点和概括框架，具有“教学定向”的作用。①

由于原有的知识经验和新知识之间存在类属、总括和并列等三种不同的关系，先行组织者也可以分为相应的三类：一是上位组织者，即组织者是上位观念，新知识材料为下位观念，类属于组织者，如在学习直角三角形时，将三角形作为组织者呈现；二是下位组织者，即组织者是下位观念，新知识材料与组织者之间存在总括关系，如在学习“水果”概念时，呈现苹果、梨、葡萄、香蕉等具体水果名称作为先行组织者；三是并列组织者，即组织者与新知识材料之间不存在类属或总括关系，但二者具有某种相关，甚至有共同属性，这时所呈现的组织者即并列组织者，如在学习电路知识时，以人体血液循环系统为先行组织者。

先行组织者策略的实施步骤如下：(1) 呈现先行组织者。教师使用学生熟悉的表述方式呈现先行组织者，以便使学生认知结构中已有的知识经验与先行组织者产生联系。(2) 逐步分化。用一种结构化的逻辑组织和层次来逐步展示材料，使学生可以逐步理解，进而达到系统把握。(3) 综合贯通。这是使新旧知识相互联系和协调一致的过程，如让学生回忆认知结构中的相关概念，概括新知识的主要特征，说出新旧知识的差异等。

2. 因材施教策略

因材施教是指教师从学生的实际情况（年龄、能力、认知风格以及个性特征等）出发，有的放矢地进行教学，使每个学生都能扬长避短，获得最佳发展。

不同年龄阶段学生的心理发展水平和行为表现存在显著差异；不同学习能力和认知方式的学生对教学的需求也不尽相同；即便是同一个学生在不同时期或情境中，其学习动机和归因方式等都会有差异，如有的学生将学习好归因于努力，有的归因于聪明，而有的则归因于运气。教学活动中，应当充分考虑学生的这些差异，采用多样化的方式开展教学，才能提高教学效率。

3. 问题教学策略

问题教学策略是在教学过程中以问题为载体，使学生在提问和回答的过程中逐渐养成自主学习的习惯，不断自主优化学习方法，提高自主学习能力的一种教学策略。

实施问题教学策略需注意以下几个方面：(1) 提出问题。一般情况下，可由教师根据学习材料来设计问题，同时也要引导和培养学生自我提问的意识。一个好的问题表面上看来是一个问题，但其背后应当是一个有层次的问题系列或问题链。② (2) 控制问与答的程序和进程。如：控制好问与答的间隔时间；面向全班提问，然后点名回答，切忌先点名后

---

① 张大均主编：《教育心理学》，人民教育出版社 2004 年版，第 356 页。

② [美] 鲍里奇著，朱浩译：《有效教学方法（第七版）》，江苏凤凰教育出版社 2014 年版，第 21—23 页。

提问。(3) 变换与探讨问题。当学生不会回答或回答不正确时，教师应将当前问题变换为一个较简单的问题，继续让其尝试回答，或与其进行探讨，而不是直接提供答案或者换一个学生来回答。(4) 评论与表扬。教师积极的、肯定的反应和赞同的评论会增强学生的效能体验和成就体验，有益于学生学习动机的激发和培养。及时、正面的反馈与评价是问题式教学的一个重要环节。

（二）传输教学内容的策略

课堂传输教学内容的具体策略包括教学语言循环策略、媒体—教学匹配策略和板书结构化策略。

1. 教学语言循环策略

教学语言循环策略是为达到良好的教学效果，教师自觉运用各种教学言语成分，在教学中形成教学语言系列并依次循环的策略（见图 13-1）。[①] 这一策略有助于提高教学的流畅性和逻辑性，适合教学的所有情境，尤其是以讲授为主的课堂教学情境。

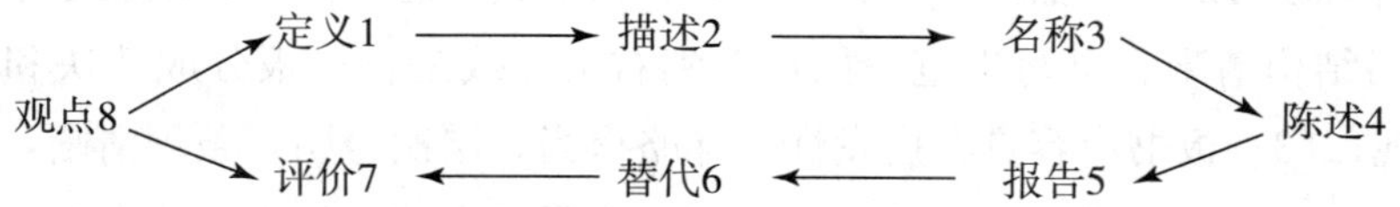

图 13-1　教学语言循环策略示意图

教师通常通过使用独白言语和情节言语来实现教学语言的循环策略。独白言语是说话人站在一组人面前独自说话的行为，常用于指出方向或发出指令；情节言语是在两个或多个说话人之间的言语交换，如教师提问、学生回答，或者几个人讨论一个问题或陈述同一事件。语言作为教师教学的重要媒介，必须清楚、完整、规范、科学。教师在使用教学语言循环策略时，应注重提高对自己言语活动的意识及对学生反应的敏感性，把握好讲解与理解的节奏。

2. 媒体—教学匹配策略

媒体—教学匹配实质是媒体与教学同步化，具体表现为教学媒体与教学内容统一，教学媒体与教学方法协调，教学媒体与学生认知结构相互兼容。运用这一策略的具体操作步骤包括：(1) 根据教学内容以及各种媒体手段的优劣势，选择并填写教学媒体运用一览表（见表 13-2）；(2) 总结媒体使用方式，如“设疑—演示—讲解”“讲解—演示—概括”“演示—练习—总结”“边播放、边讲解”等，使教学和媒体完全镶嵌在一起；(3) 在设想如何运用教学媒体时，需考虑各种媒体的优化组合，使教学媒体的系统功能充分发挥，保证教学的清晰性和流畅性。

---

① 张大均主编：《教与学的策略》，人民教育出版社 2003 年版，第 82 页。

表 13-2　教学媒体运用一览表

课题名称	知识点	目标水平	拟选媒体	媒体内容要点	使用时间	资料来源	媒体在教学中的作用	媒体使用方式
	1							
	2							
	3							

3. 板书结构化策略

板书结构化是使教学内容的逻辑结构、课堂教学设计程序、学生认知结构，在板书中达到艺术性和科学性的高度统一。板书结构化策略适用于以讲授为主的课堂教学情境。在课堂教学多媒体化的背景下，普通的板书设计需要与多媒体课件制作结合起来。无论是采用传统板书，还是多媒体课件，教师都需要做到以下几点：(1) 充分理解和加工教学内容，采用恰当的板书形式，如对比式、线条式、情节式、雁行式等，以利于学生记忆和思考；(2) 板书结构清晰、书写规范，如从左到右书写或是将黑板分成几块利用，适当留白，保持美观；(3) 板书内容具有启发性，详略得当，层次分明，条理清晰，便于学生进一步理解和思考；(4) 书写或呈现板书内容时，不要完全遮挡板书或背向学生，尽量与学生有眼神交流；(5) 多媒体课件制作时，应主次分明，线索清晰，简洁美观，切忌过于花哨、设置不必要或不切主题的素材。好的板书不仅有助于教学内容的传输，还应与学生的认知结构相兼容，有利于学生对学习材料的理解与深度加工。

（三）深化教学内容的策略

课堂教学中深化教学内容的策略主要包括同辈教师策略、合作学习策略、个别化程序策略和探究教学策略。

1. 同辈教师策略

同辈教师策略指在教与学的情境中，安排一个或一组学生去帮助另一个学生或另一组学生的方法。这种策略被广泛地运用于中小学的教学中，具体有三种形式：(1) 同一班级中，一个学生是另一个学生的老师；(2) 高年级学生辅导低年级学生；(3) 两个学生互为老师，互相帮助。① 前两种形式中，学生与学生之间是指导与被指导的关系，而第三种形式则是学生之间互动帮助与合作的关系。

运用同辈教师策略时，需要注意几下几点：首先，教师需要营造一种相互学习、共同进步的氛围，即每个学生都能从别人身上学到知识；其次，教师要准确细致地评估学生的

① [美] 古德、[美] 布罗菲著，陶志琼译：《透视课堂（第十版）》，中国轻工业出版社 2009 年版，第 295 页。

需要，进行合理搭配；再次，教师应对同辈教师进行指导，为其提供时间表和准确的教学内容方向，并使其明白自身的工作价值；最后，一个同辈教师和1—3个学生为一组，最好是一个同辈教师和一个学生为一组，且时间不宜太长，一般为4—8周。

2. 合作学习策略

合作学习是指学生在一个小组内一起学习，通过合作学习小组的建立、合作学习任务的完成和合作学习的评价反馈三个方面来共同实现教学目标的过程。与传统方法比较，合作学习可以持续提高学生的学习成绩，培养学生的竞争与合作意识以及集体主义精神。根据学习的内容和形式，合作学习可分为共学式、辅导式、合作性读写一体化、小组调查等形式。①

实施合作学习时，教师要做到以下几点：（1）培养合作意识。处理好合作与竞争的关系，设计一些只有合作才能完成的活动，让学生在这种活动中体验合作的价值。（2）训练合作的技巧与规则。通过角色分工，明确小组运作的基本规则与流程，小组成员各司其职。（3）合理分组。兼顾组间同质与组内异质的原则，可以通过改变座位排列等方式，为学生提供足够的交流和学习空间。（4）多种形式相结合。就合作学习本身而言，需要多种形式结合，如基本组合式、拼盘式、流动式、游戏—竞赛式等。就合作学习与其他教学形式关系而言，也需要多种形式相结合，如与班集体教学、个别化教学相结合。（5）做到准备周详，实施流畅，监控全面，反馈及时。②

3. 个别化程序策略

个别化程序就是允许学生按照自己的步调和水平学习，教师的教学要与学生的能力、需要和兴趣相匹配，并及时评估、反馈的方式方法。自20世纪50年代末起，相继出现了几种比较有影响力的个别化教学程序，如匹兹堡大学的个别规定教学程序（IPI）、威斯康星大学的个别指导教育（IGE）以及凯勒的个性化教学系统（PSI）等。运用这些个别化教学程序的目的在于最大限度地促进个体的学习。

个别化程序包括以下六个基本步骤：（1）设置清晰的目标，让学生明确他们的学习任务；（2）基于学生的需要和能力水平，提供相应的材料和媒体；（3）为学生安排可行的步骤及方法、图表，以便完成任务和作业；（4）教师应在一定的时间间隔内监控和检查学生的学习，评估学生遇到的问题和可能遇到的问题；（5）对学生按期进行个别指导；（6）提供直接而又及时的反馈，为高成就学生提供更为丰富的活动，以便使他们获得更高的成就，为低成就学生提供适当的支持和帮助，允许他们按照自己的步调进行学习。

4. 探究教学策略

探究式教学是指学生在学习概念和原理时，让学生自己通过阅读、观察、实验、思

---

① ［美］雅各布、［美］鲍尔、［美］范恩著，杨宁、卢杨译：《合作学习的教师指南》，中国轻工业出版社2005年版，第163页。

② 杨晓编著：《有效学习与有效教学》，北京师范大学出版社2013年版，第60—75页。

考、讨论等途径独立探究，主动发现并掌握相应的概念和原理的一种方法。探究教学策略是一种以学生为中心的教学策略，它强调让学生自觉地、主动地探索，掌握认识和解决问题的方法和步骤，发现事物发展的起因和事物内在的联系，从中找出规律，形成自己的概念。根据教师在探究中起的作用不同，可以将探究式教学分为定向探究和自由探究；根据学生在探究活动中思维方式的不同，可将探究式教学分为归纳探究和演绎探究。①

探究教学策略包括以下基本环节：(1) 创设情境。探究式教学的载体与核心是问题，学习活动围绕问题展开。探究式教学的起点是设定难度适中、逻辑合理的问题。(2) 开放课堂。在富有开放性的问题情境下，进行问题探究，这是探究式教学的关键步骤。(3) 适时点拨。引导学生自己探究发现问题时，可做适当点拨，引导问题探究的方向。(4) 课堂上合作探究。引导学生交流自学成果，探究疑难问题。(5) 课后留创新作业。变革课后作业形式，减少数量，提高质量，突出创新能力的培养。

三、教学监控策略

教学监控能力是决定课堂教学有效与否的关键因素，也是当代教师应具备的心理素质，是教师其他教学能力和教学行为的调节中枢。② 教学监控策略是指教师为了达到预期的教学目标，在教学过程中，将教学活动本身作为意识的对象，不断地对其进行积极主动的计划、检查、评价、反馈、控制和调节的策略。③ 教师既是教学监控的主体，也是教学监控的对象；教学监控不仅包括对课堂组织、管理和教学内容展开的监控，也包括对课前准备阶段和课后反思、评价阶段的监控。完整的教学监控系统是教学活动得以有效进行和正确调整的重要保证。

(一) 课堂教学中教学行为的监控策略

教师教学监控能力通过其教学行为得以外化，并通过教学行为这个中介对学生产生影响。教师在进行教学监控时，应主要考虑以下几个方面：(1) 教学行为与教学目的、教学内容的相适性；(2) 教学行为与学生的身心特点、学生的学习策略的相融性；(3) 教学行为的流畅性与条理性；(4) 教学行为给课堂学习的学生及课堂氛围带来的细微变化。

(二) 学生学习行为的监控策略

教师的课堂监控包括对学生学习现状及其变化趋势与特点的及时监测与调控。教师对学生学习行为的监控主要表现在：(1) 学生对课堂学习的参与度。学生在课堂中运用多种

---

① 刘儒德主编：《探究学习与课堂教学》，人民教育出版社 2005 年版，第 257 页。

② 辛涛、林崇德：《教师教学监控能力发展：质与量的分析》，《中国教育学刊》1999 年第 3 期。

③ 周军著：《教学策略》，教育科学出版社 2003 年版，第 199 页。

感官对学习的材料进行加工，是使知识内化的关键步骤。(2) 重视学生实际生活经验与间接知识学习相结合，既关注学生的知识学习，也关注学生对生活的积极体验。(3) 关注学生在学习过程中对教材进行的自我解读、自我理解，并尊重学生的个人感受和独特见解。

（三）教学环节的监控策略

在教学环节监控上，首先，教师应注重教学过程的互动性与多元性，采用多形式与多维度的教学方式，可以将教学活动建构成一种良性互动、多向交流的过程；其次，教师应注重教学内容的文化建构性，将其变为动态的生成、可持续的发展；最后，教师还应监控教学双边关系的平等性，教师的“教”与“导”的功能，要立足于帮助学生进行主动建构。

表 13-3 教师提升教学监控水平的方法

提升方法	操作要领
反思日记	以记叙的方式进行的反思活动。旨在通过不断从内部探究个人（教师或学生）发展，以澄清和扩展教师个人的想法和观点，提供一种监督。在会议、观摩课（包括专家授课与同辈授课）、教研讨论后，以书面的形式记下心得体会。
反思会谈	与有关专业的优秀教师进行个别会谈，会谈内容包括内心感受、教学环节、计划及课堂管理等，并在每次会谈后以书面的形式进行记录反思。
小组研讨	这是基于同事间的合作反思。每次可选择一个主题，相互交流自身在实践中的经验感受以及困惑的问题。
学生档案	学生进步档案是用来表征学生发展状况的，可就班上一个或几个典型的学生建立进步档案。教师可透过学生的表现反思自己的教学策略是否有针对性、有效性，这一方式可促进教师以及学生的共同成长。

第三节 有效学的策略

教学是教师与学生共同参与的双边活动，有效教学既需要教师的有效投入，同样也需要学习者的有效卷入。本节将以学习的进程为线索，针对课前、课中和课后各个学习阶段有哪些学习策略、如何有效地运用和实施这些学习策略进行详细的阐述。

一、课前准备策略

学生的学习是一个复杂的智力活动过程，有意识地谋划和安排是有效学习的重要前提条件。在学习之前，学习者需要对学习目标、进程、学习内容有所规划，调整好学习的准备状态，这就涉及一系列课前准备策略，具体包括明确学习目标的策略、时间计划策略、学习动机和兴趣管理策略以及课前预习策略等。

（一）明确学习目标的策略

目标是期望通过活动达到的状态或获得的结果，对活动具有激励、导向和调控作用。学习目标通常是由一系列不同层次的目标组成的，其中包括学习总目标、阶段性目标、课程目标和学时目标等。① 制订学习目标的依据主要有三个方面：（1）学校教育要求。学校是学生社会化的主要场所，它将社会对学生的要求转化为学校教育目标和要求，以促进学生的进步和发展。（2）教师的要求。教师不仅是知识的传递者，而且是能力的培养者。教师在教学过程中，不仅会面向全体学生提出一个总的目标和要求，同时也会根据学生的个性、发展水平和实际情况提出个别化的要求，以激励学生充分发挥潜力。（3）个人的特点。确立目标时，还必须考虑自身的兴趣和特点，否则由于缺乏持久的内在动力源，可能使目标流于空泛，变成标语和口号。

明确学习目标需要注意以下几点：（1）逐级细化。将总目标逐级细化为若干小目标，如从时间维度划分为总目标、阶段性目标、课程目标和单元目标，或者长期目标、中期目标和短期目标；单元或课时目标又可根据学习层次或类型的不同细分为记忆、理解、简单应用和综合应用等目标水平。（2）目标的可行性。目标应当难度适宜，设定在基于自己现有能力，经过努力后在一定时间内能够实现的范围。（3）目标的可操作性。一个清晰明确、可检测的学习目标有助于学习者对自身学习行为的评价和调控（目标分类及表述方法见本章第二节相关内容）。

（二）时间计划策略

学习时间计划策略是有效安排学习时间，循序渐进地进行学习活动的策略。它与学习态度和学习执行力密切相关。合理有效地计划学习时间需要从以下几个方面入手：（1）检查已有的作息习惯。通过自我观察和反思，检查自己的习惯中，值得保留和需要改进的部分。（2）认识安排时间的三要素：时间、内容和要求。时间要素规定在什么时间做，做多长时间；内容要素规定在这段时间里做什么，怎么做；要求要素规定做多少，做到什么程度。（3）掌握时间规划的方法和步骤。首先，对事情的轻重缓急进行区分，优先安排那些重要的事情，并保持一定的弹性；其次，结合学习强度和学科性质，安排好学习与休息的

---

① 崔允漷主编：《有效教学》，华东师范大学出版社 2009 年版，第 110 页。

节奏。学习偏重重复记忆的内容时，休息时间短一些，次数多一些，因为这类学习比较单纯，又需要反复进行，容易产生疲劳，但短暂的休息就可以消除疲劳，帮助学习者重新投入学习。学习需要理解的内容时，休息次数少一些，休息时间长一些，因为此时学习的内容本身具有一定的内在逻辑联系，较长的学习时间才能保证知识结构的完整性和清晰性。最后，做到借鉴他人的成功经验与自己的实际相结合，避免计划的盲目性。

（三）学习动机和兴趣管理策略

美国学者奥尼尔和斯皮尔伯格指出，动机、兴趣、情绪、意志等情意因素在学习中具有重要的作用。形成良好的学习心理准备状态，需要从动机、兴趣入手。

1. 学习动机激发策略

一切学习行为都是由动机引起的。美国心理学家阿特金森指出，动机水平越高的学生，越能在长时间的学习活动中保持认真的态度和顺利完成学习任务的毅力；动机水平低的学生的学习行为缺乏稳定性和持久性。影响学生学习动机的因素众多，包括学生的年龄、个性特征、学习任务，教师的教学方法，甚至社会风气、学校氛围和家庭养育方式等。激发学生的学习动机应更多地关注对内部动机的激发，避免过多地使用和依赖外部强化物，着力探寻增强学生从事学习活动的内在驱力的策略。① 良好的学习动机不是自发产生的，培养和激发学习动机可以从明确学习目的与意义，恰当运用评价与反馈，关注学生内在需求，适当开展竞赛等方面展开（具体参见本书第八章“学习动机及其培养”）。

2. 学习兴趣培养策略

“兴趣是最好的老师”道出了学习与兴趣之间的内在联系。学习兴趣对学习活动具有定向、推动作用。学习兴趣不是与生俱来的，它可以通过多种教育机制加以培养。②

培养学习兴趣需要注意以下几个问题：（1）兴趣的发展是逐步深化的。学习兴趣的发展包括有趣、乐趣和志趣三个阶段。有趣虽然在学习活动中具有较强的动力作用，但其持续的时间不长，因此，还需要引导学生让有趣逐渐趋于稳定，在积极的体验中升华为志趣。（2）兴趣与努力相互促进。对二者的关系存在两种极端的认识：一是片面强调兴趣的作用，二是片面强调努力的重要性。其实，兴趣与努力是相辅相成的，而非对立的关系。引导学生通过努力获得成功，进而体验到学习的成就感，对于学习中乐趣与志趣的形成与转化具有重要意义。（3）引导学生树立理想，发挥理想对兴趣的支撑作用。为了激发和培养学生的兴趣，需要经常在教学中对他们进行人生观、价值观和理想教育，让兴趣植根于人生理想的实现过程中。

---

①［美］申克著，韦小满等译：《学习理论：教育的视角（第三版）》，江苏教育出版社 2003 年版，第 334 页。

②［美］古德、［美］布罗菲著，陶志琼译：《透视课堂（第十版）》，中国轻工业出版社 2009 年版，第 319 页。

（四）课前预习策略

预习旨在初步感知学习材料，明确学什么，找到学习的重难点和存疑之处，为新知识的学习做好准备。预习通常可分为课前预习、单元预习和学期预习等形式。

1. 初步感知教材策略

初步感知教材策略具体包括：(1) 内容复述。不同学科中这一方法的使用略有不同，如文科主要是自述情节的展开、内容的描写过程等，理科主要是自述公式的推导、问题的解答过程等。(2) 提纲归纳。这是对学习内容进行归纳概括，明晰其大致框架和要点的方法。如通过明确记叙文的“六要素”，帮助学生初步感知教材内容。提纲归纳法比内容复述法更为简略，但需要具有一定的分析归纳能力，才能找到学习的重难点。(3) 自我提问。“带着问题学习”，以课题引发的问题、课后习题，以及教师布置的作业为线索来进行预习。自我提问法的使用切忌一边看学习材料，一边解题，正确的做法是带着问题预习学习材料，预习完之后进行解答，解答完之后再与学习内容进行印证。

2. 选用参考书策略

教科书和参考书是学习过程中两类重要的工具书。教科书依据教学大纲编写，是学习的主要依据，它承载着学生需掌握的相关学科知识、技能等，是促进学生发展的重要媒介。参考书是教科书的补充，是对教科书中重点知识的较详细的阐述，对难点的分析和阐释，以及对教科书中所学内容的示例指导等。

甄选参考书可遵循以下基本原则：(1) 针对性。参考书按照功能大体可分为四类：一是工具书，如字典、词典等；二是科普书，是针对某一专题所做的深入浅出的说明，具有较强的可读性；三是课程参考书，是按照课本的知识体系，对其中的重点难点进行解析，或对基本知识的灵活应用进行指导的图书；四是复习指导书，旨在帮助学生进行阶段性复习，有大量习题性指导。(2) 难度适中。首先需要考虑参考书与教科书在内容上是否相辅相成；其次，要考虑参考书的难度与自己的学习水平和程度是否适宜，不过分追求偏、难、怪，也不要只选择一些简单重复的、低层次的参考书。(3) 时效性。参考书能否以最短时间引导学习者到达知识的前沿，精选一两本内容适合、信息较新的即可，不必求全。(4) 知识与能力并重。参考书不是对资料的简单罗列，更不是文山题海。有没有清晰准确的观点和具体的方法技巧，能否促进对所学知识要点和结构体系的掌握，同时能否促进对学习方法的灵活运用，是判断参考书优劣的标准之一。

二、课堂学习策略

有效学习不仅在于学知识，更在于在掌握知识的过程中学会学习。课堂学习中的学习策略包括促进理解和记忆的策略、技能学习策略、听课策略。

（一）促进理解和记忆的策略

1. 复述策略

复述策略是指通过重复识记的方式，将信息储存到长时记忆中去的学习策略。复述策略看似简单，但并非所有的学习者都能在课堂学习中主动、有效地运用。在课堂学习中，教师可以训练学生通过朗读、默读、抄写等方式复述新内容、知识重点等，也可以要求他们用自己的话复述课文的主要内容，或者复述思路或思考过程等。教师还需要引导学生寻找适合自己的复述形式，帮助其更好地理解材料之间的意义联系。

2. 精细加工策略

精细加工是指通过对原有信息附加某些内容而使学习更具意义。常用的方法包括：（1）类比。依据两个或两类对象之间属性上的相同或相似做出类推。使用类比策略时，需要考虑学习者对于类比中借以帮助理解的类比对象是否足够熟悉，如果脱离学习者的实际进行类比，反而可能妨碍知识的掌握。（2）比较。对两种或两种以上容易混淆的相关对象进行对立比较、差异比较和对照比较辨析。如正数和负数、质数和合数、公因数与公倍数的比较，正方形周长与面积公式、不同几何图形的面积或体积公式对照学习。（3）笔记。记笔记包括记下听讲中的信息和理解这些信息两个环节。依据一定的标准和教师的线索或提示来选择笔记内容，能有效提高课堂记笔记效率。如教师讲授内容的框架和重点或系统的板书，教师分析问题、解决问题的思路，教师补充和拓展的内容或精辟的分析，听讲时的心得体会等，这些都可作为笔记的内容。记笔记时应当注意适当留有空间，便于以后补充或批注；以恰当的序号标示内容的层次性和关联性；笔记本记录与书本批注等形式结合使用，以达到清晰快速记录。

3. 组织策略

组织策略是指整合所学新知识之间、新旧知识之间的内在联系，形成新的知识结构的策略，其实质就是发现记忆材料的共同特征或性质，对其进行归类与概括，从而达到减轻记忆负担的目的。组织策略是优秀学习者常用的学习策略。儿童一般要到 10 岁或 11 岁时，才能自发地使用组织策略，有意识地训练可以提高儿童对组织策略的使用水平。

组织策略主要包括以下两种：（1）聚类组织策略。聚类是指把材料分成小单元，再把这些单元归到适当的类别里。主要用于对概念、语词、规则等知识的归类整理。聚类组织有利于将新旧知识相互联系起来形成一个结构，有助于对学习材料形成完整的认识。（2）概括组织策略。概括是指在一组信息中以上位概念代替下位概念或摒弃旁枝末节、提取要义的方式组织学习材料。概括组织策略涉及对学习材料的重组和加工，比如对句子进行非序列加工，这与学生的年龄和学习状况有关。

（二）技能学习策略

1. 条件认知学习策略

（1）突出关键特征。关键特征是某一程序模式区别于其他程序模式的本质特征。如分数计算学习中，分数能否直接相加减的一个关键特征即“分母是否相同”。在使用突出关键特征策略时，首先需要区分一般特征和关键特征，然后对关键特征进行强化练习。

例如，分数加减运算学习可运用突出关键特征策略。

> 分数加减运算技能学习程序模式如下：
>
> 分数加减运算，首先识别分母是否相同…………关键特征
>
> 如果分母相同，那么直接相加减…………………强化练习
>
> 如果分母不同，那么先通分后计算………………强化练习

（2）对比。对比策略常用于两个或多个相似的技能或操作的学习。通过对比，辨析差异，达到牢固掌握。如在英语语音学习中，清辅音和浊辅音的发音规则有相似之处，且不易分辨，那么就需要对比二者的发音方式，进而掌握它们的发音规则。使用对比策略的基本步骤是：呈现需要对比的程序或操作；寻找和辨析其根本的不同之处；分别强化练习不同程序模式。

例如，学习解一元一次方程后再学习解一元一次不等式易混淆，可以使用对比策略。

解一元一次方程程序模式：	解一元一次不等式程序模式：
①如果是分数系数，那么去分母，化为整系数方程；	①如果是分数系数，那么去分母，化为整系数不等式；
②移项、合并同类项；	②移项、合并同类项；
③将 x 的系数变为 1；	③将 x 的系数变为 1，若 x 系数为负，不等式反向；
④求出 x 的唯一解。	④解出不等式的解集。

通过对上述解题步骤的呈现与对比，最终发现：（1）解不等式需要注意未知项系数的符号性质，因为它决定了不等式是否需要反向；（2）方程的解是唯一的，而不等式的解为一个数集。

（3）假设—检验。假设—检验是指在学习某一程序知识时，通过观察、推测，对程序模式提出某种假设，然后检验这一假设是否正确，进而确定这一程序模式的特点。数学课中的几何证明、化学实验、体操学习等都会用到检验—假设策略。提出假设实质上是尽可能多地提出解决问题的思路，检验则是依据一定的条件，确定和保留一些思路，放弃另一些思路，最后找到解决问题的程序模式，解决问题。

2. 选择与条件对应的操作步骤的策略

选择与条件对应的操作步骤是指在条件认知后，寻求解决问题的步骤。这类策略着眼

于解决“如果条件满足，那么应当如何行动”的问题。

（1）目标—手段分析式。目标—手段分析式是指根据学习目标及其分解的目标，寻求相应的操作或步骤并形成序列的策略，包括分解目标和寻找手段两个环节。如上述分数相加减的例子中，突出关键特征着眼于条件知识的识别，即“如果（条件满足）”，而目标—手段则着眼于采取什么行动，即“那么（执行相应操作）”。

（2）归因。归因是指对事件成败原因的分析与认定。课堂学习中，归因策略是指在选择操作步骤时，分析各阶段采取步骤对完成学习任务的适用性和有效性。归因策略训练要求学习者对所采取的每个步骤或操作都要做到了然于心，知其然，也要知其所以然。

3. 练习策略

练习是指在反馈的参与下反复多次地进行一种操作的训练。解题技能与思路的自动化依赖于大量的练习。使用练习策略时，需要注意：（1）练习的进程呈先慢后快的节奏。（2）保持适度的过度学习。过度学习是指在已经学会的基础上，再增加一些学习的时间，以便对学习材料的掌握达到更高的程度。（3）多种练习形式相结合。如集中练习和分散练习相结合，独自练习与合作练习相结合；条件认知和识别练习与解题步骤操练相结合。（4）练习与反馈相结合。练习的效果不仅体现为反应的速度和自动化程度，而且体现在正确率和协调性上，因此，练习中最重要的不在于次数的多少，而在于对练习结果及时准确地反馈。对练习的反馈既包括对错误及其原因的分析，也包括对正确解题思路和方法的反思总结。

（三）听课策略

1. 集中注意的策略

由于受到生理基础的制约，学生通常很难在一天所有的课程学习中都保持高度集中的注意力。将注意集中于有关信息或重要信息上，对学习材料保持高度的觉醒或警觉状态，对于有效学习是至关重要的。

学习始于对感觉经验的选择性注意，善于选择吸收信息是会学习的重要表现。课堂学习中集中注意的策略主要包括以下几个方面：（1）注意唤醒。课堂学习中可以通过明确学习目标、激发学习动机、加强教学的趣味性和流畅性等方式来帮助学生集中注意力和维持课堂学习的注意水平。（2）信息选择。有效选择信息需要考虑以下几点：一是学会区分信息的重要程度，选择重要信息给予更多的注意；二是培养专注于重要信息的习惯，如在重要信息上画线、标注、做眉批等，增加对重要信息的识别度和敏感度；三是关注反馈，加涅和安泽克的研究表明，犯错误后反馈的注意与成绩的相关达到 0.83，高效率的学生与低效率的学生相比，更容易注意反馈。（3）注意分配。注意分配不同于分心，它是一个有目的、有意识地将注意指向于不同的学习对象的过程。对注意的分配是学习自我监控的重要内容。

2. 学习资源管理策略

学习资源管理策略是辅助学生对可用的环境和资源进行管理的策略，这种策略适用于课堂学习的各种情境或环节。学习资源管理策略包括学习时间管理策略、学习环境管理策略、支持与努力管理策略。

（1）学习时间管理。学习时间管理首先需要区分两个重要的概念：可用学习时间和积极学习时间。可用时间是指被分配或安排用于学习的时间，积极学习时间是指在可用时间内，学生注意参与学习的那部分时间。

（2）学习环境管理。良好的学习环境可以营造积极的心理氛围，有益于学生愉悦地投入学习。具有个体责任感和同学互助性的课堂环境有助于提高课堂学习的参与度。学习环境管理需要考虑课堂学习中师生间、学生间的互动策略（见表 13-4）。

（3）支持与努力管理。学习中如果遇到自己解答不了的问题，需要向他人寻求帮助，这就涉及对他人支持和自身努力的利用和管理。向他人请求帮助是一种重要的社会支持管理策略，按照求助者的目的，可以将求助分为两类：一是执行性求助，目的是只想要答案或希望尽快完成任务，特点是希望他人替自己解决困难，选择依赖而不是在他人指导下掌握方法和发展能力；二是工具性求助，其目的是借助他人的力量或指导，达到发展自己的能力、自己解决问题的结果，特点是他人为求助者提供解决问题的思路和工具性的指导。一些学生在遇到无法独立解决的困难时，也可能选择回避求助，因为他们担心他人会认为他们很笨。因此，需要澄清的是，他人的帮助如同课本一样是一种重要的学习资源，向他人求助不是自身能力缺乏的标志，而是一种获取知识、增长能力的重要途径，是一种重要的学习策略。

表 13-4　课堂互动策略及其操作要点①

互动策略	操作要点
师生间互动策略	
课堂提问策略	·教师具有较大的话题控制权 ·问答时仪态大方、音调自然、音量适中 ·用语简洁清晰
反馈策略	·向教师反馈自己的学习情况，应不影响正常授课秩序 ·正确的练习方法是复习后练习，切忌“查字典式”练习 ·认真听取教师的讲评，查漏补缺

① 张大均主编：《教育心理学（第二版）》，人民教育出版社 2011 年版，第 189 页。

续表

学生间互动策略	
合作性策略	·明确的学习目标是合作的基础 ·清晰的班级规范和行为准则是合作的保证 ·学生对自己的角色与分工的认识是合作的前提
竞争策略	·每个学生都需要公正地评价自己，认识自己的优缺点 ·每个学生都需要公正地评价同学，认可他人的长处
讨论策略	·主动参与讨论 ·把握主题，有的放矢地进行思考 ·耐心倾听，学会从多种角度分析和处理问题 ·倾听、表达与记录相结合，以保证在信息量大、观点杂乱时，对问题的看法不会失之偏颇 ·语言交流与非语言交流并用，营造积极的交流氛围

三、课后巩固策略

知识的巩固是将所学的知识纳入已有认知结构的过程，也是信息通过深度编码和储存，并最终成为系统化、结构化的知识体系的过程。学生在课堂上所学的知识需要通过课后练习、应用加以巩固，才能被长久地保持，也只有通过课后的巩固和应用，书本上的知识才能真正转化为学生头脑中的知识结构。因此，课后巩固策略也是一项教师应当给予重视的学习策略。课后巩固策略主要有课后复习策略和应用与反思的策略。

（一）课后复习策略

课后复习是一项运用简便但极为重要和有效的学习策略，其目的是理解、巩固所学知识，同时，也能起到“温故而知新”的作用。在教学实践中，教师常常要求学生加强对所学知识的复习，以此来强化记忆，巩固知识。有效的复习策略包含以下几种具体的策略。

1. 重复策略

重复策略是对已经学习过的内容进行再次加工，重新学习，使信息保持在长时记忆系统中的学习策略。要想牢固准确地记住所学知识，最好的办法就是及时经常地复习。也正是因为此，中外历史上许多学者都极为强调复习的意义和价值。运用重复策略时，可以从以下几个方面入手：（1）制订复习计划，养成坚持复习的习惯。《论语》有云：“学而时习之，不亦说乎？”学习者应当将复习视为与新知识学习同样重要的学习过程，及时经常地进行复习；这要求学习者在新知识还处于可回忆时就及时复习，而不是等到已经遗忘再来重新学习。(2) 复习与尝试回忆相结合。此处的重复策略与之前提到的复述策略稍有不同，其着眼点不在于识记和理解，而在于信息的回忆和提取。(3) 整理和补充学习笔记。笔记最重要的价值就在于为复习提供参考或线索。课后复习时可参照书本和笔记查缺补漏，及时备注遗漏的信息，使知识更为完整和系统，加深对知识的理解。(4) 阅读与学习内容相关的参考书。正如前所述，参考书是对教科书的补充，它可以提供比教科书更为丰富的信息，呈现教科书或教师未展开讲解的知识点背后的信息，这些都有助于加深对教科书内容的掌握。

2. 系统化和结构化策略

系统化和结构化策略即对所学知识的相关材料进行归类整理，使所学知识形成一个层次分明、逻辑清晰的结构化知识体系。这一策略是对学习内容的再加工，是使学习内容由繁而简、由无序到有序的过程。

运用系统化和结构化策略时，需要注意以下几点：(1) 围绕中心进行系统深入的梳理和概括，将核心信息提炼出来，将之作为建构知识系统的固着点，同时，寻找和厘清知识之间的内在关联，明确各部分在框架内的地位；(2) 利用内容提纲、流程图、概念地图、网络结构图等形象直观的形式，构建和表征知识体系；(3) 系统化和结构化策略虽然是一种更高水平的学习策略，但并非所有学习内容都适合采用这一策略，因此根据学习材料的特点和性质，灵活选择和运用系统化和结构化策略，才能达到理想的效果。如对一些关系简单、篇幅较小的学习材料，使用这一策略反而会显得画蛇添足。

（二）应用与反思的策略

“学以致用”强调的是学习的目的在于应用，殊不知应用本身反过来也可以促进学习。应用与反思的策略就是通过对所学知识进行应用与反思来促进知识掌握的学习策略。应用与反思的策略主要通过解答问题与结果反思来实现。

1. 解答问题

解答问题作为一种课后巩固的应用策略，可分成两个层面：一是运用所学知识解答一定数量的练习题，完成课内外作业；二是把课堂所学知识应用到某一具体情境中，解决实际问题。作业、练习和解决实际问题可以加深对知识的理解，有助于把书本上的知识转化成自己的知识和解决问题的能力。

通过解答问题来进行知识巩固时，需要注意以下几点：(1) 对学生的指导与反馈，教会学生按照正确的作业程序（课后复习—审题—做题—检查—总结）进行练习；(2) 作业与练习难易适度，适当增加作业成功的机会，增强练习的积极体验，以激活内在动机；(3) 不仅要关注解题的结果，更要关注解题的过程，认知心理学研究表明，过程的知识比内容的知识更具有概括性和稳定性，过程知识具有更广阔的适用性，对个人认知发展意义重大；(4) 习题设计多样化，充分利用变式，强化对所学知识的灵活运用，防止学生思维僵化，依葫芦画瓢，生搬硬套。

2. 结果反思

学习结果反思是指学习者对自己所学的知识以及获得知识的过程的自我评价与审视，其内容包括所学知识是什么，获得知识的有效方法是什么，自己在知识学习过程中的自我体验如何等。其中，所学知识是什么，是学习反思中最基本、最常见的内容，然而，对于学习方法、策略的有效性以及学习中的体验的关注甚少。学习的目的不仅在于学到知识，同时还在于学会学习，对学习方法与策略本身的学习与反思也是学习活动的重要组成部分。

对学习结果的反思方式主要有以下几种：(1) 对照所学知识，验证解题答案；(2) 尝试不同的途径和方法，防止养成功能固着、思维僵化等过于依赖经验的消极思维习惯；(3) 举一反三，对掌握的学习方法或策略进行验证和迁移，提高学习效率；(4) 学习过程中情绪体验的监控、分析与调整。

学习策略是针对学习效果与学习效率而提出的，其目的就是为了提升学习效果，提高学习效率，但这并不意味着掌握了学习策略的学习一定非常有效。如果一个人拥有许多学习策略方面的知识，但它从来不去尝试使用这些策略，这就好比一个人家中有很多书，但没有去看的意愿，那这些书（策略）对于增长他的学识毫无效率和价值可言。只有主动地根据学习材料、学习情境以及自身的特点，有目的、有意识地激励自己，积极使用恰当的策略进行学习，同时，根据学习情境与任务的变化，主动地对学习策略进行调整，才能取得良好的学习效果。

小结

教与学的策略是近三十年来教育心理学和教学心理研究的热点之一，其在有效教学中的地位和作用已经得到研究者的一致认可。教与学策略的研究大致经历了“认知策略研究—学习策略研究—教学策略研究与学习策略研究并重”的发展轨迹。20 世纪 70 年代到 90 年代是国内外教与学策略研究的兴盛时期。

制定教与学策略的依据包括教学目标、教学对象的特点、教育者的特点与教学环境等。

教的策略也称教学策略，是在特定教学情境中为实现教学目标和适应学生学习的需要而采取的教学行为方式或教学活动方式。以教学活动过程基本环节为线索，可将教学策略分为教学准备策略、教学实施策略、教学监控策略。

教学准备策略是在教学准备阶段，教师所采取的对整个教学过程中诸因素进行全面分析，且对教学活动具有指导性的前瞻性策略，包括确定教学目标的策略、处理教学材料的策略、分析教学活动主体的策略、选择教学模式的策略。教学实施策略是在教学实施过程中推进教学活动、深化教学内容的策略，具体包括组织教学的策略、传输教学内容的策略和深化教学内容的策略。教学监控策略是指教师为了达到预期的教学目标，在教学全过程中，将教学活动本身作为意识的对象，不断地对其进行积极主动的计划、检查、评价、反馈、控制和调节的策略，它包括课堂教学行为的监控策略、学生学习行为的监控策略和教学环节的监控策略。

学的策略也即学习策略，是在特定的学习情境中，学习者为了提高学习效果和效率，结合自身特点而采取的学习活动方式。它既可以是内隐的规则系统，也可以是外显的操作程序和步骤。根据学习过程的基本阶段，可将学习策略分为课前准备策略，课堂学习策略和课后巩固策略。

课前准备策略包括明确学习目标的策略、时间计划策略、学习动机和兴趣管理策略、课前预习策略。课堂学习策略包括促进理解和记忆的策略、技能学习策略、听课策略。课后巩固策略包括课后复习策略和应用与反思的策略。

思考与练习

1. 教与学策略研究的基本发展轨迹是怎么样的？

2. 什么是教学策略？什么是学习策略？

3. 制定教与学策略的依据是什么？

4. 在教学准备、教学实施和教学监控中有哪些基本的教学策略？其操作的要领是什么？

5. 课前、课中、课后的学习活动中有哪些基本的学习策略？其操作的要领是什么？

拓展阅读

1. ［美］加涅著，皮连生、王映学、郑葳等译：《学习的条件和教学论》，华东师范大学出版社 1999 年版。

2. 张大均主编：《教育心理学（第三版）》，人民教育出版社 2015 年版。

3. ［美］鲍里奇著，朱浩译：《有效教学方法（第七版）》，江苏凤凰教育出版社 2014 年版。

第十四章　教与学的评价

启发与引导

- 教与学的评价在教育教学过程中占有重要的地位，那么，什么是教与学的评价，它有什么作用，如何有效进行教与学的评价？
- 在教学过程中，教师可以运用哪些教与学的评价方法来促进学生的成长和提高教学质量？
- 课堂评价作为教的评价的重要部分，应该遵循哪些原则？又有哪些步骤？
- 学生作为教学过程中的主要对象，是判断教学是否成功的主要参照物。学生评价包含了哪些方面，又要遵循哪些原则？

教与学的评价是促进学生成长、促进教师专业发展和提高课堂教学质量的重要手段，是现代教学中不可或缺的重要环节，被誉为当代教育科学研究的三大领域之一。现代信息技术的发展使教学评价不再局限于教师课堂评价、学生成绩评价，而使教与学的评价更加规范，结果更直观，数据分析更加全面，更具有解释、控制和预测的价值。教与学的评价在教师与学生心理健康的维护中同样起着重要作用，准确测量和评价青少年的心理倾向、心理状态、心理特征，准确了解教师的心理状态，维护教师的心理健康，都有利于教育教学活动的开展。本章将主要探讨这些问题：第一节论述教与学的评价的含义、功能与局限，有效评价的指标和范畴；第二节论述课堂评价的含义、理论基础、原则、方法及过程；第三节论述学生评价的含义及方法。

第一节　概述

教与学的评价是教育研究和学生发展的重要内容。通过本节的学习，可以了解教与学的评价的概念、研究范畴、功能与局限，并在实际运用中通过抓住评价的要素，进行科学、准确的测量和评价，从而促进学生身心成长和教师专业发展，提高课堂教学质量。

一、教与学的评价的含义

（一）什么是教与学的评价

评价在我们日常生活中处处存在，不仅在教育领域有评价，在政治、经济、文化等领域都存在评价。“评价”在《现代汉语词典》里的主要意思是“评定价值高低”，在英语中，“evaluate”在词源上的含义也是引发和阐述价值，所以，我们可以简单地把教与学的评价定义为“对教与学的价值进行评判的过程”。但是，这种评判过程不是随意的，而是建立在对教学信息进行科学处理和分析的基础之上的，并且其目的是提高教学质量，推动教育工作顺利进展，促进学生的身心发展。

关于教与学的评价的定义，目前学术界还未达成一致的看法。从以往的相关资料中，我们可以看出，教与学的评价主要包含四个方面的特点。

一是客观性，教与学的评价要建立在客观基础之上，必须运用严谨的测量方法，对教育体系信息进行科学、全面的收集。

二是主观性，无论是哪种评价，最终都是通过人的判断得到的，带有一定的主观性，但这种评价必须建立在对教与学各方面信息进行科学收集和测量的基础之上。

三是科学性，对于所收集到的教与学的信息，必须运用科学系统的方法进行测量和整理，以便进行准确的判断。

四是目的性，教与学的评价不是为了评价而评价，而是把评价结果反馈给学生、教师或教育主管部门，从而更好地促进教育决策和提高学生的学习动机与身心发展水平。

基于教与学的评价的四个特点，我们可以认为教与学的评价是指以教学目标为依据，通过科学的标准和手段，对教学过程和结果等教学信息进行测量、分析和评定的过程，目的是提高教学质量，促进教学活动发展。教与学的评价不仅是成功教学的基础，也是进行各种教育决策的基础。教与学的评价涉及许多相关概念，下面将对其区别与联系进行逐一介绍。

（二）与评价有关的概念

1. 测量

广义的测量是指根据某些法则与程序，对事物的属性在量上的规定性予以确认和描述，比如用软尺测量身高，用秤称量体重等。史蒂文斯（S. S. Stevens）曾说，广而言之，测量就是根据法则给事物赋予数量，即测量是根据一定的法则给事物的属性在量上指派数字或符号的过程。

测量包含三个要素。

一是事物及其属性，即测量的对象。教与学的评价对象和目标是个体的外显行为或外在表现，如学业成绩。这种测量关注的除了行为本身外，还着重于探索个体潜在的特质水平。因此，教与学的评价也是一种间接的测量，因为它最终关注的是与教学有关的行为背后的心理特质，如学习能力、学习动机、学生的情感、认知发展水平、教师的教学动机等。

二是规则，即给事物的属性分派数字的依据，它是测量的关键。如温度计能够测量温度，其依据的是热胀冷缩的原理，标准化智力量表可以测量个体的智力发展水平则是依据编制它的智力理论。一个坏了的温度计是不能准确测量温度的，同样，不标准的智力量表所测出的智力发展水平也是不可信的。只有依据标准的规则和方法，才能进行有效测量。

三是数字，即描述事物属性的符号。数字是代表某一事物或事物某一属性的量。数字本身具有区分性、等级性等逻辑运算特征，因此，可以通过测量所得到的数字来表示事物的属性正负、好坏、大小、多少等，以便进行统计、分析。每个教学测量最后都会得出一个数字结果，但要注意的是这个结果只说明了测量对象此时此刻在整体中的相对位置，而不能说明其绝对成绩，更不能说明其永远处于这个位置。

比如，某中学生通过韦氏儿童智力量表（WISC）测得的智力分数是 117 分。这里测量的对象即该学生的智力发展水平，测量的规则即该量表的编制原理、评分规则以及体现这些原理和规则的智力量表，测量的数字即 117 分，代表该学生的智力发展处于这一年龄段中等偏上的水平。

教学测量结果产生后，必须根据一定的标准对其进行评价，因为简单的测量本身是没有意义的。比如总分 100 分的题考了 85 分，我们实际是不知道这个成绩是好还是不好。如果是小学数学成绩，而且大部分学生都是 99 分、100 分的话，那么 85 分就是一个很低的分数；但如果是奥数的成绩，绝大多数学生是达不到 60 分的及格线的，那么这个成绩就是很高的。另外，单纯地评价好坏也是不全面的，比如两个学生期末测验都考了 96 分，但一个学生做错的题目难度很低，另一个学生做错了本来就很难的题，那么对第一个学生的评价可能比第二个学生高一些，因为做错简单题可能由于一时马虎。总之，科学的评价能够促进因材施教。

2. 测验

阿纳斯塔西（A. Anastasi）认为，测验本质上是对行为样本客观的和标准化的测量。

首先，行为样本就是测验的对象。比如，想要测量一个人的智力发展水平，我们需要使用智力量表对他进行智力测验，那么智力量表是通过测量哪些方面来体现他的智力发展水平的呢？因为能体现智力的行为有很多，所以我们需要从中选取最具有代表性的行为来体现其智力水平的发展，比如记忆、算术能力，这些代表性的行为就是行为样本。

其次，什么是标准化？它是指测验这种获取事物属性量化特征的方式在编制、实施、计分及分数解释等方面有一套系统的程序。只有这样，测验才能有统一的标准，使不同的人的测验结果具有可比性，从而减少无关因素对测验结果的影响，使之更加有效。我国的高考就是一个典型的标准化测验。

最后，即使是两个人完全按照标准程序来编制某个测验工具，其测验结果也不会完全一样。因此我们还需要判断测验工具客观性的一些指标：如对测验题目质量的分析，包括难易度、区分度、信度、效度，这些都是评价测验质量的重要指标。

测验是一种工具，主要在“名词”意义上使用。而测量是用特定的工具直接获得特性数据的过程，主要在“动词”意义上使用。此外测验更多是一种标准化的测量或者测量工具，比如各种标准化的学习测验、智力、职业倾向等心理测验；测量当然可以使用这些标准化的测验来对事物的属性赋值，但同样它还包括一些诸如观察、实验等方式来对事物的属性进行赋值。比如要了解学生的智力水平，我们可以采用韦氏智力量表这个标准化的测验，还可以通过我们的日常观察来判断智力水平（比如司马光砸缸的行为）。

3. 评价

评价是一个应用非常广泛的词，它泛指判断、衡量人物或事物的价值。评价的过程则是人在自身认知的基础上，对人物或事物的价值进行分析、衡量和判断的过程，评价过程一般来说包括事实判断和价值判断。在评价过程中，无论是事实判断还是价值判断，都需要以事实为依据。

教与学的评价不仅是对学生的发展变化及其相关因素的价值分析和价值判断，还应注重评价过程中量化信息的收集，即教育测量的手段，所以，教育评价和教育测量的内容是相生相伴的。

评价相对于测量、测验而言，概念更为宽泛，所以教与学的评价也旨在表明它不只是纸笔测验的一种形式，而是将测量、测验包含在内的多方式、系统性的评价。当然评价与测量、测验的区别还在于它对价值判断的关注，比如对学生的学业成绩，测量、测验更多的是对其进行赋值，表明其相对位置；但评价还注重对这个结果的价值判断，比如成绩相比上学期有了进步，而且可能在某个领域有很好的发展等。

二、教与学的评价的功能与局限

（一）教与学的评价的功能

教与学的评价可以诊断学生的优势和不足，而教师也只有在了解学生的优势和不足的基础上，才能有针对性地进行教学指导。同时，教与学的评价还能监控学生的进步，教师虽然可以简单地凭借自己的经验去判断学生对知识的掌握程度，但这种判断往往是滞后和不准确的，而科学和系统的教与学的评价则有助于我们及时了解和掌握学生的发展状况，对学生的学习进步做出科学的判断。教与学的评价的作用总的来说有以下几点。

1. 鉴定分级功能

教与学的评价起初侧重于鉴定等级和选拔的功能。教学活动是有目的和有计划的，是否达到教学目的所预期的目标也是教学工作者常常关注的问题。教与学的评价就是以一定标准体系为依据，对教学活动的预期目标及其达成度进行价值判断的过程。在这个过程中，它要对被评价者和预期目标相符合的程度做出判断和衡量，从而对被评价者进行合适的安置，比如教师的教学水平是否合格，是否适合继续从事教学工作，学生的身心发育状况是否适合进入高一阶段的学习等。可见，教与学的评价是评定、分级和选拔的重要方法。可以说，鉴定分级功能是教与学的评价中最基本也是运用最广泛的功能。

2. 诊断完善功能

通过教与学的评价，我们不仅能够发现教学活动中存在的问题，还能通过进一步的分析判断导致这些问题的原因，从而找出相应的对策，使教学活动更加完善、有序。诊断完善功能是教与学的评价不可忽视的功能。此外，教学过程往往会涉及很多因素，实施过程中难免会出现问题，比如学生压力过大、教学方法不合理等。通过教与学的评价，可以及时了解症结所在，有针对性地改变策略和方法，从而改进教学，促进学生发展。

3. 激励功能

教与学的评价是根据既定的教学指标进行价值辨析的活动，这些指标通常是教育活动主体根据国家和社会发展需要制定的一套评价标准和指标，如教学目标。教学参与对象为了获得较为理想的学业成绩或评价结果，往往会以评价指标作为参照，更加努力地达到评价标准。由此看来，教与学的评价在教与学的过程中起到了定向作用，它可以激励教育对象，使他们正视自己的优点和不足，调动教师教学工作的积极性，激发学生学习的内部动因，维持教学过程中师生之间适度的紧张状态，使教师和学生把注意集中在教学任务上。比如，对于学生来说，教师在评价中的表扬、鼓励信息、反馈的学习测验成绩信息等，都可以起到提高学习积极性和学习效果的作用。同时，评价还能促进学生根据外部信息进行自我评价，从而激励其进步。

4. 导向功能

教与学的评价具有指引方向的功能。通过教与学的评价，研究者能够收集到教育教学实践活动中契合社会发展需求和学生自身发展需要的信息，利用这些反馈的信息，对教育目标、培养目标、课程编制、教学过程、学习过程和品德的养成等加以调节和完善，深化对教学活动的发展现状与理想目标之间差距的理解和认识，并在此基础上对教学活动进行相应的调整和控制，不断提升教育活动的科学性、合理性，确保其沿着预定的目标前进。

通过评价目标、指标体系的引导，可以为学校指明办学方向，为教师与学生指明教与学的奋斗目标。教育评价是根据教育目标进行的，通过对现状与目标之间的距离的判断，能有效地促进被评价对象不断接近预定目标。通过教与学的评价，可以让教学参与者明晰目前的成绩与不足，从而调整接下来的教学行为。所以，教与学的评价具有导向功能。

（二）教与学的评价的局限

教学活动中的评价往往是借助测验进行的，因此教与学的评价也被称为教学测评，但当前，评价者常常倾向于把测验当作评价的唯一标准，唯结果是从的测验会对教师、学生的发展产生重要的影响，主要体现在以下两个方面。

第一是评价的应用。过分强调教学测评对被评价者的区分作用，以此决定教师评优、晋升或学生升学，会导致教与学的评价失去原有的价值。进行教与学的评价更多的目的应该是对教学情况进行真实评估并反馈，为教学水平和教学效率的提高提供资料和帮助。

第二是目标的设置。在我国的教学测评中，测评的主要目的是评估学业成就，即评价对知识的掌握和运用程度。但教学测评不应该仅局限于此，在素质教育背景下，应该拓宽教学测评的目标，不仅要注重对学科知识的测评，更要对其他一些重要的教育结果，如认知发展、创造性、问题解决能力、道德养成等方面进行评价。

三、有效评价的指标

（一）信度

在教与学的评价中，需要对教与学的结果进行测量，信度（reliability）是评价教与学质量的重要指标。

信度就是测量结果的可靠性程度，反映测验进行多次重复测量之后所得到的结果之间的一致性。个体及群体的行为具有不稳定性，即使对测量对象进行严格的控制，几次测验之间个体的成绩也会出现质和量的差别，这些差别一般与测量目的无关，而是由时间、地点、被试的身心变化等因素引起的。高信度意味着多次测验结果之间的高度一致性，即测量结果不因时间、地点等因素的不同而发生变化。信度可以分为稳定性信度、复本信度和内部一致性信度。

1. 稳定性信度

稳定性信度（stability reliability）就是跨时间的一致性，即在不同的时间重复完成同一个测验，其结果之间的一致性。比如某教师组织班上学生参加智力测验，测验完成后，在将问卷带回家的途中不小心把问卷遗失在公交车上，于是第二天教师要求学生们重新参加测验。一般情况下，我们会预测两次测验的结果不会有太大的差别，这就是跨时间的一致性。我们常常在某一时间段进行多次重复测量，来检验测量的信度，因此稳定性信度又叫作重测信度（test-retest reliability）。稳定性信度会受到测验时间间隔和重复测试带来的动机等因素的影响。

2. 复本信度

复本信度（alternate-form reliability）就是一个测验的两个或多个复本的测量结果之间的一致性程度。对于考试，重复使用同一测验会带来不公平，因为后接受测验的人有更多的练习机会，这样他们的成绩就有可能高于先接受测验者。所以教师通常会采用复本，比如我们常说的备考卷，来保证测验的公平性。复本通常在测试目的、内容、形式等方面，都与原始测试保持高度一致。复本测试完成之后的分数与之前测试分数的相关系数越接近 1，他们之间的一致性程度越高，那么这个测验的复本信度也就越高。

稳定性信度和复本信度是相互关联的，它们都代表了某种一致性，但实际上，两者所代表的一致性的内涵是非常不同的。稳定性信度代表的是跨时间的一致性，而复本信度代表的是同一测验不同复本之间的一致性。

3. 内部一致性信度

内部一致性信度（internal consistency reliability）就是一个评估工具中的题目执行同一种功能的程度。它反映的是题目功能的一致性程度，即测验题目符合测验目的的一致性。例如，某一测验的目的是考查学生对二元一次方程的掌握程度，那么这里面的每一道题都应该考察二元一次方程的知识，而不会出现如三角函数等的知识或者过于繁杂的计算导致的测验题目偏离测验目的。同样，同一个学生在各个题目上的反应也是相似的，如果已经熟练掌握二元一次方程的知识，而这些题都是为检测二元一次方程知识的掌握情况，那么他应该能答对多半题目。被试在测验题目上的反应越一致，测验的内部一致性信度也就越高。值得注意的是，教育评价中的题目越多，它的内部一致性信度往往也就越高。

稳定性信度、复本信度和内部一致性信度所代表的意义各不相同，不可相互替代，要根据评估的具体目标来选择合适的信度指标。信度是测量的核心概念，如果测验的信度很低，那么根据测验的分数几乎得不到准确的推论。

（二）效度

效度（validity）即测验结果的有效性程度，是某个测验对欲测量目的的实现程度，简而言之就是测验是否有效地测量到了想要测量的那个心理量。我们不能拿软尺去测量体重，也不能用温度计测量身高，因为测出来的东西没有意义，即没有效度。正如前面所说，之所以要进行教与学的评价，是为了了解学生在教师关注的教育变量上的状况，而后采取相应的措施，促进学生和教师教学活动的共同进步。教师对学生在某些教育变量上的了解越多，他们所做的相关决策的质量也就越高，而合理的教育决策依赖于教学评价的准确性。很显然，准确的评价会改进决策的质量，而不准确的评价则会误事，这就是效度的意义所在。效度可以分为内容效度、效标效度和结构效度。

1. 内容效度

内容效度（content-related validity）是指测验内容对所要推断的评价范围的内容的代表性程度。比如，一个物理教师准备编制这学期的期末考试试卷，那么这份试卷必须能代表这一学期所学的内容，所以，他必须先确定这学期的物理课程中的重点、难点是什么，然后根据重难点来编制期末试卷。这样编制的试卷才能保证内容效度，即可以测量学生对这学期物理课程知识的掌握程度，如果物理试卷考察的内容是上学期的知识点，那么这次物理期末考试就没有达到测验的目的，也就没有内容效度可言了。

2. 效标效度

效标效度（criterion-related validity）是测验结果对于学生在另一外部效标结果上的预测程度。比如高考是对学生学业潜力的测评，那么它应该能够预测学生在未来大学的学习状况，在未来大学的学习成绩就成为效标，而效标效度则是高考成绩对于效标的预测程度。和内容效度一样，效标效度也能够帮助教育工作者决定可以在多大程度上信任基于成绩对学生水平所做出的推论。但效标效度具有一定的适用范围，即仅当需要根据评价结果来预测学生在某一后续效标变量（criterion variable）上的表现时，我们才会用到效标效度。这里的测验可以是智力测验，而后续效标可以是大学的成绩、毕业后的就业方向等。可以说，知道了测验的效标效度，就可以知道测验的预测能力如何。但实际测验中，即使效标效度很高，未来的结果也很难被准确测量，因为还存在很多其他决定性因素，效标效度只能作为一个参考。

3. 结构效度

结构效度（construct validity）是指测验所测量的心理特征与心理特征结构维度的吻合程度，这里的结构维度是指心理特征潜在的结构维度。例如，神经症的临床评定法往往从病程、痛苦程度、社会功能三个方面进行评判，根据分值不同来划分神经症等级。再比如，对学生的智力水平进行测试，如果理论认为智力包括感知事物的能力、记忆能力、想象能力、思维能力和创造力等，那么用来测试学生智力的测验就应该符合这个结构。在测量过程中，确定心理特征的结构维度是重点和难点，我们常通过三种途径来实现：首先，可以从测验内部寻找证据，利用双向细目表进行内容分析和因素分析，进而进行结构判断，了解测试题目的结构与理论结构之间的拟合程度。其次，可以从不同测验之间的关系进行结构效度判断，具体方法是比较测试相同心理特质的两个测验之间的聚合效度和测试不同心理特质的两个测验之间的区分效度。最后，可以通过实证的方法来考察测验的结构效度，主要方法是看测验对被测人群的区分程度，如测量神经症的工具应该在正常人群和神经症人群身上得到不同的结果。

如果一个测验能够有效地测量想要测量的那个心理量，那么可以确定它的测量结果一定也是可靠的。严格来说，信度是效度的必要不充分条件，效度高，必须信度要高，但信度高并不一定会导致效度高。比如一把质量很好的秤每次都能够很准确地称出物体的重量，我们说这个测验的信度、效度都很高；但一把有误差的秤，每次称出来的数量都系统偏小，这个时候用它来测量物体的重量时，虽然多次称出来的都是相同或者类似的数值，也就是说测验的信度很高，但结果却是无效的，即没有效度的。

（三）难度

难度（difficulty）是指一个测验对于被测者的难易程度。难度分析通常用于最高作为测验，如学生的期末考试；在典型作为测验中，则不存在难易问题，如人格测验。最高作为测验的难易程度应该是适中的，如果测验特别简单，所有人都会做，那么就达不到分层分级的作用，也无法准确测量想要测的心理量；如果测验特别难，所有人都不会做，同样也是没有效度可言的。难度不仅会影响测量的信度和效度，还会影响测验的鉴别力。通过难度分析，教师可以筛选题目，使测验具有更强的鉴别力。一般来说，对于效标参照测验和掌握测验，一般不考虑难度；对于选拔测验，难度最好接近录取率；对于选择题来说，难度一般应该大于猜测概率。

（四）区分度

区分度（discrimination）又叫作鉴别力，是指测验项目对被试差异的区分程度。在具有良好区分度的测验中，实际掌握了考查知识的学生应该得高分，而没有掌握的学生应该得低分，即区分度高的测验能够将不同水平的被试区分开来。区分度是检验测验是否有效的重要标准，也是评价测验项目质量和筛选项目的主要指标和依据。测验的难度对测验的区分度有直接影响，测验太难或太简单都是没有区分度而言的。一般来说，中等难度的测验区分度最好。

（五）评价偏见

介绍了信度、效度、难度、区分度之后，我们是否能判定一个信度、效度都很高的测验就一定可靠，并且能有效地对结果进行预测呢？答案是否定的。

评价偏见（assessment bias）同样也是反映评价工具质量的重要标准，它指的是某些学生由于性别、种族、社会经济地位、宗教信仰或者其他特征，在评价中受到的不公平对待。评价偏见无论多少，都会对测验的效度产生影响，进而使测量结果产生偏差。那么我们怎样发现和克服偏见呢？常见的发现偏见的方法有审查法和经验主义法。审查法主要根据偏见审查人员的意见来决定测验项目是否存在偏见。经验主义法是通过鉴别出那些有区别功能的项目，来判断测验是否存在偏见。

测验过程中我们常通过评价调整和替代性评价来克服偏见。评价调整（assessment accommodation）是指改变实施测验时的相关条件，使被试的某种特征，如听觉障碍、书写障碍、教育水平等与测验无关的因素不会影响他们测验结果的实际水平。如瑞文推理测验作为纯图形测验，可以用于比较不同种族、不同教育背景下的同龄儿童的推理能力的发展。有时候，对于一些有严重缺陷的学生，仅仅在评价方式上做出调整是不够的，这时就需要设计一个“替代性评价”（alternative assessment）。如对于不能识字的儿童，我们用瑞文推理测验来替代纯文字的推理测验。通常情况下，原评价和替代性评价是有很大的差异的。只有消除评价程序中的偏见，才能将评价结果归因于教师所专注的教学变量上，进而在教学上进行调整。

四、教与学的评价的范畴

要了解教与学的评价的范畴，就不得不提到另一个与教与学相似的概念——教育评价。教育评价是用来判定学生或教学结果在教师关注的教育变量上的状况。其中教育变量就是教师所关注的对学生身心发展有影响的变量，我们常说的学生对某个知识点的掌握程度、学生对课堂知识的理解程度、教师对课堂时间的把控程度等，就是教育变量。近几十年来，国内外学者关于教育评价的本质及其研究众说纷纭，美国学者盖伊（L. R. Gay）总结了各种类型的评价所涉及的主要变量与主要的决策问题（见表 14-1）。

表 14-1　教育评价类型与涉及的主要变量及决策问题①

评价类型	被评主要变量	主要的决策问题
学生评价	学业成就 能力倾向 个性	分级与升学 选择与安置 后续教学安排
课堂评价	学业成就 态度 成本	教学方法、策略或教材相对于目标的有效性 相对效益 成本效益
学校评价	学业成就 能力倾向 个性	后续教学与非教学活动的资源分配
大群体评价	学业成就	教学系统相对于目标的有效性 各子系统的相对有效性
特定项目与方案评价	具体的项目方案	相对目标的有效性 相对效益
人事评价	教师与学生的课堂行为这类活动 被评人（如教师）的态度和观点 有关人员（如学生）的态度和观点	聘用 提升 薪水

教育评价和教与学的评价是两个相似的概念，但教育评价更加宏观，它是以教育的全领域或涉及宏观决策方面的教育现象、措施为对象的评价，而教与学的评价则是以学校内部各方面的工作为对象的评价，如办学水平、办学条件、教师队伍、教师工作、学生工作、班主任工作、家长工作等。教与学的评价是教育评价的具体体现，教育评价是教与学的评价的集合。目前关于教与学的评价研究的基本问题主要有以下几方面。

（1）教与学的评价的理论问题：包括教与学的评价的本质、特征、类型与功能、评价的基本原则等，为学习和研究教育评价问题构建概念体系；还包括教与学的评价的发展历史、代表人物、基本观点等，为研究和实施教与学的评价提供方法论指导。

（2）教与学的评价的方法问题：包括教与学的评价的一般程序、设计评价方案的方法、收集评价信息的方法、处理和分析评价结果的方法等，为顺利开展评价工作提供具体的操作方法。

（3）教与学的评价的实践问题：包括学生评价、课堂评价、发展性教师评价、学校评价等（见表 14-1）。

教与学的评价的研究范畴是动态发展的，不同时期的研究范围在不断变化，不同研究目的的侧重点也会有所不同。

---

① 肖远军著：《教育评价原理及应用》，浙江大学出版社 2004 年版，第 27 页。

第二节　课堂评价

课堂评价是与课堂教学有关的测量与评价的总称，是教的评价的主要内容。通过本节的学习，可以了解课堂评价的概念、类型、功能以及理论基础，掌握课堂评价的原则、方法和实施过程，有助于课堂评价的实施，促进学生学习，改善教师的教学方法。

一、课堂评价概述

（一）什么是课堂评价

课堂评价是与课堂教学有关的测量与评价的总称，是教的评价的主要内容。它是指为促进学生学习、改善教师教学而实施的，对学生的学习过程与结果、教师的教学过程所进行的测量与评价。

课堂评价通常关注三方面内容：一是对课堂教学过程进行评价，主要对教学过程的构成要素，如教师、学生、课堂教学方法和教学环境等进行评价；二是对学生活动进行评价，主要以学生课堂行为表现为基础，对学生在课堂教学中是否得到认知、情感、动作技能等的发展和进步进行评价；三是对教学效果进行评价，往往是在教学结束之后对学生的进步进行评价。在实际应用过程中，对教师、学生所进行的测量和评价之间有相互包含的关系，即测量和评价教师课堂教学的工作通常也会包含对学生学习结果的测量与评价。

（二）课堂评价的功能

1. 对课堂教学的促进作用

首先是教学前的评价。教学前的评价可以是一节课开始之前的评价，也可以是一个教学单元甚至是两门课之间的评价。教学前评价能够弄清学生是否具备新课学习所需要的知识和技能，即确定学生的学习准备情况，它直接关系到教学目标是否能够达成，是教学活动的基础。

其次是教学过程中的评价。教学过程中的评价主要用于监测学习进步、检测学习过程中的错误，并反馈给教师和学生。教学过程中的评价是监控学习进展最重要的手段，也是进一步教学的基础。通常这些评价涵盖的是事先确定了的教学内容，如某一章所包含的知识和技能，正因如此，教学过程中的评价内容通常比较狭窄，对于那些重要的学习目标，如情感、态度、价值观、道德等很少涉及。

最后是教学结束后的评价。在一个教学阶段结束后，教师通常会关心学生是否达到预期的学习目标以及达到的程度如何，要获得这方面的信息，我们必须使用相应的评价。教学结束后的总结性评价可以确定学生的学业成就或等级分数，从而为教学安排、因材施教提供依据。而单元测验在为学生提供反馈、激励他们从事更具有挑战性的工作和评价教学方面具有重要作用。这些评价可以是形成性的，也可以是总结性的，都是教学评价过程中的有机组成部分，能为教学的顺利进行、教学工作成效的提高等提供及时而有效的反馈信息。

2. 对师生发展的促进作用

首先课堂评价能够反映教师的专业素养和能力，帮助教师对教学过程改进做出更准确的决策。在教育教学过程中，教师需要做出一系列判断和决策，需要对学生的知识、能力、态度、价值观、学业潜能等进行全面深入的了解，这就必须要进行相应的教学评价。掌握课堂评价的方法和技术有助于教师获得以下几个方面的信息：一是诊断学生的优势和不足，教师应该知道学生的知识能力情况，以便安排教学指导的策略；二是监控学生的进步，教师可以通过课堂评价了解学生是否达到预期的进步，从而准确了解自身教学方法的效果，并对自身教学活动的及时调整提供信息，合理开发和应用课堂教学评价能够有效提高学生的学业成就；三是评估教师自己的教学，教师可以通过学生的评价来评判自己的教学结果，帮助调整现有的教学方案。

这些信息都有助于教师和学生的发展。对于教师而言，课堂评价能够促进教师树立正确的教学观念，及时优化自己的教学策略；对于学生而言，课堂评价能够促进学生更好地发展。而且有效的课堂教学评价，不仅能够真正确立学生在课堂教学中的主体地位，还能够促进学生积极参与课堂学习，使学生充分发挥能动性，形成良好的教学氛围和师生互动关系。

二、课堂评价的理论基础

（一）目标理论

目标理论包括美国课程理论专家泰勒（R. W. Tyler）的行为目标模式和美国著名心理学家布鲁姆的目标分类模式。

泰勒在 20 世纪 30 年代提出了行为目标模式，也称“泰勒原理”。这种理论强调把学生的行为目标作为评价的主要依据，把教育方案、计划所欲达到的目标用可以被观察、测验的学生的行为来表示，认为评价就是判断教育活动实际达到目标的程度，找出教育活动偏离目标的程度，通过及时的信息反馈为教育工作者提供决策依据，从而使教育活动尽可能达到目标。

布鲁姆在 20 世纪 50 年代提出目标分类模式。这种理论认为教育目标是教育教学评价的基础，而教育目标从整体上可以划分为认知领域的目标、情感领域的目标和动作领域的目标。其中最为人熟知的就是认知领域的目标，而情感领域和动作领域的目标的提出进一步丰富了教与学评价的内容，进而解决了在教育与教学评价中测什么的问题，在学术界引起广泛影响。

（二）多元智力理论

美国著名心理学家加德纳（H. Gardner）于 1983 年提出多元智力理论。该理论认为人的智力结构至少由七种智力要素构成，即语言智力、数理逻辑智力、空间智力、运动智力、音乐智力、人际交往智力和自我认知智力。多元智力理论本身的多元性、文化性、差异性、实践性等特征为教育教学评价带来了新的内容和方式：个体具有不同水平的智力及其组合方式，如果给予适当的教育，每个人都能发挥出自己的优势智力。这种评价方式符合新一轮基础教育课程改革背景下的学生观。多元智力理论的提出使教育评价者关注学生的智力类型是什么，而不再简单地以智力高低来评价学生，改变了传统的教与学的评价方法。

（三）真实性评价

真实性评价兴起于 20 世纪 90 年代的美国，它作为替代传统纸笔测验的方式，又被称为替代性评价。在传统的教与学的评价，特别是学生评价中，通常采用纸笔测验或标准化测验来考查学生对理论知识的获取能力，而忽略其应用能力的发展水平。随着教育实践论的发展，人们意识到实际操作和解决问题的能力的重要性，逐步将真实性评价纳入教与学的评价中。真实性评价是对学生运用先前所学知识解决新异问题或完成特定任务所进行的评价，具体来说是运用真实的生活问题或对现实世界的模拟来引发学生的真实反应。真实性评价通常由高水平的评定者按照一定标准进行直接的观察、判断，最终形成书面的评价。常见的面试中的无领导小组讨论就是一种真实性评价。

（四）有效教学理论

有效教学理论的目的是增强课堂教学的效果，并由此对教师的行为特征进行系统研究，主要有以下几种代表性观点。

美国亚利桑那州立大学教育学教授伯利纳（D. C. Berliner）等通过对阅读和数学教学的研究，提出了有效的教学行为和无效的教学行为的理论。其中，有效的教学行为有：教师建设性地对学生的情绪和态度做出公开的言语或非言语的反应；教师认真听学生讲什么、谈什么；教师给学生某种警告或指导，并说到做到；教师对所教学科充满信心，并显示出对此学科的驾驭能力；教师检查学生的学习进度，并根据检查结果调整自己的教学工作；在教学过程中，教师表现出一种积极的、愉快的、乐观的态度和情绪；教师能够充分有效地利用课堂上出现的迹象预测意外事件；教师鼓励学生认真做好课堂作业，并对学生的课堂作业负责。无效的教学行为有：教师突然改变教学程序，如从教学转向课堂纪律管理；教师当众训斥学生；教师为了打发空余时间，让学生在课堂上做一些无用的作业；教师在课堂上不是为了达到明确的教学目标，而是要表现自己。①

---

① 余林主编：《课堂教学评价》，人民教育出版社 2007 年版，第 8—9 页。

三、课堂评价的原则

（一）目标导向原则

课堂评价的目标导向原则，是指课堂评价必须在特定的评价目标的指导下去实施。评价的目标包括教学与学习的目标、调查与预测的目标等。只有明确目标，才能根据目标制订需求计划，选择评价方法和对象，制订评价方案。课堂评价应该将目标着眼于关注学生的学习进步和动态发展，关注教师的教学改进和能力提高，调动师生积极性，提高教学质量。

（二）客观性原则

课堂评价的客观性原则，是指评价需要以准确、规范的标准作为基础，对教学成果进行实事求是的价值判断，不能掺杂主观随意性和偶然性。所以，在进行课堂评价的过程中，从测量方法的选择到结果的评价分析，都应该符合客观实际，做到评价标准、评价方法、评价态度都客观统一。

（三）指导性原则

在课堂评价过程中，应该把评价和指导结合起来，而不仅仅简单地对评价者进行鉴别分级，还要为教学活动的后续开展指明方向，后者才是课堂评价的最终目的。只有对评价结果进行全面分析，找出教学互动中的因果关系，并通过积极的信息反馈，使被评价者明确今后的发展方向、调整方法，才能促进教师与学生共同进步。

（四）整体性原则

课堂评价的整体性，要求在课堂评价过程中，把握教学的整体及发展的全过程，了解事物进展的全貌。这一原则是由课堂评价的复杂性以及教学活动以外的其他制约因素的复杂性决定的。全面审视问题，才能对教学做出实事求是的评价。

四、课堂评价的方法

课堂评价的方法很多，可以从不同的角度分类。

根据评价目的的不同，可以将课堂评价分为奖惩性评价和发展性评价。奖惩性评价是将课堂评价的结果和对教师的奖惩结合起来，将其作为教师晋级、降级、解聘等的依据。这种方法运用较多，但常常不能调动教师的积极性。发展性评价是一种形成性评价，以促进教师专业发展为最终目的，以实现学校的奋斗目标为导向，这种方法具有发展导向性、动态性的特点，在现代教学评价过程中的运用越来越广泛。

根据评价主体不同，可以将课堂评价分为内部评价和外部评价。外部评价是指由教育行政主管部门的人员，如教研员、评价专家、学校领导、教务人员以及教师同行等不参与课堂教学活动的人员参与评价。内部评价则是让从事课堂教学活动的教师本人和学生群体直接进行评价。

根据收集评价资料的手段不同，可以将评价分为以下几种。（1）现场观察评价：评价者进入课堂，现场听教师讲课并及时进行评价。（2）监视监听评价：利用单向玻璃或摄像设备等手段进行实时课堂评价。（3）录像评价：利用摄像设备将教师课堂教学过程记录下来，进行课后评价与分析。（4）问卷评价：采用评价问卷，由教师和学生根据他们对教学过程的主观印象进行评价。现从实际运用的角度，主要介绍这四种方法。

（一）现场观察评价

现场观察评价要求评价者进入课堂，实时实地听教师讲课并及时给予评价。在评价开始之前，评价者应该根据评价目标拟定评价内容和评定标准，评价内容可以包括教学目标、教学过程、教学效果等，并将其具体分为二到三个等级，每个具体的指标又从合格到不合格，分为不同等级。采用这种方法编制评价表格时，应注意学科的差异性。以下是一例中小学课堂教学评价指标和评价标准表（见表 14-2）。

表 14-2　中小学课堂教学评价指标和评价标准

	一级指标	二级指标	评价结果		
			A	B	C
基本要求	1. 教学目标	（1）科学性			
		（2）适切性			
	2. 教学过程	（3）张弛有度			
		（4）学生参与			
		（5）有效有序			
		（6）关注差异			
	3. 教学气氛	（7）师生关系			
		（8）课堂气氛			
	4. 教学效果	（9）知识技能达到要求			
		（10）探究问题积极			
		（11）问题解决有效			
教学特色（发展性）					

现场观察评价中的评价资料具有很强的实效性，而且能够对各种临时发生的情况进行评估，对教师的教学激情和学生的参与积极性有较真实的反馈。但这种方法具有一定的模糊性和主观性，容易受到评课人的主观经验和学识的影响。而且由于评价者的出现，教师

和学生的心理和行为也会发生一定变化，使评价结果产生误差。

（二）监视监听评价

监视监听评价则是为了克服现场观察评价中由于评价者的出现对教学参与者的影响，利用单向玻璃或摄像设备等进行实时的课堂评价。评价者不直接进入课堂，这样可以在很大程度上避免给师生带来压力，使获取的信息更加真实。缺点在于可能会受到观察角度等因素的影响，无法全面了解整个课堂的情况。

（三）录像评价

随着教育技术水平的提高和学校多媒体设备的完善，采用录像方式对教师的教学进行评价成为一种现实而科学的方法。录像评价通常由四个步骤组成，以对某心理健康老师开展的团辅课程进行评价为例，我们需要做以下四步工作。

首先是准备工作。前期的准备工作需要注意环境条件，比如团辅场地的光线、声音大小，此外还需要选用合适的录像设备，并在前期做好调试。

其次是课堂教学过程纪实。由于评价是基于教学录像进行的，所以要注重录像的内容和质量。既要注重对教师教学方法的纪实，又要注意对理想学生的纪实，理想学生就是和教师上课步调一致的学生，如团辅过程中积极回应老师的学生。对他们的记录能够更好地体现教师授课的内容和方法的作用。为了避免摄像时可能出现的遗漏，可以选择将整个课堂内容都记录下来，或者寻求助手专门负责录像记录工作。

再次是教师访谈过程记录。摄像结束后，采用事先准备好的访谈提纲对上课教师进行访谈，制订提纲的主要目的是了解教师的教学设计、教学目的、教学背景以及教师对课程的自我评价等。访谈过程通常也会记录下来，便于事后评价。

最后是录像分析。一般需要通过以下几步完成：（1）将录像资料转化为文字资料，以文字的方式记录课堂教学内容、过程；（2）根据文字资料和录像资料，将课堂教学分为几个有机的环节，对每个环节的教学活动进行概括性描述；（3）制作课堂记录表，内容应包括教学环节、学生活动描述和教师活动描述；（4）进行定量评价和定性评价，包括对教师教学活动、学生参与情况、教学反馈活动、教学时间与教学目的的定性和定量评估。

录像评价法利用录像将教师的教学过程和学生的活动记录下来，再进行课后的评价和分析，其优点在于可以供多人反复观看和讨论，甚至可以让被评教师参与讨论，从而使整个评价结果更为全面、客观和准确。而且还可以将不同教师的教学录像或者同一个教师的不同教学录像进行对比，分析教育教学情况。

（四）问卷评价

问卷评价即采用问卷对参与教学的教师和学生进行调查和评价的方法，与现场观察评价不同的是，评价者并不进入课堂，而是课下采用问卷对师生进行评价。教师的他评或自评问卷通常应该包括对基本教学能力、备课的准备情况、教学内容的熟悉程度、教学过程中的创新性、课堂教学气氛、学生参与的积极性、教学效果的评价等方面的内容。学生评价问卷不仅可以包括对课堂教学各方面情况和教学效果的评价，还可以让学生对教师的课堂教学提出自己的建议。表 14-3 和表 14-4 分别是教师问卷和学生问卷的示例。

表 14-3　教师教学实施（课堂教学）评价表

评价人单位__________　评价人姓名__________　评价时间__________学时____节

学校		班级					科目			
教师		男	女	老	中	青	普通话	方言	职称	
课题							课型			

评价项目	评价要点	评价结果				
		优	良	中	合格	差
教学语言技能	1. 语言准确、严谨、简练、生动、感染力强； 2. 语速、语调、节奏、音量适中、合理； 3. 语法逻辑性、条理性、简约性、启发性、教育性强。	20	17	14	12	10
板书板图技能	1. 字体工整、清晰、准确、规范，有示范性； 2. 层次分明、布局合理、主线清晰、线条整齐、图表规范，有科学性、条理性和计划性； 3. 形式多样，给人以美的享受，有趣味性。	10	8.5	7	6	5
讲解概念技能	1. 教学目标明确，教学内容深入浅出、系统有序，重点突出，揭示正确、深刻，目标达成度高； 2. 运用实例或情境、分化或泛化等多种手段和方法，激发学生兴趣和思维，内容呈现简约、条理、清楚； 3. 重视启发，体现主导和主体原则。	20	17	14	12	10
教态变化技能	1. 仪表端庄，教态自然，常带微笑，生动活泼； 2. 声音、声调、表情、眼神、手势变化自如，明白准确，繁简适度，能引起注意和思考。	10	8.5	7	6	5
教学演示技能	1. 媒体演示清晰、有序，操作规范，有示范性； 2. 演、讲结合，及时启发、调控，演示适时、适量、适度、有效。	10	8.5	7	6	5
提问技能	1. 提问设计合理，点题准确、清晰，顾及多层次要求； 2. 能活跃思维，启迪智力，及时点评、归纳总结。	10	8.5	7	6	5
导入技能	1. 导入具体、简捷，有针对性和启发性； 2. 能引起注意，激发兴趣，有趣味性和艺术性。	5	4	3.5	3	2.5

续表

反馈强化技能	1. 反馈及时、准确，有可观察变量，方法多样； 2. 强化及时、入微、适度，有可控制变量。	5	4	3.5	3	2.5
组织教学技能	1. 课堂管理循循善诱，教书育人，尊重学生； 2. 冷静处理突发事件，师生关系和谐；学习气氛浓厚。	5	4	3.5	3	2.5
结束技能	1. 围绕目标，归纳总结，条理扼要，重点突出； 2. 能进一步点拨、拓展、延伸。	5	4	3.5	3	2.5
总评	等级：优 100—88；良 87—75；中 74—65；合格 64—55；差 ≤54	总评得分				
评语						

表 14-4　学生对教师的课堂教学评价表

学校名称________　　评价人班级________　　评价时间________

教师姓名		男	女	老	中	青	担任课程	

评价项目	评价要点	评价结果				
		优	良	中	合格	差
为人师表 教书育人	1. 仪表端庄，言传身教，具有爱心，师德高尚； 2. 教风严谨，严于律己，尽心尽职，循循善诱。	10	8.5	7	6	5
教学效果 技能水平	1. 备课认真，讲课熟练，教态自然，语言准确，条理清楚，层次分明，重点突出，娓娓动听； 2. 重视启发，思维活跃，方法多样，手段直观，效果优良； 3. 板书工整，准确规范，布局合理，有助笔记、记忆和复习； 4. 教学技能熟练、全面。	60	51	42	36	30
课堂管理	1. 师生关系民主、平等、和谐、合作； 2. 课堂学习气氛热烈活跃，学生学习积极性高； 3. 课堂管理严格，责任心强，纪律良好。	10	8.5	7	6	5
教学辅导	1. 教学辅导一视同仁，顾及全体，照顾个别； 2. 辅导及时、耐心、细致。	10	8.5	7	6	5

续表

<table>
<tr><td rowspan="2">作业批改</td><td colspan="6" rowspan="2">1. 作业布置的题量适中，难易适当；
2. 批改、讲评及时，评语、评讲认真。</td><td>10</td><td>8.5</td><td>7</td><td>6</td><td>5</td></tr>
<tr><td></td><td></td><td></td><td></td><td></td></tr>
<tr><td rowspan="2">总评</td><td rowspan="2">总评等级</td><td>优</td><td>良</td><td>中</td><td>合格</td><td>差</td><td colspan="2" rowspan="2">总评得分</td><td colspan="3" rowspan="2"></td></tr>
<tr><td>100—88</td><td>87—75</td><td>74—65</td><td>64—55</td><td>≤54</td></tr>
<tr><td>评语</td><td colspan="11"></td></tr>
</table>

注：1. 教师总评得分应等于每个学生对该教师教学评价的总评得分的算术平均值；

2. 教师总评等级应等于该教师总评得分（算术平均值）对应的等级。

问卷评价采用事先编制好的评价量表，由教师和学生根据他们对教学过程和效果的主观印象进行回答，这种评价方法的关键在于问卷的编制。问卷评价的应用非常广泛，可以与现场观察评价、监视监听评价、录像评价共同使用，使评价结果更加有效。

无论哪种类型的课堂评价，目的都是期望通过客观准确的评价更好地促进教师的发展。成功的评价制度，一方面必须保持教师的绩效压力，另一方面还必须注重对教师的内在激励，促进教师的专业成长和发展。实践表明，对于不同的教学模式、不同的教学主体，应该采用内部与外部、定性与定量相结合的评价方法，才能使评价客观科学，使评价结果更好地服务于教师发展。

五、课堂评价的过程

一般而言，课堂评价可以分为三个阶段，下面还是以评价某心理健康老师开展的团辅课程为例，介绍课堂评价的过程。

（一）准备阶段

准备阶段的主要工作包括组织准备、人员准备、方案准备以及评价者和被评价者的心理准备等。组织准备即成立专门的评价领导小组或组建评价工作小组；人员准备主要是指与评价有关的人员应该学习评价理论、团辅工作和有关文件；方案准备是指评价的组织者根据课堂教学评价的目标，在教学评价实施前拟定有关教学评价的目的、内容、范围、方法、手段、程序和预期结果的纲领性文件，可以以文字形式，也可以以表格形式呈现；同时，在评价准备阶段，评价者和被评价者会出现诸如晕轮效应、成见效应、应付心理、焦虑心理等一系列的心理现象，这些心理现象会影响评价者与被评价者之间的关系，进而影响评价的信度和效度，因此需要进行有效的调控。

在各项准备工作中，方案准备是准备阶段的中心工作。通常准备的方案应具有以下几个方面的特性。

第一，以评价标准为核心。评价标准一般包含评价的指标体系及其评定标准。评价标准编制的科学性和有效性决定了评价结果的信度和效度。通常在编制评价标准时，要以相应的调查作为基础，通过严格论证、专家评判、实验修正，最大限度地提高评价标准的质量。

第二，以评价程序的科学性、规范性和可操作性为根本。评价工作的科学性、规范性和可操作性是指评价活动的指导理论以及评价过程中所采用的方法要科学，评价运行的程序要规范，要按照预先设计好的程序进行，不得随意改变，而且整个评价程序具有可操作性，能得出明确的结论。

方案通常包括以下内容：评价目的，评价对象，评价标准，评价方法，实施期限，评价报告完成的时间，评价报告接受的单位、部门或个人，经费预算等。①

（二）实施阶段

实施阶段是课堂评价的中心环节。这个阶段的主要任务是运用各种评价方法和技术收集各种评价信息，并在整理评价信息的基础上做出价值判断，同时对评价者和被评价者的心理进行调控，以保证评价工作的顺利进行。实施阶段的工作主要包括三个部分。

1. 收集

根据先前制订的评价方案，利用相应的评价方法、工具和标准等收集需要的评价信息。其中评价工具非常重要，如评价表，它的科学性直接影响了信息收集的有效性。收集信息应该注意三个方面：首先，收集信息应该做到收集到足够量的信息，只有根据足够的信息才能做出真实的评价；其次，还应全面地收集信息，任何事物都有自身的系统，系统的事物都是由多因素构成的，收集的信息不全面就不能做出准确的判断；最后，收集的信息应该具有代表性，在实际评价过程中，要做到非常全面地收集信息是很难的，因此，收集具有代表性的信息不仅有利于教师做出准确的评价，还可以提高效率，节约成本，比如团辅工作需要收集的重点信息就是团队成员与指导者之间的配合程度。常见的收集信息的方法就是前面提到的观察、录像、问卷等方法。

2. 整理

为了有效发挥评价信息的作用，收集到的评价信息应该进行审核和归类，才能避免信息的杂乱无章。整理评价信息主要是将收集到的全部教育评价信息进行反复的核验，对评价信息的全面性、准确性、适应性以及收集方法的可靠性进行检查、分析和提炼的过程。整理评价信息一般包括三个方面。首先，对评价信息进行归类。即根据一定的标准对评价信息进行归类，如将收集到的团辅评价信息分为文字、录音、录像等。其次，对评价信息进行审核。审核是指对评价信息进行去粗求精、去伪存真的过程，剔除出现偏差的数据，保证资料的完整性和可靠性。最后，对评价信息进行建档。归类和审核后，应该将评价信

---

① 余林主编：《课堂教学评价》，人民教育出版社 2007 年版，第 30 页。

息统一保管存储，有利于数据分析和评价。

3. 分析

分析要求评价者对评价信息做出客观准确的定量或定性的评价，形成最终的评价意见。其中定量评价是指采用一定的数学方法，收集和整理数据资料，对评价者做出定量结论的评价，如根据团辅过程中的气氛、学生参与度、问题是否得到有效解决等多维度进行量化评分。定性评价是指根据被评价者在团辅过程中的表现、现实的状态，直接对被评价者做出定性结论。定量评价作为传统教学评价的主要方法，容易形成“一刀切”的结果，即仅以成绩或者定量结果作为划分学生能力评价的标准。随着现代教学评价的发展，评价的对象从知识掌握的程度转向了学生的学习动机、兴趣、创新能力等非智力因素，更加关注学生的全面发展，对于学习动机这种难以用数字衡量的因素，定性评价起到了很好的作用。在教师课堂教学评级过程中，定性评价与定量评价相结合的方式更有利于得到准确的评价结果，促进教师成长和学生进步。

（三）结果的处理和反馈阶段

评价结果的处理和反馈阶段主要包括四个方面的内容：一是检验评价结果。评价结果的检验，既要检验评价程序的每个步骤，看其是否全面、准确地实施了评价方案，还要运用统计检验方法，对评价结果进行统计检验。二是分析诊断问题。评价的目的并不是简单地对被评价者进行等级分级，而是为了依据评价结果促进课堂中的教与学。分析诊断问题可以帮助评价者找出问题的关键。三是撰写评价报告。评价报告是在评价结果和诊断问题的基础上，对评价的系统总结和阐释。四是反馈评价结果。及时有效地反馈评价结果有利于评价对象不断改进、完善自己，为教育工作者提供决策依据。反馈评价结果的方式有很多，如个别交谈、座谈会、书面报告等。

第三节　学生评价

学生评价是对学生个体学习的进展和变化的评价。通过本节的学习，可以了解学生评价的概念和主要内容，学生评价的标准化和非标准化方法的运用，有利于教育工作者有效评价学生的学业成绩、思想道德和个性。在学生评价中，应关注学生全面发展，促进学生成长。

一、学生评价概述

（一）什么是学生评价

学生评价是课程实施的重要组成部分，对促进学生成长和发展具有导向和教育的作用。最常见的学生评价就是按照学生的学习水平给予相应分数，划分相应等级，即在测验中得高分的学生将会得到好的等级，而得低分的学生只能得到差的等级。《基础教育课程改革纲要（试行）》指出："建立促进学生全面发展的评价体系。评价不仅要关注学生的学业成绩，还要发现和发展学生多方面的潜能，了解学生发展中的需求，帮助学生认识自我，建立自信。发挥评价的教育功能，促进学生在原有水平上的发展。"因此，学生评价不仅要关注学生的学业成绩评价，还应关注学生个性、品德等非智力因素的发展。

关于学生评价的定义，我国有学者认为：学生评价是对学生个体学习的进展和变化的评价，它包括对学生学业成绩、思想品德和个性等方面的评价。① 也有学者认为：学生评价是指评价者依据一定的评价标准，对学生个体学习的进展和变化及其影响因素进行系统分析和价值判断，以期达到教育价值增值的过程。②

综上所述，我们可以这样理解学生评价：学生评价是以学生为评价对象，对其学习进展与行为变化的教育评价，是评价者依据一定的标准对学生的学业成就、个性发展、品德状况、体质体能等方面进行价值判断，并把判断结果反馈给教育实践以改进教学的过程。

（二）学生评价的内容

当前对学生学业成就的评价以分数测评为主要方式，这种方法易于量化、相对公平，也符合大多数人对学生评价的认识，但学生评价远不止这一方面。1956 年，布鲁姆和他的同事提出，学生评价应该包括对认知、情感和运动的评价。其中，认知评价主要是指对学生智力的评价，如解决问题的能力和进行决策的能力。情感评价主要包括对学生的价值观和态度方面的评价，如学习态度、学习动机。运动评价是指对学生的生理运动技能的评价，如弹跳能力和耐久度等。事实上，大多数评价都会不同程度地考查这三个方面，但在教与学的评价结果中，人们大多更注重对认知领域的评价。

在当前素质教育背景下，学生成绩不应该作为学生评价的唯一标准，学生评价应该建立在全面测量的基础之上。认知评价作为青少年心理发展测量的主要内容，除了学业成就，还应该包括感知觉、注意、记忆、表象、思维和语言等方面。除此之外，青少年的社会适应测量（如亲社会行为、攻击行为、自尊、自信、自制力等）及成长环境评价（如家庭功能、亲子沟通、亲子关系等），也是青少年心理发展的重要关注点。

二、学生课业评价中的标准化方法

（一）客观性试题

客观性试题即有标准答案的试题。客观性试题会按预定客观标准计分，主要考查学生

① 陈玉琨著：《教育评价学》，人民教育出版社 1999 年版，第 56 页。
② 肖远军著：《教育评价原理及应用》，浙江大学出版社 2004 年版，第 135 页。

的认知能力，常见的题型有选择题、判断题、匹配题等。下面是判断题的例子。

【例】下面是关于等边三角形特点的叙述，正确的在题号前的括号内勾画“T”，错误的勾画“F”。

（T）（F）三个内角都等于60°。

（T）（F）任意内角的平分线都是对边的中线。

（T）（F）任意内角的平分线都是对边的高。

（T）（F）面积等于两边乘积的一半。

客观性试题是一种具有良好测量功能的测试题。它不仅能测简单的学习成就，还能测理解、应用等复杂的学习成就。客观性试题编制较困难、费时，需要经过较为严格的开发过程，但它是学校中运用最广泛的测试类型，因为客观性试题具有评分客观、快速、信度及效度高等特点，并且能够快速考查学生关于大量知识的掌握程度。但另一方面，客观性试题无法测量学生在语言表达、思维分析过程和创造性技能等方面的高级学习成就，所以在评价学生时，需要配合主观性试题一起测量。

（二）主观性试题

主观性试题没有标准答案，允许学生根据自己的思考自由作答，常见的题型有简答题、论述题等。下面是一个论述题的例子。

【例】我国为什么处于并将长期处于社会主义初级阶段？

主观性试题适合测量学生对学科结构和材料内容领会和理解的深度，有利于测量学生组织各种观念和清晰表达自己观念的能力，能使教师了解学生的独立性和创造性思维，洞察学生的问题敏感性和解决问题的策略。因此，主观性试题也是学生学业成就测试的重要内容。但同时，主观性试题也存在评分困难、缺乏广泛性和代表性等缺点。

主观性试题与客观性试题具有互补性，两者结合使用有利于避免各自的缺点，所以常见的考卷考题都是主观题和客观题相结合。

三、学生课业评价中的非标准化方法

（一）表现性评价法

1. 表现性评价法的含义

表现性评价是测量学习者运用先前所获得的知识解决新异问题或完成特定任务能力的一系列尝试。表现性评价的理论基础是真实性评价理论，真实性评价一词首先是由美国评价培训学会（Assessment Training Institute，简称ATI）的专家威金斯（G. Wiggins）在1989年提出的，其概念是：“真实性评价是检验学生学习成效的一种评价方式，是基于真实任务情景的评价，它要求学生应用必需的知识和技能去完成真实情景或模拟真实情景中的某项任务，通过对学生完成任务状况的考察而达到培养学生思考问题、反思实践、提高研究技巧的目的。”真实性评价理论作为20世纪90年代西方基础教育领域出现的一种新的评价方式，关注学生的真实水平和可持续发展。比如通过“你喜欢什么电视节目”的活动，评价学生在现实生活中运用统计、理解统计知识的能力。表现性评价法中的评价涉及的任务是实际的，不会远离社会真实情景。学生在处理实际任务时也必须运用已有的知识、技能，其表现能够反映真实水平，不是靠猜测得来的。表现性评价通过完成一些实际任务，诱导出学生的正式表现，以此评价学生掌握和运用知识的能力。

表现性评价同样是对学习的直接测量，很多情况下，教师通过传统的测验并不能准确判断学生是否真正掌握了所教授的知识和技能，特别是对程序性知识的掌握。表现性评价通过学生切实地“做”一些任务时的行为或表现来进行评价，如在即兴编故事中，教师当场就可以根据学生的行为表现，对学生的口头反应能力做评价。因此，我们说表现性评价是对学生的直接评价。表现性评价既是测量结果又是评价过程，它有多重评估功能。

为了更好地理解表现性评价在教学活动中的运用，下面给出一个具体的表现性评价样例，以供参考。

口语交际表现性测验①

● 简介

无论是在校园内还是在校园外，学生日常生活中都要完成许多类型的讲话任务。本表现性测验关注下面几种类型的任务，分别是描述物体、事件和经历，按顺序说明某个操作步骤，在突发事件中提供信息和说服某个人。

要完成一个讲话任务，讲话人必须向听话人简短地陈述某些信息。这一过程包括决定要说什么，将信息组织起来、根据听话人和场合的情况改变信息、选择传递信息所用的语言，最后正式表达。讲话的效果可以根据讲话人符合任务要求的程度予以评估。

● 任务样例

描述任务：想想你最喜欢的课或课外活动是什么，向我描述一下，让我也了解了解。(某一学科、某一社团或某一运动项目怎么样?)

突发事件任务：假设你独自在家，忽然闻到一股烟味，你打电话给消防队，而接电话的正好是我。现在假设你正在和我通话，你要告诉我为你提供帮助所需的各种信息。(直接对我说，从说“你好”开始。)

顺序任务：想一想你会烹饪什么。告诉我，一步一步地，怎么完成这一过程。(爆米花、三明治或煎鸡蛋怎么样?)

说服任务：想想你希望在学校看到的某一转变，比如说校规的变化。假如我就是学校

① [美]波帕姆著，国家基础教育课程改革“促进教师发展与学生成长的评价研究”项目组译：《促进教学的课堂评价》，中国轻工业出版社2003年版，第144、215页。

的校长，试着说服我学校应该这样变化。（说说走廊通行的规则或全校通选课的报名程序应该怎样？）

总任务：在某个课堂活动中，要求学生在同学面前做一个规定内容的口头沟通（即兴演讲或精心准备的演讲）。

● 评估标准

每次口头沟通根据四个标准进行评价：表达、组织、内容和语言。每个评价标准需要考虑2—3个因素。评价标准中的因素，（如有必要）在下面加以说明（解释）。

表达

口头沟通表达方式的评定依据三个因素，即音量、音速和发音。

优秀演讲（3分），所有三个因素至少合格，并且有2—3个因素为优。

熟练演讲（2分），三个因素至少都合格。

部分熟练演讲（1分），三个因素不是都合格。

组织

口头沟通的组织评定依据两个因素，即交流中多个观点间的顺序和相互关系，也就是演讲中观点间的顺序和联系是否清楚。

优秀演讲（3分），两个因素都为优。

熟练演讲（2分），两个因素至少都合格。

部分熟练演讲（1分），只有一个因素合格。

内容

口头沟通的内容评定依据三个因素，即内容的量、内容与指定主体的相关性以及内容对听众和情景的适应性。

优秀演讲（3分），所有三个因素至少合格，并且有2—3个因素为优。

熟练演讲（2分），三个因素至少都合格。

部分熟练演讲（1分），三个因素不是都合格。

语言

口头沟通的语言评定依据两个因素，即语法和词语的选择。

优秀演讲（3分），两个因素都为优。

熟练演讲（2分），两个因素至少都合格。

部分熟练演讲（1分），只有一个因素合格。

2. 表现性评价的类型

学生课业评价中通常采用的表现性评价主要有以下六种类型。

（1）口头报告与答辩。口头报告是用口头语言对学习内容进行反应，有时采用难度更大的答辩，在答辩过程中不仅要求对学习内容进行口头表述，还要求对自己的观点和逻辑做出较为详细的解释。此外，还可以在口头报告之后，由教师或其他学生提问，对所提出的问题进行进一步解释。

（2）项目调查。项目调查可以分为以下几种。个人项目：即学生个人完成的项目，如创新创业项目，个人项目通常具有独创性、新颖性。小组项目：即两个或两个以上的个体合作完成的项目，可对合作水平和成果质量进行评价。个人—小组项目：这种项目通常耗时较长，完成后每个人都需要撰写一份报告，报告通常包括活动的时间、地点、过程和结果等。

（3）角色扮演。即为了配合或代替真实情境中的表现而模拟的场景，由个体融入虚拟的角色中，体验角色的情感和认知。这种模拟情境下的表现可以作为今后真实环境下的一种准备。常见的心理剧表演其实就是典型的角色扮演，通过在表演中还原现实情境中的角色和背景，体验人物的心理活动，为今后的真实情境做准备。

（4）小论文。要求学生对某个现象、问题或者观点进行描述、分析、解释、总结、评价或论证。它不仅可以测量学生的观点和论证的清晰性，还能有效评价学生对某个问题或学科的理解程度。

（5）学习日志。就是让学生收集和保留有关学习活动的相关资料。学习日志一般包括以下内容：写下自己对活动的设计及活动过程的反思；用思维导图画出自己进行活动时的构想、认知或实验图；写下活动过程及感想；等等。学习日志有助于教师了解学生的学习方式和特点，因材施教，调整教学方式，达到更好的教学效果。

（6）科学实验。它是结合教学过程要求学生操作实验设备，直接去感知事物的一种综合性评价方法。它不仅有助于发展学生高层次的认知技能，而且给他们提供了直接感知和体验事物的机会，从而促进动作技能、心智技能和问题解决能力的全面发展。①

3. 表现性评价的优势和不足

表现性评价的优势主要有以下五个方面。

第一，表现性评价有助于测查学生综合运用所学知识解决实际问题的能力。表现性评价的优势在于它强调在模拟真实或完全真实的情境中运用所学的知识解决实际问题的能力，它反映的是问题解决与学习的真实面貌，而学校教育的一个重要结果正是学生能运用知识与技能解决问题。

第二，表现性评价有助于优化教学过程，使学生的潜力尽可能地得到发展。表现性评价在校内评价中，一方面可以整合教学过程，另一方面可以优化教师教学、促进学生成长。教师在日常教学过程中可采用此种评价方法，给学生充分的时间与空间展示自己对于知识技能的掌握与运用情况。

第三，表现性评价有助于激发学生的学习动机，为终身学习打基础。在学生评价中，当教师把学生的成长过程以作品集、展览、报告等表现性评价的形式汇集起来时，学生就会从“自己能做什么”中体会到成长的快乐。该评价能够为学生创造一种积极的学习氛围和积极的自我形象，增强学生的自信心，使得他们对于学习具有浓厚的兴趣及责任感，从

① 张大均主编：《教育心理学（第三版）》，人民教育出版社 2015 年版，第 604—605 页。

而鼓励学生进一步加强学习，并最终促进终身学习。

第四，表现性评价注重知识技能的整合和综合运用，特别是那些持续时间比较长的任务，通常要求学生运用几个不同学科领域的知识及许多不同的能力。

第五，表现性评价与教学互动联系紧密。理想的表现测验其实是很好的教学活动，表现性评价是一种评价方式，同时也是一种教学活动。

表现性评价以其接近现实、突出个性的鲜明特征也被称作真实评定，这种称谓具有一定的迷惑性，似乎就是对作业、表现进行的真实测量。在运用的过程中，许多测量学家对其真实性表示怀疑，问题主要集中在以下六个方面。

第一，信度问题。对于表现性评价的信度问题，质疑最多的是评分者信度。评分者信度是两个或两个以上的评分者对于某领域内一个或多个行为观察后评判的一致性程度。表现性评价中很少采用多个评分者对相同的内容进行评价，而单一评分者的评价可能存在很高的主观性，所以测量专家对这种信度格外关注。

第二，效度问题。表现性评价具有高表面效度是公认的，这也提高了公众对于评定的接受性。但是，仅有表面效度远远不够，我们更多关注的是评价本身的结构效度。结构效度是指测验对于某一理论或特质测量的程度。对所测量的理论或特质进行准确的界定是任何测量的前提，而表现性评价在此方面的欠缺也是其备受批评的原因。

第三，实用性问题。与有着宽覆盖面、容易评分、造价低廉的标准化选择测验相比，表现性评价覆盖面较窄，仅提供关于特定技能或领域的多维度信息，评分过程十分烦琐，且造价高昂。因此从传统意义上来讲，表现性评价的实用性较差。

第四，耗时过多。设计表现性任务、编制一份有效的评价规则以及实际的评分过程都需要耗费很多时间。此外还要考虑财力、空间、时间和设备等方面的因素。使用表现性测验的窍门在于谨慎地选择要测量的技能。教师要把评价内容集中在少数几个非常重要的技能上。如果只使用数量不多的高水平表现性测验，教学就更可能取得良好的效果。

第五，不能评价所有类型的学习目标。对于集中于记忆和回忆信息、规则、原理及理论的学习目标，客观形式的测验项目（简答、多项选择、匹配、正误判断）是更好的选择。当评价逻辑思维、概念理解、言语推理时，客观形式的测验仍比表现性评价优越，因为前者可以在更短的时间内评价更广泛的内容。此外，客观形式的测验更易于评分，得出的结果更可信。

第六，高利害评价中使用表现性评价要十分慎重，尽管表现性测验可以测量到教师所要评价的学生能力，但依据学生在表现性测验中的表现做推论必须十分谨慎。在选择表现性任务时，最需要考虑的应该是如何提高准确类推学生能力的可能性。

总之，表现性评价不能完全代替纸笔测验。在教学实践中，应该根据不同的评价内容和对象，采取不同的评价方式，以恰当的方式把各种评价方法有机地结合起来使用。①

---

① 胡中锋主编：《教育评价学（第二版）》，中国人民大学出版社 2013 年版，第 207—208 页。

（二）概念图

概念图作为现代认知心理学的一种评测方法，能够测评学生的陈述性知识，并且克服了传统测评方法的一些缺陷。

1. 概念图的含义

概念图是一种评价学生认知结构的工具，它让学生根据自己对某个知识的理解，用图示的方式来表现其中的概念以及概念之间的联系。教师通过观察概念图来测量学生掌握知识的程度。一个概念图就是由结点和连线构成的结构性的表征，其中结点对应某领域中代表各种概念的重要名词术语，连线代表一对概念之间的关系，而连线上的标注则说明这是什么样的关系。通过让学生把某领域中的概念连起来，并标明这种联系的性质，可以说明某知识领域的关键概念在学生的头脑中是怎样组织起来的。概念图测验的理论基础是认知心理学关于人的语义知识表征的理论，即人的知识是以层次网络的形式储存在长时记忆中的。

2. 概念图的测试任务

概念图的测试任务有两种：一是限制性任务，即已经给定一组概念和连接词，学生的任务就是将它们画成概念图；二是开放性任务，即只给出少数几个提示性的概念，学生可以充分发挥，将自己头脑中所有的相关概念画成一幅概念图。前者如给定呼吸作用过程中的细胞结构，要求学生勾画出几者之间的关联；后者如请学生用图示的方式表示呼吸作用的过程（见图 14-1）。

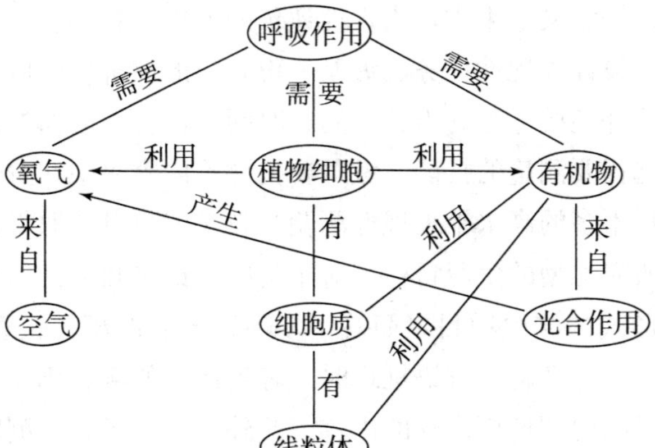

呼吸作用概念图

图 14-1 概念图示例

3. 概念图的评分方式

概念图的评分方式大体可以分成三种：（1）就学生概念图的成分来评分，概念图的成分主要包括命题（如数量、准确性和横向关系）、层次水平和实例，根据概念图的成分可以给定相应的等级；（2）通过比较学生的概念图和专家的标准图，给它们之间的重叠部分赋予分值；（3）综合前两种方式，给概念图评分。①

4. 概念图的作用

用概念图这种测评方法可以有效地测查学生的内部认知结构，不仅能评价学生的预备知识，而且能够有效确认学生知识的漏洞，反映出学生头脑中的误解和错误观念，还能帮助教师确认学生经过教学后所建立的概念的广度和质量。

小结

教与学的评价是指以教学目标为依据，通过科学的标准和手段，对教学过程和结果等教学信息进行测量、分析和评定的过程。有效的教学评价应该具备信度、效度、难度和区分度，在评价过程中应该避免各种评价的偏见。教与学的评价的研究范围很广，包括理论问题、方法问题和实践问题。教与学的评价的实践问题主要包括学生评价、教师评价、课堂评价等，其中课堂评价的主要方法包括现场观察评价、监视监听评价、录像评价和问卷评价。课堂评价的过程可以分为准备、实施和结果的处理与反馈三个阶段。学生评价按照测验的标准划分，可以分为标准化测验和非标准化测验。

思考与练习

1. 教与学评价的含义是什么？
2. 科学测量应该包含哪些条件？
3. 怎样有效、准确地对教师的课堂表现进行评价？
4. 教师应该如何运用学生评价促进学生发展？

拓展阅读

1. 胡中锋主编：《教育评价学（第二版）》，中国人民大学出版社2013年版。
2. 董奇、林崇德主编：《中国儿童青少年心理发育标准化测验简介》，科学出版社2011年版。

① 杜伟宇、季春阳、梁红：《概念图在测评中的应用——一种现代认知心理学的测评方法》，《宁波大学学报（教育科学版）》2004年第1期。

第十五章　教师心理

启发与引导

- 人们常常用“师者，所以传道、授业、解惑”来形容教师职业，那么，今天我们对教师角色应该有哪些新的期待呢？
- 一位优秀教师应该具有怎样的知识结构和教学能力才能做好“教书育人”的工作呢？
- “一日为师，终身为父”，具有什么样人格特征的教师才会被学生这样感恩呢？
- 人人都向往职业的成功，而不同的职业对人的心理特征有不同的要求，你了解教师职业有哪些心理特征吗？
- 你想成为一名专家型教师吗？那么从进入教师队伍的那一天起，你应该怎么努力才能使自己更快更好地从新手成长为专家型教师？
- “工作使人幸福”，如果我们懂得维护自己的心理健康，是不是可以从教学中体验到更多的快乐呢？
- 压力、倦怠会使我们失去工作热情，甚至产生严重的心理问题。那么，怎样理解和应对这些问题呢？

第一节　教师的职业心理

教师既是一种社会角色，又是这一角色的承担者，教师职业心理是指从事教师这个职业所应具备的心理特征。教师在学生的学习中起着组织、帮助、指导和管理的作用，其职业角色心理和心理特征是影响学生成长的重要因素。但教师究竟是如何影响学生的呢？教师主要是通过他的人格特征对学生起作用，还是通过他的知识、教学能力或其他因素起作用？研究者们在不断探索这些问题答案的过程中，积累了丰富的相关理论和实证研究成果。

一、教师的职业角色

在心理学中，角色是指个体在社会关系中的特定身份和与之相关联的行为模式。当个体产生为自己的社会身份所规定的行为模式时，便充当了角色。在传统教学中，教师的角色是比较单一的，他的基本职责主要限于阐明事理，监督学生。然而在科技飞速发展和社会急剧变革的今天，教育在各方面都发生了巨大的变化，教师的角色也相应地向多重身份转变。具体而言，教师要扮演以下几方面的重要角色。

（一）学习的指导和促进者

教师一直被认为是知识的传授者，但现代教育心理学的研究表明，学生的学习是一个积极主动的知识建构过程，教师所应充当的是学生学习的指导者和促进者的角色。作为学习的指导者，教师要引导学生去掌握基础知识和基本技能，指导学生在获得科学知识的同时，学会如何学习并发展各种能力；作为学习的促进者，教师要善于调动学生学习的积极性，为学生的学习提供帮助和支持，促进学生的自主探究活动。

（二）行为规范的示范者

在学生道德品质和健康人格的培养过程中，教师的示范作用是至关重要的。尤其对正处于成长过程中的中小学生来说，他们不仅善于模仿，而且出于对教师的一种特殊的信任感，更是常常把自己尊敬与爱戴的教师视为楷模。教师必须充分意识到自己的榜样作用，不断反省自己的思想品德、行为作风和处世态度，使自己的一言一行都成为学生的表率。

（三）班集体的管理者

在学校教育情境中，学生的学习活动一般都以集体方式进行，为了保证教学活动的顺利进行，促进学生的全面发展，教师还要充当好管理者的角色。首先，要通过管理为学生创设一个良好的学习环境，使学生养成自觉遵守纪律的习惯。其次，要通过管理营造良好的集体气氛和舆论，使班集体成为一个人际和谐的群体。最后，要通过管理建立民主的师生关系，使师生关系成为一种教育力量。

（四）学生心理健康的维护者

学生正处于身心发展的重要阶段，由于各方面因素的影响，难免会产生一些心理问题和心理障碍。这些心理问题或障碍若不及时消除，轻者会影响学生的学习和生活，重者会导致心理疾病，严重影响学生的身心健康发展。因此，维护学生的心理健康，发展学生健全的人格是现代教师的重要职责。一方面，教师要掌握心理健康的基本知识和技能，以帮助学生防止各种心理问题的产生，或当学生出现心理障碍时，能给予及时的帮助。另一方面，教师要善于创设有利于学生人格成长的环境，促进学生人格的和谐完整，使学生能够主动地适应和探索环境，发挥自身的潜能。

（五）教育教学的研究者

由于教师工作的复杂多样性，教师在实际工作中会遇到一些依靠现有理论和自身经验无法解决的问题，这就要求教师能够开展教学科研活动，成为“科研型”的教师，从而能够以一定的理论为基础，灵活地解决教学中的各种实际问题。要充当好教育科研人员的角色，首先要求教师具有探讨问题的意识，注意收集资料，勤于动脑思考，不满足于工作中的轻车熟路；其次，要求教师能够掌握教育科研方法，并注重运用所掌握的方法来解决自己在教育实践中遇到的问题。

二、教师的职业心理特征

现代教师充当着多样化的角色，而这些角色是否成功，取决于教师的心理特征。一个优秀的教师必须具备良好的认知特征与人格特征。

（一）教师的认知特征

教师的认知特征主要决定其能否有效地塑造学生的认知结构，形成相应的能力。一般来说，教师的认知特征主要指其具备的知识结构和教学能力。

1. 教师的知识结构

教学是一种认知活动，教学的有效开展要求教师必须具备良好的知识结构。在众多的关于教师知识结构的研究成果中（见表 15-1），舒尔曼（L. S. Shulman）所建构的教师知识结构是最具有影响力的；斯腾伯格对专家型教师的专业知识进行了分析，提出了一个较有代表性的教师知识结构；林崇德等人把教师的知识结构视为教师认知活动的基础，提出了一个具有中国特色的教师知识结构。①

表 15-1　教师的专业知识结构

研究者	教师知识分类
舒尔曼	①学科内容知识；②一般教学法知识；③课程知识；④学科教学法知识；⑤有关学生的知识；⑥有关教育情境的知识；⑦其他课程知识

① 林崇德、申继亮、辛涛：《教师素质的构成及其培养途径》，《中国教育学刊》1996 年第 6 期。

续表

研究者	教师知识分类
斯腾伯格	①内容知识；②教学法的知识（具体的、非具体的）；③实践的知识（外显的、缄默的）
林崇德、申继亮、辛涛	①本体性知识（教师所具有的特定的学科知识）；②实践性知识（教师在面临实现有目的的行为中所具有的课程情境知识和与之相关的知识）；③条件性知识（教师所具有的教育学和心理学知识）

2. 教师的教学能力

一般认为，教师的教学能力应包括组织和运用教材的能力、言语表达能力、组织教学的能力、对学生学习困难的诊治能力、教学媒体的使用能力等。申继亮等人则采用内隐理论的研究范式，对教师的教学能力进行了系列研究，把教师的教学能力分成以下几个方面。

（1）教学认知能力。教学认知能力是指教师对所教学科的定理、法则和概念等知识的概括化程度，以及对所教学生的心理特点和自己所使用的教学策略的理解程度。它包括四个方面：①概念，指揭示出概念的本质特征；②类同，指概括出两者的共同特征；③运算，指关系转化和推理；④理解，指对学生的动机水平、年龄特点、个体差异以及教学策略的理解。

（2）教学操作能力。教学操作能力是指教师在教学中使用策略的水平，其水平高低主要看他们是如何引导学生掌握知识、积极思考、运用多种策略解决问题的，它是教师课堂教学能力的集中体现。它主要包括以下几个方面的教学策略：①制定教学目标的策略。重点是具备制定课堂教学目标的能力，即能制定各教学单元的具体目标，并且生成一堂课的教学目标。②编制教学计划的策略。教师要编一个课程、教学单元以及各堂课的教学计划，都要有一定的策略。③教学方法的选择及运用。在教学中要安排各种具体的活动，各种教学活动都要求教师有一定的方法和策略。④教学材料和教学技术的选择设计。教师要能够正确地对所教的教材做分析评价，看到其内容序列和结构等方面的优劣，并帮助学生选择合适的辅导材料。⑤课堂管理策略。不管教师控制学生的能力如何，他总是要在课堂教学中对学生进行一定的管理，要激发学生的学习兴趣，组织学习小组，调控教学进度以及学生的合作讨论等活动，并处理课堂中的偶发事件。⑥对学习和教学进行测试和评价的策略。教师要根据教学目标、教学内容，选择或编制一定的测验，并恰当选择测验的各种形式，在测验的基础上，对学生的学习给予恰当的反馈评价。

教师综合运用各种策略解决各种问题和冲突的能力常常表现为教育机智，这是教师面临复杂的教育情境时所表现出来的机敏、迅速而准确的判断和反应能力，它源于教师敏锐的观察、灵活的思维和果敢的意志，也源于其教育经验和知识的积累以及对学生的了解和关爱。

（3）教学监控能力。教学监控能力是指教师为了保证教学达到预期的目的而在教学的全过程中，将教学活动本身作为意识对象，不断对其进行积极主动的计划、检查、评价、反馈、控制和调节的能力。这种能力主要可分为三个方面：一是教师对自己的教学活动的事先计划和安排；二是对自己实际教学活动进行有意识的监控、评价和反思；三是对自己的教学活动进行调节、校正和有意识的自我控制。

在这个教学能力结构中，教学认知能力是基础，教学操作能力是教学能力的集中体现，而教学监控能力是关键。

（二）教师的人格特征

教师的人格特征也是影响教学的重要因素，教师优良的人格特征是影响和塑造学生健康人格的重要途径。

1. 职业信念

教师的职业信念是具有动力作用的教育观念系统，它直接支配、调节教师的教育教学活动，影响教师的教育教学成效。有关教师职业信念的心理研究主要集中于以下两方面。

（1）教学效能感。教学效能感是指教师对自己影响学生行为和学习结果的能力的一种主观判断，它包括一般教育效能感和个人教学效能感。前者指教师对教与学的关系，对教育在学生发展中的作用等问题的一般看法和判断，后者指教师对自己的教学效果的认知和评价。教师的教学效能感是解释教师动机的关键因素，它影响教师对教育工作的积极性、努力程度以及克服困难的坚持程度等。

阿什顿（Ashton）等人的研究表明：教学效能感高的教师对学生寄予较高的期望，认为自己对学生的成长负有责任并相信自己能教好学生；在课堂教学中，效能感高的教师注意对全班学生的指导，不断探索新的教学方法；在对学生进行指导时，效能感高的教师比较民主，更多地鼓励学生自由探索解决问题的方法，而不是以表扬、批评等外部强化来控制学生；当学生失败时，效能感高的教师表现得很有耐心，他们会通过重复问题、给予提示等方法促进学生对问题的理解。

研究表明，教师的自我效能感和学生的学业是互惠的关系，即教师的自我效能感和学生的学业发展可以相互促进。① 教师的自我效能感对教师的职业认同感有促进作用，通过提高教师对人际关系的满意度来提升教师的自我效能感，可以提高教师的职业认同感。②

（2）教学归因倾向。教学归因倾向主要是指教师将学生的学业表现归于外部或内部原因的倾向。这种稳定的倾向是教师的人格特征之一，对教师的教学活动以及学生的学业成

---

① Caprara, G. V., Barbaranelli, C., Steca, P., & Malone, P. (2006). Teachers' self-efficacy beliefs as determinants of job satisfaction and students' academic achievement: A study at the school level. *Journal of School Psychology*, 44(6), 473-490.

② Canrinus, E. T., Helms-Lorenz, M., Beijaard, D., Buitink, J., & Hofman, A. (2012). Self-efficacy, job satisfaction, motivation and commitment: Exploring the relationships between indicators of teachers' professional identity. *European Journal of Psychology of Education*, 27(1), 115-132.

绩都会产生明显的影响。其中，具有外部归因倾向的教师认为学生的学业表现多由学生的能力、学生的家庭、教学条件等外部因素决定，自己无法控制和把握。因此，在教学上，他们往往不愿投入更多的精力和做出更大的努力，在面对挫折时易于采取逃避策略，做出怨天尤人或者听之任之的消极反应。具有内部归因倾向的教师则认为学生的学业表现是由教师决定的，因此，他们更愿意对学生的学业成败承担个人责任，能比较主动地调节自己的教学行为，积极地影响学生的学习活动。

2. 职业性格

盖兹达（Gazda）等人在综合众多已有研究的基础上，指出优秀教师性格品质的基本内核是“促进”。所谓“促进”，是指对学生的行为有所帮助，包括提高学生的学习能力，增强他们的自尊心和自信心，缓和他们的焦虑感，提高他们的果断性，以及形成并巩固他们待人处世的积极态度，等等。“促进”包括以下三个成分。

（1）理解学生。有效的教学，在很大程度上取决于教师对学生的理解。一个教师只有具备宽容、敏感性、移情理解和客观性的品质，才有可能更深刻地认识自己的教育对象。

①宽容。宽容是指个人具有灵活的认知参照系，能够体察他人且不带任何偏见。对教师而言，宽容能够使他摆脱先入为主的固定成见，不受自身的期待所限制，接纳学生不同的价值观念、信息与看法，对身体、智力、感知、运动、社交及情绪上各自有异的学生表示关切，从而与他们和睦相处。教师的宽容特质在很大程度上鼓励了学生的独立性、自主性和人格的发展。

②敏感性。敏感性是指一个人对其人际关系中出现的变化能够及时做出情绪反应的特质。这种特质是有效教育的一个主要因素。因为尽管宽容的特质可以使教师对学生做出全面和确切的了解，但他却未必能对已知的学生的困难、情感和需要做出情绪反应。具有敏感性的教师则有可能在学生产生某种需要、情感、冲突以及困难时，做出更迅速、更深入、更自然的反应。

③移情理解。移情理解是敏感性的特殊表现，指能够深入别人内心，并同情他们的情绪反应。在教学情境中，移情理解使教师能够将自己置于学生的位置，充分体验学生的思想和情感，从而给予学生一定的建议和指导，帮助他们解决问题。

④客观性。客观性指能够退后一步，并以一种中性、无强加的参照系来看待所发生的事件。这种品质使教师在教学情境中能够更好地控制自己的情绪，避免主观随意性的诱惑，从而适当地思考与行动，促进学生的发展。

（2）与学生相处。教学是一个师生交往的过程，做到与学生有效地交往，教师除了要具备善于理解学生的品质之外，还要具备其他一些特殊品质与能力，如真诚、非权势、积极相待及良好的沟通技能等。

①真诚。真诚指开诚布公，行事不伪饰，不以个人的权威或职业地位做掩护。有的教师时常以个人的职业地位或权威掩饰自己的弱点，这样做无疑会脱离学生。

②非权势。非权势指不持居高临下、盛气凌人的态度。非权势的教师力戒对学生时时

刻刻采取不必要的帮助态度，而是允许学生犯错误、认识错误，允许学生跌倒了再爬起来，让学生通过自身的努力去获得发展。

③积极相待。积极相待基于这样一种设想，如果帮助者对要帮助的人持积极、认可的态度，那么发展和变化最有可能发生。教师对学生的认可和亲切的积极态度，会使学生感到更安全，更有价值，更向往成功和发展。

④沟通技能。教育基本上是一个沟通的过程，要用言语来传达各种抽象的情感、见解与观念。对教师而言，沟通不仅意味着具有充分的词汇、合乎逻辑与明确清楚的表达方式，而且意味着要针对学生的水平，在各种情境下用学生最能理解的语言来表达思想和观点，同时懂得倾听也是不可缺少的。

(3) 了解自己。教师应该对自己执教过程中产生的负性心理状态有所了解和控制，这是教师保持心理健康和有效施教的一个重要方面。

①安全感和自信。教师的工作是极富挑战性的，他必须与众多的学生有效交往并完成教学任务，因此，情绪上的安全感与自信对教师尤为重要。具有安全感与自信的教师不会产生不必要的紧张与害怕情绪，他能够从容地面对众多的学生，镇静、客观地解决出现的问题，并安抚学生的情绪。同时，其在情绪上的成熟感和安全感常常会感染学生，从而成为学生喜欢并乐于追随的楷模。

②教师的需要。爱的需要、求取成功和自尊的需要是人的两种基本的心理需要。教师要得到学生的爱，不仅需要持续地爱护学生，而且要在思想上以平等的态度对待学生，重视学生的爱并乐于接受学生的爱。只有这样，教师才能真正爱学生，从而也爱自己。求取成功和自尊也是如此。教师如果能始终关心学生，有效地教学，学生总会做出积极的反应。教师才能从中感受到自身的价值，获得职业的自尊和自豪感。

三、教师的期望

教师除了以其认知特征和人格特征影响学生之外，研究表明，教师的期望也会影响学生的发展。

（一）教师的期望效应

教师的期望是指教师对学生未来发展潜力的推测。教师如果根据自己对学生的了解而形成一定的期望，就会使该学生的学习成绩和行为表现发生符合这一期望的变化，这被称为教师的期望效应。

罗森塔尔（R. Rosenthal）等人的研究是关于教师期望效应的经典研究。他们对一所学校中1—6年级的小学生做了一次所谓的预测未来发展的测验（实际只是普通的智力测验）。然后，随机地在各个班级抽取少数学生，故意告诉教师说，他们是班级里最有发展潜力的学生，要求教师注意长期观察，但不要告诉学生本人，以此方式使教师对这些学生的发展产生积极的期望。八个月后，当再次对这些学生进行智力测验时，奇迹出现了。那些被说成是发展潜力大的学生与其他学生相比，在智商上有了明显的提高，而且表现出更有适应能力、更有魅力、求知欲更强、智力更活跃等倾向。这一结果表明，教师的期望会传递给学生，使学生朝着教师期望的方向变化。罗森塔尔把这一现象称作皮格马利翁效应。皮格马利翁是古希腊神话中一位主人公的名字，相传他是塞浦路斯的国王，善雕刻。他对自己用象牙雕刻的女像产生了爱恋之情，日夜祈祷，希望和她生活在一起。他热诚的期望竟然使雕像复活，并与他结为伴侣。研究者借用这个典故来生动地说明教师的期望效应，意指期望会带来期望对象的戏剧性变化。

（二）教师期望效应产生的过程

教师的期望是如何对学生产生影响的呢？

首先，教师综合获得有关学生各方面的信息，结合自己的经验对学生的未来发展做出预想，形成一定的期望，并通过言行表现出来。研究表明，教师对不同期望的学生所表现出的行为有很大差异。对于高期望的学生，教师更多地表现出积极和肯定的行为。例如，更易于创造一种亲切温暖的心理氛围，与这些学生有更多的交往，授予他们更多较难的学习材料，给予他们更多的表扬和鼓励，等等。而对于低期望的学生，教师则更容易表现出消极和否定的行为。

然后，当学生获得教师传来的不同期望信息以后，产生自我认知和自我评价，并据此对教师做出不同的行为反应，从而强化了教师原先形成的期望。于是，教师坚持按照自己的期望去影响学生，而学生则逐步朝着教师期望的方向发展。

知识窗15－1

教师对学生不抱期望的表现

当教师对学生不抱什么期望时，主要是通过以下方式反馈给学生的：(1) 对不抱期望的学生提问时，不肯耐心地等待他做出回答。这是由于对该生过分同情或过分焦虑而引起的。(2) 不抱期望的学生一旦给出了错误的回答，不让他再采取对策，而马上告诉其正确答案，或是叫别的学生作答。(3) 对不抱期望的学生，即使他们认认真真作答，教师也会吹毛求疵，这是因为许多教师认为这种学生妨碍了他的教学计划。(4) 对不抱期望的学生，即使他做出正确的回答，也不像自己所期望的学生那样给予表扬。(5) 对不抱期望的学生的回答，不做反馈。(6) 对不抱期望的学生不那么注意，对他们漠不关心。(7) 对不抱期望的学生，提问次数少。(8) 将不抱期望的学生的座位安排得离讲台远远的。(9) 对不抱期望的学生在学习上不提任何要求。当学生接收到教师对自己不抱期望的信息后，就会改变对自我的认知，形成消极的自我概念，并严重地损害个人的自尊心和自信心。有的学生为了维护自尊，甚至会产生消极的防御机制，表现出逃学、不交作业等行为，从而导致学业进一步失败。学业的进一步失败，必然会进一步强化教师原有的低期望，从而形成恶性循环。

[资料来源]

张大均主编：《教学心理学》，西南师范大学出版社 1997 年版，第 619 页。

（三）建立积极的期望

很多研究指出，教师期望对学生的影响并不是一个有意识的过程，有很多教师并没有明确意识到自己的期望，也没有特意去控制自己的行为，只是在不知不觉中表现出自己的期望，而对学生的影响也是在潜移默化的过程中发生的。因此，教师应该了解教师期望的效果，并有意识地运用教师期望去影响学生。为了充分发挥教师期望的积极影响，教师应注意以下两点。第一，要认真了解每个学生的特点，发现他们的长处，对每个学生都建立起积极的期望。第二，教师要不断反省自身的行为和态度，不要由于自己的不公正而影响了学生的发展。

新近的研究表明，教师不仅会对学生个体产生期望，也会对班级有整体的期望，这种期望是指向班级所有学生的。使用自我描述问卷对学生的自我知觉进行测量，结果发现高期望教师所带的班级学生的数学和阅读的自我知觉水平在学年间得到提高，而那些由低期望教师所带的班级学生的自我知觉水平严重下降。①

第二节　教师的专长发展

教师是履行教育教学职责的专业人员，专业人员的显著特征是具有专长。斯腾伯格认为，专家型教师就是具有某种教学专长的人。因此，从专长的角度看教师专业发展，了解教师的教学胜任能力的发展过程，探讨从新手型教师成长为专家型教师的规律，已成为一种新的教师专业发展观。

一、专长发展及其特征

专家是具有领域专长的人，是在特定领域具有专业知识和能力的人，他们能够有效地

① Rubie-Davies, C. M., Flint, A., & McDonald, L. G. (2012). Teacher beliefs, teacher characteristics, and school contextual factors: What are the relationships? *British Journal of Educational Psychology*, 82(2), 270-288.

思考和解决该领域的问题，从而表现出良好的专业行为。教学是一种专业活动，教师作为专业人员，其专业发展的核心问题就是专长的形成和发展，促进教师的专业发展，就是不断提高教师教学专长的活动。

专长是人类各领域的专家所拥有的不同于常人的思考和解决问题的能力以及所表现出来的优秀的专业行为。首先，专长是一种能有效解决问题的能力，这种能力是在人们的专业实践活动中形成的；其次，专长是一种领域的能力，不同领域活动需要形成和发展不同的专长，教师专长的特点显然不同于医生所拥有的专长的特点；最后，专长是能表现出来的优秀的专业行为，因此，面对同一问题和任务时，专家会比常人做得更快更好。

要成为某个领域的专家，需要在特定领域长时间的学习和不断的实践。对国际象棋、物理、音乐、历史、医学等领域专长的研究都证明了所谓“十年规则”，即任何一个专业活动领域的新手要成为专家至少需要 10 年的工作经验。大量的教学实践经验是教学专长形成的必要条件，由于教学问题的高度复杂性，教学专长的形成甚至需要比 10 年更长的时间，不经过大量的课堂教学实践是不可能成长为专家型教师的。

综合当前各方面的研究，一般认为专家主要具有以下特征：(1) 有意义的认知模式。由于专家具有大量组织良好的、区分性高的图式性知识，所以专家具有比新手更强的模式识别能力和表征能力。(2) 组织良好的知识。专家的知识不仅仅是相关领域的事实和公式的罗列，相反它是围绕核心概念或“大观点”(big idea) 组织的，也就是说，专家的知识是经过了良好的编辑、组织的，他们拥有大量而且富含联系的组块类知识，这使他们能以组块的方式获取信息和提取信息解决问题。(3) 表征问题深入。在解决问题时，专家往往能一眼看到问题条件中的隐含关系，而新手只注意到问题的显著特征。因此，专家对问题的表征方式能帮助他们采取更有效的问题解决办法。(4) 较强的技能自动化与自我监控的能力。尽管在问题解决的初始阶段，专家有时比新手还慢，但他们最终还是能比新手更快更好地解决问题，这主要是由于专家具有较强的技能自动化与自我监控的能力。

二、从新手到专家的教师专长发展

不同的领域或任务，决定了该领域专长的特点。采用“新手—专家”的范式研究教学领域专长的发展，目的是找出新手型教师与专家型教师之间的差别，确定在教学领域专家所需的因素，明确新手型教师向专家型教师转变的规律，以促进新手型教师尽快成长为专家型教师。

（一）斯腾伯格的专家型教师观

专家—新手比较研究是认知心理学家研究专门领域的知识时经常采用的方法。这一方法最初应用在象棋、物理、数学、医学等研究领域，至 20 世纪 70 年代后期被应用于研究教师的认知。心理学家试图通过对专家型教师和新手型教师的对比研究，找出两者之间的差异，发现从新手型教师成长为专家型教师的规律，以促进新手型教师尽快成长为专家型教师。

斯腾伯格认为，专家型教师就是教学专长突出的人。他以“新手—专家”的范式对专家型教师的共同特点进行了概括（见表 15-2）。

表 15-2　专家型教师的基本特征

特征			例子
知识（数量和组织）	内容知识		知道坐标几何的原理
	教学法知识	具体内容的	知道教授坐标几何原理的课程计划和日程表
		非具体内容的	知道用最小的中断来布置和收回家庭作业的常规
	实践知识	外显的	知道学区为特殊教育服务的标准
		缄默的	知道怎么为一个不符合成绩标准的学生申请获得特殊教育的服务
效率	自动化		一边提前思考课程计划，一边思考布置和回收家庭作业
	自我调节	计划	预想到在执行课程计划时的困难
		监控	在执行课程计划时发觉学生不能理解或缺乏兴趣
		评价	根据所遇到的困难，修正课程计划以便将来使用
	认知资源的再投入		利用布置和回收家庭作业的机会观察并评价某个特殊学生的举动
洞察力	选择性编码		注意到学生在坐标上的右上象限的外面绘点有困难
	选择性联合		注意到将在右上限的外面绘点的困难和计算内点距离的困难综合在一起，反映了学生没有掌握负数的概念
	选择性比较		将负数和欠债进行类比，以便清除学生的错误概念

1. 丰富的和组织化的专门知识

专家与新手之间最基本的差异在于专业知识方面。斯腾伯格认为，专家型教师具备以下三类知识。

（1）内容知识，即有关所授学科内容的知识。这部分的知识主要来自以内容为基础的课程和学校外的经验。例如，一位数学教师的内容知识，既来自他学过的数学课程，也来自他在校外运用数学、阅读和讨论有关数学问题的经验。

（2）教学法知识，包括一般的教学法知识和具体的教学法知识。前者指怎样进行教学的知识，包括如何提高学生的动机，如何在课堂上管理不同水平的学生以及如何设计和实施测验等，这部分知识主要来自教育学、心理学等课程。后者指怎样对所教的具体内容进行教学的知识，包括怎样解释一个具体概念（比如负数），怎样说明和解释某个过程和方法，怎样纠正学生在学科知识上的一些错误的理论和概念等。当教师将所学的教学法知识运用到所教的特定学科内容中时，他就会逐渐获得这些具体的教学法知识。

（3）实践知识，即教学赖以产生的社会和政治背景的知识，包括外显知识和缄默知识两个方面。例如，专家型教师要懂得怎样争取有限的学校资源来为自己的学生提供所需的材料、物资、器材和其他工具。而且在学校资金紧缺的时期，专家型教师必须能够很熟练地进行活动，以便获得自己的学生所需要的服务。这类知识对专家型教师适应教学中遇到的实际情况——包括教师被认可和保持专家型教师头衔——都十分重要。

专家型教师与新手型教师在以上三类知识中都存在明显差异。例如，一般的教学法知识的缺乏使得新手型教师要花更多的时间来维持课堂秩序、进入教学内容、保持课堂纪律和抓住学生的注意。而具体的教学法知识的缺乏则使新手型教师在没有事先准备的情况下，很难想出一些合适的课题例子或解释。

专家和新手的差别不仅在于他们拥有的知识量，而且在于他们是如何在记忆中组织这些知识的。例如在物理问题解决中，专家和新手对物理问题进行分类的方式是不同的。专家型教师对物理问题的深层结构敏感，往往根据与问题解决途径有关的物理原理对问题进行分类。新手型教师则对物理问题的表层结构更敏感，常常根据问题陈述中的实体将问题归类。

总之，与新手型教师相比，专家型教师不但知识丰富，而且具有一个组织良好且易于提取的知识实体，拥有更多的从教学过程中获取的知识，这保证了他们能更好地理解和解决问题。

2. 解决教学问题的高效率

在专家擅长的领域里，专家解决问题的效率比新手更高，他们能在较短的时间内完成更多的工作，或是明显地只需要更少的努力。专家解决问题的高效率不仅和他们将熟练的技能自动化的能力有关，而且和他们有效地计划、监控和修正问题解决途径的能力有关。

（1）专家型教师拥有自动化的教学技能。心理过程可以分为两种，一种是要花费大量的思考和能量的，另一种是相对容易的、自动化的。有些心理技能经过广泛的练习逐渐自动化，最初存在的困难随着练习逐渐消失，心理技能变得很自然，相对不需要消耗多少资源。这样，专家型教师就可以凭借他们所拥有的丰富经验的优势，不费什么力气便可以表现得很出色，而新手型教师则需要花费巨大的努力来完成工作。这就好比有经验的司机驾车时不需要考虑如何操纵汽车、换挡和刹车等基本的技术问题，因此在开车去工作的路上他们可以同时思考一天的计划，而新手司机则必须全神贯注于驾驶这一件事情。

（2）专家型教师善于监控自己的心理过程。与新手型教师相比，专家型教师更善于做计划、监督自己的进步以及评价自己的表现。在解决工作中的问题时，专家型教师花更多的时间去理解需要解决的问题，而新手型教师则把大量的时间用于尝试各种解决问题的办法，很少花时间来考虑问题本身。同时，专家型教师也更可能监督自己解决问题的过程，确保其正确性。当出现新情况时，专家型教师更可能更新和仔细思考问题的表征。

（3）专家型教师善于将节约的心理资源再投入到高水平的认知活动中。由于技能自动化而节省下来的心理资源并没有简单地使专家更容易解决问题。斯卡达玛丽亚（M. Scardamalia）和伯雷特（C. Bereiter）认为这种能量和心理资源的再投资是成为专家的关键，这也是真正的专家和有经验的非专家人员的区别所在。在解决问题时，有经验的非专家力图使问题适合已有的方法，而真正的专家却在连续不断利用自己的知识和技能，逐渐建立更复杂的图式，寻找更多、更巧的解决办法。

总之，专家型教师能够高效地解决问题。由于具有丰富的经验，专家型教师能够迅速有效地且只需花费很少的认知努力来完成各种教学任务。这些自动化了的技能使他们能够将注意集中于更高水平的推理和问题解决中。在接触问题时，他们具有计划性且善于自我觉察，时机不成熟时，他们不会提前进行尝试。

3. 创造性的洞察力

专家和非专家都要运用知识，通过分析来解决问题，但专家更能创造性地解决问题，他们的解答方法既新颖又恰当，往往能够产生独创的、富有洞察力的解决办法。那么他们是如何对问题进行思考的呢？研究者发现三方面的原因使得专家型教师在问题解决上优于新手型教师。

（1）专家型教师善于区分与问题解决有关的信息和无关的信息。例如，别人认为无关紧要的细小环节，专家型教师会发现它事实上非常重要；反过来，对于人人紧抓不放的某些细节，专家型教师会发现它其实并不重要。这种对信息与问题解决有关还是无关的判断，就是专家型教师比新手型教师在问题解决上更具洞察力的表现之一。

（2）专家型教师善于按照有利于问题解决的方式对信息进行整合。他们能够发现单独看来与问题解决无关的两个信息结合在一起而产生的与问题解决的关联之处。例如，专家型教师认识到将“昂贵的新衣服”与“成绩下降”看似无关的现象结合起来，就可能说明该学生花很多时间在校外工作上。这种从综合信息中抽取新意义的能力是专家型教师比新手型教师能发现更具洞察力的办法的另一原因。

（3）专家型教师善于将其他情境中获得的知识应用在教学领域。他们在解决问题时善于观察和类比。他们也常常在学生比较熟悉的事物和比较陌生的事物之间运用类比，如把负数比作欠债，以便清除学生的错误观念。

知识窗15－2

在一次小学科学同课异构活动中，小王（新手型教师）和任老师（专家型教师）均执教了六年级《小苏打和白醋的变化》一课，其主题是小苏打和白醋混合后产生二氧化碳、水和醋酸钠。

首先，在课程内容的把握上，任老师在实验的基础上讲解了“小苏打和白醋反应产生了新物质，属于化学变化”这一核心概念。小王特别关注学生能否掌握小苏打和白醋反应的现象和结果，却始终没有说明该反应的本质是化学变化。可见，任老师更好地把握了本节课的核心概念。

其次，在对小学科学知识结构的把握上，任老师刻意提到四年级的知识“小苏打可溶于水”，并帮助学生将这一旧知识与当前看到的现象（小苏打在白醋中消失）建立联系，说明任老师能看清不同年级的科学知识之间的纵向联系，能从整体上驾驭小学科学知识体系。

最后，在对课程资源的掌握上，任老师用“小资料”介绍了各种气体的性质，他掌握了更丰富的课程资源。

［资料来源］

范增：《小学科学专家型教师和新手型教师 PCK 比较的个案研究》,《湖南第一师范学院学报》2016 年第 5 期。

总之，专家型教师在解决教学领域内的问题时是极富洞察力的。他们能够鉴别出有助于问题解决的信息，并能够有效地将这些信息联系起来。而且，专家型教师还能借助观察和类比的方法，形成和完善对问题的思考。通过这些过程，专家型教师总是能够找到既新颖又恰当可行的问题解决方案。有研究者曾对新手型教师和专家型教师就“如何看待好老师所应具有的特征”这一问题展开调查，总结出专家型教师的 6 个特征：(1) 教学行为的表达能力及元认知能力较强；(2) 能把握较深层次的知识结构体系；(3) 具有举一反三的教学技能；(4) 能根据不同年龄段学生，采用灵活多样的授课方式；(5) 对教学系统有全面的理解；(6) 具有成熟的职业管理规划能力。①

（二）新手—熟手—专家型教师的成长历程

连榕等人提出了“新手—熟手—专家”的教师成长观。他们认为，在新手型教师逐渐成长为专家型教师的过程中，熟手型教师是其成长的关键阶段。熟手型教师是能按常规熟练地处理教学问题，但教学创新水平不高的教师。熟手肯定是昨天的新手，但不一定是明

① Smith, K. (2005). Teacher educators' expertise: What do novice teachers and teacher educators say? *Teaching and Teacher Education*, 21(2), 177-192.

天的专家。实际上，许多教师的专业发展往往停滞在这一阶段，习惯于熟手的角色，直至教师职业生涯结束也未成长为专家。因此，熟手是从新手型教师成长为专家型教师的关键阶段，教学专长能否在成熟的水平上不断得到新的提高是问题的核心。

1. 从新手到熟手：常规水平的胜任

新手型教师经过 3—5 年的教学实践，在获取了必备的教学经验后，一般都能顺利地成长为熟手型教师。成长的重要机制是在实际教学操作中，所教学科的内容知识与教学法的知识在教师自身的教学经验中较好地得以融合，教师获得了在常规水平上熟练地处理教学问题的胜任能力。新手型教师的成长分为两个亚阶段：（1）“自我的”新手（从教后的 1—2 年）。其特点是注重表现自我，外部动机强烈，行为积极，正在形成对教学的初步认识。（2）“领会”阶段的新手（从教后的 3—5 年）。其特点是在获得了最初的教学经验，开始初步胜任教学的同时，也领悟到了教学的高度复杂性，了解到了成长为一个优秀教师的艰辛。

新手型教师具备以下几方面的特征。

（1）认知。教学策略体现了教师的教学认知能力，与熟手相比，重视课前准备是新手型教师在教学策略上的特点。因此，新手的课堂教学基本上是课前准备的一个按部就班的展开过程，他们对课堂的调节能力不高，更多的是以自己准备好的教学内容为中心。

（2）人格。热情、外向、活力、活泼等是新手相对于熟手所具有的更明显的外部行为特点。

（3）工作动机。新手的工作动机在成就目标上是以成绩目标为主，即新手更为关注外界对其教学状况的评价，更关心的是能否向他人证明自己的能力，解决生存问题是其关注的焦点。

（4）职业心理。在教师职业承诺和教师职业倦怠的状况上，新手和熟手没有不同，且都不如专家，即职业承诺水平低于专家，而职业倦怠水平高于专家。

（5）学校情境心理。学校情境（物质支持、教师群体文化、共享的态度等）是影响教师教学专长发展的重要外部因素。在这方面，新手可以比熟手感受到更多的学校领导、同事群体和相关物质条件的支持，积极的情绪多于熟手型教师。

2. 从熟手到专家：创新水平的胜任

在成长为熟手型教师后，教师继续成长为真正的专家型教师还需要 7—10 年的教学专业实践，成长的关键在于熟手的教学专长发展能否从常规水平的胜任提升到创新水平的胜任。熟手型教师的成长分为三个亚阶段：（1）“任务”阶段的熟手（从教 3—5 年）。这时的教师已经具有了对教学的基本胜任能力，能有序安排自己的教学活动，对自己的教学能力有了自我肯定的态度，开始成为承担繁重教学任务的骨干教师。（2）“问题”阶段的熟手（从教 7—10 年）。这时教师的职业自我满足感开始下降，有了教师职业的单调重复、封闭、繁杂、责任大、负荷重、报酬低的感受，因此这阶段是教师情绪困扰最多，最容易出现心理问题和心理障碍的时期。（3）“稳定”阶段的熟手（从教 10 年以上）。在组织帮助和个人努力下，解决了前一阶段的问题后，教师的成长稳定在一个较为平缓、平静、平和的时期（职业高原），个体与环境取得了平衡，完全形成了在常规水平上较高的对教学的胜任能力。

熟手型教师具备以下几方面的特征。

（1）认知。熟手课堂中的教学策略（管理、方法、动机、指导）水平较高，基本的教学操作程序已熟练掌握，对课堂教学的调节能力和控制水平比新手高，能胜任常规水平的教学，但对全过程的监控能力、教学能力不如专家，因而，熟手的教学创新水平不高。

（2）人格。熟手具有随和、能关心他人、合群、宽容的人格特点，但情绪稳定性和自我调节能力不如专家，因而，熟手专长发展的自主性不强。

（3）工作动机。熟手的成就目标已从新手的以成绩目标为主转化为以任务目标（关注教学的本身价值，关注学生的理解和兴趣）为主，对教学问题的理解比新手更深入，但与专家强烈而稳定的内部动机相比，熟手的内部动机还不强，教师的角色信念还可能动摇，从教学工作中获得的乐趣与满足感也不如专家多。

（4）职业心理。熟手在职业承诺水平上低于专家，在职业倦怠水平上高于专家，主要表现为情感投入程度不如专家，教师职业的责任感、荣誉感、义务感和成就感不如专家，因而，熟手的教师职业信念还未牢固确立。

（5）学校情境心理。熟手的心理契约（指教师所感知的学校与教师的相互责任和期望）低于专家，比专家更少感受到学校领导、同事群体和相关物质条件的支持，比专家可能更多地产生苦恼、烦闷、抑郁、无助、疲倦、焦虑等消极情绪。因而，熟手是心理问题较多的一个教师群体。

3. 专家型教师的继续成长

专家型教师的成长分为两个亚阶段：（1）“创新”的专家型教师（从教 10—15 年）。这时的特点正如斯腾伯格描述的：丰富的和组织化的专门知识、解决教学问题的高效率、对教学问题的洞察力强。（2）“领军”的专家型教师（从教 15—20 年）。这时他对所在学校、所在地区的教学改革和发展有了很大的影响力，成为某一学科或某个地区教学的领军人物。

专家型教师具备以下几方面的特征。

（1）认知。专家型教师的教学策略以课前的计划、课后的评估、反思为核心。与熟手型教师相比，专家型教师的重要特征是：善于通过对教学的计划、评估和反思来改进教学，从而产生教学的创新，不断提高自己的教学水平。有研究者进行了教学计划过程中知识提取的比较研究，发现专家型教师的教学计划过程更周密、审慎，表现出更精致、联系性更强的教学专长。①

（2）人格。专家型教师具有鲜明的情绪稳定性、理智、注重实际、自信心强和批判性

① 杨翠蓉、吴庆麟、周成军：《教学决策的专家—新手比较研究》，《中国特殊教育》2012 年第 9 期。

强的人格特点。与熟手型教师相比，专家型教师能够更好地控制和调节自己的情绪，理智地处理教育教学中遇到的各种问题，能自觉而切合实际地对教学进行评估和反思。

（3）工作动机。专家型教师具有强烈且稳定的内在工作动机。专家型教师教学动机的特点可以归纳为对教育事业由衷的爱，表现在他们把教学工作当作自己的一种乐趣，真正热爱教学工作；把教育当作自己的终身追求；在教学工作中自觉性高，能够主动研究教育教学过程中出现的问题；乐于和学生交往，把学生当成是自己的朋友。

（4）职业心理。专家型教师对教师职业的情感投入程度高，职业的义务感和责任感比较强。与新手和熟手型教师相比，专家型教师真正热爱教师职业，对工作负责，能不断追求教师事业深层次的价值。与新手和熟手型教师相比，专家型教师具有更良好的师生互动和更强烈的职业成就感。他们更能热情、平等地对待学生，师生关系融洽，他们能不断得到成功的反馈，得到各方面的认可，从而产生强烈的成就体验。

（5）学校情境心理。与熟手型教师相比，专家型教师能感受到更多的来自学校的关心、重视和支持，有着更为和谐、友好的人际关系。他们对自己的工作、生活有较高的评价，工作的成就提高了他们的自尊，主观幸福感高。

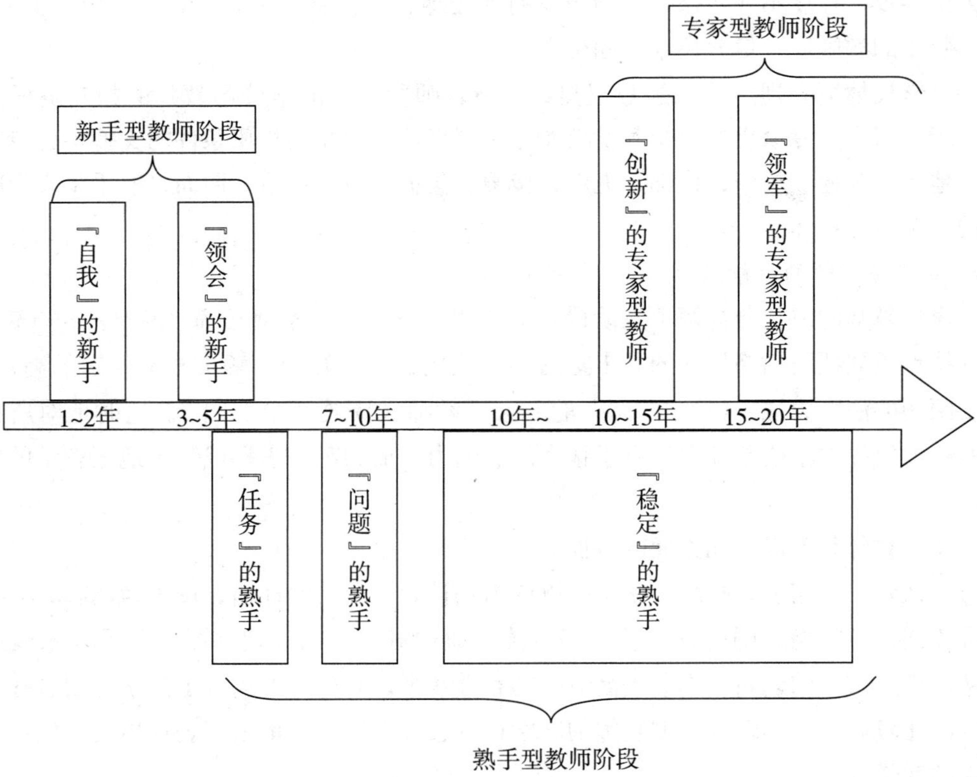

图 15-1　教师专长发展的心理历程

表 15-3　新手型—熟手型—专家型教师成长心理的比较

	新手型教师	熟手型教师	专家型教师
教学策略	以课前准备为中心	课中教学操作熟练	以课前的计划、课中的灵活、课后的反思为核心
人格特征	活泼、热情、外向	随和、能关心他人、合群、宽容	情绪稳定、善于自我调节、理智、重实际、自信和批判性强
工作动机	以绩效目标为主	以任务目标为主	内部动机强烈且稳定
职业承诺 职业倦怠	承诺较低而倦怠较高	承诺较低而倦怠较高	职业的情感投入程度高，师生互动好，职业的义务感、责任感、成就感强
学校情境心理	能感受到支持，有满意感，心理契约和主观幸福感较高	支持感和满意感不高，心理契约和主观幸福感较低	支持感和满意感强，心理契约和主观幸福感高

（三）福勒的教师成长阶段论

从第一次走上讲台到成为一名专家型教师，将要经历一条什么样的心路历程呢？福勒（Fuller）等人根据教师在不同时期所关注的焦点问题，提出著名的教师成长三阶段论。

1. 关注生存阶段

处于这一阶段的新教师，非常关注自己的生存适应性，总是希望得到学生、同事以及领导的认可。因此，他们时刻关心这样的问题："学生喜欢我吗？""同事们如何看我？""领导是否觉得我干得不错？"等等。出于这种生存忧虑，新教师可能会把大量的时间花在如何与学生搞好个人关系上，或者想方设法把学生控制得老实听话以获取校方或同事的认可，而不是想着如何教学生并让他们取得学习上的进步。

2. 关注情境阶段

当教师感到自己完全能够生存时，便把关注的焦点投向了提高学生的成绩方面。在这一阶段，教师关心的是如何教好每一堂课的内容，以及一些与教学情境本身有关的问题。例如，"材料是否充分得当？""如何呈现教学信息？""如何控制教学时间？"等等。一般来说，在职年限较长的教师比新教师更关注这一类问题。

3. 关注学生阶段

当教师顺利地适应了前两个阶段后，他们开始关注学生的个别差异以及个别需要的问题。在这一阶段，教师认识到不同发展水平的学生有不同的需要，同样的教学材料和教学方法并不一定适合所有学生，所以教师必须因材施教。事实上，不但新教师容易忽视学生的个别差异，就连一些有经验的教师也未必能自觉地关注学生间的不同需要。因此，能否自觉关注学生是衡量一个教师是否成长成熟的重要标志之一。

第三节　教师的心理健康

心理健康是教师工作的基础和前提条件，因为教师的心理健康直接影响着学生的心理健康，教师心理健康是促进学生心理健康成长的保障，对学生的心理健全发展起着极其重要的作用，同时还影响着学生的学习效果以及师生之间的良好关系，等等。只有心理积极、健康的教师，才能正确地对待不同的学生，创造一种和谐的学习氛围，使学生积极上进、心情愉快，促进学生人格、情感的健康发展。同时，教师心理健康还直接关系到教师自身的幸福，直接影响教师的人际交往态度与行为，还会影响其家庭关系与生活质量。

教师心理健康涉及多方面的内容和影响因素，其中与教师职业最为密切的是职业压力和职业倦怠。因此，本节重点探讨这两方面的问题。

一、教师的职业压力与应对

压力是个体面对刺激时，心理上感受到威胁而产生的一种紧张、压迫和焦虑的情绪状态。教师是最有压力的职业之一。据统计，在世界范围内，被调查的教师中约有三分之一的教师认同这个观点。教师这一职业角色，无论是教师本身还是外界社会，都赋予了它更高的要求和特殊的职业含义。今天的教师们不仅承载着传道、授业、解惑的重任，还承受着来自自身、学校及外界社会等各方面的压力。压力，已成为现代社会中教师的共同体验，难怪有人说："压力就像空气一样无时无刻不在挤压着教师。"因此，充分认识教师的职业压力，帮助教师采用积极的应对方式，对维护与促进教师心理健康具有重要意义。

教师作为高压力的职业，压力或源自学生，如学生的不正当行为、纪律问题、低学习动机；或源自工作条件，如时间压力、低薪资、低社会地位、高工作负荷、班级规模过大；或源自教学工作本身，如教师角色冲突和角色模糊以及教学的情绪性要求；还包括与领导、同事和学生家长的人际关系等。

（一）教师职业压力理论

荷礼柯夫（C. Kyriacou）和苏利夫（J. Sutcliffe）认为当教师觉得外界的要求或期望超过自身的能力或者自己难以达到这些要求时，压力就会产生。他们将教师职业压力定义为由教师工作的各个方面所导致的消极反应，包括潜在的、致病的生理变化和心理变化。

荷礼柯夫和苏利夫首先将压力源分为潜在压力源和实际压力源，他们认为潜在压力源是那些可能对个体产生威胁，造成压力的因素。个体通过自己的认知评价将潜在压力源转化为实际压力源，如果个体认为这些潜在的因素会对自己构成威胁，那么这些潜在压力源就转化为实际压力源了，反之则不会。实际压力源是真正给个体带来压力感受的因素，是教师主观感受到的。在这个评价过程中，教师的人格、需要、适应能力、信念、态度和价值观等都会影响教师的认知评价。例如，适应能力强的教师不会因为要开公开课而焦虑，而适应能力弱的教师则可能会因此惴惴不安，紧张焦虑，吃不好睡不好。

另外他们还区分了物理压力源和心理压力源。所谓物理压力源，就是指诸如班级规模过大、班级学生过多、教学任务过重等客观存在的个体无法改变的因素。而心理压力源则是会对教师心理状态产生影响的因素，比如与同事关系不好，与领导关系不好，师生关系恶化，等等。当然教师的压力不仅仅来源于工作，一些非职业因素也会带给教师压力的感受，比如家庭压力、经济压力等。当实际压力源对教师的生理、心理和行为产生影响时，个体的适应机制开始发挥作用，帮助教师处理压力环境，缓解压力的威胁。如果适应机制不恰当或者压力超过了适应机制所能处理的范围，那么一些消极后果就产生了，表现为生理、心理、行为上的消极反应。生理上，可能表现为教师身体疾病增多，如头疼、疲劳、炎症等；心理上，表现为焦虑、紧张、压迫、无助、忧郁、缺乏自信等消极情绪；行为上，表现为易冲动、暴躁、行为失控、工作效率低、缺勤等不良行为。

在荷礼柯夫和苏利夫的模型（见图 15-2）的基础上，瓦洛（Worral）和梅（May）强调与教师压力有关的情感和社会组织观点，认为教师的情绪状态影响着他们对工作要求的认知判断。

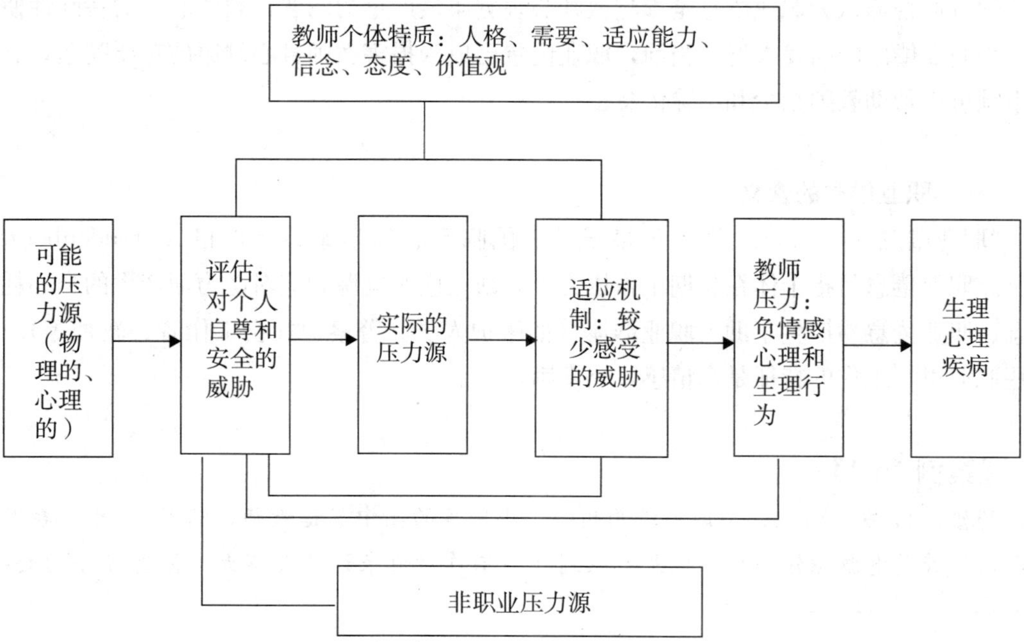

图 15-2　荷礼柯夫和苏利夫的教师职业压力模式

（二）教师职业压力的应对策略

教师职业压力是影响教师心理健康的重要因素，过大的职业压力必然会影响教师的心理健康水平。有研究者用结构方程统计方法检验了教师压力相互影响模式的吻合度和恒定性。① 在一个学年中对一组教师进行了两次问卷施测后，发现压力因素影响了教师的一般紧张度水平，然后导致其心理和生理机能的紊乱。

如何缓解职业压力，调适心情，对教师来说极其关键。应对策略就是教师面对职业压力所采用的改变认知和行为方式、调整情绪的方法。应对策略主要包括以下两大类。

1. 直接行动法

所谓直接行动法，就是对压力做出积极的处理，找到压力源，从根本上消除压力。积极地处理压力源的策略包括：找出职业压力的来源，减少过多过重的职业压力，调整个人的期望水平，制订合适的工作目标；改变易增加压力的行为方式，处理好工作与休闲的关系；扩展应对资源，善于寻求和利用社会支持。

2. 情绪应对法

即努力减轻由职业压力引起的消极情绪体验，包括：积极认知，形成面对压力的良好心态；主动应对，提高抗压能力；掌握调控方法，缓解不良情绪；掌握所处的环境，寻求有用信息；加强营养和体育锻炼。

二、教师的职业倦怠与干预

学者们普遍认为职业倦怠是影响教师心理健康最严重的问题，教师职业的特殊性使教师成为职业倦怠的高发人群。当前，职业倦怠已成为损害教师身心健康的首要问题，有效的干预可以帮助教师减少和消除倦怠。

（一）职业倦怠的含义

“职业倦怠（burnout）”一词最早被美国临床心理学家弗登伯格（Freudenberger）提出。职业倦怠是指个体在长期工作压力下，缺乏应对资源和应对能力而产生的身心耗竭状态。职业倦怠易产生于助人职业群体（如医护人员、警察、社会工作者、教师等）。在这些职业里，工作的特征是高情感，高奉献。

【案例 15-1】

约翰，41 岁，白人，美国新泽西州一个小城里的高中英语教师，从教 10 年。在做教师之前，曾是电脑推销人员，但是他感到这个工作对他来说意义不大。他有 8 年的婚龄，

---

① Brenner, S. O., Sorbom, D., & Wallius, E. (1985). The stress chain: A longitudinal confirmatory study of teacher stress, coping and social support. *Journal of Occupational Psychology*, 58: 1-13.

没有孩子，他认为自己在政治立场上是中立的。他出生在新泽西州，是一个工人家庭中三个孩子里最小的一个，他曾经就读的学校很像现在他从教的这个学校。在过去的几年中，他进行过 10 次心理咨询，并且认为这种关注降低压力的方法是很有效的，现在压力感卷土重来，但是原先那种降低压力的方法似乎不再奏效。

约翰此次来进行咨询的主要原因是他感到工作给他施加了沉重的压力，现在他回家后感到焦虑、暴躁、疲惫、易怒，并且许多事情缠绕在头脑中：学生的、课堂的、学校的，等等。他对许多学生（他们的态度使教学无法进行）和家长（他们把所有问题都交给教师和学校）的行为感到愤怒，他对学校的领导也不满意。他所在的学校换了一个新的领导班子，近两年来学校的情况不断恶化，领导只关注学生的考试分数，对教师的教学内容进行强制的和刻板的干涉。约翰还说他与妻子的关系因工作方面的事情也变得不再融洽。约翰说现在他变得冷淡无情（“我不太关注其他任何人，我认为做事情与不做事情没有任何的区别”），他发现现在把所有的精力放在如何设计一堂课上是很困难的，他现在不再期待去工作，也不等待着一个工作周的结束，“我只是不太高兴，并且不知道将要干什么”。

［资料来源］

冯振举、戴丽丽：《美国教师职业倦怠的案例研究》，《西安电子科技大学学报（社会科学版）》2006 年第 4 期。

马斯拉奇（Maslach）认为职业倦怠主要包括三个维度：情绪耗竭（emotional exhaustion）、去人性化（depersonalization）、个人成就感低（personal accomplishment）。情绪耗竭是由于持续的努力没有得到回报、能量枯竭而产生的疲惫感觉；由于教师经历了情绪耗竭，他们对学生失去了积极的情感，就进入第二阶段——去人性化，教师为避免承受压力体验，以冷漠或消极的态度对待学生；无数的没有回报的努力经历可能导致个人成就感降低，这个阶段的教师沉溺于失望的情绪中，而不愿再为学生的进步努力。

（二）教师职业倦怠的来源

职业倦怠所产生的生理、情绪、认知和行为等方面的问题，会成为教师严重的身心疾病的诱发因素。美国教育协会（NEA）主席麦奎尔（McGuire）认为：“职业倦怠的感受正打击着无数具有爱心和理想并乐于奉献的教师，使他们逐渐放弃自己的专业工作，这个重大的疾病正在折磨着教师职业，如果不能及时有效地纠正，那么就会达到流行的程度。”

教师职业倦怠是在长期的工作压力和自身心理素质的互动下形成的。其影响因素是多方面的，主要包括个人因素、社会因素和教师职业的工作特点。

首先从教师个人说起，教师的人格因素是影响教师产生职业倦怠的个人因素之一。拜恩（B. M. Byrne）第一次证实了人格因素在倦怠中的重要性，认为人格因素确实是有些教师比其他人更容易倦怠的关键原因。有人曾总结了 17 个已被研究证实过的个人因素，认为其中的 9 个会加重倦怠：外控制源、性别（男性占更大的比例）、更老的年龄、受教育水平（更低）、教学经验（更多）、对教育的委身、未解决的个人生活困扰、A 型人格、疏离及无意义感。① 例如，A 型人格个体的职业倦怠发生率偏高，往往在多年高质量、热情、大量工作后，突然对工作不感兴趣，出现明显症状，甚至不能继续工作。洛特尔认为，个人相信的内控点与外控点的不同影响了倦怠的产生。马斯拉奇等人的研究发现，教师对工作的期望值高而成功的可能性低、低努力、低自信、外控、使用逃避的应对策略等都会影响职业倦怠的产生。另外，有研究表明：倦怠容易发生在教师生涯的早期，也就是说年轻教师比老教师更容易体验到倦怠；未婚教师比已婚教师、受教育程度高的教师比受教育程度低的教师更易于产生职业倦怠现象。

教师职业本身的特点是教师产生职业倦怠最重要的因素。教师工作具有长期性、复杂性、重复性和负荷大等特点。教师职业的长期性决定了教师往往是终身从事的职业。在这个过程中，知识的不断更新，学生问题的日益严重，教学改革和教研要求的提高等都使教师面临着重重压力。教师不但要不断充实自己的知识体系，适应教育改革的大环境，还要了解不同时代背景下学生的心理特征。这些都容易使教师身心疲惫，对职业产生厌倦感。同时，作为一种特殊的社会职业，其职业特征决定了教师是一个需要高度投入、高奉献的职业，这种职业特点极有可能使教师的心理能量在长期的奉献过程中消耗过多，出现情绪耗竭，继而出现职业倦怠。

有学者认为角色冲突与角色模糊也是影响教师职业倦怠的显著因素。当个体面对种种冲突情境而又被期望做出角色行为时，角色冲突就会出现。教师是一种多角色的职业，对学生而言，教师同时承担着“师长”“领导者”“权威”“朋友”“管理者”等多重角色。在家庭和社会中，教师还可能是妻子或者丈夫，父亲或者母亲，他人的子女等多重角色。教师每天要频繁地进行多种角色的转换，如果教师不能及时进行角色转换，或面对多种角色不能顺利进行调节，就会出现角色冲突，影响工作效果。角色模糊则是指个体由于对其职业的权利、义务、责任等缺乏清晰的、一致的认识而感到对工作无法胜任。这种角色定位模糊也易导致压力的产生。

从社会根源上说，教师是社会文明的传递者，代表着崇高与神圣。社会对教师的期望高，要求高。人们往往不容许教师犯任何错误，教师的一点点错误通常会被大肆渲染，使教师的尊严、人格受到损害。但是，在这种近乎苛刻的要求下，教师的社会地位并没有提高，甚至不少教师的物质生活水平还比较低，合理的要求得不到满足，正常的利益得不到保障。与其他社会行业相比，教师的付出远比回报多，这样容易造成教师的认知不平衡，使教师对自己的职业失去热情，甚至可能产生离开教师岗位的念头。

（三）教师职业倦怠的干预

目前，职业倦怠普遍存在于教师队伍中，严重影响着教师的心理健康。教师应当合理

① Leithwood, K., Menzies, T., Jantzi, D., & Leithwood, J. (1996). School restructuring, transformational leadership and the amelioration of teacher burnout. *Anxiety, Stress & Coping*, 9(3), 199-215.

地预防、积极地应对，以减少和消除职业倦怠。对职业倦怠的干预主要有两种途径：个体干预和组织干预。

1. 个体的自我干预

个体干预的目的是通过改变个体自身的某些特点，来增强适应工作环境的能力。个体干预的主要方法有：放松训练、认知压力管理、时间管理、社交训练和态度改变等。

下面主要介绍几种干预方法。

（1）观念的改变。弗登伯格认为，职业倦怠主要源自在自己的付出与回报之间感受到的不匹配。当个体认为自己的付出没有回报或者回报少于付出时，就会产生职业倦怠。因此，教师要学会正确看待自己的工作，要清楚自己的能力和机会，避免因不恰当的期望而产生职业倦怠。同时，教师要摒弃一些错误观念，如学生必须完全听教师的。如果教师无法接受学生有和自己不一致的观点，那么就会使自己的情绪被学生的表现所左右，容易造成情绪耗竭。

（2）积极的应对策略。用积极的、有建设性的行动来对待问题，而不是逃避，尽最大可能改变环境。科学合理地管理自己的时间，合理分配精力，分清事情的缓急轻重，先处理重要的紧急的事情，再顾及次要的事情。人的精力毕竟有限，教师要培养学生的自我管理能力，不能一手包办所有的事情。

（3）归因方式。使自己成为更加内控的人，把原因归结为自己可以控制的因素，如能力和努力，知道通过自己的努力，很多事情都是可以改变的。尽量避免把事情都归因于外部因素，如运气。当自己有职业倦怠的症状时，要勇于面对现实，反思自己的压力来源，主动寻求专业人士的帮助。

（4）发展一些工作以外的爱好和创造性活动。教师在工作之余应多培养一些兴趣爱好，以达到修身养性、放松心情、缓解压力的效果。除了体育锻炼之外，教师还可以选择养一只宠物、栽几盆花、练习书法、打太极拳等比较平静的方式。另外，还可以充分利用音乐对情绪的调节作用，甚至可以根据自身的特长，选择一些富有创造性的活动，如写诗、画画，从中不仅可以享受创造的快乐，体会艺术的美妙，还可以获得满足感和成就感。

2. 组织的有效干预

马斯拉奇等人提出了职业倦怠的工作匹配理论，他们认为员工与工作的六个方面越不匹配，就越容易出现职业倦怠。

（1）工作负荷，指工作过量。

（2）控制，指个体对工作中所需的资源没有足够的控制，或者指个体对使用他们认为有效的工作方式没有足够的权威，它与职业倦怠中的无力感有关。

（3）报酬，可以指经济报酬，更多的是指生活报酬。

（4）社交，指和工作场所中的其他人没有积极的联系，有可能由于工作把个体隔离或者没有社会联系，或者是与他人的冲突。

（5）公平，由于工作量与报酬的不匹配所引起，即认为付出得不到回报。

（6）价值，指价值观的冲突。

因此，职业倦怠的组织干预可以从以上几个方面来进行。削减过度的工作时间，降低工作负荷。明确教师任务分配、阐明角色和责任，向教师提供建设性的反馈，更多地接纳教师对学校管理、制度的意见。工作业绩评定时，力争做到公平公正，教师的优点、贡献要放在重要位置，而不要只看到教师的不足。提供与教师工作相关的培训和信息。尽可能解决教师的个体问题，如交通出行等，使教师感受到关怀。提供教师帮助项目。教师帮助项目，包括个人心理健康指导、压力管理和应对、职业改变咨询等，协助教师处理自身的情绪。教师帮助项目的内容还可延伸到工作以外，包括儿童照顾项目、营养保健项目等。

给教师减压，提高教师处理学生行为问题的能力，使教师学会与学生家长进行建设性的交流，有助于减少教师的职业倦怠。有研究也证明，幼儿教师胜任力可以缓解职业压力对职业倦怠的不利影响。①

职业倦怠在很大程度上是由职业特点、组织因素决定的，最有效的干预是把组织的改变和个人的改变结合在一起。职业倦怠不仅会造成个体职业的和社会功能的损害，而且会给组织带来破坏性的影响。教师是职业倦怠的高发人群，认识、评估、干预教师职业倦怠不仅对保障教师的健康幸福有重要意义，而且对人才的培养、社会的可持续发展也具有重大意义。

小结

现代教师的角色是：学生学习的指导和促进者、行为规范的示范者、班集体的管理者、心理健康的保健者、教育教学的研究者。而能实现这些角色作用的教师，应具备良好的认知特征与人格特征。良好的职业心理特征是教师在教学专业活动过程中形成的。教师的专长发展经历了从新手型教师到熟手型教师，最后成长为专家型教师的历程。专家型教师就是教学专长突出的人，具有丰富的和组织化的专门知识、解决教学问题的高效率、创造性的洞察力等特点。

心理健康是教师工作的基础和前提条件，其关键在于：一是如何理解和应对教师的职业压力，应对策略主要包括直接行动法和情绪应对法。二是如何理解和干预教师的职业倦怠，情绪耗竭、去人性化、个人成就感低是职业倦怠的三个特点；职业倦怠的干预有两种途径：个体干预和组织干预。

① 王钢、苏志强、张大均：《幼儿教师胜任力和职业压力对职业幸福感的影响：职业认同和职业倦怠的作用》，《心理发展与教育》2017 年第 5 期。

思考与练习

1. 请谈谈你对教师职业心理特征的理解。

2. 简述专家型教师的特征，分析自己与其的差距。

3. 根据对从新手型教师到熟手型教师、从熟手型教师到专家型教师的专长发展历程的研究，结合自己的发展现状，拟订一个如何更快更好地成长为专家型教师的计划。

4. 你觉得现在教师的教学压力大吗？为什么？怎么办？

5. 怎么理解职业倦怠，请对照职业倦怠的特点分析自己的心理健康状况并提出改进策略。

拓展阅读

1. 张大均、江琦主编：《教师心理素质与专业性发展》，人民教育出版社 2005 年版。

2. 连榕主编：《教师专业发展》，高等教育出版社 2007 年版。

主要参考文献

一、中文文献

（一）图书

1. ［美］班杜拉著，林颖等译：《思想和行动的社会基础——社会认知论》，华东师范大学出版社 2001 年版。

2. 朱智贤、林崇德著：《思维发展心理学》，北京师范大学出版社 2002 年版。

3. 林崇德、杨治良、黄希庭主编：《心理学大辞典》，上海教育出版社 2003 年版。

4. 陆建中主编：《高中新课程课堂教学设计》，科学出版社、龙门书局 2003 年版。

5. ［美］克里克山克、［美］贝勒尔、［美］梅特卡夫著，时绮等译：《教学行为指导》，中国轻工业出版社 2003 年版。

6. ［美］申克著，韦小满等译：《学习理论：教育的视角（第三版）》，江苏教育出版社 2003 年版。

7. ［美］斯滕伯格、［美］威廉姆斯著，张厚粲译：《教育心理学》，中国轻工业出版社 2003 年版。

8. ［美］席尔瓦著，张玲译：《多元智能与学习风格》，教育科学出版社 2003 年版。

9. 张大均主编：《学校心理素质教育概论》，西南师范大学出版社 2004 年版。

10. ［美］科尔伯格著，郭本禹等译：《道德发展心理学：道德阶段的本质与确证》，华东师范大学出版社 2004 年版。

11. ［美］泰勒、［美］佩普劳、［美］希尔斯著，谢晓非等译：《社会心理学（第十版）》，北京大学出版社 2004 年版。

12. 郭德俊主编：《动机心理学：理论与实践》，人民教育出版社 2005 年版。

13. 刘儒德主编：《探究学习与课堂教学》，人民教育出版社 2005 年版。

14. ［美］雅各布、［美］鲍尔、［美］范恩著，杨宁、卢杨译：《合作学习的教师指南》，中国轻工业出版社 2005 年版。

15. 郭成主编：《课堂教学设计》，人民教育出版社 2006 年版。

16. 皮连生主编：《学与教的心理学（第四版）》，华东师范大学出版社 2006 年版。

17. 钱铭怡主编：《变态心理学》，北京大学出版社 2006 年版。

18. 陈琦、刘儒德主编：《当代教育心理学（第 2 版）》，北京师范大学出版社 2007

年版。

19. 余林主编：《课堂教学评价》，人民教育出版社 2007 年版。

20. ［美］加涅、［美］韦杰、［美］戈勒斯、［美］凯勒著，王小明、庞维国、陈保华、汪亚利译：《教学设计原理（第五版）》，华东师范大学出版社 2007 年版。

21. 沈烈敏著：《学业不良心理学研究》，上海教育出版社 2008 年版。

22. 崔允漷主编：《有效教学》，华东师范大学出版社 2009 年版。

23. 何先友主编：《青少年发展与教育心理学》，高等教育出版社 2009 年版。

24. 林崇德主编：《发展心理学》，人民教育出版社 2009 年版。

25. ［美］安德森等编著，蒋小平、张琴美、罗晶晶译：《布卢姆教育目标分类学：分类学视野下的学与教及其测评（修订版）》，外语教学与研究出版社 2009 年版。

26. ［美］古德、［美］布罗菲著，陶志琼译：《透视课堂（第十版）》，中国轻工业出版社 2009 年版。

27. ［美］赖斯、［美］多金著，陆洋、林磊、陈菲译：《青春期——发展、关系和文化》，上海人民出版社 2009 年版。

28. 皮连生、刘杰主编：《现代教学设计》，首都师范大学出版社 2010 年版。

29. 彭聃龄主编：《普通心理学（第 4 版）》，北京师范大学出版社 2012 年版。

30. 曾欣然著：《德性心理活动规律探索》，西南师范大学出版社 2012 年版。

31. 张春兴著：《心理学原理》，浙江教育出版社 2012 年版。

32. 张向葵、桑标主编：《发展心理学》，教育科学出版社 2012 年版。

33. ［美］斯滕伯格、［美］威廉姆斯著，姚梅林、张厚粲等译：《斯滕伯格教育心理学（原书第 2 版）》，机械工业出版社 2012 年版。

34. 林崇德著：《中学生心理学》，中国轻工业出版社 2013 年版。

35. 伍新春主编：《儿童发展与教育心理学（第 2 版）》，高等教育出版社 2013 年版。

36. 杨晓编著：《有效学习与有效教学》，北京师范大学出版社 2013 年版。

37. ［美］贾维斯著，刘纳、国程悦、刘清、凌政通译：《有效教学心理学》，广东教育出版社 2013 年版。

38. 郝伟、于欣主编：《精神病学》，人民卫生出版社 2014 年版。

39. ［美］鲍里奇著，朱浩译：《有效教学方法（第七版）》，江苏凤凰教育出版社 2014 年版。

40. ［美］乔伊斯、［美］韦尔、［美］卡尔霍恩著，兰英等译：《教学模式（第八版）》，中国人民大学出版社 2014 年版。

41. 冯忠良、伍新春、姚梅林、王健敏著：《教育心理学（第三版）》，人民教育出版社 2015 年版。

42. 沙莲香主编：《社会心理学（第四版）》，中国人民大学出版社 2015 年版。

43. 王鑫强、张大均著：《青少年心理素质与心理健康关系模型研究》，科学出版社 2015 年版。

44. 张大均主编：《教育心理学（第三版）》，人民教育出版社 2015 年版。

45. 中国就业培训技术指导中心、中国心理卫生协会组织编写：《心理咨询师（基础知识）》，民族出版社 2015 年版。

46. [美] 施塔、[美] 卡拉特著，周仁来等译：《情绪心理学》，中国轻工业出版社 2015 年版。

47. [美] 伍尔福克著，伍新春、张军、季娇译：《伍尔福克教育心理学》，中国人民大学出版社 2015 年版。

48. [美] 格里格、[美] 津巴多著，王垒等译：《心理学与生活》，人民邮电出版社 2016 年版。

49. [美] 斯莱文著，吕红梅、姚梅林等译：《教育心理学：理论与实践》，人民邮电出版社 2016 年版。

50. [美] 谢弗、[美] 基普著，邹泓等译：《发展心理学：儿童与青少年》，中国轻工业出版社 2016 年版。

（二）论文

1. 辛涛、林崇德：《教师教学监控能力发展：质与量的分析》，《中国教育学刊》1999 年第 3 期。

2. 程乐华、曾细花：《青少年学生自我意识发展的研究》，《心理发展与教育》2000 年第 1 期。

3. 王健敏：《社会规范学习心理与品德建构》，《教育研究》2000 年第 8 期。

4. 陈旭、张大均：《心理健康教育的整合模式探析》，《教育研究》2002 年第 1 期。

5. 童秀英、沃建中：《高中生创造性思维发展特点的研究》，《心理发展与教育》2002 年第 2 期。

6. 张卫、林崇德：《论儿童发展的新皮亚杰理论》，《华南师范大学学报（社会科学版）》2002 年第 4 期。

7. 崔丽娟、刘琳：《互联网对大学生社会性发展的影响》，《心理科学》2003 年第 1 期。

8. 林崇德、白学军、李庆安：《关于智力研究的新进展》，《北京师范大学学报（社会科学版）》2004 年第 1 期。

9. 陈国鹏、王晓丽：《短时记忆及其策略一生发展的横断研究》，《心理科学》2005 年第 4 期。

10. 任俊、叶浩生：《积极人格：人格心理学研究的新取向》，《华中师范大学学报（人文社会科学版）》2005 年第 4 期。

11. 俞国良、董妍：《学业情绪研究及其对学生发展的意义》，《教育研究》2005 年第 10 期。

12. 沃建中、王烨晖、刘彩梅、林崇德：《青少年创造力的发展研究》，《心理科学》2009 年第 3 期。

13. 燕国材：《非智力因素研究三十年》，《上海师范大学学报（基础教育版）》2009 年第 1 期。

14. 卢家楣、袁军、王俊山、陈宁：《我国青少年道德情感现状调查研究》，《教育研究》2010 年第 12 期。

15. 王鑫强、张大均：《心理素质与心理健康关系模型构建：对 PTH 和 DFM 的超越》，《西南大学学报（社会科学版）》2012 年第 6 期。

16. 张大均：《青少年心理健康与心理素质培养的整合研究》，《心理科学》2012 年第 3 期。

17. 俞国良、赵军燕：《论学校心理辅导制度建设》，《教育研究》2013 年第 8 期。

18. 方晓义、刘璐、邓林园、刘勤学、苏文亮、兰菁：《青少年网络成瘾的预防与干预研究》，《心理发展与教育》2015 年第 1 期。

19. 杨丽珠：《中国儿童青少年人格发展与培养研究三十年》，《心理发展与教育》2015 年第 1 期。

20. 张大均、苏志强、王鑫强：《儿童青少年心理素质研究 30 年：回顾与展望》，《心理与行为研究》2017 年第 1 期。

二、英文文献

（一）图书

1. Maslow, A. H. (1954). *Motivation and personality*. New York: Harper & Row.

2. Heider, F. (1958). *The psychology of interpersonal relations*. New York: Wiley.

3. Jahoda, M. (1958). *Current concepts of positive mental health*. New York: Basic Books.

4. Bruner, J. S. (1960). *The process of education*. Cambridge, MA: Harvard University Press.

5. Ausubel, D. P. (1963). *The psychology of meaningful verbal learning*. New York: Grune and Stratton.

6. Rogers, C. R. (1969). *Freedom to learn*. Columbus, OH: Merrill.

7. Covington, M., Crutchfield, R., Davies, L., & Olton, R. (1972). *The productive thinking program*. Columbus, OH: Charles E. Merrill.

8. Simpson, E. J. (1972). *The classification of educational objectives: Psychomotor*

domain. Urbana: University of Illinois Press.

9. Weiner, B. (1972). *Theories of motivation: From mechanism to cognition*. Chicago: Markham.

10. Combs, A. W., Blume, R. A., Newman, A. J., & Wass, H. L. (1974). *The professional education for teachers*. Boston: Allyn & Bacon.

11. Bronfenbrenner, U. (1979). *The ecology of human development*. Cambridge, MA: Harvard University Press.

12. Feuerstein, R. (1980). *Instrumental enrichment: An intervention program for cognitive modifiability*. Baltimore, MD: University Park Press.

13. Kolb, D. A. (1984). *Experiential learning: Experience as the source of learning and development*. New Jersey: Prentice-Hall.

14. Bandura, A. (1986). *Social foundation of thought and action: A social cognitive theory*. Englewood Cliffs, New Jersey: Prentice-Hall.

15. Bransford, J. D., & Stein, B. S. (1993). *The IDEAL problem solver: A guide for improving thinking, learning, and creativity*. New York: W. H. Freeman and Company.

16. Pollack, W., Shuster, T., & Trelease, J. (2001). *Real boys' voices*. New York: Penguin.

17. Paivio, A. (2006). *Mind and its evolution: A dual coding theoretical interpretation*. Mahwah, NJ: Lawrence Erlbaum Associates.

18. Franzoi, S. L. (2009). *Social psychology*. Boston: Higher Education.

19. Snyder, C. R., & Lopez, S. J. (2009). *Oxford handbook of positive psychology*. New York: Oxford University Press.

20. Zhang, D., Wang, J., & Yu, L. (2011). *Methods and implementary strategies on cultivating students' psychological suzhi*. New York: Nova Science Publishers.

(二) 论文

1. Ausubel, D. P. (1963). Cognitive structure and the facilitation of meaningful verbal learning. *Journal of Teacher Education*, 14 (2), 217-222.

2. Skinner, B. F. (1963). Operant behavior. *American Psychologist*, 18 (8), 503-515.

3. Atkinson, R. C., & Shiffrin, R. M. (1971). The control of short-term memory. *Scientific American*, 225 (2), 82-90.

4. Packer, J., & Bain, J. D. (1978). Cognitive style and teacher-student compatibility. *Journal of Educational Psychology*, 70 (5), 864-871.

5. Weiner, B. (1979). A theory of motivation for some classroom experiences. *Journal of Educational Psychology*, 71 (1), 3-25.

6. Fischer, K. (1980). A theory of cognitive development: The control and construction of hierarchies of skills. *Psychological Review*, 87 (6), 477-531.

7. Dweck, C. S., & Leggett, E. L. (1988). A social-cognitive approach to motivation and personality. *Psychological Review*, 95 (2), 256-273.

8. Eisenberg, N., Miller, P. A., Shell, R., McNalley, S., & Shea, C. (1991). Prosocial development in adolescence: A longitudinal study. *Developmental Psychology*, 27 (5), 849-857.

9. Lazarus, R. S. (1991). Progress on a cognitive-motivational-relational theory of emotion. *American Psychologist*, 46 (8), 819-834.

10. Laursen, B., Coy, K. C. & Collins, W. A. (1998). Reconsidering changes in parent-child conflict across adolescence: A meta-analysis. *Child Development*, 69 (3), 817-832.

11. Hartup, W., & Stevens, N. (1999). Friendships and adaptation across the life span. *Current Directions in Psychological Science*, 8 (3), 76-79.

12. Luthar, S. S., Cicchetti, D., & Becker, B. (2000). The construct of resilience: A critical evaluation and guidelines for future work. *Child Development*, 71 (3), 543-562.

13. Wilson, T. D., Lindsey, S., & Schooler, T. Y. (2000). A model of dual attitudes. *Psychological Review*, 107 (1), 101-126.

14. Halberstadt, A. G., Denham, S. A., & Dunsmore, J. C. (2001). Affective social competence. *Social Development*, 10 (1), 79-119.

15. Gross, E. F., Juvonen, J., & Gable, S. L. (2002). Internet use and well-being in adolescence. *Journal of Social Issues*, 58 (1), 75-90.

16. Maczewski, M. (2002). Exploring identities through the Internet: Youth experiences online. *In Child and Youth Care Forum*, 31 (2), 111-129.

17. Nelson, L. J., Badger, S., & Wu, B. (2004). The influence of culture in emerging adulthood: Perspectives of Chinese college students. *International Journal of Behavioral Development*, 28 (1), 26-36.

18. Peterson, C., & Seligman, M. (2004). Strengths of character and well-being: A closer look at hope and modesty. *Journal of Social and Clinical Psychology*, 23 (5), 628-634.

19. Schwartz, D. L., Martin, T. (2004). Inventing to prepare for future learning: The hidden efficiency of encouraging original student production in statistics instruction.

Cognition and Instruction, 22 (2), 129-184.

20. Loukas, A., & Murphy, J. L. (2007). Middle school student perceptions of school climate: Examining protective functions on subsequent adjustment problems. *Journal of School Psychology*, 45 (3), 293-309.

21. Suldo, S. M., & Shaffer, E. J. (2008). Looking beyond psychopathology: The dual-factor model of mental health in youth. *School Psychology Review*, 37 (1), 52-68.

22. Valkenburg, P. M., & Peter, J. (2008). Adolescents' identity experiments on the Internet: Consequences for social competence and self-concept unity. *Communication Research*, 35 (2), 208-231.

23. Cook, E. C., Buehler, C., & Henson, R. (2009). Parents and peers as social influences to deter antisocial behavior. *Journal of Youth and Adolescence*, 38 (9), 1240-1252.

24. Supple, A, Ghazarian, S., Peterson, G., & Bush, K. (2009). Assessing the cross-cultural validity of a parental autonomy granting measure: Comparing adolescents in the United States, China, Mexico, and India. *Journal of Cross-Cultural Psychology*, 40 (5), 816-833.

25. Forbes, E. E., Ryan, N. D., Phillips, M. L., Manuck, S. B., Worthman, C. M., Moyles, D. L., Tarr, J. A., Sciarrillo, S. R., & Dahl, R. E. (2010). Healthy adolescents' neural response to reward: Associations with puberty, positive affect, and depressive symptoms. *Journal of the American Academy of Child and Adolescent Psychiatry*, 49 (2), 162-172.

26. Jones, B. F. (2010). Age and great invention. *Review of Economics and Statistics*, 92 (1), 1-14.

27. Baddeley, A. (2012). Working memory: Theories, models, and controversies. *The Annual Review of Psychology*, 63, 1-29.

28. Rubie-Davies, C. M., Flint, A., & McDonald, L. G. (2012). Teacher beliefs, teacher characteristics, and school contextual factors: What are the relationships? *British Journal of Educational Psychology*, 82 (2), 270-288.

29. Campos, R. C., Besser, A., Morgado, C., & Blatt, S. (2014). Self-criticism, dependency, and adolescents' externalising and internalising problems. *Clinical Psychologist*, 18 (1), 21-32.

30. Pan, Y., Hu, Y., Zhang, D., Ran, G., Li, B., Liu, C., Liu, G., Luo, S., & Chen, W. (2017). Parental and peer attachment and adolescents' behaviors: The mediating role of psychological *suzhi* in a longitudinal study. *Children & Youth Services Review*, 83, 218-225.